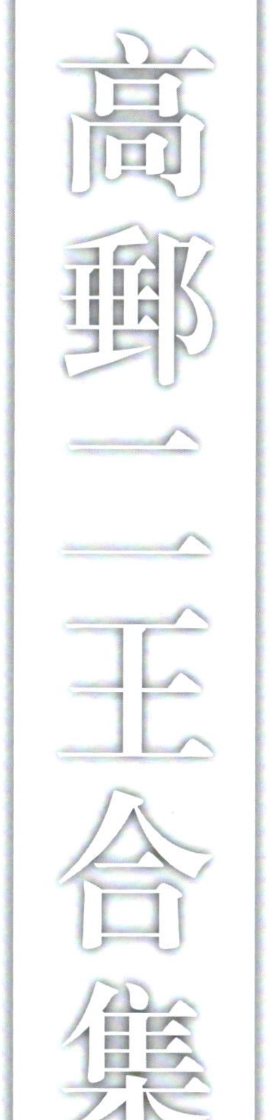

舒懷　李旭東　魯一帆　輯校

上海古籍出版社

圖書在版編目(CIP)數據

高郵二王合集 /（清）王念孫,（清）王引之著;舒懷,李旭東,魯一帆輯校. —上海:上海古籍出版社,2019.12（2021.2 重印）

（清代學者文集叢刊）

ISBN 978-7-5325-9349-1

Ⅰ.①高… Ⅱ.①王… ②王… ③舒… ④李… ⑤魯… Ⅲ.①經學—訓詁—文集 Ⅳ.①H131.6-53

中國版本圖書館 CIP 數據核字(2019)第 203849 號

全國高校古籍整理工作委員會資助項目

國家古籍整理出版專項經費資助項目

清代學者文集叢刊

高郵二王合集

舒懷　李旭東　魯一帆　輯校

上海古籍出版社出版、發行

（上海瑞金二路 272 號　郵政編碼 200020）

（1）網址:www.guji.com.cn

（2）E-mail:guji1@guji.com.cn

（3）易文網網址:www.ewen.co

蘇州市越洋印刷有限公司印刷

開本 850×1168　1/32　印張 91.25　插頁 32　字數 1,621,000

2019 年 12 月第 1 版　2021 年 2 月第 2 次印刷

印數:1,051—1,650

ISBN 978-7-5325-9349-1

K·2703　定價:598.00 元

如有質量問題,請與承印公司聯繫

王念孫像

王引之像

與丁大令若士書

昨承枉顧有失迎迓奉讀大箸論韵諸篇精心研綜纖
悉靡遺本韵合韵條理秩然不勝佩服之至弟自去年
肝血虧損左臂左足幾於偏廢迄今不能出户愧不克
趨詣尊齋請教弟向所酌定古韵凡廿二部説與大箸
略同惟質術分爲二部且質部有去聲而無平上聲緝
盇二部則并無去聲又周頌中無韵之處不敢强爲之
韵此其與大箸不同者謹附簽三十五條未知是否仍
希高明教正大箸一併繳還專此謝教并問日安不一

簽三十五條謹錄最要者二十八條

王念孫手迹

王引之手迹

自序

從清代高郵王念孫、王引之父子逝世至今的一百八十多年中，語言文字學界對二王學術的研究持續不斷，時時有佳作面世〔一〕。有的專就其一書補充訂正，有的專就其一書詮釋評價，有的專就其一個學術分支描述討論，有的專就其一條學術理論或方法分析探討，有的專就其某個具體結論商榷求證，有的遵循其某些論説擴展延伸，撰成新作。

宏觀審視既有的研究，雖不乏真知灼見，但綜貫的研究、歷史的研究不足，未能全面系統地揭示二王理論體系、學術影響及其歷史地位，以致提供給學人的啟發和借鑒也就欠充分，研究與應用脱節。

表現之一，是研究範圍覆蓋的學術門類不全。高郵二王在文獻學、文字學、音韻學、訓詁學、修辭學、語法學諸方面都有獨到的貢獻，是語言文字學全才。可是一百八十多年來，學人大多衹以訓詁大師稱之；近當代音韻學著作若説到王念孫，大多衹提及王念孫的古韻部和四聲的研究，而且語焉不詳〔二〕；近年雖有學者涉足二王的修辭學和語法學，但遠未形成體系。至於二王在文字學、文獻學上的造詣，更鮮有道及。

表現之二，是價值取向上的重器輕道。按照我國道器並重的人文傳統，當我們評價一位學者的學術成就時，就不能不首先認識其學風。因爲，良好的學風，既是學人優良學術素養構成要素之一，又是學人賴以取得學術成就的前提之一，還是學人學術風格和學術特色的突出表現之一。在一百八十多年來的二王學術研究中，二王的學風，乃至官風、人風，竟未得到學界應有的重視和表彰。

表現之三，是研究路徑上的静止和平面的研究，而非歷史和立體的研究。學術大師的學術成就總是在繼承和出新中創造出來，又被後人繼承和發展。王氏父子之所以能被學界尊爲大師，不僅僅是因爲他們提出了許多經典的結論供後學遵用，而且是因爲他們承前啓後，創造性地總結並運用了一系列學術理論和方法，替後學確立了學術規範；還因爲他們研究過的課題前所未有或密于前修，替後學開闢了學術研究的新領域；也因爲他們對當時和後代學人産生了巨大而深遠的影響。在一百八十多年來的二王學術研究中，這些方面都未從歷史發展的角度得到系統而充分的梳理和闡示。

後人對二王學術的研究中存在這些局限，一個重要的原因，是後代學人大多没有見到除王氏五種以外二王存世的著作。

一九六二年，裴學海在《河北大學學報》上推出《評高郵王氏四種》，算是二王逝世以來近一百三十年中第一次對二王主要著作的系統梳理，但既非二王所有存世的著作，又沒有作綜貫的提煉，停留在文本評判的階段。一九九七年，舒懷《高郵王氏父子學術初探》面世，應是一百六十多年來第一次最廣闊最系統細緻的理論研究，但因當時出版條件和個人主觀條件限制，資料尚欠完備，其文字、文獻、修辭、音訓、語源、語法各章未列在書中，粗疏亦未免。進入新世紀以來，有薛正興《高郵王氏父子評傳》、鳳凰出版社二〇一〇年。王章濤《王念孫王引之年譜》廣陵書社二〇〇六年。新出，都全面利用了王氏大多存世文字，有所創獲。

據劉盼遂先生《高郵王氏父子著述考》和筆者所見，高郵王氏父子存世的著作近百種。除《廣雅疏證》、《讀書雜志》、《經義述聞》、含《春秋名字解詁》、《太歲考》。《經傳釋詞》、《康熙字典考證》五種以外，其餘都是單篇；有的已成文，有的尚是草稿或抄稿；有的散見於清中後期以來的叢書和諸儒著述中，有的已經王氏後嗣、羅振玉、劉盼遂等輯入專書，有的則零零落落地塵封在圖書館。這些資料都未廣流傳，查閱不易；又未加整理，利用不便。其內容反映了二王爲人、爲官、治學的人生歷程。除語言文字學外，還涉及政治、教育、倫理、吏治、曆法、水利、文學。若繼續任其散落於學人視野之外，繼續任其處於璞礦狀態，則不僅埋没先賢，而且局限後學，故筆者不避簡陋，在前人輯録的基礎上，又廣加蒐羅，並進行類聚、校點、注釋，勒成此集，奉獻給學界，希望推動二王學術研究向高處深處發展。

本集中的資料，是對通行的王氏五種的豐富和擴充，能和王氏五種一起再現二王及其學術的全貌，足以給迄今爲止的二王學術研究開闊視野，豐富佐證，乃至糾偏救弊。

先舉王念孫古音學説爲例〔三〕。

有清以來的音韻學界對王念孫的古音學説尚未有全面系統的研究。蓋因清代其他古音學家都有專門系統的著作傳世，而王念孫雖然自青年時起就系統研究過古音，但由於羞於與人雷同，一再將自己的書稿棄而不用，故没有古音學專著刊佈。高郵王氏五種中，衹有《經義述聞》附刊的《與江晉三書》、《與李方伯書》、《古韻二十一部表》等有限資料反映王氏古韻説和古聲調説的梗概。

本集中，能再現王氏古音學説的資料有以下五類：

第一類是與友人書札，如《與陳碩甫書》、《與孔廣森書》、《與段玉裁書》、《與丁大令若士書》、《與宋小城書》等。

第二類是序跋，如《〈六書音韻表〉書後》、《書錢氏〈答問〉「地」字音後》等。

第三類是古韻譜，如《古韻譜》、《〈詩經〉〈楚辭〉群經韻譜》、《經韻》、《説文韻譜》等。

第四類是考證文字，如《釋大》、《〈爾雅郝注〉刊誤》、《〈方言〉疏證》、《讀〈説文〉記》等。

第五類是散見於及門弟子和後學著述中的文字，如宋小城《諧聲補逸》、丁若士《形聲類編》、王國維《補高郵王氏〈説文諧聲譜〉》等。

筆者曾綜合考察《廣雅疏證》、《讀書雜志》、《經義述聞》、《經傳釋詞》中關於合韻、音轉、韻部、聲類的片段文字和上述五類遺文，構建出王氏古聲紐二十三母、古韻二十二部、古有四聲這一清晰完整的古音系統和古音通轉規律，並對其古音系統的來龍去脈、成就和局限、影響和地位作了粗略的比較評判，認爲其研究範圍之全面，建樹之廣泛，認識之細密，應用之嫺熟，在清代古音學家中首屈一指，並直接影響到清中後期至今的古音學界。

再舉王氏《説文》學爲例〔四〕。

王氏《説文》説，没有鴻篇巨製，衹有零簡單篇，計有《説文解字叙》、《説文解字注序》、《〈説文解字〉校勘記》（殘稿）、《王氏讀〈説文〉記》、《説文段注簽記》、《刊正〈諧聲補逸〉》、《批注〈説文繫傳〉》、《石臞先生注〈説文〉軼語》、《日處君而盈度賦》、《段若膺墓志銘》等。此外，王氏《廣雅疏證》、《讀書雜志》、《經義述聞》、桂氏《説文義證》諸書中有王氏校注《説文》大小徐本和刊正段《注》的札記二百餘條。

根據上述資料，再參考王氏其他序跋和書札，筆者曾把王氏《説文》研究的内容和方法歸納如下：

先説内容。

内容之一是綜論，即綜合闡述自己的《説文》學思想。首先，王氏對《説文》的内容和性質有超乎前人的認識，認爲「《説文》之爲書，以文字而兼聲音訓詁者也」，即形音義兼釋的書。其次，是王氏「六書」説。王念孫早年説：「伊皇頡之作文，本六書以爲質：轉注則考、老並垂；假借則令、長共述；止戈爲武，人言爲信，識會意之最精；从工爲江，从可爲河，見諧聲之至密；惟象形之一端，與指事而並出，是故三畫而連其内謂之王，一規而注其中謂之日。」這在概念上祖述許慎，但明顯突出了轉注、同戴震、段玉裁，指互訓。假借、形聲的重要性，爲其音義關係理論找到了堅實的依據，也爲其訓詁學思想奠定了基礎。到中晚年，這種思想更加鮮明，並指出假借有本無其字和本有其字兩種，即造字的假借和用字的假借。因爲，「《説文》之訓，首列製字之本意，而亦不廢假借。凡言『一曰』者，及所引經，類多有之，蓋以廣異聞，備多識，而不限於一隅也。不明乎假借之指，則或據《説文》本字以改書傳假借之字，或據《説文》引經假借之字以改經之本字，而訓詁之學晦矣」。而要明「正義借義，知其典要，觀其會通」，則必須明轉注、假借。至於形聲，既可資以明訓詁，又可資以考古音。其作韻譜，補諧聲，因聲求義，探語源，足爲證明。故王氏校注文字，雖然重視「推求字畫」，「辨點畫之正俗，察篆隸之繁省」，但又明確提出「就古音求古義，引申觸類，不限形體」的釋字原則，堅決反對衹「知有文字而不知有聲音訓詁」的淺陋之學。此外，王氏還提出了治《説文》的路徑。他説，《説文》大要，「約有四端：一曰部分之屬而不可亂，一曰字體之精而不可易，一曰聲音之原可以知，一曰訓詁之遺可以補」；治《説文》，若能「部以屬之，體以別之，音以審之，訓以挈之」，則「文字之事加諸蔑矣」〔五〕。

內容之二是校勘，即校正《説文》傳本文字訛誤，如大小徐本、李燾本、漢至明引用文字等。《讀書雜志》、《經義述聞》中有數百條考正，《〈説文解字〉校勘記》更是專事校勘之作。同時，對段玉裁、張次立諸人的改字，王氏也一一辨駁，《説文段注簽記》可證。

內容之三是訓釋，即訓釋許書文字的「本意」、造字意圖。「正義」、本義和引申義。「借義」。遺文中有上百條，大多精審。

內容之四是求聲，即據《説文》諧聲、讀若、重文、引經異文，探求正音、古本音。合音、周秦鄰近韻部相諧。轉音，古今音變。以幫助構建古音系統。王念孫説：「凡許氏形聲、讀若，皆與古音相準，或爲古之正音，或爲古之合音。方以類聚，物以群分，循而考之，各有條理。不得其遠近分合之故，則或執今音以疑古音，或執古之正音以疑古之合音，而聲音之學晦矣。」〔六〕這正是王氏據《説文》探求古音的綱領。

再説方法。

王氏對《説文》的校勘和注釋，往往有機地結合在一起，二者相輔相成。其校注的方法豐富靈活，而最主要的方法有以下兩種：

第一，揆諸經義，或曰「根柢經傳」，以説字的古義、古形、古音。如《説文・巫部》：「覡……在男曰覡，在女曰巫。从巫从見。」《説文繫傳》説字从見之意，「能見神也」。王念孫説：字从見聲，「支與元相出入，經傳中確有可據，而自來論音韻者皆未之及。」「再以或作、通作之字證之：《士喪禮》下篇注云：『古文算皆爲策。』《老子》『挻埴以爲器』，《釋文》云：『挻，如淳作繫。』……皆支元相通之證。」按：「覡」古韻在錫部，支部入聲；又古紐在匣母，「匣」與「見」爲旁紐，猶「或」之與「國」。古同字。故「覡」从見聲，於音理亦有據〔七〕。

第二，形音義互求。如《説文・火部》：「灰，死火餘㶳也。从火从又。又，手也。火既滅，可以執持。」王念孫説：「此後人不知古音而妄改之也。」「字蓋从火，又聲。」「从又聲者，《説文》『𥁕』从皿，有聲，讀若灰，一曰若賄。是『灰』在之部也。《管子・地員》篇『芬然若灰』，與『落』爲韻；《莊子・應帝王》篇『吾見濕灰焉』，與『怪』爲韻；《知北遊》篇『心若死灰』，與『骸』、『持』、『晦』、『謀』、『哉』爲韻……則『灰』在之部明矣。《吕氏春秋・君守》篇

『有事則不灰矣』，與『識』、『事』、『備』、『疑』、『來』爲韻……是从『灰』之字亦在之部也。」〔八〕

僅此二例，二王遺文對於今人開展二王及其學術研究的裨益，就可見一斑了。

本書丙編大多是二王師友及其後學涉及二王的文字，直接反映了清代學人與二王的交往、對二王行誼的認定和著述的評判，對二王學術的研究，能和甲編、乙編一樣，起到豐富佐證、開闊視野的作用。

本書末附《近百年高郵二王學術研究論著目録》，是丙編的拓展，爲有志於從事高郵學史研究的學者提供了資料綫索，也爲新課題的選取作了導引。

資料的蒐集整理，是學術研究的基礎工作。我們作爲資料員，至少可以省去學界同仁一些翻檢的時間和精力。但願合集面世後，二王學術的研究，更全面、更系統、更深入。

舒懷

【注】

〔一〕詳見本書附録《近百年高郵王氏父子學術研究論著目録》。

〔二〕同〔一〕。

〔三〕詳見舒懷《高郵王氏父子學術初探》第五章，華中理工大學出版社，一九九七年。

〔四〕詳見舒懷《高郵王氏父子〈説文〉研究緒論》，《古漢語研究》，一九九七年第四期。

〔五〕見《重刻〈説文解字〉敘》、《日處君而盈度賦》、《説文解字注序》、《經義述聞·通説》、《漢隸拾遺序》、《困學説文圖跋》諸篇。

〔六〕見《説文解字注序》。

〔七〕見宋小城《諧聲補逸》引。

〔八〕同〔七〕。筆者以爲「灰」从火从又，又亦聲。

凡例

一、清代高郵王念孫、王引之父子《廣雅疏證》、《讀書雜志》、《經義述聞》、附《太歲考》、《春秋名字解詁》。《經傳釋詞》、《康熙字典考證》五種，自問世以來，屢經刊印，流傳甚廣。本合集所收，乃上述五種以外各類存世文字。

二、輯録二王遺文，前人早已着鞭。先有王念孫次子王敬之編印《丁亥詩鈔》，王引之之孫王恩沛、王恩泰輯成《王文簡公遺文集》八卷、《高郵王氏家集》六卷；後有羅振玉輯印《王石臞先生遺文》五卷、《王文簡公文集》四卷《附録》一卷、並見《高郵王氏遺書》。《昭代經師手簡》；又有劉盼遂續輯《王石臞文集補編》不分卷、《王伯申文集補編》二卷《附録》二篇；並見《段王學五種》。近年又有李宗焜輯印臺灣史語所藏《高郵王氏父子手稿》。照乘之珍，韞匱而藏，有功於王氏，有益於後學。惜諸家所輯，傳佈不廣，查檢不易；多未加整理，使用不便；囿於見聞，遺漏亦不免。本合集收録諸家所輯二王遺文，又從圖書館藏稿、叢書和清代學者著述中蒐出若干篇，並增補二王後人、友朋及後學與二王有關之文字，都爲一集，付梓發行。

三、合集分爲三編：甲編收王念孫遺文，乙編收王引之遺文，丙編收二王後人、友朋及後學與王氏有關之文字，以與二王遺文互參合證。合集之末，附《近百年高郵二王學術研究論著目録》。

四、各編内，按體製分類；各類中，大致依時序排列。

五、各篇文字，均作標點、校注，而不作考評。

六、採用中華書局百衲本二十四史標點體例標點，而不用專名號；書名號用《》。

七、各篇後，列説明、校注二目。説明，交代文章出處、寫作時間或相關故實。校注，或校文字異同，或注釋人物、著作和生僻詞語。校勘，用（）指明訛字或衍文，用〔〕指明正字或補奪文。

八、手稿一律用繁體正書抄正，除避諱字、隸定篆字外，不改原文。所有簡筆字，一仍其舊。

目次

書札

碑傳

詩文

乙編　王引之文集 …… 一四八三

奏　議 …… 一四八五

序跋

丙編

序 跋

書札 …… 一九五七

甲編　王念孫文集

奏議

敬陳勦賊事宜摺 己未正月

爲敬陳勦賊事宜仰祈聖鑒事。本月初五日，奉上諭，「凡九卿科道有奏事之責者，務須宅心虚公，將用人行政興利除弊有裨實政者，各抒誠悃，據實敷陳」等因。臣竊惟方今應辦事宜，莫急於勦除教匪。伏念教匪滋事以來，蔓延四省，輾轉三年。國帑虚糜，而成功未奏；民生荼毒，而奸宄不除。將領則互相推諉，督撫則各分疆界，非無險隘，而守禦者無人。亦有捷音，而虚誣者過半，甚至有敗不聞，無功受賞。賊至則觀望不前，賊去則尾追無及，老師費財，虐民玩寇，今日之勢然也。臣愚以爲苟不舍舊謀新，別議剿除之策，竊恐教匪之猖獗日甚，貧民之脅從日多，或再遇水旱之災，則其亂愈熾矣。臣不揆愚陋，敢敬舉六事，爲我皇上陳之：

一、除内賊以肅朝寧也。大學士公和珅〔一〕，受大行太上皇帝知遇之隆，位居台輔，爵列上公，不思鞠躬盡瘁，惟知納賂營私，圖一己之苞苴，忘國家之大計，金錢充於私室，鋪面遍於畿輔。其家人劉禿子，本負販小人，倚仗和珅之勢，廣招貨賄，累萬盈千。大臣不法，則小臣不廉；貪酷之吏，習以成風，窮迫之民，激而生變。猶不引身避位，上疏自責，鬻貨攬權，恣睢益甚。軍營積弊，隱其事而不言；軍報已來，遲之久而不奏。故封疆大吏躬爲欺罔而不懼者，恃有和珅爲之黨援也；督兵將領侵冒國帑而不悛者，恃有和珅爲之掩飾也。以至軍情壅蔽，賊勢浸淫，上累大行太上皇帝宵旰焦勞，精神漸減，而和珅恬不爲意。臣竊以爲和珅之罪，不減于教匪。内賊不除，外賊不可得而滅也。臣聞帝堯之世亦有共、驩，及至虞舜在位，咸就誅殛。由此言之，大行太上皇帝在天之靈，固有待於皇上之睿斷也。

一、擇經略以專責成也。臣伏思川、陝諸省將領，人人觀望，莫肯争先擊賊，以至邪匪無所畏忌。又其甚者，反縱兵丁鄉勇以劫良民。民内迫于官兵之擄掠，外怵于邪教之縱橫，其不轉而從賊者鮮矣。且剿賊諸臣所以徘徊不進者，蓋有故焉。軍營之中，日費數萬，月費百萬，浮開者多，實用者少。假令一日滅賊，則國家之帑金不得再發，而諸臣之冒領不得再行；且恐蕆功之後無可報銷致干重咎，此其養寇之私心也。臣伏思往者，金川之叛〔二〕，王倫之叛〔三〕，林爽文、蘇四十三之叛〔四〕，皆不旋踵而撲滅，蓋以朝廷特派一人董其事也。今勦除教匪，分責各省，別無總理之人。所以諸臣各不相下，又復互相推諉。臣愚〔以〕爲宜出自睿裁，精選一人英勇有智略者，使總數省勦賊之事，餘臣聽其節制，相邪匪情形以施殲滅之計，勘我軍功罪，以行不戰之誅。庶幾觀望者不敢不前，而烏合之衆無難撲滅矣。

一、扼險要以杜奔竄也。臣伏思邪匪之長技在行，而短技在止；得計在分，而失計在合。止則官兵圍而擊之，行則官兵不知其所向矣；合則官兵亦合而力足，分則官兵亦分而力單矣。臣愚以爲欲塞分竄之門，莫若即其常所往來之路最險要者，遣二三千人守之。其平原曠野無險可守者，則令堅壁清野，移小村入大村，遣賢守令或佐貳督率教導之。俾民間自練鄉勇，建築牆堡，置備鳥鎗、弓箭等器，賊至則守，賊去則追。彼邪匪轉掠鄉村，則限于牆堡而不得入；分竄他方，則扼于險隘而不得出，將不戰而自困矣。今邪匪多者十餘萬人，少者亦數萬人。臣竊計之，一人日食米一升，然則數萬人日食米數百石，十餘萬人日食米千餘石，人數愈衆，則食米愈多。一日不掠，則無米可食；所掠不多，則食之不飽，此必然之理也。今若扼險清野，使之無所得食，則數日之後，即飢困欲死。待其既困，然後以精兵擊而擒之，如摧枯拉朽耳。乃往者楚賊轉掠河南、陝西，而合于川賊；今者賊匪張漢潮又自陝西掠河南，而歸于湖北，往返數千里，如入無人之境。使諸臣早知其往返之路，扼要而守之，何以至此？此不知守險之明驗也。臣愚伏乞皇上諭令督撫，訪問邪匪出入之路險要可守者，一省共有幾處，奏明請旨，派勇弁兵丁守之。賊至則并力堵禦，無令度險。倘有邪匪由此出入而坐視不問者，即將守險之人立置重典；再選良能之吏，行堅壁清野之策。邪匪雖多，可安坐而制其命也。

一、廣召問以知實情也。臣伏思天下之患，莫甚于壅蔽；人臣之罪，莫大于詐欺。恭惟大行太上皇帝軫念民艱，惟恐疾苦不得上聞，水旱盜賊未嘗有所忌諱。而督撫諸臣徒事粉飾，動云太上皇帝年高，不祥之語不宜入奏。諸臣本意，非果出忠愛也，不過身在事中，多所回護。倘將實在情形一一陳奏，則從前之弊既不能盡掩，此日之罪亦在所難逃。以是懷飾非護過之心，無憂國奉公之意，名爲粉飾太平，而實則自便其私也。臣伏思川、陝、楚、豫四省之人，豈無作京官者？又豈無在京候選者？方今會試，伊邇四省士子，又豈無來京應試者？彼係本省之人，賊匪所至，諒必素知。臣愚以爲宜分日召見，不拘人數，或京官，或候選官，或應試舉子，仰祈皇上天恩，假以詞色，俾暢言賊匪之虛實、軍營之勇怯，彼必不敢隱匿。臣又思四省學政既無治民之責，又無督兵之權，身在事外，無所用其回護。倘蒙皇上密旨，問以邪匪情形、軍營功效，限令即日奏聞，彼必不敢雷同掩飾。如此，則外省實情盡達天聽，封疆大臣不敢稍有蒙蔽矣。

一、明賞罰以課實效也。臣伏思行軍之道，信賞必罰，所以明耻教戰也。今剿賊諸臣，曾未能一舉蕩平，惟見捏詞奏捷，議叙多人。臣風聞諸臣每有捷書，皆係未經打仗之先即已擬定，所有議叙人員早行開列，甚至親戚、幕友、長隨、優人，或以情面請託，或以賄賂夤緣，皆得竄名其中，以邀爵禄。夫不戰而可以得賞，則人皆思不戰矣。賊匪縱横，誰肯争先擊之乎？臣伏乞皇上嚴諭督撫將領，務期賞必當功，不得冒濫陳請。倘有濫邀軍賞之人，一經聖明洞察，或經科道參奏，即將邀賞之人及濫請之督撫皆加以重罰。庶幾人知奮勉，不敢萌僥倖之心。而從前翫寇之官員將弁，亦須擇其尤甚者加以重罰，則諸臣莫敢不盡力矣。

一、撫良民以孤賊勢也。臣聞安民可與爲善，而危民易與爲非。往者，楚省教匪之起，由地方官貪酷成風，百姓窮促。又值苗匪滋事，籌辦軍需差徭之虐，科斂之苛，不能一日安枕。於是奸邪之民，始得誘之以叛逆。川省教匪之起，亦由地方官借禁止邪教之名，爲索取貨賄之地，百姓破産傾家，手足無措，挺而走險，遂蔓延至今。臣愚以爲民之已爲賊者，固宜勦滅；其未爲賊者，尤當安撫。民已安居，則從賊者少。賊無脅從之助，然後真賊可得。伏乞皇上諭四省督撫，選廉能之吏，盡心安撫。其與四省鄰近者，亦如此辦理，則各省居民不至爲賊所誘矣。方今百姓惑於邪教者甚多，如白蓮、八卦、順刀會之類隨在而有。惟在良吏，善爲撫綏，庶可回心革面也。抑臣又有請者：四川南充縣知縣劉清，潔己愛民，人人知之。曾經侍郎周興岱舉奏，而至今未蒙顯擢。湖北道員胡齊崙侵冒軍需，貪酷萬狀，人人知之，而至今未加顯戮。伏乞皇上乾綱獨斷，立即施行，使天下曉然知聖主彰善癉惡之意。庶幾廉者有所勸，不至中道而改操；貪者有所懲，或可回心而向善也。

臣本迂腐書生，不知兵事，何足以言天下大計？惟念臣世受國恩，身居言路，躬逢皇上求治之切如此，目擊諸臣殄寇之緩如彼，不勝葵藿之微忱，願效芻蕘之一得。管窺蠡測，自忘其愚。是否有當，伏乞皇上睿鑒施行。臣又見甘肅慶陽府知府龔景瀚所作《堅壁清野議》，與臣所見相合，而規畫甚詳。且所道情形，皆由目睹。臣既見其文，不敢隱匿，併繕寫恭呈御覽。謹奏。

【説明】

本文載《王石臞先生遺文》卷一。嘉慶元年春，白蓮教徒湖北宜都張正謨、襄陽王聰兒起義，隨之楚西各地白蓮教紛起。嘉慶四年己未，白蓮教起義蔓延陝、豫、川、楚四省，而奸臣首輔和珅，方黷貨攬權，恣爲欺罔，殘害忠良，朝臣無敢昌言其罪者。正月初八日前後，王念孫上此摺。嘉慶帝嘉納之，照摺以行，朝野争誦念孫疏中語，譽爲名臣奏議。

【校注】

〔一〕和珅（一七五〇——一七九九），滿洲正紅旗人，姓鈕祜禄，字致齋。執政二十餘年，封一等公。嘉慶帝嘉納王念孫奏摺，即詔佈和珅罪狀二十款，責令自盡，抄没家產。詳《清實録·仁宗實録》嘉慶四年下。

〔二〕乾隆十一年，大小金川土司内訌，莎羅奔劫持小金川土司澤旺，奪其印信，又攻革佈什咱、明正各土司。十二年，清廷出兵進討。十四年，莎羅奔請降，金川事件乃平。乾隆三十六年，大金川首領索諾木聯合小金川僧格桑反清，清廷再度用兵，四十一年二月平定叛亂。

〔三〕乾隆三十九年，山東壽張人王倫，利用清水教組織教衆，舉行起義。乾隆帝派兵會剿，九月，王倫兵敗自焚。

〔四〕乾隆五十一年十一月，臺灣彰化天地會首領林爽文率衆起事。五十三年，林爽文被俘，後在京被處死。乾隆四十六年，循化撒拉族中回教之新、舊教派發生衝突，清政府宣佈爲舊教作主，新教蘇四十三等率衆反抗，乾隆帝派兵征剿。四月，蘇四十三死，餘衆至七月失敗。

糧漕利弊説

糧漕之弊，其始受之者民也，而後乃及于運丁。小民輸糧州縣〔一〕，以應惟正之供〔二〕，咸以爲其分宜然也。且一畝之入，取升合之米以爲輸，將亦于民無苦也。乃爲州縣者，未必皆賢，遂思從而利其私橐。始猶不敢公然取之，但踢斛而已〔三〕。踢斛之所得無幾，則又爲之淋尖。淋尖之不足，則又爲之拋膹。拋膹之始，民未必從也，則又以雞粟之名，蓋之未已也。又有樣米之取。至取樣米之説興，而民愈無辭矣。所謂取樣米者，恐其米之不浄，且顆粒不完也，每石取十之一以入視，既入而不可復出，民其奈之何哉？然使必一石而後取其一，特不利於上中户也。乃有糧僅數斗而亦取其一者，而下户之民愈苦。至於不畏法者，則以私斛易官斛。尤其甚者，或刳官斛而大之。大抵一石之糧，非一石六七斗不能足。以萬石之漕爲例，每歲必浮取六七千石。爲州縣者，持此六七千石之米，欲糶之民則不可，欲售之鄰封又不能，於是封倉之術行焉。所謂封倉者，每届開徵之時，以八日或十日爲期，期内收，期外不收。小民至愚，恐失期而不能納，每年開徵，如期畢集。州縣無以卻之，於是所遣監收之家，人必日昃始至，倉又多方以難之；所收無幾，而日已入，則又俟之明日。僻鄉之民，至有負斗米入城守候，纍日盡食焉而返者。又或無親戚朋友之依，晝則暴日中，夜則露處。或就店而宿，則藁席之費、水火之費、飲食之費，鶉衣豕食之民，視一錢若命，其何以堪？乃民之米既不得兑，而州縣之計始得行。所謂州縣之計者，開折也。每一石之米，民間所售不過制錢千數百文，而州縣開折，或三四千，或五六千不等。是州縣之以本色浮取者，既得過半之利，而以折色浮取者，又得倍蓰之利，何爲而不取折色也？州縣既取折色，吏胥又從而染指，而民乃重受其剥削，而不敢一言以申氣。於是奸胥、蠹役、豪民、劣衿包攬之端起焉。包攬之非，雖由於下，而實州縣有以致之。苟州縣不爲浮取，孰得而包攬哉？且即包攬，而州縣之谿壑必盈，徒使諸人者多取於民耳。是漕糧之始，民之受其害者爲至甚也。然其始，僅一二不賢者爲之；迨其後，則無不爲之矣。其始也，州縣私取之；其繼也，府分之，道分之，即督撫大吏，無不分取之。弊何由而除，民何由而甦乎？乃若州縣兑米運丁，而運丁之勒索州縣也亦有。故彼素見州縣之取民如此其甚，而又將受運官之需索，不於州縣之取，將焉取之？爲州縣者，出其所得千之一以與運丁，而運丁安然受之矣。于州縣無苦也，而運丁之受病，方其受兑於本省，糧道衙門有費；其在路，領運官有費，督運官有費，巡漕衙門有費，其至，通倉場衙門有費，巡倉衙有費，坐糧廳衙門有費。凡視此諸費，在官者十之六，在吏役者十之四。而本船之費，則舵工、水手、縴夫之工食，器械之修補，與夫遇淺則開駁，催趲緊則添夫，又不可以一二數。今之爲漕計者，必曰卹丁。卹丁者，必曰幫補。然試思丁所得之銀，果不足於用乎，抑有所以不足之故乎？今銀既不得實領，而復有諸費以窘之，如之何其能足也？不知其由，而但曰幫補，今歲補之，明歲又將不足。知其由，而使銀皆實領，官吏不敢妄取絲毫，雖不幫補，無不足也。至於禁州縣之浮取，尤必禁其開折，則禁其浮取易耳。

【説明】

文載《王石臞先生遺文》卷一，未詳年月。嘉慶四年，王念孫奉旨巡視淮安、濟寧漕務。此文殆作於是年。

【校注】

〔一〕輸，繳納。

〔二〕「惟正之供」，語出《尚書·無逸》。此指繳納法定的賦税；「正」通「征」，此指税收。

〔三〕踢斛，用脚踢量糧之斛，使斛填實，以利多收。以下「淋尖」、斛口堆尖。「拋臢」、斛堆滿後再加，使溢於斛外。「鷄粟」抵償損耗之名目。諸項，均爲多收浮取之手段。

籌濬徒陽運河摺

臣伏查江蘇徒陽運河爲江浙糧船經由要道，例設小挑大挑，以防淺阻。乃近年以來，河口内頗形淤淺，糧船出口較遲，間有脱幫者，以致渡黄不能迅速。臣再四訪問，係由徒陽運河兩岸太高，挑挖時出土甚難，是以承辦之員不能將土運出堤外，只於堤内兩旁堆積，一經坍塌，仍卸入河底，淤墊如前。計自京口至丹陽閘三十里内，河身最窄最淺淤墊最甚者，其故皆由於此。自應設法辦理，方足以去淺阻而便漕運。臣再四思維，土堆堤内既有坍卸河底之患，則不若堆於堤外方爲妥協。而堤外皆係民田，本非堆土之地，非通融辦理，則河中淤土仍然無處堆積。臣愚昧之見，應將京口以下至丹陽閘三十里堤外民田照原契價買多處，以爲積土之區。再於堤上開通缺口，以爲挑夫出土之路，則已挑之土可運至堤外堆積，不致仍前坍卸，有礙船行。而土有出路，承辦之員亦無從藉口草率，帑歸實用，工不虛糜。至所買民田，約須寬若干丈，長若干里，方足敷堆土之用。及給價買田之費，開溝運土之費，約須用銀若干兩之處，伏乞飭下江南督撫大吏，相度情形籌款辦理。是否可行，伏乞皇上聖鑒訓示。謹奏。

【説明】

本文載《王石臞先生遺文》卷一。嘉慶四年三月，王念孫奉命巡視淮安漕務，夏秋間於任上奏此摺。

請禁止道府州縣無事不得謁督臣摺

爲督臣防汛請旨禁止道府州縣不得無事往謁，以節糜費，以重職守事。竊查永定河每年伏、秋大汛，督臣駐劄長安城防護。聞得前督臣梁肯堂防汛之時，道府州縣紛紛就謁，不絶于道，以致僻壤固安供應公館至十餘處之多。伏思道府州縣職守綦重，遇有緊要事件，固不得不面禀督臣。若欲見面討好，藉口因公輻湊工次，甚屬無謂。且紛紛而來，即平時不事奔競者，或亦轉恐相形見責，不約而同。在上司固無責令必來之意，而多來一官，則辦差之縣多添一累。累既深，勢必剥取閭閻，以爲補苴，流弊滋甚。去年督臣胡季堂曾經禁止，無如相習成習，猝難改變。督臣察吏優劣，在乎貪廉，未便因此遽予糾劾。且罰不及衆，來者恃以不恐。臣現在督率廳汛各員駐隄，防守大堤，固不暇作此無益之酬應，以荒公事。而固安有地主之責，外來府道亦屬上司，少則尚可支撑，衆則疲于奔命。臣既知其弊，力不能除，惟有仰懇聖恩，際此防汛之初，請旨禁止，飭禁除道府州縣有緊要事件準其前赴長安城面禀外，其餘概不得藉口因公奔馳滋擾。庶僻壤無頁億之煩，而地方公事亦不至廢弛矣。是否有當，伏乞皇上睿鑒，訓示施行。謹奏。五月二十一日。

【説明】

文在《王石臞文集補編》，殆寫於嘉慶六年五月二十一日。王念孫不事請托，不喜應酬，實心辦公，於此可見。

籌復滹沱故道説

子牙河上游，即滹沱也。由獻縣迤北，經河間、大城、静海、天津以匯北運河。河間、大城、文安邑，地勢俱窪，而文安爲最。高宗純皇帝所以有《望窪亭》御製詩也。比因河不順軌，屢决西岸。一經漫溢，河間、大城害在終歲者，文安之害必至數年。自乾隆五十九年以來，於今七年矣。田廬墳墓，盡没於汪洋浩瀚之中。行道者，蒿目傷心；當局者，呼天欲訴。今築長堤以捍盛漲，移石閘以洩瀝水，誠拯溺之要務矣。雖然，猶有慮。此河大溜側注，西堤險工疊出，七年之間四遭漫决，已有明徵。現雖動帑普律加培高厚，而迎溜頂衝之險，仍然如故。怒浪洶濤，日朘月削，既無掃廂以資抵禦，又無石壩與爲分洩。輒恐單堤一綫當此急湍，不數年而漫决仍難保也。可慮者，此其一。石閘以洩瀝水，無如盛漲之時，外高於内，無可宣洩。霜降大河水落，而甯晉泊所放之水接踵復至，外槽常盈，則内水之得放無日。迨至凌汛過後，再行啓閘，而二麥已無及矣。夏秋之間，又值瀝水。是河之漫溢，固成巨浸。即不漫溢，而水澇之積，或至半載。縱消涸之有期，已收穫之失望。偏災，乃其尋常；有年，實所僅見。況偷扒倒灌，更有意外之災乎？地勢西南高而東北下，三邑西南皆瀝水之來路，大清河横亘於北。河身本高，萬無可出。而東面子牙河日復淤積，方虞倒灌之不遑，何能宣洩？可慮者，此又其一。限於地之無如何，策其勢之所必至，蠲賑之費，卒無已時；生靈之憂，伊於胡底；毁堤結訟，持械傷人，特其小焉者也。再四思維，莫若改復滹沱故道，庶幾抽薪釜底耳。攷滹沱一河，自獻縣西南完固口支分爲二：一入單家橋，由交河縣至青縣之鮑家嘴，匯南運河；一入臧家橋，由河間、大城、静海至天津縣，匯北運河。康熙五十年後，河流漸趨北道。雍正五年，單家橋流涸，遂併爲今河。數十年來，舊河爲獻、交、青三縣瀝水所注之區，廢雖久，其迹猶存，綿亘將及二百里。循舊挑濬，自完固口引溜入新河，俾由單家橋入交河縣界，經杜林鎮至青縣南鮑家嘴，以匯南運河。並於完固口北道及新河口二處，各建減水石壩一座。建在完固口者，仍分入今之子牙河。非山水迸發之時，壩外滲滴不過，即大汛所洩，其勢已去十之八九。建在新河口者，減溜入子牙故道，下老君泊，穿獨流疊道至宋家馬頭橋，歸現今子牙之下游，以入北運河。再於鮑家嘴迤下南運河之東岸静海一帶，相度地勢，開挖引河一道，即就引河頭建減水石壩一座，分運河之水入引河，以東注於海。滹沱既有完固口、新河口二處之壩分洩，運河又有東岸之壩旁消，則入運之水僅有三分之一。其勢已殺，雖遇盛漲，不至瀰漫。如此，不惟現估之子牙長堤及移閘抽溝等費可省，亦且王蕃村、閻兒莊、留兒莊等處閘壩，均可無庸。即以王、蕃二閘石料，拆爲完固口之用，閻兒莊石閘拆爲新河口之用，留兒莊石壩拆爲運河東岸之用，就近取給，不必另爲採購。縱或添湊，亦易爲力。此一舉也，有五利焉。河、大、文三邑頻年顛沛流離者，非關天灾，以子牙河故也。河流不改，淪胥之患終無止息，隨時補苴，無濟也。今滹沱仍歸故道，則宿患除矣。百萬生靈，各保其命；沮洳盡去，家室攸寧；勞在一春，逸於百世。將敦洽比之誼，同慶衽席之登。又何至以鄰爲壑，紛紛結訟也哉？此其利〔一〕也。近年三邑被潦，蠲免地糧，動輒數萬，賑卹灾黎，亦動輒數萬。自乾隆五十九年至今，三邑之叨蠲賑者四次，合而計之，不下二三十萬矣。現在築堤諸費，又復不貲。雖皇上念切民依，湛恩汪濊，獨何堪此無已之害，屢縻國家無窮之帑哉？今河流徙遷，則三邑永無水患。既無水患，蠲糧且不必，賑卹更無庸矣。益民即以益國，此其利二也。三邑在滹沱未經趨北之先，素稱沃壤。自河流合併，遂罹墊隘。方其槽深，足以容納，害猶未劇也。迨河底淤積日高，尋常之水即抵異漲，非復昔日情形。外高於内，田疇洿爲藪澤，河實使然。大抵河不漫溢之年，三邑得耕地畝，亦不過十之五六耳。今河既改流，故瀆遂空。不但河間、大城不苦積潦，即文安大窪亦得向東洩水。北有長堤一面，以禦淀河，已足晏然無事，雖東面一帶長堤，亦屬可有可無。區區廣安横堤、長城老堤，更屬無關緊要。將見此三邑之田，今日欲求一收不得者，他日皆滿篝滿車，蒲葦之區盡變膏腴之産。三時有慶，奚待蠲租？千耦其耘，且饒正賦。此其利三也。滹沱本入南運河，其入北運河，乃現在之所行。下游有格淀堤一道，乾隆十年所築，偪束尾閭，不使停緩；隔别清濁，不使混淆，實係衆河樞紐。自此堤衝決，遂支分一流於淀河，淀河即大清河。大清河既匯桑乾，不宜更匯滹沱以增其漲。且所匯之地，相距俱不甚遠。三河合注，清濁相混，則疏瀉不及，則上流受傷。比年以來，不特滹沱一河衝決頻仍，亦且大清、桑乾漫溢迭見。下壅上潰，皆滹沱會流之明效大驗也。今滹河復由故道入南運河，在南運河本係從前所匯之舊河，未爲加增，（南）北運河得少一股之漲，大清、桑乾亦可藉以安瀾。是治一河，而三大河並受其益。此其利四也。大凡行水之勢，宜直不宜紆；入海之口，宜近不宜遠。滹沱現行之道，由河間、大城、静海至天津西沽入運，經歷四邑，綿亘三百餘里。若故道，只歷交河、青縣二界，未及二百里。河長則所佔之地既長，而爲患之地亦長。以新較舊，長去三分之一。不惟可少歲修之費，亦且防範易周。此其利五也。以害若彼，以利若此，故道之當復，不待再計，決矣。或有慮之者曰「勞民傷財，不如其已」，而不知非也。得已之事，簣土亦不應勞，寸金亦所當惜。兹豈得已乎？計功受值，從古不廢。力役之征非創，實因在今大關水利之要，費雖甚浩，獲益良多。役即需時，害除不少。試思數年以來，漫溢頻仍，存無以養，没無以葬，其可憫孰甚焉？而且屢次蠲賦，屢次加賑，至於二三十萬，所傷不更多乎？此舉正爲民計，正爲財計。舍而弗事，輒恐下民其咨，而國帑亦不勝其耗矣。或者又曰：「於河、大、文等邑則誠利矣，獨不爲交河、青縣慮乎？」曰：不然。交河、青縣，本係滹沱舊由之區。循其迹而修復之，一律深通，正昭順軌。且今昔異形。昔日之滹沱，挾漳、滏二水，奔騰洶涌，其勢甚强。自康熙四十年後，漳水改注館陶。四十七年，全漳歸衛，而北道遂湮。是今日之滹沱，久已絶去漳水之助，所會者，獨滏陽耳。夫以昔日之挾二水而由此道也，未聞頻罹其患，今所挾止一水，多寡强弱正不同矣。況盛漲之時，又有完固口、新河口二處石壩分洩其勢乎？或者又曰：「舊河堤内多已成田，河復則田廢，無乃可惜？」曰：不然。成大功者，不能更避小怨。此河之廢甫數十年，獻、交、青之瀝水均藉宣洩，未盡湮塞。高處雖墾成田，亦茀有河之半耳。且兩堤之内，所寬無幾，非若平原之衡從其畝也。試以永定河下口言之，南北兩岸相距五十里，任水蕩漾。此五十里中，村莊不下百數，沃田不下數千頃。以較此河之所有，相懸奚啻倍蓰？方改下口之時，高宗純皇帝諭旨：「令各村莊之民移徙他處，毋許近河居住，以佔容水之分。其地畝之有糧者，悉行蠲免。」其故何也？爲民除害，自不得與水争地。睿慮至深且遠。今宜凜遵成法，查明堤内地畝。已陞科者，予以蠲除；若係私墾，無庸置議。況乎兩利相形則取其重，兩害相形則取其輕？惜此舊河一綫之田，而令河間、大城、文安、任丘、保定五邑數百村之田盡歸烏有，其害之輕重、利之多寡，不可同年語矣。即爲濱河居民計，河路既通，則舟楫往來不絶，藉以多謀生理，亦未始不有其利也。或者又曰：「滹沱水濁，不慮其淤南運河乎？」曰：滹沱入北運河數十年矣，未聞淤北運河也。不淤北運河，獨淤南運河，恐不其然。且南運河之爲滹沱所入，由來已久。自明至國朝雍正初年，三百餘年矣。粮艘輓運，無不稱便，亦未聞南運河有受淤之患也。或者又曰：「完固口分爲兩流，豈不甚便？何必更建石壩？」曰：分流未始不可，但完固口不建石壩，則溜終向北趨，新河不久仍涸。只可於盛漲之時減洩，不可於尋常時分溜。凡治(渾)〔運〕河，胥是道也。且有河，即須築堤。既築單家橋迤南一帶之堤，又築臧家橋迤北一帶之堤，不但日後歲修較增於昔，而目前之費，亦必加多。今有兩壩分洩之名，而無兩河並行之實，則堤工只須一處，作堤之土，即取給於河身。并將所省現在估築等費，移而用之，以工抵工，以項抵項，則事半而功倍矣。

【説明】

文載《王石臞先生遺文》卷一，寫於嘉慶六年辛酉，以文内有「自乾隆五十九年以來，於今七年矣」一語知之。

上顏制軍論直隸河渠言（一）

直隸大川有五：曰南運河，曰北運河，曰永定河，曰大清河，曰滹沱河。大清河之下游，謂之淀河。滹沱河之下游，謂之子牙河。永定、大清、子牙三河，必先合南北兩運而後入海河。每當伏秋之交，五河泛漲，畢注三岔一口，而海潮牴牾，洄漩不下，上游隄岸田廬咸受其害。欲治直隸之水，必先治南北兩運河之減河；減河治，則入海之路有所分，而海河之受水較少；受水較少，則易於消納，而永定、大清、子牙三河，乃得暢然入海河而東注。此治水之所以必先下游也。查北運河之兩減河、南運河之兩減河，及南運河在山東境内之兩減河，皆不無淤塞，今宜大加疏濬，使得暢流入海。此六減河者既已疏濬，則南北兩運河不專恃海河爲出路，而入海之口自寬矣。南北兩運河既治，則次及於子牙河。當查明格淀隄殘缺卑薄之處，急爲修補。自當城以下修築堅實，不設涵洞，以復其舊。再將子牙故道挑挖深通，仍由紅橋入運，則來溜遄行，沙不旁散，自無壅塞之患矣。其子牙河之在大城境内者，向分爲正、支二河。後大溜全歸支河，而正河遂淤。今當將正河疏濬深通，使兩河分流，以殺盛漲。其在獻縣者，當將完固口一帶疏濬深通，而於完固口建減水石壩二座，分水入減水河，以殺盛漲。如此，則子牙一河下游既得暢行，上游又得分泄。或疏或築，次第興舉，自可無潰決之虞矣。子牙河既治，則次及於大清河。大清河以東西兩淀爲停蓄宣泄之地，今當開通趙北口橋下各河，導西淀諸水，由毛兒灣入玉帶河。又開通雄縣之窑河，以分白溝入淀之勢。又開通盧僧河，以分白溝上游之勢。此西淀諸水之當治者也。東淀之中亭河，當挑濬寬深，使與玉帶河分流，以緩盛漲。又玉帶河自苑家口以東，分南北中三股，實爲東淀之腹，尤需挑濬寬深，使周通貫注，以資暢達。其自楊芳港至三河頭，均應一律開挑，以暢尾閭。此東淀諸水之當治者也。兩淀南岸千里長隄，處處殘缺，應一律加高培厚，以資捍禦。如此，則大清一河，首尾全治矣。至永定一河，挾山西、直隸衆山之水，建瓴而下，一過盧溝，則地勢漸平，水流漸緩，而沙亦漸停；及至下游，則沙無出路，而日漸淤塞。惟有將兩岸隄工增卑培薄，或添建埽工，以資捍禦，再於上游高處添建減水壩，以分盛漲之勢，亦得爲補偏救弊之方。格淀隄既已修復，則子牙、大清兩不相混，而永定、大清二河尾閭皆得暢泄，抑亦不無小補。是格淀一隄，實爲三河之關鍵也。總之，南北運河之減河既經疏導，則入海之路寬；格淀隄既復，則清濁各不相干；而子牙、大清、永定三河咸得暢流而入運。五河既治，則全省河道已得其大綱，其餘衆河應由各道府廳州縣逐一查明，分別奏辦。雖一勞難言永逸，而除害即以興利，實於河道民生大有裨益。

【說明】

文載《王石臞先生遺文》卷一，寫於嘉慶八年癸亥。顏制軍，直隸總督顏檢惺甫。

【校注】

〔一〕「言」，當爲「書」，見《國朝先正事略》。

劾貪吏黃炳摺

爲貪吏朘民，上司狥庇，據實奏聞，仰祈聖鑒事。竊查署濟寧州知州黃炳，自去年九月到任以來，任性濫刑，酷以濟貪，怨聲載道。然皆得自傳聞，未有實據。查濟寧南關一帶，商賈聚居，往年皆於燈節前普律開市。今年正月十六日，臣自濟寧起身，赴臨清一帶查驗挑工，見城内城外惟有小鋪開張，而各大行鋪均未開市。風聞該州索取各行鋪陋規，約在開市付銀，以致各家延挨觀望，然亦未有實據。十六日，查工至長溝地方，有糧行經紀孟傳松、李魯振以勾串詐財等詞具控，并據口稱各行俱已罷市等語。及二十三日，臣自臨清查工，回至張秋地方，接署内來信，則濟寧大市至二十二日尚未開張，始信孟傳松等所控詐財，所稱罷市之説，間屬有因。而該州已於二十日上省，臣即一面出示曉諭各行鋪速即開張，一面抄録孟傳松等呈詞，稟請撫臣參辦。蒙飭護兗沂道唐邦彦提集人證究辦，并委桃源同知吴學泗馳赴濟寧，確查稟覆在案。及臣於二十六日回至濟寧，則各行仍未開張，次日即傳該鋪户等面詢。據稱，緣該州到任以來，連次索要規費，稍不遂欲，即尋事端苛責。去冬，各行鋪所繳銀兩多寡不等，俱有行賬爲憑。今新正又索加增銀兩，約在開市交銀，鋪户力不能支，是以不敢開張等語，衆口一詞，并有呈閲賬目者。驗其情事，實非虚捏。臣隨諭以「業經具稟巡撫，爾等宜静候查辦，豈得相率停行，自取罪戾」；隨又出示曉諭，各行鋪始於二月初二日普律開張。適護兗沂道唐邦彦到沛，臣即將前事面囑查訊，并將詢悉緣由稟明撫臣在案。次日臣與唐邦彦均奉撫臣委查各縣水利，查畢之後，臣即由沛縣、滕縣、嶧縣一帶查驗挑工，於□□日回至濟寧，則唐邦彦已到濟二日，僅傳訊孟傳松等一案，而各行鋪罷市之事，尚未傳訊。看此光景即不得已，而審辦亦必不能徹底根究。又臣兩次具稟之後，撫臣並未委員摘印，但傳聞有將該州撤回之信。伏思皇上肅清吏治，聖諭煌煌，每以大法而小不廉爲誡。且濟寧各行鋪陋規，自嘉慶四年以後，久已革除。今黄炳乃敢復蹈故轍，勒索多金，以致鋪户不敢開市。到任未滿五月，而聲名狼藉如此。若僅與撤回，則伊轉得擁重貲而去，且將來尚可得官。如此寬容，則貪吏復何所忌憚？伏乞皇上嚴飭撫臣，秉公審辦，據實具奏，抑或欽派大臣來濟審辦，以儆官邪而昭炯戒。臣職司河務，本無地方之責，但受恩深重，又與黄炳近在同城，不敢隨同狥隱。謹將各鋪户所呈賬目一紙，并抄録孟傳松等呈詞一張，隨摺恭呈御覽。謹奏。

【説明】

《摺》載《王石臞先生遺文》卷一，寫於嘉慶十二年丁卯。黄炳，嘉慶朝任濟寧知州。王念孫時任職山東運河道。劉盼遂《高郵王氏父子年譜》記入嘉慶九年，而王念孫始赴任，未便與事，故從閔爾昌《王石臞先生年譜》説。

挑濬趙王河議

東省運河，全賴湖水瀦蓄充盈。近年湖水短絀，前曾詳請挑挖牛頭河，而牛頭河之上游即係趙王河。乾隆五十二年興挑之後，微山湖水即長至一丈二尺有餘，前亦曾稟請河撫兩院估挑，因工長費重未辦。若爲運河久遠之計，總以挑趙王河爲正辦，但必需認真挑挖深通，方能有濟。今微山湖水衹餘六尺八寸，來年重運經臨，實不敷挹注。而趙王河工段緜長，一時不能挑成。欲爲暫時權宜之計，舍開放蘇家山閘，别無辦法。查引黄入湖，不能不稍有淤墊，原非良策。但行之，暫時尚無大害。緣蘇家山閘口僅寬四丈，又係石底，開放可有節制。且黄水出閘之後，先向東流入水線河，築壩攔向北流，再西北，乃由毛邨河流入微山湖。冬令水行不能甚暢，且沿河紆折，至入湖時，挾沙不多，湖底亦不至大淤。一俟湖水敷用，即將蘇家山閘口堵閉。此策尚可權宜辦理。至挑深運河一節，微山湖界趾雖在東省，其所蓄之水，東省惟八閘百餘里内資其灌注，江境則邳、宿一帶全賴此水下注。年來邳、宿運河淺阻，若將山東運河挑深，邳、宿以下全行高仰，於東省運道無甚裨益，而江境必致淺阻益甚；況湖水來原短缺，即將運河挑深，水勢亦不能增長。

【説明】

文載《王石臞先生遺文》卷一，寫於嘉慶十四年己巳。

查勘新舊唐河瀦龍河並東西淀應濬情形稟稿　嘉慶十四年十一月

敬稟者：職道奉委查勘西淀上游各河，稟辭後，即帶同委員前赴唐河新舊改流處所在，於唐縣、定州、曲陽交界地面往返相度。緣唐河上游皆在山中，自嵐疙疸廟以下，漸趨平地。嘉慶六年以前，水由廟東經釣魚臺山脚，將大溜挑而之西，是以水由支曹村外歸入舊河。嘉慶六年，改由廟西經吐山坡嘴，將大溜挑向東行，是以直注台頭村，衝成新河一道。今昔情形改易，實由於此。今欲改歸舊河，自應於新河頭築壩攔截。奈河寬四五里，盡係石子浮沙，不但艱於取土，抑且無處生根，況西有吐山坡嘴挑溜東行。若於東邊築壩，勢屬頂衝，斷難抵禦。且舊河已成平地，較新河現在水面高四五尺至七八尺不等。縱將一百六七十里之河身普律挑深丈餘，猶恐不能掣溜。此實限於地勢，難以改歸故道。而工鉅費繁，猶其後焉者也。職道伏思舊河既難改歸，則新河經行之定州、望都、清苑、安州等境，或應疏河，或應築堤。應請檄飭各地方官自行確勘，分晰估報，聽候憲臺委員覆勘辦理。職道查過唐河後，即赴豬龍河，從祁州三岔口，歷安平、博野、蠡縣、高陽等處，遞加察看。惟安平境内，經夏秋盛漲之後，河中鷄心灘淤積尤寬，高陽北岸之黑虎莊西衝成新河，直入安州馬棚淀。是以黑虎莊以下，至白洋淀之舊河，沙淤幾與地平，較之胡道春間所勘，稍有不符。其餘河形，核與胡道所稟無異。查豬龍河本受唐、沙、滋三河之水，而唐河水勢盛於沙、滋。原勘係備唐河改歸故道，是以估挑寬深，需費較多。今唐河既不入豬龍，施工自當酌減。職道細度情形，自三岔口至黑虎莊，河身計一百四十餘里，灣曲雖多，似毋庸普律開挑，擬擇其最甚者，裁灣取直；其次者，挑切淤嘴，以順溜勢。兩岸頂衝處所，或間做草工，或加培後創，以資抵禦。其黑虎莊至白洋淀之舊河身，計淤二十餘里，必須一律挑通，與新河分流，以殺盛漲。至黑虎莊西漫口，現據高陽士民呈請免築，即以馬棚淀爲下口。職道履勘河形，尚爲順利，似應如所請，爲分洩之路。而安州士民，又有不願改入馬棚淀之稟。其中有無關礙附近村莊之處，應請札飭該牧令，即速詳勘會議具詳，不得僅照士民一偏之見，據情率覆。至安州、新安積水，應將趙北口十二連橋以外之大港引河、馬道支河、窰河、盧僧河各處淤塞處所，一併開挑深通，使得消西淀上游之漲，且免拒馬河倒漾之虞。職道更有請者。西淀上游之水不能暢行，實由東淀各河淤塞所致。自東西兩淀相接之處，下至楊家河，計二百餘里，現在僅存一線單渠，焉能納七十二川會歸之水？縱使西淀各河先爲疏通，而東淀各河依然壅滯，則上游七十二川之水終無所歸。而瀦龍河爲衆水所過，流緩沙停，積淤如故，徒費帑金，所關非細。若準以治河之法，必以下游爲先。疏通一股，即獲一股之益。查張青口以上爲西淀，以下爲東淀。東淀之中，亭河上接十望河，下入臺山河，分減玉帶河盛漲，大爲有益，今已淤塞。又玉帶河至蘇家橋東，分南北中三股。其由石溝東至臺頭出楊芬港者，爲南股。雖經嘉慶十二年挑挖開，至深處不過四五尺。其由臺山東至勝芳者，爲北股。其由趙家房東至勝芳者，爲中股。二股俱由辛張出楊芬港，與南股會，今亦淤塞。均須疏濬寬深，使得周通貫注。其自楊芬港以東至楊家河，亦應挑挖，以暢尾閭。如是，則東淀之水暢達於西沽，西淀之水暢達於東淀，而西淀上游七十二川之水皆不致壅滯爲患矣。第工程既屬浩繁，辦理必分次序。準以先後緩急之義，似當以東淀爲先，而西淀次之，瀦龍等河又次之。酌分三年，先後遞舉，庶民力既得次第以赴工，經費亦舒徐而集事。應請憲臺先將分年辦理緣由分晰奏明，然後挨次確估土方、銀數，核實辦理。職道愚昧之見，與委員王倅等悉心商酌，意見相同。謹呈唐河、瀦龍河及東西淀圖説，惟祈採擇。如蒙允准，將來辦理，似當明立章程。更陳管見四條，伏候訓示。

一、宜設專員，以資經理也。直省自道府以至州縣，皆有本任應辦事件。若令專駐河干，勢必廢棄地方政務。而以工程喫緊而論，片刻不可無監視之員。無統轄，則事權不屬；無分任，則照料難周。應如何設立大小專員，責令妥辦之處，應請飭司會議詳請，奏明辦理。

一、宜嚴考覈，以收實效也。同一經手工程，其認真辦理者，可期久而無壞；其草率從事者，不過掩飾目前。即以土工而論，挖河用貼坡墊压，水冲便塌；築堤用偷根減硪，經汛必開。至石工草工，更須講究。其實在出力者，應請於工竣後加之奬勵，倘敢偷減，即應糾參。

一、宜籌善後，以期永久也。直省河道，其挾沙者不一而足。即如現勘之唐河，最爲渾濁，沙、滋次之，挖深之後，旋又掛淤，繼長增高，久而必塞。是以雍正、乾隆年間有垡船衩夫每日疏濬，所謂日計不足，月計有餘也。應請照舊添設，仍以備通省各河調撥之用，庶費不多而易辦，工不勞而克効。

一、宜申禁令，以防阻塞也。諸大川之水，以淀爲瀦蓄。考古九十九淀之名，今則半成平陸。始而藉沙灘夾壅淤泥，便栽靛草；繼而加糞土培成高地，即種稻粱。利之所在，日趨日衆。不查，則種地而隱糧；經訟，則陞科以免罪。歷任州縣不思水道之有妨，且圖徵收之日擴，殊不知增一分有糧之地，佔一分蓄水之區。統計易滄而桑者，爰止千頃？無怪一經盛漲，宣洩爲難。今請奏明，凡妨礙水道之處，無論爲靛池，爲高地，不問已陞科、未陞科，應開通者，一律開通；應裁切者，即便裁切。倘然假作墳墓，砌詞撓阻，按律治罪。又葦塘阻塞水道，所栽不多，越時滋蔓，根藏水底，易長難芟。請于夏令交伏後，凡經流阻塞之處，齊水面一併薙割，使水灌入箭中，其根自爛，下年不至再茁。在百姓，舍此儘有業可營；而河道所妨，須首先飭禁，并請通行印汛各官，此後將營種靛池、葦塘永爲禁令，違者以侵佔水道論。此外如漁户用竹編簖攔截河中名曰迷魂陣，最足以壅聚泥沙，亦請一體飭禁。

【説明】

稿載《王石臞先生遺文》卷一，題下署嘉慶十四年十一月。王念孫供職山東運河道六年，是年六月，調補永定河道，濟寧商民出郊遠餞，相屬於道。

序跋

重刻《説文解字》叙　代朱筠河作

叙曰：漢汝南召陵許君慎，范蔚宗《儒林傳》不詳，惟曰「五經無雙許叔重。爲郡功曹，舉孝廉，再遷除洨長，卒於家」；「作《説文解字》十四篇」。本書召陵萬歲里公乘許冲上書言：「先帝詔侍中騎都尉賈逵修理舊文」，「臣父故太尉南閣祭酒慎本從逵受古學」，「博問通人，考之於逵，作《説文解字》」，「凡十五卷」。「慎前以詔書校書東觀，教小黄門孟生、李喜等。以文字未定，未奏上。今病，遣臣齎詣闕」。「建光元年九月己亥朔二十日戊午上」。徐鍇曰：「建光元年，安帝之十五年，歲在辛酉也。」案《賈逵傳》：肅宗「建初元年，詔逵入講北宫白虎觀、南宫雲臺」。「八年，詔諸儒各選高才生，受《左傳》、《穀梁春秋》、《古文尚書》、《毛詩》」，「皆拜逵所選弟子及門生爲千乘王國郎」，「朝夕受業黄門署」。據此，知許君校書東觀，教小黄門等當在章帝之建初八年，歲在癸未也。本書許君《自叙》

言：「粤在永元困敦之年孟陬之月朔日甲申」，「次列微辭」。徐鍇曰：「和帝永元十二年，歲在庚子也。」案《逵傳》，逵以永元八年自左中郎將復爲侍中，〔領〕騎都尉，内備帷幄，兼領秘書近署。據此，知許君本從逵受學，其考之於逵作此書，正當逵爲侍中之後四年。其後二十一年，當安帝之建光元年，歲在辛酉，君病在家。書成，乃令子冲上之也。其始末略可考見如此。夫許君之爲書也，一曰世人詭更正文，鄉壁虚造不可知之書；一曰諸生競説字解經誼，稱秦之隸書爲倉頡時書；一曰廷尉説律，至以字斷法，皆不合孔氏古文，謬於史籀。恐巧説衺辭使學者疑，於是依據宣王太史籀大篆十五篇、丞相李斯《倉頡篇》、中車府令趙高《爰歷篇》、太史令胡母敬《博學篇》、黄門侍郎楊雄《訓纂篇》諸書，又雜采孔子、楚莊王、左氏、韓非、淮南王、司馬相如、董仲舒、京房、衛宏數十家之説，然後成之。又曰：「必遵〔修〕舊文而不穿鑿。」又曰：「非其不知而不問。」蓋其發揮六書之指，使百世之下猶可以窺見三古制作之意者，固若日月之麗天，江河之由地；其或文奥言微，不盡可解，亦必明者之有所述，師者之有所授，後學小生區見陬聞不得而妄議已。《易》曰：「書不盡言，言不盡意。」〔一〕陳其大要，約爲四端：一曰部分之屬而不可亂。《叙》曰：「其建首也，立一爲端」，「據形系聯，引而申之，以究萬原，畢終于亥。」是以徐鍇作《繫傳》有《部叙》二卷，本《易·叙卦傳》爲之，推原偏傍所以相次之故，使五百四十部一字不紊。今起「東」

既疑韵書，而比類又從字體，便於檢討，實昧形聲。自李燾之《五音韵譜》作，而部分紛然自亂其例矣。一曰字體之精而不可易。夫篆本異文而今同一首者，「奉」、「奏」、「春」、「秦」、「泰」是也。篆本同文而今異所從者，「辿」「從」、「赴」「徒」是也。「賊」之從戈，則聲，而改從戎；「賴」之從貝，刺聲，而改從負：半譌也。「䑞」之爲「舜」，「𡔳」之爲「壺」，「𠙹」之爲「曲」，「[illegible]」之爲「爵」：全譌也。以气化之「气」當「乞」，而「氣」牽之「氣」遂當「气」，於是有俗「餼」字；以「萎飼」之「萎」當「矮」，而「饑餧」之「餧」當「萎」，於是有俗「餒」字：此因一字而譌數字者也。「匈」已從勹，而又從肉，「州」已從川，而又從水，既重其類；「垔」從土而又土，「蜀」從虫而又虫，又重其從：此并二字以譌一字者也。從者失從，滋者不滋，自隸一變之，楷再變之，而字體莫之辨識矣。一曰音聲之原可以知。「𦥯」之從辰，囟聲，《玉篇》囟、窗同。《考工記・匠人》：「四旁兩夾窗。」窗一音悤。徐鍇以爲當從凶乃得聲，非也。「移」之從禾，多聲，古音弋多反。《楚辭》：「（夫）聖人（者）不凝滯于物，而能與世推移。（舉世）（世人）皆濁，何不淈其泥而揚其波？」徐鍇以爲「多」與「移」聲不相近，非也。「能」之足似鹿，從肉，㠯聲，古音奴來、奴代反。《詩》：「其湛曰樂，各奏爾能。賓載手仇，室人入又。酌彼康爵，以奏爾時。」〔二〕徐鉉等以爲「㠯」非聲，疑象形，非也。「摘」之從手，啻聲，陟革反，去聲則陟寘反。啻與商同文。摘與適同聲。《詩》：「勿予禍適，稼穡匪（懈）

〔解〕。」〔三〕徐鉉等以爲當從適省乃得聲，非也。此音聲之可據者也。一曰訓詁之遺可以補。《易》：「其牛觢。」〔四〕「觢」，一角仰也。《爾雅》：「皆踊觢。」郭注：「今(豎)〔竪〕角牛也。」《書》：「西伯既𢦔黎。」「𢦔」從戈，今聲，殺也，不當作「戡」。「戡」，刺也。《詩》：「深則砅。」〔五〕「砅」從水，從石，履石渡水也。「在彼淇厲」〔六〕，蒙「梁」而言，亦此訓也。「得此䵹𪓰」〔七〕，「䵹」亦爲鼀。鼀𪓰，詹諸。「縞衣綦巾」〔八〕，「綦」從系，畁聲，未嫁女所服，處子也。《周禮》：「(垗)〔兆〕五帝于四郊。」〔九〕「垗」者畔也，爲四時界，祭其中也。《春秋傳》：「修涂梁溠。」〔一〇〕「溠」，荆州浸也。《職方氏》豫州「其浸波溠」，鄭注：《春秋傳》曰：「楚子除道梁溠。」則「溠」宜屬荆州，在此非也。「闕䂬之甲」〔一一〕，「䂬」，水邊石也。《論語》：「小人窮斯𡢃矣。」〔一二〕「𡢃」從女，監聲，過差也。《孟子》：「呭呭猶沓沓也。」〔一三〕「呭呭」，多言也；「沓沓」，語多沓沓也。所謂言則非先王之道也。《爾雅》：「西至汃國謂四極。」「汃」從水，八聲，西極之水也。《廣韵》：「汃，府巾切，西方極遠之國。」又「普八切，西極水名也」。不當作「邠」。「邠」，周太王國也。此訓詁之可據者也。部以屬之，體以別之，音以審之，訓以槩之，文字之事加諸蔑矣。後之非毁許君者，或摘其一文，或泥其一説。歷代以來，不量與撼，要無足論。惟近日顧氏炎武修紹絶緒，學者所宗，而於是書亦有不盡然之言。盼遂案：顧説詳《日知録》卷二十一《説文》條。竊恐附聲，信近疑遠，是不可不辨。今如所舉，「秦」從禾，以地宜木；「宋」從木，爲居；「辥」從辛，爲辠；「威」爲姑，「也」爲女陰，「殹」爲擊聲，「困」爲故廬，「晉」爲日無色，「貉」之言惡，「犬」之〔言〕〔字〕如畫狗，「有」曰不宜有，「襄」爲解衣耕，「弔」爲人持弓會驅禽，「辱」爲失耕時，「臾」爲束縛捽抴，「罰」爲持刀罵詈，「勞」爲火燒門，「宰」爲辠人在屋下執事，「冥」爲十六日月始虧，「荆」爲刀守井。凡此諸説，皆始造文字之説，取用有故，必非許君之所創作。書契代遠，難以强説，復不當删。是以「觀象」「闕文」之訓，明著於《敘》，豈得以勦説穿鑿横暴先儒乎？至若江别汜洍，舃殊掔已，逑救各引，載旆爲坺，當時孔壁未亡，齊、魯、韓三家之《詩》具在，衆音雜陳，殊形備視，豈容廢百舉一，去都即鄙耶？又言别指一字，以「鎦」當「劉」，以「甹」當「由」，以「絻」當「免」，此説亦非。案本書之例，從某者有其部也，某聲者有其字也。「瀏」之從水，劉聲；「紬」之從絲，由聲；「勉」之從力，免聲，具著於篇。乃知書闕有閒，傳寫者之過。謂别指一字以當之者，謬矣。《記》曰：「今人與居，古人與稽。」〔一四〕「居」不當爲法古乎？《易》曰：「是興神物，以前民用。」〔一五〕「用」不當爲卜中乎？《費誓》之「費」改爲「粊」，訓爲惡米。案陸德明《經典釋文·曾子問》注作《粊誓》。「粊」音秘，鄭君説也。「童」爲男有辠。案《易》「喪其童僕」〔一六〕，作童。至「僮」之字，《國語》「使僮子備官而未之聞」〔一七〕，韋昭注：「僮，僮蒙，不達也。」《史記》樂府「使僮男、僮女七十人俱歌」。訓「參」爲商星，乃連大書讀「參商，星也」。即如《水部》「河水，出敦煌塞外」，「泑澤，在昆侖下」之例，明「參」與「商」爲星，非「參，商」，亦不知也。其引齊之郭氏及樂浪事，古人往往隨事博徵，不拘拘一説也。至援《莽傳》及讖記，以「劉」之字有卯金刀，謂許君脱其文。案「劉」之字從金，從刀，丣聲。丣，古酉字也，非卯字也。讖記不可以正六書。《後漢·光武紀·論》王莽以錢文金刀改爲貨泉，或以貨泉字爲白水真人。於篆，貨或近真人，泉豈得爲白水耶？《五行志》：獻帝初，「童謡曰：『千里草，何青青；十日卜，不得生。』」以千里草爲「董」，十日卜爲「卓」。案「重」字從壬，東聲，非千（草）里。「早」字爲日在甲上，非十日卜，又可據以爲證乎？又援魏太和初公卿奏，於文，文武爲「斌」，古未嘗有「斌」字。案「彬」從彡，從林，爲文質備。文武之字經典闕如，不知所從，無以下筆，徐鉉列之俗書，是也。又可據魏以疑漢乎？凡顧氏於説皆不足以爲許君病，輒附疏之，用詔學者。

【説明】

此《叙》原載朱筠《笥河文集》，劉盼遂收入《王石臞文集補編》。劉盼遂云：《朱笥河詩集·乙未送王懷祖詩》有云：「我方叙《説文》，資子口存舌。辨體音必兼，音嚮窮蚊蚋。聲五色亦五，北鴂和南鷟。要令江南士，通經字爲揭。」洪亮吉《更生齋文·甲集·書朱學士遺事》云：「先生購得許氏《説文》初印本，延高郵王孝廉念孫校正刊行。孝廉爲戴吉士震高弟，精于小學者也。」《章實齋遺書》九《與沈楓墀論學書》云：「〔昔〕朱竹君先生善古文辭，其於六書未嘗精研而心知其意。王君懷祖，固以六書之學專門名家者也。朱先生序刻《説文》，中間辨别六書要旨，皆咨于懷祖而承用其言。僕稱先生諸《序》，此爲第一，非不知此言本懷祖也，而世或譏之，此不可語於古人爲文之大體也。」盼遂案：今據朱詩、洪文及章書所言，則《説文解字》朱《序》蓋出自石渠捉刀，似無容置疑者。兹特定爲石渠之作，迻録於左，以見先生早年《説文》之學焉。

又云：案《序》中闡發經義之處，多未收于《述聞》中，此亦考先生經説所必資也。文成于乾隆癸巳正月十八日，時先生年方三十爾。盼遂又按：通首文中絶未提及竹君重刊許書之事，亦書序中之創例，或係先生擬作《説文叙論》，竹君逕取刊登卷端，亦未可知也。

據《朱笥河年譜》，乾隆三十六年，朱筠以翰林院侍讀學士奉命提督安徽學政，以十一月甲子到官，廣延名士。三十七年冬杪，王念孫自天長跋涉赴安徽太平府，從朱筠於安徽學政幕。三十八年，朱氏購得汲古閣許氏《説文》初印本。正月十八日，念孫爲之校正刊行，并代撰《重刻〈説文解字〉叙》。

【校注】

〔一〕從開頭至「言不盡意」，述《説文》成書。以後「四端」，述研治《説文》四法：熟悉編排體例、瞭解形體演變、追溯音聲之原、探求訓詁之遺。「部以屬之，體以别之，音以審之，訓以絜之，文字之事加諸蔑矣」。

〔二〕《詩·賓之初筵》。

〔三〕《詩·殷武》。

〔四〕《易·睽·六三》。此《説文·角部》引《易》，今本作「掣」。

〔五〕《詩·匏有苦葉》。「砅」，今本作「厲」。

〔六〕《詩·有狐》。

〔七〕《詩·新臺》。此《説文·黽部》引《詩》，今本作「戚施」。

〔八〕《詩·出其東門》。此《説文·糸部》引《詩》，今本用或字「綦」。

〔九〕《周禮·小宗伯之職》。此《説文·土部》引《周禮》，今本作「兆」。

〔一〇〕《左傳·莊公四年》。此《説文·水部》引《左傳》，「修涂」，今本作「除道」。

〔一一〕《左傳·昭公十五年》。此《説文·石部》引《左傳》，今本作「犖」。

〔一二〕《論語·衛靈公》。此《説文·女部》引《論語》，今本作「濫」。

〔一三〕《孟子·離婁上》。此《説文·口部》引《孟子》，今本作「泄」。

〔一四〕《禮記·儒行》。

〔一五〕《易·繫辭上》。

〔一六〕《易·旅》。

〔一七〕《國語·魯語下》。

書錢氏《答問·説地字音》後

錢氏《答問》曰：問：顧氏謂古音「地」如「沱」，《詩》「載寢之地」〔一〕，與「瓦」韻，不與

「裼」韻，且引《易・繫辭》「俯則觀法於地」與「宜」韻以證之，其説信否？曰：顧氏之説出於陳第〔二〕。第所據者，惟《楚辭・橘頌》，亦未敢改《詩》音以就楚音也。經典讀「地」字，大率與今音不異。《易・明夷・上六》：「不明，晦，初登于天，後入于地。」此以「地」韻「晦」也。《繫辭》云：「廣大配天地，變通配四時，陰陽之義配日月，易簡之善配至德。」又云：「知崇禮卑，崇效天，卑法地。」一與「時」韻，一與「卑」韻。顧氏皆棄不取，獨引「仰觀俯察」四句以謬成己説。愚謂此四句本非韻，即以韻求之，又烏知不與「物」、「卦」相協乎？籀文「地」作「墬」，从「㒸」不從「也」。「墬」之爲「地」，蓋起於春秋以後。近取《楚辭》以遠繩《詩》、《易》，吾知其必不然也。許叔重《説文》雖以「地」爲正字，仍兼取籀文，漢碑亦多用「墬」。《元命苞》云：「地者，易也。」《釋名》：「地，底也，諦也。」皆不從「也」聲之音。《秦始皇本紀》、《琅邪刻石文》以「地」與「帝」、「懈」、「辟」、「易」韻。《淮南・原道訓》：「一之理，施四海。一之解，際天地。」《太史公自序》：「維昔黄帝，法天則地。」《漢書・丙吉傳》：「（而）〔西〕曹地忍之。」亦讀「地」爲「第」也。顧氏謂司馬相如《子虛賦》始讀爲「徒二反」者，誤。

念孫案：顧説是，錢説非也。凡字從「也」聲者，古皆在歌部。故「池」、「馳」、「他」、「施」、「扡」五字見於《詩》者，皆如歌部之音，「地」亦猶是也。「載寢之地」、「載衣之裼」、「載弄之瓦」三句連文，而句法相同，不可分爲二韻。猶上章言「載寢之牀」、「載衣之裳」、「載弄之璋」也。故上章以「牀」、「裳」、「璋」、「喤」、「皇」、「王」爲韻，此章以「地」、「裼」、「瓦」、「儀」、「議」、「罹」爲韻。「裼」，他計反，於古音屬支部。支、歌二部之音最相近，故古或通用。若《楚辭·九歌》「悲莫悲兮生別離，離古讀若羅。樂莫樂兮新相知」、《大招》「(嫮)〔姱〕修滂浩麗以佳只，曾頰倚耳曲眉規只，滂心綽態姣麗施只，施古讀若莎。小要秀(領)〔頸〕若鮮卑只，魂(乎)〔虖〕歸(來)〔徠〕恩怨移只」、移古讀弋多反。《逸周書·周祝》篇「葉之美也(離)〔解〕其柯，柯之美也離其枝」、《管子·内業》篇「彼道不離，民因以知」、《莊子·馬蹄》篇「同乎無知，其德不離」、《韓子·外儲説下》篇引申子「慎而言也，人且知女；慎而行也，人且隨女」，隨古音□禾反。皆以支、歌通用。顧謂「裼」不與「地」協，非也，而讀「地」如「沱」則是也。若讀「地」如今音，以「子」、「裼」韻，而以「瓦」、「儀」、「議」、「罹」別爲一部，則既失本章之句法，又與上章之例相左矣。《易》之《繫辭》自「古者包犧氏之王天下也」以下，每多用韻之文，則「仰則觀象於天」以下四句自當有韻，何得以爲非韻乎？且「地」與「宜」相隔不遠，自當讀「地」如「沱」，以與「宜」韻。宜古讀若俄。乃讀「地」如今音，而不與「宜」韻，且遠隔三句而與「物」、「卦」爲韻，吾知其必不然也。錢氏誤讀《詩》、《易》，反謂顧氏近取《楚辭》以遠繩《詩》、《易》，傎矣。

錢又引《明夷・上六》「地」與「晦」韻，《繫辭》「地」字一與「時」韻，一與「卑」韻，以證今音之不誤。案「地」於古音屬歌部，「晦」、「時」二字於古音屬之部。歌部之音何能與之部通？「知崇禮卑」三句亦非用韻之文，錢既誤讀《詩》、《易》，又取《易》之不用韻者强以爲韻，不亦誣乎？錢又引籀文「地」作「墬」，說見下條。又《元命苞》、《釋名》、《秦刻石文》、《淮南・内篇》、司馬相如《子虛賦》、《史記》、《漢書》爲證。案讀「地」如今音者，實自《秦刻石文》始，而《淮南》以下皆沿其誤。然秦碑、漢賦不在《詩》、《易》之前，奈何取秦、漢以遠繩《詩》、《易》乎？至秦碑以「地」與「帝」、「懈」、「辟」、「易」韻，《淮南》以「地」與「解」韻，案《原道訓》「一之理，施四海。一之解，際天地」。此以理、海爲一韻，解、地爲一韻，非以理、海、解、地通爲一韻。《子虛賦》以「地」與「繫」韻，《史記》以「地」與「帝」韻，《元命苞》訓「地」爲「易」，於古音皆屬支部，不屬脂部。支歌二部之音相近，脂則遠矣。至《漢書》讀「地」如「第」，《釋名》訓「地」爲「底」，「第」爲脂〔部〕之去聲，「底」爲脂部之上聲，則「地」字始讀入脂部。《玉篇》「地」，題利反；《廣韻》收入《六至》，皆是脂部之去聲。此誤之又誤也。而錢氏不能區別，概引爲證，且引《明夷・上六》及《繫辭》爲證，則歌部之字竟與之部通矣。蓋錢氏於支、脂、之三部之界未能了了，故所引多謬也。

且「地」之讀如「沱」，不獨《詩》、《易》、《楚辭》也。《禮運》云：「命降於社之謂殽地，降於祖廟之謂仁義，降於山川之謂興作，降於五祀之謂制度，此聖人所以藏身之固也。」「地」、「義」爲韻，義古讀若俄。「作」、「度」、「固」爲韻。《廣韻》作又音臧祚切。《大戴禮・五帝德》篇：「養材以任地，履時以象天，依鬼神以制義，治氣以教民。」「地」、「義」爲韻，「天」、「民」爲韻。《逸周書・武寤》篇：「王赫奮烈，八方咸發，高城若地，商庶若化。」「烈」、「發」爲韻，「地」、「化」爲韻。化古讀貨平聲。《管子・五行》篇：「故通乎陽氣，所以事天也。經緯日月，用之於民。通乎〔陰〕氣，所以事地也。經緯星曆，以視其離。」「天」、「民」爲韻，「地」、「離」爲韻。離古讀如羅。「地」字皆讀如「沱」。《楚辭・天問》：「啓棘賓商，《九辯》《九歌》。何勤子屠母，而死分竟地？」「地」字亦讀如「沱」。又不讀《橘頌》一篇也。以上諸條皆在秦碑之前，而錢氏皆不取者，有所嫌而諱之耳。又《子虚賦》雖讀「地」如今音，而《上林》云：「其北則盛夏含凍裂地，涉冰揭河。其獸則麒麟角端，騊駼槖駝，蛩蛩驒騱，駃騠驢驘。」則又讀「地」如「沱」。錢氏引《子虚》而不引《上林》，亦諱之耳。漢人之讀「地」如「沱」者，尚不止此。《唐韻正》所載已詳，今不具録。

又案《説文》「地」字解云：「从土，也聲。」「墬」字解云：「籒文地，从土、𨸏，彖聲。」小徐本如是，大徐本作籒文地从隊，非。「彖」於古音屬元部，「也」於古音屬歌部，元歌二部之字古聲相近，故諸字亦相通。《説文》「萑」从隹聲，而萑讀如和；「閾」从戈聲，而讀如縣；「戊」从戈聲，而讀如環；「儺」从難聲，「譒」、「播」、「鄱」、「磻」並从番聲；「⿰鳥𦰩」从難省聲，讀若「受福不那」；「媻」从般聲，引《詩》「市也媻娑」，今《詩》作「婆娑」，故「原」聲屬元部，而《詩》「南方之原」與「差」、「麻」、「娑」韻。《東門之枌》。「難」聲屬元部，而「不戢不難」與「那」韻。《桑扈》。「其葉有難」與「阿」、「何」韻。《隰桑》。此皆元歌相通之證也。元、歌相通，則「墬」之从「彖」聲，猶「地」之从「也」聲也。然則「地」之本在歌部明矣，何反引籀文之「墬」以證「徒二」之音乎？

又案《説文》全書之例，凡小篆與古文異者，則首列小篆，而次列古文；其小篆與古文同者，則但列小篆，而不列古文，以小篆即古文也，若此者凡十之八九，其與古文異者不過一二而已。故《説文》「天」、「地」二字皆無古文。非無古文也，以小篆即古文也。惟籀文作「墬」字，與古文不同。《説文·叙》云：「宣王大史籀著大篆十五篇，與古文或異。」其作「地」者，則小篆之同於古文者也。不然，豈孔壁古文竟無「天」、「地」二字乎？錢氏未達此旨，又以「地」从「也」聲與己説不合，遂以「墬」爲古字，「地」爲今字，且云「墬」之爲「地」，殆起於春秋已後。此説不知何據？信如錢説，則必取經中「地」字盡改爲「墬」而後可，豈其然乎？

【説明】

本文載《王石臞先生遺文》卷四。《答問·説地字音》，見《潛研堂文集》卷十五《答問十二》，錢大昕撰。本文作於乾隆三十九年。乾隆三十八年十一月，朱筠偕王念孫返京，錢大昕得讀其新刻《説文解字》，作《答問》系列著作。

【校注】

〔一〕《詩・斯干》。

〔二〕陳第（一五四一——一六一七），字季立，號一齋，福建連江人，明代萬曆年間秀才，古音學家，著有《毛詩古音考》、《屈宋古音義》。

《六書音均表》書後

《六書音均表》「敄」聲在弟三部。此部爲陸韻平聲尤幽、上聲有黝、去聲宥幼、入聲屋沃燭覺。某案：「敄」聲似當在弟四部。此部爲陸韻平聲侯、上聲厚、去聲候。「務」從「敄」聲，而《詩》「外禦其務」〔一〕，《左傳》作「禦其侮。」〔二〕《檀弓》公叔禺人即務人。《逸周書・程典》篇以「務」與「寇」、「候」爲韻，又與「趣」爲韻。《呂氏春秋・音律》篇以「務」與「聚」爲韻。《太玄・務・次五》以「務」與「緰」爲韻。《務・測》、《事・測》以「務」與「趣」爲韻。《淮南子・要略》以「修務」、「泰族」爲韻。《左傳》莒公子務婁，以「務」、「婁」爲疊韻。《史記・天官書》以「霧」與「濡」、「趨」爲韻。霧從務聲。「鶩」從「敄」聲，而《淮南子・兵略》篇以「鶩」與「慮」、「鬭」、「懼」

爲韻。慮在弟五部，與弟四部字合韻。「鍪」從「敄」聲，而《急就篇》以「鍪」與「鉤」、「鍭」、「投」爲韻。「瞀」從「敄」聲，而《荀子・儒效》篇以「傋」、「瞀」爲疊韻，《漢書・五行志》以「傋」、「霿」爲疊韻。霿從瞀聲。「愗」從「敄」聲，而《楚辭・九辯》以「怐」、「愗」爲疊韻。所與「敄」聲之字通借及爲韻者，皆弟四部字也，以是明之。

【説明】

文載《王石臞先生遺文》卷四。乾隆四十五年庚子，王念孫始得段玉裁《六書音均表》，見本書甲編《書札・答江晉三論韻學書》及劉盼遂按語。

【校注】

〔一〕《詩・常棣》。

〔二〕《左傳・僖公二十四年》。

桂未谷《説文統系圖》跋

桂明經馥因羅山人聘爲《説文統系圖》〔一〕。許君之後，繼以江氏、顔之推、李陽冰、徐鉉、徐鍇、張有、吾丘衍，凡七人。余同年張舍人塤復欲繪入賈逵、許冲、顧野王、李騰、郭忠恕五人〔二〕。余案古專家之學，傳之者代有其人，見于各史《藝文志》備矣，然未有爲之圖者。桂君專心《説文》，且爲此圖，以置諸坐右。其篤信好學，可謂加人一等矣。第名之曰《説文統系圖》，則凡傳述許君之學者皆不可缺漏。考《隋書·經籍志》，梁有《演説文》一卷，庾儼默注；《宋史·藝文志》有僧曇域《補説文》三十卷，及錢承志《説文正隸》三十卷；《玉海》稱吴淑好篆籀，取《説文》有字義千八百餘條，撰《説文正義》三卷；又李燾有《説文五音韵譜》十二卷，及朱翱之作反切，句中正、葛湍、王惟恭之同掌修校，皆不可不圖者也。若夫原本許君之書而别爲一書者甚衆，顧野王、江式、顔之推、張有、吾丘衍而外，圖之不可勝圖。許君之學，本於賈逵。逵之學，本于其父徽。徽本于劉歆、塗惲、謝曼卿三人。《説文》所載，有劉歆、賈逵、杜林等十餘人之説。圖之亦不可勝圖，凡此皆不必圖者也。余之去取，大略如此，不知有當否也。〔三〕

劉盼遂按：右文據黎經誥《許學考》卷二十六録入。

【説明】

本文原載黎經誥《許學考》卷二十六，劉盼遂録入《王石臞文集補編》。《説文解字詁林補遺》録影印手稿，有「王念孫印」陰文印。

《説文統系圖》，桂馥請羅聘繪。是圖有朱竹君、張塤、丁杰、程瑶田、王筠、盧文弨、翁方綱、王念孫、薛壽、李祖望等多人題跋。圖中繪許慎、江式、顔之推、李陽冰、徐鉉、徐鍇、張有、吾丘衍等八人像，以紀《説文》學自漢至元之統系。圖在咸豐元年江都李氏半畝園刊《小學類編》。

王念孫《跋》作於乾隆四十五年庚子八月初五日。

【校注】

〔一〕羅聘（一七三三—一七九九），字遁夫，號西峰，歙縣布衣，善畫工詩，有《香葉草堂集》。

〔二〕張塤，字商言，號瘦銅，江蘇吴縣今屬蘇州市。人，乾隆三十四年進士，有《竹葉庵集》。

〔三〕《説文解字詁林補遺》影印手稿後尚有「上章困敦壯月之五日，高郵王氏念孫書」。「上章困敦」，即庚子年。乾隆四十五年。「壯月」，陰曆八月。

任子田《小學鉤沈》序〔一〕

元注：代王懷祖侍御作　　莊述祖

《小學鉤沈》若干卷，吾友任君子田所輯，録《倉頡》以下凡若干家。自嬴秦變古，而小學特盛於漢氏，逮魏晉以降，少雜矣。唐沿其流而不尋其源，至宋乃益微。夫以歷代之制作，通人學士所譔述，著之尉律，列之學官，而數百年間零落散亡，雖頗或見，又往往雜方外之篇，非佔畢所及，無復措意，則米鹽攈拾〔二〕。讀是編者，當知其用心之所在也。許叔重《説文解字》自言敘篆文而合以古籀，《倉頡》正字略具矣。今以《倉頡》、《三倉》參校，間有出入，蓋李斯等皆取大篆，或頗省改，謂之小篆。《倉頡》，故小篆也，漢閭里書師始易以隸。故《埶文志》云：「《倉頡》多古字，俗師失其讀。」由此言之，《倉頡》已非秦篆之舊，況其它乎？察古籀篆隸之升降，亦可見許氏之功，尤在存古文于既絶之後，而不必盡舉以繩漢後晚出之書。時或積楙詰詘，反爲俗學所訴病，要歸乎心知其意焉爾。任君勤于著書，采拓極博，業未及終而病，以其稿屬余。今去君之歿一年矣。存前哲絶學，踐亡友諾責，烏可但已。謹爲編次，坿以所見。其于六書有不可通者，亦并著之，竊比不知則闕之義，俟後之言小學者考焉。

盼遂按：按其時日，當作于乾隆五十五年庚戌，距任君不禄一年矣。後此三十二年，爲嘉慶十六年辛未。石臞、伯申父子共囑武進臧用中校勘《小學鉤沈》，而往反討論甚苦，殆不愧爲人謀而忠，傳而能習者乎！

【説明】

此《序》見莊述祖《珍藝宧文鈔》卷五，劉盼遂輯入《王石臞文集補編·附録一》。

【校注】

〔一〕《小學鉤沈》，十九卷，輯録漢魏六朝小學書佚文。前十二卷由王念孫手校付梓，後七卷由任大椿弟子汪廷珍屬王引之校正續刊。莊述祖遵二王托，亦參與校正，並代撰此《序》。

〔二〕「米」，《珍藝宧文鈔》作「來」，誤。

《宋質夫印譜》序

六書始亂於隸法，而大變於正書，假借展轉，漸失其真。往往考厥形聲，於義無取，相沿不正其謬。烏焉之誤，日多或有。爲指古字所由來，則俗耳相與疑怪矣〔一〕。宋君質夫稟承家學，以許祭酒《説文》爲宗，而能悉其精義。因而旁及秦漢以來金石碑版、彝器款識，以廣其所見。攷訂之暇，寄情鐵筆以自娱，亦復饒有古趣，非若時下牽就字體而爲之者。至於芝泥小押，使鐵如筆，字如鑄，則又有目共賞也哉。是爲叙。歲在甲寅孟春之初〔二〕。

【説明】

本文載《稽古山房印譜》、《王石臞先生遺文》卷二。《宋質夫印譜》，即《稽古山房印譜》，清宋侃刻。宋侃字竹亭，一字質夫，江蘇高郵人。

【校注】

〔一〕「俗耳」，《稽古山房印譜序》作「俗手」，是。

〔二〕「甲寅」，《稽古山房印譜序》作「甲戌」，誤。甲寅，乾隆五十九年。

《廣雅疏證》序

昔者，周公制禮作樂，爰著《爾雅》。其後七十子之徒，漢初綴學之士，遞有補益。作者之聖，述者之明，卓乎六藝羣書之鈐鍵矣。至於舊書雅記，詁訓未能悉備，網羅放失，將有待于來者。魏太和中，博士張君稚讓，繼兩漢諸儒後，參攷往籍，徧記所聞，分別部居，依乎《爾雅》，凡所不載，悉著於篇。其自《易》、《詩》、《書》、三《禮》、三《傳》經師之訓，《論語》、《孟子》、《鴻烈》、《法言》之注，《楚辭》漢賦之解，讖緯之記，《倉頡》、《訓纂》、《滂喜》、《方言》、《說文》之說，靡不兼載。蓋周秦兩漢古義之存者，可據以證其得失；其散逸不傳者，可藉以闚其端緒，則其書爲功于詁訓也大矣。念孫不揆檮昧，爲之疏證，殫精極慮，十年於兹。以詁訓之旨本於聲音，故有聲同字異、聲近義同，雖或類聚羣分，實亦同條共貫。譬如振裘必提其領，舉網必絜其綱。故曰：「本立而道生，知天下之至嘖而不可亂也。」此之不寤，則有字別爲音，音別爲義，或望文虛造而違古義，或墨守成訓而鮮會通。易簡之理既失，而大道多岐矣。今則就古音以求古義，引伸觸類，不限形體。苟可以發明前訓，斯淩雜之譏，亦所不辭。其或張君誤采，博考以證其失；先儒誤說，參酌而寤其非。以燕石之瑜補荆璞之瑕，適不知量者之用心云爾。張君進表《廣雅》，分爲上中下，是以《隋書·經籍志》作三卷，而又云梁有四卷，不知所析何篇。隋曹憲《音釋》[一]，《隋志》作四卷，《唐志》作十卷，今所傳十卷之本音與正文相次。然《館閣書目》云[二]：「今逸，但存音三卷。」是音與《廣雅》别行之證，較然甚明，特後人合之耳。又憲避煬帝諱，始稱《博雅》，今則仍名《廣雅》，而退《音釋》於後，從其朔也。憲所傳本即有舛誤，故音内多據誤字作音。《集韻》、《類篇》、《太平御覽》諸書所引，其誤亦或與今本同，蓋是書之譌脱久矣。今據耳目所及，旁考諸書以校此本。凡字之譌者五百八十，脱者四百九十，衍者三十九，先後錯亂者百二十三，正文誤入音内者十九，音内字誤入正文者五十[三]，輒復隨條補正，詳舉所由。《廣雅》諸刻本以明畢效欽本爲最善，凡諸本皆誤而畢本未誤者，不在補正之列。最後一卷，子引之嘗習其義，亦即存其説，竊放范氏《穀梁傳集解》子弟列名之例。博訪通人，載稽前典。義或易曉，略而不論；於所不知，蓋闕如也。後有好學深思之士匡所不及，企而望之。嘉慶元年正月叙。

【説明】

乾隆五十一年八月，王念孫始作《廣雅疏證》。嘉慶元年正月，撰《廣雅疏證》畢，自序之。

【校注】

〔一〕《音釋》，即《博雅音》，隋曹憲撰。

〔二〕《館閣書目》，即《中興館閣書目》，宋陳騤撰。

〔三〕《廣雅疏證》卷首作「五十七」，是，據補。

跋孫淵如藏《漢熹平石經》

淵如觀察得孫氏退谷研山齋所藏《漢石經殘字·尚書·盤庚》篇〔一〕，凡六行；《論語·爲政》、《堯曰》篇，凡十二行。其《盤庚》篇比之翁閣學摹刻本多一行〔二〕，乃「凶德綏績」四字左畔殘缺，「績」字則衹存右畔。此即何氏屺瞻所云越州石氏摹本〔三〕，洵人間至寶也。王念孫。

【説明】

此跋載《王石臞文集補編》，寫作時間不詳。考孫星衍有嘉慶十一年丙寅金陵刻本《魏三體石經遺字考》，嘉慶十三年戊辰采宋本《管子》與今本不同者寄示王念孫，則此跋當作於嘉慶十年至十三年之間。

【校注】

〔一〕孫星衍（一七五三—一八一八），字淵如，號伯淵，陽湖今江蘇武進人，目録學家、經學家，有《周易集解》、《寰宇訪碑録》等書，輯刊《平津館叢書》、《岱南閣叢書》等。孫承澤（一五九二—一六七六），字耳北，一作耳伯，號退谷，明末清初學者，山東益都人。孫氏藏有漢石經殘字拓本。

〔二〕翁閣學，即翁方綱。翁氏有《漢石經殘字考》一卷。

〔三〕何焯（一六六一——一七二二），字屺瞻，江蘇長洲人。孫承澤、孫星衍認爲此拓是熹平原石拓本，翁方綱、何焯認爲孫氏所藏爲越州石邦哲摹本。

《説文解字注》序〔一〕

《説文》之爲書，以文字而兼聲音、訓詁者也。凡許氏形聲、讀若，皆與古音相準，或爲古之正音，或爲古之合音〔二〕。方以類聚，物以羣分，循而攷之，各有條理。不得其遠近分合之故，則或執今音以疑古音，或執古之正音以疑古之合音，而聲音之學晦矣。《説文》之訓，首列製字之本意，而亦不廢假借。凡言「一曰」及所引經，類多有之。蓋以廣異聞，備多識，而不限於一隅也。不明乎假借之指，則或據《説文》本字以改書傳假借之字，或據《説文》引經假借之字以改經之本字，而訓詁之學晦矣。吾友段氏若膺，於古音之條理，察之精，剖之密。嘗爲《六書音均表》，立十七部以綜核之，因是爲《説文注》〔三〕，形聲、讀若一以十七部之遠近分合求之，而聲音之道大明。於許氏之説正義、借義，知其典要，觀其會通，而引經與今本異者，不以本字廢借字，不以借字易本字，揆諸經義，例以本書，若合符節〔四〕，而訓詁之道大明。訓詁聲音明，而小學明。小學明，而經學明。蓋千七百年來無此作矣。若夫辨點畫之正俗，察篆隸之緐省，沾沾自謂得之，而於轉注、假借之通例〔五〕，茫乎未之有聞，是知有文字，而不知有聲音訓詁也。其視若膺之學，淺深相去爲何如邪？余交若膺久，知若膺深，而又皆從事於小學，故敢舉其犖犖大者，以告綴學之士云。

嘉慶戊辰五月，高郵王念孫序。

【説明】

段玉裁《説文解字注》於嘉慶十二年丁卯撰竣，十八年癸酉冬始刻。見江沅《説文解字注後序》。此《序》載刻本，寫於嘉慶十三年戊辰五月。羅振玉收入《王石臞先生遺文》卷二。

【校注】

〔一〕原名《〈説文解字讀〉序》。《清史列傳·王念孫》、《抱經堂文集》盧氏爲段作的《序》亦作「讀」，《經韻樓集》始作「注」。

〔二〕合音，見《六書音均表》，段氏首倡合音説。

〔三〕「因是爲《説文注》」，《王石臞先生遺文》卷二作「因是爲《説文解字讀》一書」。

〔四〕「若合符節」，《王石臞先生遺文》卷二作「有相合無相害也」。

〔五〕「通例」，《王石臞先生遺文》卷二作「通訓」。

《述學》叙

《述學》者，亡友汪容甫中之所作也。余與容甫交垂四十年，以古學相底厲。余爲訓詁、文字、聲音之學，而容甫討論經史，確然疏發〔一〕，挈其綱維。余拙於文詞，而容甫澹雅之才跨越近代，每自媿所學不若容甫之大也。宦游京師，索居多感，婁欲南歸與故人講習。志未及遂，而容甫以病歿矣。常憶容甫才卓識高，片言隻字皆當爲世寶之，欲求其遺書而未果。歲在甲戌，其子喜孫應禮部試，以其父所譔《述學》已刻未刻者凡厶十厶篇索叙於余〔二〕。余曰：此我之志也。自元明以來，説經者多病鑿空，而矯其失者又蹈株守之陋；爲文者慮襲歐、曾、王、蘇之迹，而志乎古者又貌爲奇傀而俞失其真。今讀《述學》内外篇，可謂卓爾不羣矣。其有功經義者，則有若《釋三九》、《婦人無主答問》、《女子許嫁而壻死從死及守志議》、《居喪釋服解義》、《春秋述義》，使後之治經者振煩祛惑而得其會通。其表章經傳及先儒者，則有若《周官徵文》、《左氏春秋釋疑》、《荀卿子通論》、《賈誼新書叙》，使學者篤信古人而息其畔喭之習。其它攷證之文，皆確有依據，可以傳之將來。至其爲文，則合漢魏晉宋作者而鑄成一家之言，淵雅醇茂，無意摩放而神與之合，蓋宋以後無此作手矣。當世所最稱頌者，《哀鹽船文》、《廣陵對》、《黃鶴樓銘》，而它篇亦皆稱此。蓋其貫穿於經史諸子之書，而流衍於豪素。揆厥所元，抑亦醞釀者厚矣。若其爲人，孝於親，篤於朋友，疾惡如風，而樂道人善。蓋出於天性使然，視世之習孰時務而依阿澳涊者何如也。直、諒、多聞，古之益友，其容甫之謂與！余因容甫之子之求，而輒述容甫之學，與其文之絶世、人之天性過人者綴於卷末，以俟後之爲儒林傳者有所稽而采焉〔三〕。嘉慶二十年歲在乙亥，正月之七日，高郵王念孫敘。時年七十有二。

【説明】

此《敘》載汪中《述學》、粵雅堂叢書。《王石臞先生遺文》卷二。

【校注】

〔一〕「確然」，《王石臞先生遺文》誤作「搉然」。

〔二〕「者」字，《王石臞先生遺文》誤脱。

〔三〕「儒林」後，《王石臞先生遺文》有「文苑」二字，當從之。「采焉」後，《王石臞先生遺文》有「是爲敘」三字，而無「嘉慶」至「七十有二」二十六字。

《讀〈淮南〉雜志》叙

《淮南内篇》，舊有許氏、高氏注。其存於今者，則高注，非許注也。前有高氏《叙》一篇，《天文》篇注又云：「鍾律上下相生，誘不敏也。」則其爲高注無疑。其自唐以前諸書所引許注有與今本同者，乃後人取許注附入，非高氏原文也。凡注内稱「一曰」云云者，多係許注，則其爲後人附入可知。宋人書中所引《淮南注》，略與今本同，而謂之許注，則考之未審也。《道藏》本題「許慎記上」，蓋沿宋本之誤。是書自北宋已有譌脱，故《爾雅疏》、《埤雅》、《集韻》、《太平御覽》諸書所引，已多與今本同誤者，而南宋以後無論已。余未得見宋本，所見諸本中，唯《道藏》本爲優，明劉績本次之，其餘各本皆出二本之下。茲以《藏》本爲主，參以羣書所引。凡所訂正，共九百餘條。推其致誤之由，則傳寫譌脱者半，馮意妄改者亦半也。

有因字不習見而誤者。若《原道》篇：「先者踰下，則後者蹍之。」「蹍」，女展反，故高注云：「蹍，履也。音展。非展也。」而各本乃誤爲「蹷」矣。凡據諸書以正今本者，具見於本條下，後皆放此。《兵略》篇：「涉血蹍腸，輿死扶傷。」「蹍」亦履也，而各本又誤爲「屬」矣。《齊俗》篇：「穿窬拊（楗）〔揵〕抇墓踰備之姦。」「抇」，户骨反，掘也。各本「抇」誤爲「抽」，「墓」誤爲

「箕」。高注：「扫，掘也。」「掘」字又誤爲「握」，則義不可通。《兵略》篇：「毋扫墳墓。」《藏》本「扫」字又誤爲「扣」矣。《説山》篇：「鏏鼎日用而不足貴，周鼎不爨而不可賤。」「鏏」讀若彗，高注曰：「小鼎也。」各本「鏏」誤爲「錯」，又誤在「鼎」字下矣。《説林》篇：「設鼠者機動，釣魚者泛杌。」「泛」，釣浮也。「杌」讀若兀，動也。機動則得鼠，泛動則得魚，故高注云：「杌，動，動則得魚也。」而各本「杌」字乃誤爲「杭」矣。「使伹吹竽，使工厭竅，雖中節而不可聽。」「伹」，拙人也，讀若「癰疽」之「疽」，字從且，不從旦，故高注云：「伹讀燕言鉏同也」。而各本乃誤爲「但」矣。「使伹吹竽，使工厭竅」者，「厭」，於葉反，與「擪」同，一指按也。言使伹吹竽，而使樂工爲之按竅也。隸書「工」字或作「𢀚」，「氏」字或作「互」，二形相似，而各本「工」字遂誤爲「氏」矣。《修務》篇：「墨子趹蹏而趨千里。」「趹」讀若決，高注：「趹蹏，疾行也。趨，走也。」各本「趹」誤作「跌」，高注又誤作「跌，疾行也」，「蹏，趨走也」，則義不可通矣。「以一饐之故，絶穀不食。」「饐」即「噎」字也，而各本乃誤爲「飽」矣。「藜藋之生，螵螵然日加數寸。」「藋」，徒弔反，即今所謂灰藋也。藜藋之高過人，故云日加數寸。世人多聞藜藿，寡聞藜藋，而各本「藋」字遂誤爲「藿」矣。《泰族》篇：「呋聲清於耳，兼味快於口。」「呋」，於交反，與「咬」同，淫聲也，字從夭，而各本乃誤作「吠」矣。

有因假借之字而誤者。《覽冥》篇：「蚢鱓著泥百仞之中。」「蚢鱓」與「黿鼉」同，各本

「蚢鱓」誤爲「蛇鱓」，則與下文「蛇鱓」相亂矣。《道應》篇：「孚子治亶父三年。」「孚子」即「宓子賤」也，「宓」、「孚」聲相近，故字相通，而各本乃誤爲「季子」矣。

有因古字而誤者。《時則》篇：「孟秋之月，其兵戉。」「戉」，古「鉞」字也，而各本乃誤爲「戈」矣。《齊俗》篇：「煎敖燎炙，齊咊萬方。」「齊」讀爲「劑」，「咊」即「甘受和」之「和」。「咊」與「味」字相似，而各本遂誤爲「味」矣。《(條)〔脩〕務》篇：「感而不應，敀而不動。」「敀」，古「迫」字也，而各本乃誤爲「攻」矣。

有因隸書而誤者。《時則》篇：「具栚曲筥筐。」高注：「栚，持也，三輔謂之栚。」案「栚」讀若「朕」，架蠶薄之木也。隸書「栚」字或作「楑」，而各本遂誤爲「撲」矣。《覽冥》篇：「井植生梓，溝植生條。」《本經》篇：「山無峻榦，林無柘梓。」「梓」，古「櫱」字，伐木之更生者也。隸書「梓」字或作「梓」〔一〕，而各本遂誤爲「梓」矣。《精神》篇：「樣桷不斲，素題不枅。」「樣」即今橡栗字也。隸書「樣」字或作「様」，而各本遂誤爲「樸」矣。《本經》篇：「茇野莽，長苗秀。」高注：「莽，草也。」隸書「莽」字或作「美」，而各本遂誤爲「茨」矣。《道應》篇：「於是佽非敎然瞋目、攘臂拔劍。」隸書「眞」字或作「真」，與「冥」相似，而各本「瞋目」遂誤爲「瞑目」，且誤在「敎然」之上矣。《氾論》篇：「剛强猛毅，志厲青雲，非夸矜也。」隸書「夸」字或作「夲」，而各本遂誤爲「本」矣。《兵略》篇：「疾如鏃矢。」高注：「鏃，金鏃翦羽之矢也。」隸書「矦」字作「侯」，「隹」字作「隹」，二形相似，而各本「鍭」字遂誤爲「錐」，下文「疾如鍭矢，何可勝偶」，「鍭」字又誤爲「鏃」矣。《説林》篇：「故解捽者不在於捌格，在於批扰。」「扰」，竹甚反，深擊也，字從冘，冘讀若淫。故高注云：「批，擊。扰，椎。」隸書「冘」字或作「冗」，「亢」字或作「冘」，二形相似，而《藏》本「扰」字遂誤爲「伉」，劉本又誤爲「伉」矣。

有因草書而誤者。《齊俗》篇：「柱不可以摘齒，筳不可以持屋。」高注：「筳，小簪也。」案：「筳」讀若「廷」，言小簪可以摘齒，而不可以持屋也。「筳」與「筐」草書相似，而各本遂誤爲「筐」矣。

有因俗書而誤者。《原道》篇：「欲宍之心亡於中，則飢虎可尾。」「宍」，俗「肉」字也，《藏》本「宍」誤作「寅」，而各本又誤作「害」矣。《齊俗》篇：「夫水積則生相食之魚，土積則生自宍之獸。」「宍」亦「肉」字也，而各本又誤作「穴」矣。《天文》篇：「日行九州七舍，有五億萬七千三百九里，離以爲朝晝昏夜。」「離」者，分也，俗書「離」字作「雜」，各本則脱其右半而爲「禹」矣。《氾論》篇：「姦符節，盜管璽。」高注：「璽，印封。」俗書「璽」字作「坌」，而各本遂誤爲「金」矣。《詮言》篇：「寒暑之變，無損益於己，質有定也。」俗書「定」字作「㝎」，而各本遂誤爲「之」矣。《説林》篇：「若被蓑而救火，鑿竇而止水。」俗書「鑿」字作「𨮶」，各本則脱其下半而爲「毀」矣。

有兩字誤爲一字者。《説林》篇：「狂者傷人，莫之怨也；嬰兒詈老，莫之疾也。賊心亡也。」「賊」，害也。「亡」，無也。言狂者與嬰兒皆無害人之心也。各本「亡也」之「也」誤爲「山」，又與「亡」字合而爲「岂」矣。

有誤字與本字並存者。《主術》篇：「鴟夜撮蚤，察分秋豪。」「蚤」或誤作「蚤」，又轉寫而爲「蚊」，而各本遂誤作「撮蚤蚊」矣。《道應》篇：「豐水之深千仞，而不受塵垢，投金鐵焉，則形見於外。」「鐵」字或省作「銕」，因誤而爲「鍼」，而各本遂誤爲「金鐵鍼」矣。

有校書者旁記之字而闌入正文者。《兵略》篇：「明於奇賌、陰陽、刑德、五行、望氣、候星、龜策、機祥。」「賌」讀若「該」，「奇賌」者，奇祕之要，非常之術也。校書者不曉「奇賌」之義，而欲改爲「奇正」，故記「正」字於「賌」字之旁，而各本遂誤爲「奇正賌」矣。《説林》篇：「蘇秦步，曰何故，趨曰何趨。」「步」與「故」爲韻，「趨」與「趨」爲韻，隸書「趨」或作「趍」，故《淮南》書中「趨」字多作「趍」，校書者以《説文》「趍趙」之「趍」音馳，故旁記「馳」字，而各本遂誤作「趍曰何趍馳」矣。

有衍至數字者。《俶真》篇：「孟門終隆之山，不能禁也；湍瀨旋淵之深，不能留也；太行石澗飛狐句注之險，不能難也。」各本「不能禁也」下，衍「唯體道能不敗」六字，則上下文皆隔絶矣。

有脱數字至十數字者。《原道》篇：「此俗世庸民之所公見也，而賢智者弗能避，有所屏蔽也。」高注云：「以諭利欲，故曰有所屏蔽也。」各本正文脱「有所屏蔽」四字，則注文不可通矣。《道應》篇：「令尹子佩請飲莊王，莊王許諾。子佩具於强臺，莊王不往。明日，子佩跣揖，北面立於殿下」云云，各本脱「子佩具於强臺」至「明日」十二字，則上下文不可通矣。《氾論》篇：「故馬免人於難者，其死也葬之，以帷爲衾。牛有德於人者，其死也葬之，以大車之箱爲薦。」各本「葬之」下脱「以帷爲衾」四字，「牛」下脱「有德於人者」五字，「葬」下脱「之」字，「大車」下脱「之箱」二字，則文不成義矣。《説山》篇：「魄問於魂曰：『道何以爲體？』曰：『以無有爲體。』魄曰：『無有有形乎？』魂曰：『無有。』魄曰：『無有何得而聞也？』」各本「何得而聞」上脱「魄曰無有」四字，則上下文不可通矣。「一淵不兩蛟，一棲不兩雄。一則定，兩則争。」高注云：「以日月不得並明，一國不可兩君也。」各本脱「一棲不兩雄」以下十一字，又脱去注文，則「一淵不兩蛟」句孤立無耦矣。《説林》篇：「或謂冢，或謂隴；或謂笠，或謂簦。名異實同也。頭蝨與空木之瑟，名同實異也。」各本脱「名異實同也」五字，則義不可通矣。《人閒》篇：「魯君聞陽虎失，大怒，問所出之門，使有司拘之，以爲傷者戰鬭者也，不傷者爲縱之者。傷者受大賞，而不傷者被重罪。」各本脱「傷者戰鬭」至「縱之者」十三字，則上下文不可通矣。「夫上仕者，先避患而後就利，先遠辱而後求名。太宰子朱之見終始微矣。」「仕」與「士」同，各本「仕」上脱「上」字，「先避」下又脱「患而後就利」至「太宰子朱」十六字，則上下文不可通矣。「請與公僇力一志，悉率徒屬，而必以滅其家。其夜，乃攻虞氏，大滅其家。」各本脱「其夜」以下十字，則叙事未畢，且與上文「虞氏以亡」句不相應矣。

有誤而兼脱者。《原道》篇：「輕車良馬，勁策利錣。」高注：「策，箠也。錣，箠末之箴也。錣讀焫燭之『焫』。錣，行劣反。焫，如劣反。」《藏》本「錣」誤作「鍜」，注文誤作「策，箠也，未之感也。鍜讀炳燭之炳」，則義不可通矣。

有正文誤入注者。《主術》篇：「故善建者不拔，言建之無形也。」此引《老子》而釋其義也。各本「言建之無形也」六字皆誤作注文矣。《説林》篇：「疾雷破石，陰陽相薄，自然之勢。」各本「自然之勢」四字誤入注，則上二句爲不了語矣。「行者思於道，而居者夢於牀，慈母吟於燕，適子懷於荆，精相往來也。」各本「精相往來也」五字，亦誤入注矣。

有注文誤入正文者。《道應》篇：「田鳩往見楚王，楚王甚説之。予以節，使於秦。至，因見惠王而説之。」高解「予以節」云：「予之將軍之節。」各本此六字誤入正文「因見」之下、「惠王」之上，則文不成義矣。《人間》篇：「非其事者，勿仞也；非其名者，勿就也；無功而富貴者，勿居也。」高解「非其名者勿就」云：「無故有顯名者勿處也。」而各本此九字皆誤入正文矣。

有錯簡者。《天文》篇：「陽氣勝，則日修而夜短；陰氣勝，則日短而夜修。其加卯酉〔二〕，則陰陽分，日夜平矣。」各本「其加卯酉」三句，錯簡在下文「帝張四維，運之以斗」一節之下，則既與上文隔絶，又與下文不相比附矣。

有因誤而致誤者。《俶真》篇：「昧昧楙楙，皆欲離其童蒙之心，而覺視於天地之間。」「楙」讀若「懋」。高注云：「楙楙，欲所知之貌也。」「昧昧」、「楙楙」一聲之轉。各本「楙楙」誤作「晽晽」，字書所無也，而楊氏《古音餘》乃於侵韻收入「晽」字〔三〕，引《淮南子》「昧昧晽晽」矣。《主術》篇：「夫寸生於⿰禾票，⿰禾票生於日。」「⿰禾票」與「秒」同。「秒」，禾芒也。各本「⿰禾票」誤爲「⿰禾粟」，字書所無也，而吴氏《字彙補》乃於《禾部》收入「⿰禾粟」字〔四〕，音粟，引《淮南子》「寸生於⿰禾粟」矣。《齊俗》篇：「夫蝦蟇爲鶉，水蠆爲蟌。」高注：「蟌，蜻蛉也。」隸書「蟌」字或作「⿰虫忽」，因誤而爲「⿰虫⿱每心」，字書所無也。「蟌」讀若「蔥」，「蔥」字俗書作「葱」，校書者記「葱」字於「蟌」字之旁，因誤而爲「葱」，傳寫者又以「葱」字誤入正文，故「水蠆爲蟌」各本皆誤作「水蠆爲⿰虫⿱每心葱」，後人又爲之音，曰音矛、音務，皆不知何據，而《字彙補》遂於《虫部》收入「⿰虫⿱每心」字，音矛，又於《艸部》「葱」字下注云音務，引《淮南子》「水蠆爲⿰虫⿱每心葱」矣。「譬若水之下流，熛之上尋也。」「熛」讀若「標」，火飛也。「熛之上尋」猶言火之上尋。各本「熛」誤作「煙」，而

《藝文類聚》引此亦作「煙」，且在《火部》「煙」下，則唐初本已誤矣。《兵略》篇：「推其喑喑，擠其揭揭。」高注：「喑喑，欲仆也。揭揭，欲拔也。」「喑」，古「揺」字，因其欲仆而推之，故曰「推其揺揺」。隸書「揞」字或作「揺」，各本遂誤作「揞」，字書所無也，而《古音餘》乃於侵韻收入「揞」字，引《淮南子》「推其揞揞」矣。《説山》篇：「弊箅甑瓾。」高注：「瓾，甑帶。瓾讀鼃黽之鼃也。」「瓾」、「鼃」皆從「圭」聲，故讀「瓾」如「鼃」。各本「瓾」誤作「甀」，字書所無也，高注「鼃黽之鼃」又誤作「鼃黽之黽」，而《古音餘》遂於梗韻收入「甀」字，引高注「甀讀鼃黽之黽」矣。《説林》篇：「遽契其舟𣓨。」高注：「𣓨，船弦板。𣓨讀如《左傳》『襄王出居鄭地氾』之氾也。」「范」與「危」草書相似，故各本「𣓨」字皆作「桅」，而《古音餘》遂於陷韻收入「桅」字，引《淮南子》「遽契其舟桅」，音氾矣。

有不審文義而妄改者。《原道》篇：「乘雷車，六雲蜺。」謂以「雲蜺」爲六馬也。後人不曉「六」字之義，遂改「六雲蜺」爲「入雲蜺」矣。《主術》篇：「夫華騮緑耳，一日而至千里。然其使之搏兔，不如狼契。」「契」，公八反。「狼」、「契」皆犬名也。後人不知「狼契」爲何物，而改爲「豺狼」，其失甚矣。《齊俗》篇：「故六騏驥、四駃騠，以濟江河，不若窾木便者，處勢然也。」「窾木」謂舟也，古者謂所居之地曰「處勢」。言乘良馬濟江河，不若乘舟之便者，處勢使然也。後人不識古義，而改「處勢」爲「處世」，其失甚矣。《道應》篇：「故《莊子》曰：

『朝秀不知晦朔。』」高注：「朝秀，朝生暮死之蟲也。」後人依今本《莊子》改爲「朝菌」。不知《淮南》自作「朝秀」，不得據彼以改此也。《脩務》篇：「夫亭歷冬生，而人曰冬死，死者衆。薺麥夏死，而人曰夏生，生者衆。」「亭歷」、「薺麥」皆冬生夏死，故互言之，後人不知「亭歷」爲何物，而改爲「橘柚」，其失甚矣。

有因字不習見而妄改者。《齊俗》篇：「故伊尹之興土功也，修脛者使之跖鏵。」「鏵」讀若「華」，臿也。「跖」，蹋也。故高注云：「長脛以蹋插者，使入深也。」後人不識「鏵」字，而改「鏵」爲「钁」，不知「钁」爲大鉏，鉏以手揮，不以足蹋也。《説山》篇：「視日者眩，聽雷者⿰耳農。」「⿰耳農」，女江反，耳中聲也。後人不識「⿰耳農」字，而改「⿰耳農」爲「聾」，其失甚矣。

有不識假借之字而妄改者。《道應》篇：「跖之徒問跖曰：『盜亦有道乎？』跖曰：『奚適其有道也？』」「適」讀曰「啻」，言奚啻有道而已哉，乃聖勇義仁智五者皆備也。後人不知「適」與「啻」同，而誤讀爲「適齊」、「適楚」之「適」，遂改「有道」爲「無道」矣。

有不審文義而妄加者。《覽冥》篇：「夫燧取火於日，方諸取露於月。」「夫燧」，陽燧也。故高注曰：「夫讀大夫之夫。」後人乃誤以「夫」爲語詞，而於「燧」上加「陽」字矣。《氾論》篇：「故使陳成常、鴟夷子皮得成其難。」後人於「陳成」下加「田」字，而不知「田」即「陳」也。「今不知道者，見柔懦者侵，則務爲剛毅，見剛毅者亡，則務於柔懦。」「於」亦「爲」也，而後人又於「於」下加「爲」字矣。《人閒》篇：「曉然自以爲智存亡之樞機，禍福之門户。」「智」即「知」字也，「曉然」以下十六字連讀，後人不識古字，而讀「曉然自以爲智」絶句，又於「智」下加「知」字以聯屬下文。各本「然」字又誤在「自」字下，則更不可讀矣。「故善鄙同，誹譽在俗；趨舍同，逆順在君。」此言善鄙同而或誹或譽者，俗使然也；趨舍同而或逆或順者，君使然也。後人不達，乃於兩「同」字上加兩「不」字，則意相反矣。「越王句踐一決獄不辜，援龍淵而切其股，血流至足，以自罰也，而戰武必死。」「戰武」，戰士也。「必」與「畢」同。言戰士皆致死也。《淮南》一書，通謂「士」爲「武」，後人不達，又於「武」下加「士」字，「必」下加「其」字矣。

有不識假借之字而妄加者。《本經》篇：「異貴賤，差賢不，經誹譽，行賞罰。」「賢不」，即賢否也，後人不知「不」爲「否」之借字，遂於「不」下加「肖」字矣。《泰族》篇：「天地之性物也，有本末。」「性物」即「生物」也，後人不知「性」爲「生」之借字，乃於「天地之性」下加「也」字，又於「物也」上加「天地之生」四字，其失甚矣。

有妄加字而失其句讀者。《泰族》篇「趙政不增其德而累其高，故滅；知伯不行仁義而務廣地，故亡。句。《國語》曰」云云，後人誤以「故亡國」絶句，遂於「國」上加「其」字矣。《要略》曰：「進退左右，無所擊危。」「危」與「詭」同，「詭」，戾也。《主術》篇曰：「舉動廢置，無所擊戾。」意與此同。劉績不解「無所擊危」之義，而於「無所」下加「失」字，讀「無所失」絶句，而以「擊危」下屬爲句，其失甚矣。

有妄加數字至二十餘字者。《天文》篇：「天有九野、五星、八風、五官、五府。」此先舉其綱而下文乃陳其目。後人於「八風」下加「二十八宿」四字，又於注内列入二十八宿之名，而不知皆下文所無也。又下「文星分度」一節，乃紀二十八宿分度之多寡，非紀二十八宿之名。後人不察，又於其末加「凡二十八宿也」六字，斯爲謬矣。「太陰在寅，朱鳥在卯，句陳在子，玄武在戌，白虎在酉。」後人於此下加「蒼龍在辰」四字，而不知「蒼龍」即太陰也。《泰族》篇：「天地之道，極則反，盈則損。」後人於「天地之道」上，加「故《易》之失也卦，《書》之失也敷，《樂》之失也淫，《詩》之失也辟，《禮》之失也責，《春秋》之失也刺」六句。此取《詮言》篇文而增改之也，不知下文自有「《易》之失鬼，《樂》之失淫，《詩》之失愚，《書》之失拘，《禮》之失忮，《春秋》之失訾」六句。若先加此六句，則文既重出，而義復參差矣。「河以逶蛇，故能遠；山以陵遲，故能高；道以優游，故能化。」此以河之逶蛇、山之陵遲，諭道之優游也。後人於「道以優游」句上加入「陰陽無爲，故能和」七字，則與「逶蛇」、「陵遲」、「優游」之義咸不相比附矣。

有不審文義而妄删者。《道應》篇：「敖幼而好游，至長不渝解。」「渝解」猶懈怠也。後人不知其義，遂以「至長不渝」絶句，而删去「解」字矣。《人閒》篇：「城中力已盡，糧食匱，武大夫病。」「武大夫」，士大夫也。《淮南書》謂「士」爲「武」，後人不達，遂删去「武」字矣。

有不識假借之字而妄删者。《人閒》篇：「此何遽不能爲福乎？」「能」讀曰「乃」，言何遽不乃爲福也。後人不知「能」與「乃」同，遂删去「能」字矣。

有不識假借之字而顛倒其文者。《人閒》篇：「國危不而安，患結不而解，何謂貴智？」「而」讀曰「能」，言危不能安，患不能解，則無爲貴智也。後人不知「而」與「能」同，遂改爲「國危而不安，患結而不解」矣。

有失其句讀而妄移注文者。《説山》篇：「無言而神者，載無也。有言則傷其神。句。之神者，鼻之所以息，耳之所以聽。」高解「有言則傷其神」云：「道賤有言而多反有言，故曰傷其神。」據此，則當以「則傷其神」絶句，其「之神者」三字，乃起下之詞。「之」，此也。言此神者，鼻之所以息，耳之所以聽也。後人誤以「則傷其神之神者」爲句，而移注文於「之神者」下，則上下文皆不可讀矣。

有既誤而又妄改者。《氾論》篇：「使人之相去也，若玉之與石，葵之與莧，則論人易矣。」玉與石，葵與莧，皆不相似，故易辨也。俗書「葵」字作「𦬆」，「美」字作「羙」，「𦬆」之上半與「羙」相似，因誤而爲「美」。後人又改爲「美之與惡」，則不知爲何物矣。《人閒》篇：

「噴然而歎。」「噴然」即喟然。隸書「賁」字或作「賁」，形與「貴」相似，故「噴」誤爲「嘖」，而後人遂改爲「憤」矣。《修務》篇：「明鏡之始下型，矇然未見形容，及其扢以玄錫，摩以白旃，則鬢眉微毛，可得而察。」「扢」讀若「槩」。高注云：「扢，摩。」《藏》本正文「扢」字誤作「粉」，注文「扢」字又誤作「於」，劉本又改「於摩」爲「摩磨」，則誤之又誤矣。《泰族》篇：「捷吻而朝天下。」「捷」與「插」同，「吻」與「曶」同，古「笏」字也。「插笏」，搢笏也。隸書「捷」字或作「捷」，形與「挺」相似，故《藏》本「捷」字誤爲「挺」，「吻」字又誤爲「肳」，朱東光本改「挺肳」爲「搢笏」，義則是，而文則非矣。「聘納而取婦，冠絻而親迎。」俗書「冠」字作「冠」，與「初」字相似，故《藏》本「冠絻」誤爲「初絻」，而劉本又改爲「紱絻」矣。

有因誤字而誤改者。《道應》篇：「孔子亦可謂知化矣。」「知化」謂知事理之變化也。「化」誤爲「礼」，而後人遂改爲「禮」矣。《詮言》篇：「自身以上至於荒芒，亦遠矣。自死而天地無窮，亦滔矣。」兩「亦」字皆誤爲「尒」，而後人遂改爲「爾」矣。

有既誤而又妄加者。《俶真》篇：「雲臺之高，墮者折脊碎腦，而蟁蝱適足以翾。」「翾」，許緣反，小飛也。「翾」誤爲「翶」，後人遂於「翶」下加「翔」字，不知蟁蝱之飛可謂之「翾」，不可謂之「翶翔」也。《覽冥》篇：「治日月之行，律陰陽之氣。」高注：「律，度也。」此三字傳寫誤在「律」字之下、「陰陽」之上，以致隔絶上下文義。後人遂以「律」字上屬爲句，而於「陰陽」上加「治」字矣。《主術》篇：「不智而辯慧懁給，則乘驥而或。」「懁」與「儇」同，「或」與「惑」同。高注云：「不智之人辯慧懁給，不知所裁之，猶乘驥而或，不知所詣也。」「懁」，佞也。傳寫以「懁」誤爲「懷」，「乘」誤爲「棄」，「或」誤爲「式」，後人又於「式」上加「不」字，則文不成義矣。《人閒》篇：「孫叔敖病且死。」「且」字因與「病」字相連，而誤爲「疽」，後人以下文「謂其子曰」云云，乃未死以前之事，故又於「死」上加「將」字，而不知「疽」爲「且」之誤，「且」即將也。

有既誤而又妄删者。《主術》篇：「堯舜禹湯文武，皆坦然南面而王天下焉。」《藏》本作「王皆坦然天下而南面焉。」顛倒不成文理，劉本又删去「王」字，則誤之又誤矣。《人閒》篇：「或直於辭而不周於事者，或虧於耳以忤於心而合於實者。」「周」亦合也，謂不合於事也。隸書「周」與「害」相似，故《藏》本「周」誤爲「害」，而劉績不達，遂於「害」上删「不」字矣。下文曰「此所謂直於辭而不周於事者也」，即承此文言之。傳寫誤爲「不用於事」，而後人又改爲「不可用」矣。

有既脱而又妄加者。《主術》篇：「是故十圍之木，持千鈞之屋；五寸之鍵，而制開闔。」《藏》本脱「而」字，劉績不能補正，又於「制開闔」下加「之門」二字矣。《詮言》篇：「故中心常恬漠，不累其德。」「累」讀負累之「累」，傳寫脱去「不」字，後人又誤以「累」爲累積之

「累」，遂於「累」下加「積」字矣。

有既脱而又妄删者。《天文》篇：「天地之偏氣，怒者爲風；天地之合氣，和者爲雨。」《藏》本上句脱「地」字，劉本又删去下句「天」字，則是以風屬天，雨屬地，其失甚矣。

有既衍而又妄加者。《氾論》篇：「履天子之籍，造劉氏之冠。」「冠」上誤衍「貌」字，後人遂於「籍」上加「圖」字，以與「貌冠」相對，而不知「圖籍」不可以言履也。

有既衍而又妄删者。《主術》篇：「主道員者，運轉而無端，化育如神，虛無因循，常後而不先也。臣道方者，論是而處當，爲事先倡，守職分明，以立成功也。」《藏》本「臣道方者」作「臣道員者，運轉而無方者」，以上十字《藏》本原文。其「員者運轉而無」六字乃涉上文而衍。劉績又讀「臣道員者」爲句，「運轉而無方」爲句，而於「方」下删「者」字，則誤之又誤矣。

有既誤而又改注文者。《原道》篇：「夫蘋樹根於水。」高注：「蘋，大萍也。」正文「蘋」字誤作「萍」，後人遂改注文之「蘋，大萍」爲「萍，大蘋」，以從已誤之正文矣。

有既誤而又增注文者。《俶真》篇：「辯解連環，辭潤玉石。」高注：「潤，澤也。」正文「辭」字涉注文而誤爲「澤」，後人又於注文「潤，澤也」上加一「澤」字，以從已誤之正文矣。《精神》篇：「故覺而若眯，生而若死。」「眯」讀若「米」。高注：「眯，厭也。楚人謂厭爲眯。」「厭」即今「魘」字。傳寫以「眯」誤作「昧」，後人遂誤讀爲暗昧之「昧」，而於注内加「暗也」二字矣。《説山》篇：「人不小覺，不大迷。」高注：「小覺不能通道，故大迷也。」兩「小覺」並誤爲「小學」，後人又於注文「小學」下加「不博」二字，以牽合正文矣。《泰族》篇：「故因則大，作則細矣。」高注：「能循則必大也，欲作則小矣。」古「作」字爲「㑅」，形與「化」相似，因誤爲「化」，後人又於注文「欲作」上加「化而」二字矣。

有既誤而又移注文者。《地形》篇曰：「天地之間，九州八柱。」下文曰：「八紘之外，乃有八極。」高注：「八極，八方之極也。」正文「八柱」誤爲「八極」，而後人遂移「八極」之注於前，以從已誤之正文矣。《道應》篇：「輪扁斲輪於堂下。」高注：「輪扁，人名。」正文「輪扁」誤爲「輪人」，而後人遂移注文於下文「輪扁曰」云云之下矣。《詮言》篇：「蘇秦善説而亡身。」高注：「蘇秦死於齊也。」正文「亡身」誤爲「亡國」，後人又移注文於「亡」字之下、「國」字之上，則是以「亡」字絶句，而以已誤之「國」字下屬爲句，其失甚矣。

有既改而又改注文者。《原道》篇：「干越生葛絺。」高注：「干，吴也。」劉本改「干越」爲「于越」，并改高注，而不知「于」之不可訓爲「吴」也。「九疑之南，民人劗髮文身，以像鱗蟲。」「劗」讀若「鑽」，又讀若「攢」。高注：「劗，翦也。」後人不識「劗」字，遂改「劗髮」爲「被髮」，并改高注，而不知「被」之不可訓爲「翦」也。「聖人處之，不爲愁悴怨懟。」「怨」讀爲

「苑」，「苑」、「慰」皆病也。故高注云：「慰，病也。」後人改「怨慰」爲「怨懟」，并改高注，而不知「懟」之不可訓爲「病」也。《地形》篇：「夸父耴耳。」高注：「耴讀褶衣之褶。」後人改「耴耳」爲「耽耳」，并改高注，而不知「耽」之不可讀爲「褶」也。《氾論》篇：「周棄作稼穡。」高注：「周棄，后稷也。」後人改正文「周棄」爲「后稷」，又改注文爲「稷，周棄也」，斯爲謬矣。《兵略》篇：「西包巴蜀，東裹郯邳。」高注：「巴、蜀、郯、邳，地名。」後人改「邳」爲「淮」，并改高注，而不知「淮」乃水名，非地名也。「伐橪棗而爲矜」，「橪」，而善反。高注：「橪棗，酸棗也。」後人不識「橪」字，遂改「橪」爲「棘」，并改高注，而不知「棘」非「酸棗」也。

有既改而復增注文者。《道應》篇：「吾與汗漫期於九垓之上。」高注：「九垓，九天也。」後人改「之上」爲「之外」，又於注文「九天」下加「之外」二字矣。《詮言》篇：「三關交爭，以義爲制者，心也。」高注：「三關謂食、視、聽。」後人改「三關」爲「三官」，又於注文「三關」上加「三官」二字，其失甚矣。

有既改而復刪注文者。《時則》篇：「迎歲於西郊。」高注：「迎歲，迎秋也。」後人依《月令》改「迎歲」爲「迎秋」，又刪去注文矣。《繆稱》篇：「寧戚擊牛角而歌，桓公舉以爲大田。」高注：「大田，田官也。」後人改「大田」爲「大政」，又刪去注文矣。《詮言》篇：「羍無所監，謂之狂生。」高注：「羍，持也。所監者非元德，故爲狂生。羍，古握字也。」後人改「羍」爲

「持」，又改注文之「奎，持也」爲「持無所監」，并删去「奎，古握字也」五字矣。《泰族》篇：「故張瑟者，小弦絚而大弦緩。」高注：「絚，急也。」後人依《文子》改「絚」爲「急」，又删去注文矣。

有既脱且誤而又妄增者。《人間》篇：「故皇帝亡其玄珠，使離朱攫剟索之。」「攫」，搏也。「剟」與「掇」同，拾也。故高注云：「攫剟，善於搏拾物。」《藏》本正文脱「攫」字，注文作「剟搏善拾於物」，脱誤不成文理。劉績不達，乃於正文「剟」上加「捷」字，斯爲謬矣。

有既誤且改而又改注文者。《俶真》篇：「萑扈炫煌。」高注：「萑讀曰唯，扈讀曰户。」《藏》本「萑」誤作「藋」，「扈」誤作「蔰」，注文誤作「蔰讀曰扈」。劉績不能釐正，又改「藋」爲「萑」，并改高注，而不知「萑」之不可讀爲「唯」也。「譬若周雲之蘢蓯遼巢，彭薄而爲雨。」高注：「彭薄，蘊積貌也。」《藏》本「彭薄」誤爲「彭溥」。劉績又改爲「彭濞」，并改高注，而不知「彭濞」乃水聲，非雲氣蘊積之貌也。《兵略》篇：「夫栝淇衛箘簵，載以銀錫，雖有薄高之櫓，腐荷之櫓，然猶不能獨穿也。」高注：「櫓，大盾也。」案：腐荷之櫓不能穿，謂矢不能穿盾也。傳寫以「櫓」誤爲「矰」，「矰」即矢也，則義不可通。後人不知「矰」爲「櫓」之誤，乃改「不能獨穿」爲「不能獨射」以牽合「矰」字，又改注文之「櫓，大盾也」爲「矰猶矢也」，以牽合正文。甚矣，其謬也。

有既誤且衍而又妄加注釋者。《兵略》篇：「發如猋風，疾如駭電。」「駭」下衍「龍」字，「電」字又誤作「當」，後人遂讀「疾如駭龍」爲句，而以「當」字屬下讀，且於「駭龍」下妄加注釋矣。

若夫入韻之字，或有譌脱，或經妄改，則其韻遂亡，故有因字誤而失其韻者。《原道》篇：「中能得之，則外能牧之。」「牧」與「得」爲韻。高注：「牧，養也。」各本「牧」誤作「收」，注文又誤作「不養也」，則既失其義，而又失其韻矣。《俶真》篇：「茫茫沆沆，是謂大治。」「沆」，胡朗反。高注：「茫讀王莽之莽，沆讀水出沆沆白之沆。」「茫茫」、「沆沆」，疊韻也。各本作「茫茫沈沈」，則非疊韻矣。《兵略》篇：「天化育而無形象，地生長而無計量，渾渾沆沆，孰知其藏？」「渾渾」、「沆沆」，雙聲也，且「沆」與「象」、「量」、「藏」爲韻。各本作「渾渾沉沉」，則既非雙聲，而又失其韻矣。《天文》篇：「秋分雷臧，蟄蟲北鄉。」「臧」，古「藏」字，與「鄉」爲韻。各本「臧」誤作「戒」，則既失其義，而又失其韻矣。《覽冥》篇：「卧倨倨，興眄眄。」「眄」即「盱」字。高注：「眄眄然視，無智巧貌也。」「眄眄」與「倨倨」爲韻，各本「眄眄」作「眄眄」，則既失其義，而又失其韻矣。《齊俗》篇：「夫明鏡便於照形，其於以承食，不如竹箅。」「承」讀爲「烝」，謂烝飯也。「箅」，博計反。竹箅，所以蔽甑底也。「箅」與「蜧」爲韻，各本「承」誤作「函」，「箅」誤作「簞」，又脱「竹」字，則既失其義，而又失其韻矣。《道應》篇：

「西窮窅冥之黨，東關鴻濛之光。」「關」讀曰「貫」，「鴻濛之光」謂日光也，東方爲日所出，故曰「東貫鴻濛之光」。「光」與「鄉」爲韻，《藏》本「關」誤作「開」，各本「光」字又誤作「先」，則既失其義，而又失其韻矣。「於是乃去其瞀而載之朮，解其劍而帶之笏。」高注：「朮，鷸鳥冠也。知天文者冠鷸。」「朮」即「鷸」之借字，與「笏」爲韻，各本「朮」誤作「木」，注文「鷸」字又誤作「鶩」，則既失其義，而又失其韻矣。《詮言》篇：「動有章則詞，行有迹則議。」「詞」謂相譏訶也。「訶」與「議」爲韻，隸書「訶」字或作「詞」，因誤而爲「詞」，則既失其義，而又失其韻矣。「大寒地坼水凝，火弗爲衰其熱；大暑爍石流金，火弗爲益其烈。」「熱」與「烈」爲韻，各本「熱」、「暑」二字互誤，則既失其義，而又失其韻矣。《兵略》篇：「是謂至旍，窈窈冥冥，孰知其情？」「旍」即旌旗之「旌」，「旌」與「精」古字通。「至旌」者，至精也。「旌」與「冥」、「情」爲韻，各本「旍」誤爲「於」，則既失其義，而又失其韻矣。《說山》篇：「髡屯犂牛，既科以犄。」「犄」，他果反，與「羈」、「犧」、「河」爲韻。高注云：「科，無角。犄，無尾。」俗從牛作「犐」、「犞」，又誤而爲「犐」、「牖」，則失其韻矣。

有因字脱而失其韻者。《原道》篇：「故矢不若繳，繳不若網，網不若無形之像。」「網」與「像」爲韻，各本「繳不若」下脱去四字，則既失其義，而又失其韻矣。《兵略》篇：「同欲相趨，同惡相助。」「同欲」、「同惡」，相對爲文。「欲」、「趨」爲韻，「惡」、「助」爲韻。各本「同欲」

下脱「相趨」二字，「相助」上脱「同惡」二字，則既失其義，而又失其韻矣。

有因字倒而失其韻者。《原道》篇：「游微霧，鶩忽怳。」「怳」與「往」、「景」、「上」爲韻，各本作「怳忽」，則失其韻矣。「蟠委錯紾，與萬物終始。」「始」與「右」爲韻，各本作「始終」，則失其韻矣。《俶真》篇：「馳於外方，休乎内宇。」「宇」與「野」、「圄」、「雨」、「父」、「女」爲韻，各本作「宇内」，則失其韻矣。《天文》篇：「閉關梁，決罰刑。」「刑」與「城」爲韻，各本作「刑罰」，則失其韻矣。《精神》篇：「視珍寶珠玉猶礫石也。」「石」與「客」、「魄」爲韻，各本作「石礫」，則失其韻矣。《兵略》篇：「不可制迫也，不可量度也。」「度」與「迫」爲韻，各本作「度量」，則失其韻矣。《人閒》篇：「蠹啄剖柱梁，蟁蝱走牛羊。」「梁」與「羊」爲韻，各本作「梁柱」，則失其韻矣。

有因句倒而失其韻者。《脩務》篇：「契生於卵，啓生於石。」「石」與「射」爲韻，各本「啓生於石」在「契生於卵」之上，則失其韻矣。

有句倒而又移注文者。《本經》篇：「直道夷險，接徑歷遠。」「遠」與「垣」、「連」、「山」、「患」爲韻。高注云：「道之阸者正直之。夷，平也。接，疾也。徑，行也。」傳寫者以「直道」二句上下互易，則失其韻，而後人又互易注文以從之。《文選·謝惠連〈秋懷詩〉》注引《淮南》亦如此，則唐時本已誤矣。

有錯簡而失其韻者。《説山》篇：「山有猛獸，林木爲之不斬；園有螫蟲，藜藿爲之不采。故國有賢臣，折衝千里。」此言國有賢臣則敵國不敢加兵，亦如山之有猛獸，園之有螫蟲也。各本「故國有賢臣」二句錯簡在下文「形勞則神亂」之下，與此相隔甚遠，而脈絡遂不可尋。且「里」與「采」爲韻，錯簡在後，則失其韻矣。

有改字而失其韻者。《原道》篇：「四時爲馬，陰陽爲騶。」高注：「騶，御也。」「騶」與「俱」、「區」、「驟」爲韻。後人依《文子》改「騶」爲「御」，則失其韻矣。《天文》篇：「正月指寅，十一月指子，一歲而帀，終而復始。」「指寅」者，《顓頊曆》所起也，至丑而一帀。「指子」者，《殷曆》所起也，至亥而一帀。故「指寅」、「指子」皆一歲而帀。且「子」與「始」爲韻，後人改「十一月指子」爲「十二月指丑」，則既失其義，而又失其韻矣。《精神》篇：「静則與陰合德，動則與陽同波。」「波」與「化」爲韻，後人依《原道》篇改爲「静則與陰俱閉，動則與陽俱開」，則失其韻矣。《氾論》篇：「其德生而不殺，予而不奪。」「殺」與「奪」爲韻，後人改「殺」爲「辱」，則既失其義，而又失其韻矣。「聖人乃作，爲之築土構木，以爲室屋。」此二句以「木」、「屋」爲韻，下三句以「宇」、「雨」、「暑」爲韻，後人多聞「宫室」，寡聞「室屋」，而改「室屋」爲「宫室」，則失其韻矣。《詮言》篇：「故不爲好，不避醜，遵天之道。不爲始，不專己，循天之理。」「好」、「醜」、「道」爲韻，「始」、「己」、「理」爲韻，後人依《文子》改「好」爲

「善」，則失其韻矣。《泰族》篇：「四海之內，一心同歸，背貪鄙而向仁義。」「義」與「和」、「隨」、「靡」爲韻，後人改「仁義」爲「義理」，則失其韻矣。

有改字以合韻而實非韻者。《道應》篇：「攝女知，正女度，神將來舍，德將爲若美，而道將爲女居。惷乎，若新生之犢，而無求其故。」此以「度」、「舍」、「居」、「故」爲韻，後人不知「舍」字之入韻，而改「德將爲」三字爲「德將來附」，以與「度」爲韻，則下文「若美」二字文不成義矣。且古音「度」在御部，「附」在候部，「附」與「度」非韻也。

有改字以合韻而反失其韻者。《說林》篇：「無鄉之社，易爲肉黍。無國之稷，易爲求福。」「社」、「黍」爲韻，「稷」、「福」爲韻。後人不識古音，乃改「肉黍」爲「黍肉」，以與「福」爲韻，而不知「福」字古讀若「偪」，不與「肉」爲韻也。「槁竹有火，弗鑽不爇；土中有水，弗掘不出。」「爇」與「然」同，此以「水」與「火」隔句爲韻，而「鑽」與「爇」、「掘」與「出」則於句中各自爲韻。後人不達，而改「弗掘不出」爲「弗掘無泉」，以與「爇」爲韻，則反失其韻矣。

有改字而失其韻，又改注文者。《精神》篇：「五味亂口，使口厲爽。」高注：「厲爽，病傷滋味也。」此是訓「厲」爲病，訓「爽」爲傷。「爽」字古讀若「霜」，與「明」、「聰」、「揚」爲韻。後人不知，而改「厲爽」爲「爽傷」，又改注文之「厲爽」爲「爽病」。甚矣，其謬也。《說林》篇：「繡以爲裳則宜，以爲冠則議。」高注：「議，人譏非之也。」「宜」、「議」二字，古音皆在歌部。後人不知，遂改「議」爲「譏」，以與「宜」爲韻，并改高注，而不知「宜」字古讀若「俄」，不與「譏」爲韻也。

有改字而失其韻，又删注文者。《要略》曰：「一羣生之短修，同九夷之風采。」高注：「風，俗也。采，事也。」「采」與「理」、「始」爲韻，後人改「風采」爲「風氣」，并删去注文，則既失其義，而又失其韻矣。

有加字而失其韻者。《泰族》篇：「至治寬裕，故下不賊；至中復素，故民無匿。」「賊」，害也。言政寬則不爲民害也。「匿」讀爲「慝」，謂民無姦慝也。「匿」與「賊」爲韻，後人於「賊」上加「相」字，「匿」下加「情」字，則既失其義，而又失其韻矣。

有句讀誤而又加字以失其韻者。《要略》曰：「精神者，所以原本人之所由生，而曉寤其形骸九竅，取象於天。句。合同其血氣，句。與雷霆風雨。句。比類其喜怒，句。與晝宵寒暑。句。」「與」者，如也，言血氣之相從，如雷霆風雨；喜怒之相反，如晝宵寒暑也。「暑」與「雨」、「怒」爲韻。後人不知「與」之訓爲「如」，而讀「與雷霆風雨比類」爲句，遂於「與晝宵寒暑」下加「並明」二字以對之，則既失其句，而又失其韻矣。

有既誤且脱而失其韻者。《泰族》篇：「神農之初作琴也，以歸神杜淫，反其天心。及其衰也，流而不反，淫而好色，至於亡國。」「淫」、「心」爲韻，「色」、「國」爲韻。各本作「神農之初作琴也，以歸神，及其淫也，反其天心」，錯謬不成文理，又脱去「及其衰也」以下十六字，則既失其義，而又失其韻矣。

有既誤且倒而失其韻者。《泰族》篇：「天地所包，陰陽所嘔，雨露所濡，以生萬殊。翡翠瑇瑁，瑶碧玉珠，文彩明朗，潤澤若濡。摩而不玩，久而不渝。」「嘔」、「濡」、「殊」、「珠」、「濡」、「渝」爲韻。《藏》本「雨露所濡，以生萬殊」，誤作「雨露所以濡生萬物」，「瑶碧玉珠」又誤在「翡翠瑇瑁」之上，則既失其句，而又失其韻矣。

有既誤且改而失其韻者。《覽冥》篇：「田無立禾，路無薠莎，金積折廉，璧襲無嬴。」「嬴」，璧文也，與「禾」、「莎」爲韻。「薠莎」誤爲「莎薠」，後人又改「嬴」爲「理」，則失其韻矣。《道應》篇：「此其下無地而上無天，聽焉無聞，視焉則眴。」「眴」讀曰「眩」，與「天」爲韻。《藏》本「則眴」誤作「無眴」，朱本又改「眴」爲「矚」，則既失其義，而又失其韻矣。

有既誤而又加字以失其韻者。《説林》篇：「予溺者金玉，不若尋常之纆。」「纆」讀若「墨」，索也。「纆」與「佩」、「富」爲韻。「纆」誤爲「纏」，後人又於「纏」下加「索」字，則既失其義，而又失其韻矣。

有既脱而又加字以失其韻者。《説山》篇：「詹公之釣，得千歲之鯉。」「鯉」與「止」、「喜」爲韻，「千歲之鯉」上脱「得」字，則文不成義。後人不解其故，而於「千歲之鯉」下加

「不能避」三字，則失其韻矣。《修務》篇：「蘇援世事，分别白黑。」「黑」與「福」、「則」爲韻。「分」下脱「别」字，遂不成句。後人又於「黑」下加「利害」二字，而以「分白黑利害」爲句，則既失其句，而又失其韻矣。

以上六十四事，略舉其端以見例，其餘則遽數之不能終也。其有謌謬太甚必須詳説者，具見於本條下，兹不更録，以省繁文。若人所易曉者，則略而不論。嗟乎，學者讀古人書而不能正其傳寫之誤，又取不誤之文而妄改之，豈非古書之大不幸乎？至近日武進莊氏所刊《藏》本，實非其舊。其《藏》本是而各本非者，多改從各本；其《藏》本與各本同誤者，一槩不能釐正，更有未曉文義而輒行删改及妄生異説者。並見各條下。竊恐學者誤以爲《藏》本而從之，則新刻行而舊本愈微，故不得不辯。

高注囊括六蓺，旁通百家，訓詁既詳，音讀尤審，急氣緩氣、閉口籠口諸法，實足補前人所未備。然瑜不揜瑕，亦時有千慮之一失。若《原道》篇：「精通於靈府，與造化者爲人。」人者，偶也。言與造化者爲偶也。高注訓「爲」爲「治」，則誤以「人」爲人民之「人」矣。説見本條下，後皆放此。《俶真》篇：「人莫鑑於沫雨，而鑑於止水者，以其静也。」「沫雨」乃「流雨」之誤，「流雨」與「止水」相對爲文，而高注乃以「沫雨」爲「雨潦上覆甌」矣。「孔墨之弟子皆以仁義之術教導於世，然而不免於僠。句。身猶不能行也，又況所教乎？」「僠」，疲也。謂躬行仁義而不免於疲也。高以「傴身」二字連讀，而釋之云：「傴身，身不見用，傴傴然也。」則下文「猶不能行也」五字，文不成義矣。《時則》篇：「夏行冬令，格。」「格」讀曰「落」，謂草木零落也。而高注乃讀爲庋閣之「閣」，謂恩澤不下流矣。《覽冥》篇：「夫瞽師庶女，位賤尚葈。」「尚」，主也。「葈」即麻枲之「枲」。「尚枲」即《周官》之「典枲」。言典枲爲賤官，而「瞽師庶女」又賤於典枲也。而高注乃以「葈」爲「枲耳」矣。「故東風至而酒湛溢」，「湛」讀曰「淫」。酒淫溢者，東風至而酒爲之加長也。而高乃以「酒湛」二字連讀，而訓爲「清酒」矣。「大衝車，高重壘。」「衝車」所以攻，「重疊」所以守也。而高注乃以「重壘」爲「京觀」矣。「廝徒馬圉，輣車奉饟，道路遼遠，霜雪亟集，短褐不完，人羸車弊，泥塗至膝，相攜於道，奮首於路，身枕格而死。」「格」，胡客反，輓車之橫木也。謂困極而仆，身枕輓車之木而死也。高注以「格」爲「搒牀」，則與上文全不相屬矣。《本經》篇：「德交歸焉而莫之充忍也。」「充忍」即「充牣」。「牣」，滿也。「德交歸焉而莫之充滿」，所謂大盈若虛也。高乃以「忍也」二字別爲句，而訓「忍」爲「不忍」矣。「木巧之飾，盤紆刻儼，羸鏤雕琢，詭文回波，淌游瀷淢，菱杼紾抱。」「菱」、「杼」皆水草也。「杼」讀曰「芧」，謂三棱也。畫爲菱芧在水波之中，故曰「淌游瀷淢，菱杼紾抱」。高注以「杼」爲采實，采實即橡栗，斯與菱不類矣。《繆稱》篇：「故唱而不和，意而不戴，中心必有不合者也。」「戴」讀曰「載」，「載」，行也。言上有其意，而不行於下者，誠不足以動之也。故下文曰「上意而民載誠中者也」。高訓「意」爲「恚聲」，「戴」爲「嗟」，則與下文不合矣。《道應》篇：「相天下之馬者，若滅若失，句。若亡其一。句。若此馬者，絶塵弭徹。」高以「若亡」絶句，則「其一」二字上下無所屬矣。「此《筦子》所謂鳥飛而準繩者」，各本誤作「此所謂《筦子》梟飛而維繩者」。「準」字俗書作「准」，因誤而爲「維」。高注云：「從下繩維之。」則所見本已誤爲「維」矣。《氾論》篇：「昔者齊簡公釋其國家之柄，而專任大臣將相，句。攝威擅勢，私門成黨，而公道不行。」「相」與「柄」、「黨」、「行」爲韻。高讀「大臣」絶句，而以「將相」屬下讀，則句法參差而又失其韻矣。《詮言》篇：「周公殽臑不收於前，鍾鼓不解於縣。」「臑」，奴低反，有骨醢也。「殽」，俎實也。「臑」，豆實也。殽、臑、鍾、鼓皆各爲一物。隸書從「耎」、從「需」之字多相亂，故「臑」誤爲「臑」。而高注遂以「臑」爲「前肩」矣。《説山》篇：「文公棄荏席，句。後黴黑。」「黴黑」，謂面黑之人也。「棄荏席」一事，「後黴黑」又一事。高乃以六字連讀而釋之云：「棄其卧席之下黴黑者矣。」《脩務》篇説堯、舜、禹、文王、皋陶、契、啓、史皇、羿九人而總謂之九賢，又謂堯、舜、禹、文王、皋陶爲五聖，契、啓、史皇、羿爲四後。文義本自明了，祇因「啓生於石」，高本誤作「禹生於石」，遂爲之注云：「禹母修己感石而生禹。」而偏考諸書，皆無禹生於石之事。且九賢之内無啓，則祇有八賢，而四俊祇有三俊矣。乃又據上文之神農、堯、舜、禹、湯，而以湯入五聖，又據上文后稷之智，而以稷入四俊，不知彼此各不相蒙也。凡若此者，皆三復本書而申明其義，不敢爲苟同，亦庶幾土壤之增喬嶽，細流之益洪河云爾。

嘉慶二十年歲在乙亥季冬之二十日，高郵王念孫書，時年七十有二。

【説明】

《讀書雜志》九之二十二載此文，題《讀〈淮南子〉雜志書後》。羅振玉輯入《王石臞先生遺文》卷三，題爲《讀〈淮南〉雜志叙》，故此《叙》應題爲《讀〈淮南子〉雜志後叙》。

【校注】

〔一〕「梓」，《雜志》作「榟」，是。

〔二〕「卯酉」，《雜志》作「丣酉」，用篆文。

〔三〕楊氏，明代楊慎，有《丹鉛總録》等書。

〔四〕吴氏，清代吴任臣。

《劉端臨遺書》序

歲在壬辰，予入都應禮部試，始得交於端臨。接其言貌，晏晏如也。既又因汪容甫得聞端臨之學之精，與其孝友純篤，於是益心折焉。後端臨留京師教授生徒，予亦官於工部，數過從講學。每得一義，必以相示。及端臨言歸覲省，郵書來往，以所得相示，如在都下時。蓋端臨邃於古學，自天文、律吕，至於聲音、文字，靡不該貫。其於漢宋諸儒之説，不專一家，而唯是之求。精思所到，如與古作者晤言一室，而知其意指所在。比之徵君閻百詩、先師戴庶常、亡友程易疇，學識蓋相伯仲。以視鑿空之談、株守之見，猶黄鵠之與壤蟲也。乙亥之冬，端臨次子原嶓與予書，又以《端臨遺書》已刻者詒予。予讀而愴然悲之，悲其書之存而人之亡也。雖然，自古有死而如端臨之書之必傳於後者蓋鮮，則端臨死而不朽矣。其有功於周孔之書者，如説「如切如磋，如琢如磨」，則據《爾雅》之文；「有事，弟子服其勞；有酒食，先生饌」，則據《内則》之文；「子貢欲去告朔之餼羊」，則據《周官》、《大戴記》、《穀梁傳》之文；「《關雎》樂而不淫，哀而不傷」，則據「鐘鼓樂之，維以不永傷」之文；「師摯之始，關雎之亂」，則據《周官》、《儀禮》之文；「入公門以下」，則據《聘禮記》之文；「吉月必朝服而朝」、「孔子時其亡也而往拜之」，則據《玉藻》之文。皆聖經之達詁，而傳注之所未及。其疏釋《儀禮》經文，豪髮不爽。經所未言，皆能默會其意。既補鄭、賈之缺，兼斥敖氏之妄。如屬官、屬吏之分，卿大夫、鄉大夫之辨，以及「横弓」之爲南踣弓，「張侯設乏」之在前一日，「饌于東方」之在東堂下，「下飲」之非在西階下，「朝祖之奠」之非用脯醢醴酒，條理緻密，於斯爲極。至於《荀子補注》綴評事之疏漏，《漢書拾遺》箴祕書之違失，凡所糾正，悉徹本原，謬説譌文，涣然冰解。司馬子長所謂好學深思，心知其意者，其端臨之謂矣。予與端臨交三十餘年，故知之獨深，輒表其學識之精，以告後之學者，使皆知端臨讀書之法，而用之以讀古人之書，則古人之幸也夫。嘉慶二十一年歲在丙子六月望日，〔高郵王念孫〕叙〔一〕，時年七十有三。

【説明】

此《序》載《劉端臨遺書》、廣雅書局本。《王石臞先生遺文》卷二。

【校注】

〔一〕「高郵王念孫」五字，據《劉端臨遺書》補。

《拜經日記》叙

臧子用中，常州武進篤學士也。余曩官京師時，已聞用中而未識其面。歲在甲子，余官山東運河道，用中過余廨舍，而余他往，不獲見。去年余官直隸永定河道，用中又過余，相見甚歡。及余罷官，養疴都下，與用中所居相去數武，晨夕過從，而益以知其人之樸厚，學之精審也。用中紹其先玉林先生之學，撰《拜經日記》十二卷，考訂漢世經師流傳之分合、字句之異同，後人傳寫之脱誤，改竄之蹤跡，擘肌分理，剖豪析芒，其可謂辯矣。《日記》所研究者，一曰諸經今古文，二曰王肅改經，三曰四家《詩》同異，四曰《釋文》、《義疏》所據舊本，五曰南北學者音讀不同，六曰今人以《説文》改經之非，七曰《説文》譌脱之字。而於孔、孟事實，考之尤詳。若其説經所旁及者，叔孫《禮記》、南斗文昌之類，皆確有根據，而補前人所未及。夫世之言漢學者，但見其異於今者則寶貴之，而於古人之傳授文字之變遷多不暇致辯，或以爲細而忽之。得好學如用中者，詳考以復古人之舊，豈非讀經之大幸哉？讀《日記》畢，爰舉其犖犖大者以爲之叙。至於逐條分見有補於經者甚衆，蓋不暇一二數云。歲在辛未六月望日序。

【説明】

《拜經日記》，臧庸撰。王《叙》載《拜經日記》、《王石臞先生遺文》卷二，作於嘉慶十六年辛未六月望日。

《蛾述集》叙〔一〕

類事之書，隸事爲對，始於隋杜公瞻《編珠》〔二〕，唐徐堅《初學記》駢字相當。摛翰者，知所捃摭矣，而猶未便於童蒙之口誦也。自晉李瀚作《蒙求》〔三〕，雜取經傳，次以韻語，初學賴之。厥後效其體者，若宋徐伯益之《訓女蒙求》〔四〕、王逢原之《十七史蒙求》〔五〕、元胡文炳之《純正蒙求》〔六〕，屬辭比事，抑亦博聞强識之助也。歲在乙亥，大興陳笠帆撫軍以其尊甫蕚渼先生所撰《蛾述集》示予〔七〕，予讀其書而羨之不置。其書四字爲句，隔句爲韻，一如《蒙求》之體，而徵事之富，屬對之工，有過之無不及。曩嘗讀王伯厚《困學紀聞》所列屬對語，莫善於「亨羊炰羔，帶牛佩犢」，以其皆出於《漢書》而天造地設也。今讀《蛾述集》，儷語之工，實足方駕古人。如云「何嫌肘柳，但戒心蓬；族庖折刀，衆史舐筆」，則同出《莊子》。「食馬賜酒，殺騾活人；陳悦犨麇，魯憎商咄」，則同出《吕覽》。「漁人鷸蚌，田父盧皴；寵異陰姬，妬奇鄭袖」，則同出《戰國策》。「履墮强進，韤解跪結」，則同出《史記》。「馬革裹尸，虎頭食肉」，則同出《後漢書》。而其取材最多而又最工者，則莫如《春秋》内外傳。如云「嘗笑解黿，饗怒羞鼈；智伯投機，叔向拂衣；州公寔來，紀侯大去；斵罟可藏，礱椽不斵；魯作楚宫，衛效吴言；雖惡是楹，而養吾棟；有文在手，以墨規臀；縠不弛宅，嬰先卜鄰；孝叔婦絶，己氏子亡；庚宗召禍，泉邱發祥；許男面縛，鄭伯肉袒；鞠窮曰無，庚癸呼諾；蠭目豺聲，鳶肩牛腹；勃鞮釋禍，伊戾搆奸；冰緣風壯，火以星分；不遺稻蟹，必就蒲嬴」，類聚羣分，窮工極巧，較之「鶏憚犧而斷其尾，象有齒以焚其身」，見於徐晉卿《春秋經傳類對賦》者〔八〕，何多讓焉。若其揚榷古今，事關法戒，足使綴學之徒聳善而抑惡者，又在讀其書者之揆而索之矣。夫豈值儷語之精，傳誦當時而已哉？嘉慶二十年十二月朔旦，高郵王念孫叙，時年七十有二。

【説明】

此《叙》載《王石臞先生遺文》卷二。嘉慶二十年十二月初一日，王念孫讀陳預出示其父陳蓴涘所撰《蛾述集》，作此《叙》。

【校注】

〔一〕《蛾述集》，清陳庭學輯。

〔二〕《編珠》，二卷，補遺二卷，《續編珠》二卷，隋杜公瞻撰，清高士奇補編，見《四庫全書》。

〔三〕《蒙求》，唐李瀚撰。王念孫以瀚爲晉人，誤從日本《佚存叢書》，而《佚存叢書》沿襲《舊唐書·蕭穎士傳》、《五代史·桑維翰傳》之誤。是書二卷，《四庫全書》有宋人徐子光補注本，《佚存叢書》收自注本，另有敦煌寫本。

〔四〕《訓女蒙求》，一卷，體例仿《蒙求》，未見傳本。

〔五〕《十七史蒙求》，一卷，在小嫏嬛山館彙刊類書十二種。王逢原，即王令。

〔六〕《純正蒙求》，三卷，有《四庫全書》本。

〔七〕陳預（？——一八二三），字立凡、笠帆，乾隆五十五年進士，順天宛平今北京市豐臺區。人。

〔八〕《春秋經傳類對賦》，一卷，宋徐晉卿撰，有《通志堂經解》本。

《〈史記〉雜志》敘

《太史公書》，東漢以來注者無多，又皆亡逸。今見存者，唯裴駰《集解》、司馬貞《索隱》、張守節《正義》而已。宋本有單刻《集解》本，有兼刻《索隱》本，明季毛氏有單刻《索隱》本，而《正義》則唯附見於震澤王氏本，其單行者不可得矣。是書傳寫或多脱誤，解者亦有踳駁，所亟宜辯正者也。近世錢少詹事大昕作《史記攷異》，討論精核，多所發明，足爲司馬氏功臣。後有梁明經玉繩作《志疑》一書〔一〕，所説又有錢氏所未及者，而校正諸《表》特爲細密。余曩好此學，研究《集解》、《索隱》、《正義》三家訓釋，而參攷經史諸子及羣書所引，以釐正譌脱，與錢氏、梁氏所説或同或異。歲在丁丑，又從吴侍御榮光假宋本參校〔二〕，因以付之剞劂。凡所説與錢、梁同者一從刊削，尚存四百六十餘條。一勺之流，一卷之石，未足以言海嶽之大也。嘉慶二十二年冬十一月五日，高郵王念孫敘，時年七十有四。

【説明】

此《敘》載《讀書雜志》三《〈史記〉雜志》卷首，羅振玉輯入《王石臞先生遺文》卷三。

【校注】

〔一〕梁玉繩《史記志疑》，三十六卷，附録三卷。

〔二〕吴榮光（一七七三——一八四三），字殿垣、伯榮，號荷屋、可庵，廣東南海人，嘉慶四年進士。著有《筠清館鐘鼎款識》、《石雲山人集》等。

《讀〈管子〉雜志》叙

《管子》書八十六篇，見存者七十六篇，中多古字古義。而流傳既久，譌誤滋多。自唐尹知章作注，已據譌誤之本强爲解釋，動輒抵牾。明劉氏績頗有糾正〔一〕，惜其古訓未閑，讐校猶略。曩余撰《廣雅疏》成，則於家藏趙用賢本《管子》詳爲稽核〔二〕，既又博考諸書所引，每條爲之訂正，長子引之亦婁以所見質疑，因取其説附焉。余官山東運河兵備道時，孫氏淵如采宋本與今不同者録以見示。余乃就曩所訂諸條，擇其要者商之淵如氏，淵如見而韙之，而又與洪氏筠軒稽合異同〔三〕，廣爲考證，誠此書之幸也。及余《淮南子》校畢，又取《管子》書而尋繹之，所校之條差增於舊。歲在己卯，乃手録前後諸條並載劉氏及孫、洪二君之説之最要者，凡六百四十餘條，編爲十二卷。學識淺陋，討論多疎，補而正之，以竢來喆。嘉慶二十四年三月既望，高郵王念孫叙，時年七十有六。

【説明】

《叙》載《讀書雜志》五《〈管子〉雜志》卷首，羅振玉輯入《王石臞先生遺文》卷三。

【校注】

〔一〕明劉績撰《管子補注》。劉績字用熙，江夏今屬湖北武漢人。

〔二〕趙用賢本，明萬曆壬午年（一五八二）刊。

〔三〕洪頤煊（一七六五——一八三三），字旌賢，號筠軒，浙江臨海人。與其師孫星衍商撰《尚書古今文義疏》，自著《管子義證》、《禮經宫室答問》、《漢志水道疏證》、《讀書叢録》、《筠軒文鈔》等。

《陳觀樓先生文集》序〔一〕

陳觀樓先生，粤東碩儒也。生平於書無所不讀，自經史子集以及乾象坤輿之奥，六書四聲九賦五刑之屬，星算醫卜百家衆技之流，靡不貫穿於其胸中。故所著書，如《經典釋文附録》、《天學膉説》、《測天約術》，及《大戴禮記》、《老子》、《荀子》、《楚詞》、《吕覽》、《淮南》諸書攷證，皆有以發前人所未發。先生爲余詞館先輩，後又同值諫垣，公事之暇，屢以古義相告語。其學旁推交通之中，加以正譌糾謬，每發一論，皆得古人之意義而動合自然。故余所著《廣雅疏證》、《淮南内篇雜志》，輒引先生之説以爲楷式。蓋余宦遊數十年，所見綴學之士既精且博如先生者，不數人也。未幾，先生與余先後出爲觀察。余尋罷官居京師，而先生亦歸賦《遂初》。竊意先生歸田後，歲月優游，著作必富，而相隔數千里，惜無從盡讀之以爲快。今年，先生之子簡以裒集先生所作詩文若干卷索序於余。夫文章者，學問之發也，若草木然，培其根而枝葉茂焉。今先生之於學，既積之厚而取之精矣，則其發而爲言，亦皆肖其心之所得，而爾雅其誼，深厚其詞，使人讀其文而知其奥藏之無盡，輸寫之不竭。此則通人之文無意求工，而自然拔俗者也。知此者，可與讀先生之文矣。傳曰：「本立而道生。」余願讀是集者，由先生之文，以求先生之學，日取先生所著書而研綜之，又從而引伸之，庶幾根道核藝富有日新，將不徒以文章見；而本之以爲文，又豈近今之所習見哉？嘉慶二十四年十一月朔日，高郵王念孫序。

【説明】

《序》載《王石臞先生遺文》卷二。

【校注】

〔一〕《陳觀樓先生文集》，殆即《賜書堂全集》中《賜書堂集鈔》六卷《詩鈔》一卷。作者陳昌齊(一七四三——一八〇二），字賓臣，一字觀樓，自號啖荔居士，廣東海康今廣東雷州人，乾隆三十六年進士。有《呂氏春秋正誤》、《淮南子正誤》、《新論正誤》、《楚辭音義》、《臨池瑣語》、《賜書堂集鈔》。王氏《廣雅疏證》和《淮南子雜志》中多引其説。

朱武曹《經傳考證》序〔一〕

余曩與劉端臨台拱善。端臨數以所爲經説示予，予歎其好古而能求是，深得作者之意，而不爲傳注所域，其學識有過人者。朱武曹彬，端臨之内兄弟也，其識與端臨相伯仲。昔在京師，與予講論經義，多相符合。今年寓書于予，以所作《經傳考證》八卷見示。予讀而善之。其中若《書》之「朋淫于家」、「（一）無起穢以自臭」、「予仁若考」、「以（修我）〔役〕西土」、「遏佚前人光，在家不知」、「天命不易」〔二〕，及《釋大》一篇，《詩》之「維葉莫莫」、「秩秩斯干」、「如竹苞矣，如松茂矣」、「矧敢多又」、「厥猶翼翼」、「居然生子」、「辭之懌矣，民之莫矣」〔三〕，《禮記》之「疑女于夫子」、「非意之也」〔四〕，《左傳》之「憂必讎焉」、「不蓋不義」、「寶龜僂句」、「五叔無官」〔五〕，《論語》之「食饐而餲」二句、「微子去之」三句〔六〕，《孟子》之「堯之于舜也」一節〔七〕，以及光字、方字、弔字，焉、亦、丕、誕、洪諸字，皆揆之文義而安，求之古訓而合，采漢唐宋諸儒之所長，而化其鑿空之病與拘牽之習，蓋非置前人之説而不之用，乃師前人之説而善用之者。至其援據之確，搜討之精，非用力之深且久者，不能有是，是可謂傳注之功臣矣。讀武曹書訖，因舉其犖犖大者以告於綴學之士云。道光二年六月既望，高郵王念孫，時年七十有九。

劉盼遂曰：右文載遊道堂刊本《經傳考證》前。

【説明】

劉盼遂將此文收入《王石臞文集補編》。

【校注】

〔一〕朱彬，字武曹。《經傳考證》，八卷，今通行《清經解》本。

〔二〕《書》六句，分別見於《益稷》、《盤庚中》、《金縢》、《牧誓》、《君奭》、《大誥》。

〔三〕《詩》九句，分別見《周南·葛覃》、《小雅·斯干》、《賓之初筵》、《大雅·文王》、《生民》、《板》。

〔四〕《禮記》二句，分別見《檀弓上》、《禮運》。

〔五〕《左傳》四句，分別見《左傳·僖公五年》、《昭公二十年》、《昭公二十四年》、《定公四年》。

〔六〕《論語》各句，分別見《鄉黨》、《微子》。

〔七〕《孟子》一節，見《萬章下》。

《羣經識小》序〔一〕

《羣經識小》者，余友李進士成裕之所作也。余自壯年有志於鄭、許之學，攷文字，辨音聲，非唐以前書不敢讀也。逡巡里下，同志者卒鮮，唯進士與余有聲氣之應。晨夕過從，無閒風雨，市酒一栝，園蔬數器，抵掌而談，莫非古義。有所疑則相問難，有所得則相告語，聞者或詘笑之，而進士與余不因之而少沮也〔二〕。歲在丙申〔三〕，余乞假歸，進士始裒集説經之文，顔以《羣經識小》。又九年，而進士没。兒子引之撰《經義述聞》，載進士經説二條，一爲「子孫其逢」〔四〕，一爲「濟盈不濡軌」〔五〕，皆至當不易之論，可謂獨有千古矣。今年，進士子培紫取進士所撰付梓，而問叙於余。余與進士交最久，知進士最深，其學之顛末，非余孰從而揚搉之？蓋進士好學深思，必求其是，不惑於晚近之説，而亦不株守前人。如《皋陶謨》之「戛擊搏拊」、《禹貢》之「漆沮」、《甘誓》之「六卿」、《洪範》之「子孫其逢」〔六〕，《邶風》之「濟盈不濡軌」、《齊風》之「展我甥兮」〔七〕、《周官》之「諸侯封地」、《攷工記》之「軹」、《喪服》之「出妻之子爲母」、《檀弓》之「期而猶哭」及「悼公之喪」〔八〕、《左氏傳·僖十四年》之「虢射」、《定四年》之「豫章」〔九〕，其説皆確不可拔。其有先儒説本不誤，而後儒輒生異義者，必申明舊説以決其是非。其最爲譾劣者，若陳氏之《禮記集説》〔一〇〕，及近世之《四書講章》〔一一〕，皆直指其繆，不使貽誤後人。而各經中飲食、衣服、宫室、器皿之制，皆攷定精審，而言之鑿鑿，故能以古義之宏深，啓後學之錮蔽，使沈溺俗説者一見而失其所守，學識通明者一見而曠然大變，其發聾振（瞶）〔聵〕之功豈可一二數哉？是宜傳之百世，使家有其書，人知其説，則晚近鑿空之論、譾陋之學，無自而囿學者之耳目，而舊説之閒有未當者，亦得去非從是，而不至爲成見所拘矣。道光六年八月八日叙，時年八十有三。

【説明】

文載《羣經識小》，羅振玉收入《王石臞先生遺文》卷二。

【校注】

〔一〕《羣經識小》八卷，見《清經解》，撰者李惇（一七三四——一七八四），字成裕，一字孝臣，江蘇高郵人，乾隆四十五年進士。《羣經識小》外，尚有《説文引書字異考》、《淀湖漫稿》及詩文集。其生平見汪中《大清故候選知縣李君墓志銘》。王氏《經義述聞》體例即仿《羣經識小》。

〔二〕「沮」，《續增高郵州志》作「阻」，誤。

〔三〕乾隆四十年乙未，王念孫自京師乞假旋里，朱筠河有詩贈行，《高郵州志·文苑傳》亦記入乙未。此序作「丙申」，殆歲末年初之差。

〔四〕「子孫其逢」條，在《經義述聞》卷三。

〔五〕「濟盈不濡軌」條，在《經義述聞》卷五。

〔六〕《尚書》四條，在《群經識小》卷二。

〔七〕《詩經》二條，在《群經識小》卷三。

〔八〕三《禮》五條，在《群經識小》卷四、卷八。

〔九〕《左傳》二條，在《群經識小》卷五、卷八。

〔一〇〕《禮記集説》，元陳澔撰。

〔一一〕《四書講章》，清陳范撰。陳范，福建長樂人，康熙時布衣。

《讀〈荀子〉雜志》叙

《荀子》一書，注者蓋鮮，獨楊評事創通大義〔一〕，多所發明，洵蘭陵之功臣也〔二〕。而所據之本已多譌錯，未能釐正，又當時古音久晦，通借之字或失其讀。後之學者諷誦遺文，研求古義，其可不加以討論與？盧抱經學士據宋吕夏卿本校刊〔三〕，而又博訪通人，以是正之。劉端臨廣文又補盧校之所未及〔四〕，已十得其六七矣，而所論猶有遺忘。不揣固陋，乃詳載諸説而附以鄙見。凡書之譌文，注之誤解，皆一一剖辨之。又得陳碩甫文學所鈔錢佃本〔五〕，龔定庵中翰所得龔士卨本〔六〕，及元、明諸本以相參訂，而俗本與舊本傳寫之譌，胥可得而正也。汲深綆短，自信未能，所望好此學者重爲研究焉。道光九年十二月二十日，高郵王念孫敘，時年八十有六。

【説明】

文載《王石臞先生遺文》卷三。

【校注】

〔一〕楊評事，指唐人楊倞，在憲宗朝任大理評事，有《荀子注》，爲《荀子》最早注本。

〔二〕蘭陵，代指荀子，荀子晚年家於蘭陵。

〔三〕清盧文弨《荀子校本》。

〔四〕清劉端臨《荀子補注》。

〔五〕宋人錢佃，字仲耕，爲官、治學深受朱熹稱贊。

〔六〕龔士卨《荀子句解》。

程易疇《果蠃轉語》跋〔一〕

昔余應試入都，始得交於程易疇先生，先生長於余十九歲而爲忘年交。同在京師，則晨夕過從；南北索居，則尺牘時通。相與商榷古義者，四十餘年。先生立品之醇，爲學之勤，持論之精，所見之卓，一時罕有其匹。其所著《喪服文足徵記》、《(孝)〔考〕工創物小記》、《溝洫疆理小記》及《磬折古義》、《九穀攷》、《樂器三事能言》，皆足正漢以來相承之誤。其它説經諸條，載在《通藝録》者，皆孰讀古書而得之，一字一句不肯漏略。故每立一説，輒與原文若合符節，不爽豪釐。説之精，皆出於心之細也。惟所作《果贏轉語》，未及付梓而殁。歲在庚寅，先生同族姪問源中丞攜以屬余校而序之。蓋雙聲疊韻出於天籟，不學而能，由經典以及謡俗，如出一軌。而先生獨能觀其會通，窮其變化，使學者讀之，而知絶代異語、別國方言無非一聲之轉，則觸類旁通，而天下之能事畢矣。故《果贏轉語》實爲訓詁家未嘗有之書，亦不可無之書也。余奉教於先生之日久，服膺於先生之學者深，其能已於言乎？道光十年五月庚辰，高郵王念孫跋，時年八十有七。

【説明】

程瑶田，初名易，後更名易田，字易疇，號讓堂。其《通藝録》中有《果贏轉語考》之目而無文。尹石公得稿於北京，經校勘後編入《安徽叢書》第二集，名爲《果贏轉語記》，卷末載王氏《跋》，羅振玉收入《王石臞先生遺文》卷四。

【校注】

〔一〕轉語，出自揚雄《方言》，指因方言和古今音變，一個語詞音轉孳乳爲另一些語詞。程氏《果贏轉語》，實爲語源學著作。全書列舉了二百多個與「果贏」有音義聯繫的詞，用「轉語」理論加以詮釋。《果贏轉語記》曰：「雙聲疊韵之不可爲典要，而唯變所適也。聲隨形命，字依聲立。屢變其物而不易其名，屢變其文而弗離其聲。」如瓜果有名果贏者，細腰蜂似之，則寫作果贏。

《讀〈荀子〉雜志補遺》叙

余昔校《荀子》，據盧學士校本而加案語。盧學士校本則據宋吕夏卿本而加案語。去年，陳碩甫文學以手録宋錢佃校本異同郵寄來都，余據以與盧本相校，已載入《〈荀子〉雜志》中矣。今年，顧澗薲文學又以手録吕、錢二本異同見示〔二〕，余乃知吕本有刻本、影鈔本之不同，錢本亦有二本。不但錢與吕字句多有不同，即同是吕本，同是錢本，而亦不能盡同，擇善而從，誠不可以已也。時《〈荀子〉雜志》已付梓，不及追改。乃因顧文學所録而前此未見者爲《補遺》一編，並以顧文學所考訂及余近日所校諸條載於其中，以質於好古之士云。道光十年五月二十九日，高郵王念孫叙，時年八十有七。

【説明】

《叙》載《讀書雜志》八《〈荀子〉雜志補遺》卷首，羅振玉輯入《王石臞先生遺文》卷三。

【校注】

〔一〕顧廣圻（一七七〇——一八三九），字千里，號澗薲，又自號思適居士，江蘇元和今蘇州市。人。經學、小學、校讎學俱精，有《釋名略例》、《思適齋文集》等。

呂、錢，指宋人呂夏卿、錢佃。

《讀〈晏子春秋〉雜志》敘

《晏子春秋》，舊無注釋，故多脱誤。乾隆戊申，孫氏淵如始校正之，爲撰音義，多所是正。然尚未該備，且多誤改者。盧氏抱經《羣書拾補》據其本復加校正，較孫氏爲優矣，而尚未能盡善。嘉慶甲戌，淵如復得元刻影鈔本以贈吴氏山尊〔一〕，山尊屬顧氏澗薲校而刻之。其每卷首皆有總目，又各標於本篇之上，悉復劉子政之舊〔二〕，誠善本也。澗薲以此書贈予，時予年八十矣，以得觀爲幸。因復合諸本及《羣書治要》諸書所引〔三〕，詳爲校正。其元本未誤而各本皆誤及盧、孫二家已加訂正者，皆世有其書，不復羅列。唯舊校所未及，及所校尚有未確者，復加考正。其《諫下》篇，有一篇之後脱至九十餘字者；《問上》篇，有併兩篇爲一篇而删其原文者，其他脱誤及後人妄改者尚多，皆一一詳辯之，以俟後之君子。道光十一年三月九日，高郵王念孫叙，時年八十有八。

【説明】

《叙》在《讀書雜志》六《〈晏子春秋〉雜志》卷首，羅振玉輯入《王石臞先生遺文》卷三。

【校注】

〔一〕吴鼒（一七五五——一八二一），字及之、山尊，號抑庵，安徽全椒人，有《吴學士文集》等。

〔二〕劉向，字子政，漢元帝時任中壘校尉，曾領銜在天禄閣校理群書，分類立目，並加叙録，寫成《别録》，是我國古典文獻學奠基人。

〔三〕《羣書治要》，十卷，唐魏徵等奉敕撰，見《四部叢刊》。

《漢隸拾遺》叙

余曩未講求金石文字，家藏漢隸亦甚少。前官運河道時，友人以漢碑拓本相贈，余因於殘闕剥落之中推求字畫。凡宋以後諸家所已及者略之，有其字而未之及與誤指爲佗字者補之，凡二十五事，名曰《漢隸拾遺》。蓋當時目尚未衰，故注視久之，亦能得其一二，今則并此而不能矣，益以見讀碑之時，適當力能讀之時爲可幸也。兒子引之請以付梓，因綴數語以質於當世之通金石文字者。道光十一年三月二十一日，高郵王念孫叙，時年八十有八。

【説明】

《叙》在《讀書雜志》十《漢隸拾遺》卷首，羅振玉輯入《王石臞先生遺文》卷三。

《讀〈墨子〉雜志》叙

《墨子》書，舊無注釋，亦無校本，故脱誤不可讀。至近時盧氏抱經、孫氏淵如始有校本，多所是正。乾隆癸卯，畢氏弇山重加校訂〔一〕，所正復多於前，然尚未該備，且多誤改、誤釋者。予不揣寡昧，復合各本及《羣書治要》諸書所引，詳爲校正。是書傳刻之本，唯《道藏》本爲最優。其《藏》本未誤而佗本皆誤及盧、畢、孫三家已加訂正者，皆不復羅列，唯舊校所未及，及所校尚有未當者，復加考正。是書錯簡甚多，盧氏所已改者，唯《辭過》篇一條，其《尚賢下》篇、《尚同中》篇、《兼愛中》篇、《非樂上》篇、《非命中》篇及《備城門》、《備穴》二篇皆有錯簡，自十餘字至三百四十餘字不等。並見六卷末。其他脱至數十字，誤字、衍字、顛倒字，及後人妄改者尚多，皆一一詳辯之，以復其舊。此外脱誤不可讀者，尚復不少。蓋《墨子·非樂》、《非儒》久爲學者所黜，故至今迄無校本，而脱誤一至於是。然是書以無校本而脱誤難讀，亦以無校本而古字未改，可與《説文》相證。如《説文》「啚」字，篆文作「亯」，隸作「享」，又省作「亨」，以爲「亨通」之「亨」，又轉爲普庚反，以爲「亨煮」之「亨」。今經典中「亨煮」皆作「亨」，俗又作「烹」。「亨」行而「享」廢矣。唯《非儒》篇「子路亨普庚反。豚」，其字尚作「享」。《説文》：「茍，讀若『亟其乘屋』之『亟』。自急敕也。」今經典皆以「亟」代「茍」，「亟」行而「茍」廢矣。唯《非儒》篇「曩與女爲茍生，今與女爲茍義」，其字尚作「茍」。《説文》：「但，裼也。」今經典皆以「袒」代「但」，「袒」行而「但」廢矣。唯《耕柱》篇「羊牛犓豢，雍與「饔」同，今本「雍」譌作「維」。人但割而和之」，其字尚作「但」。又有傳寫之譌可以考見古字者。「城郭」之「郭」，《説文》本作「𩫏」，今經典皆以「郭」代「𩫏」，「郭」行而「𩫏」廢矣。唯《所染》篇云：「晉文染於舅犯高偃。」案《國語》，晉有郭偃，無高偃，「郭」即「𩫏」之借字，知「高」爲「𩫏」之譌也。《説文》「杀，古文殺」字。今經典中有「殺」無「杀」，「殺」行而「杀」廢矣。唯《尚賢中》篇云：「率天下之民以詬天侮鬼，賤傲萬民。」案：「賤傲」二字語意不倫，「賤」乃「賊」字之譌；「殺」字古文作「杀」，與「敖」相似，知「杀」譌作「敖」，又譌作「傲」也。説詳本篇。《説文》：「㑞，以證反。送也。呂不韋曰：『有侁氏以伊尹㑞女。』」今經典皆以「媵」代「㑞」，「媵」行而「㑞」廢矣。唯《尚賢下》篇云：「昔伊尹爲莘氏女師僕。」案：有莘氏以伊尹㑞女，非以爲僕也。「㑞」、「僕」字形相似，知「僕」爲「㑞」之譌也。《説文》「衝突」字本作「𧗠」，今經典〔皆〕以「衝」代「𧗠」〔二〕，「衝」行而「𧗠」廢矣。唯《備城門》篇云：「以射衟及櫳樅。」「衜」、「衝」形相似，知「衜」爲「衝」之譌也。衝謂衝車。是書最古，故假借之字亦最多。如「胡」作「故」，《尚賢中》篇：「故不察尚賢爲政之本也？」「故」與「胡」同。「降」作「隆」，《尚賢中》篇：「稷隆播種。」《非攻下》篇：「天命融隆，火于夏之城。」「隆」並與「降」同。「誠」作「情」，又作「請」，《尚同下》篇：「今天下王公大人士君子，中情將欲爲仁義，求爲上士。」《節葬下》篇：「今天下之士君子，中請將欲爲仁義，求爲上士。」「情」、「請」並與「誠」同。後凡「誠」作「情」作「請」者放此。「拂」作「費」，《兼愛下》篇：「即此言行費也。」下文「費」作「拂」。「知」作「智」，《節葬下》篇：「智不智」。下「智」字與「知」同，後凡「知」作「智」者放此。「志」作「之」，《天志中》篇：「子墨子之有天之。」下「之」字與「志」同，「天之」即「天志」，本篇之名也。後凡「志」作「之」者放此。「宇」作「野」，《非樂上》篇：「高臺厚榭邃野之居。」「野」與「宇」同。「佗」作「也」，《小取》篇：「辟也者，舉也物而以明之也。」「也物」即「佗物」。後凡「佗」作「也」者放此，「佗」俗作「他」。「睎」作「欣」，《耕柱》篇：「譬若築牆然，能築者築，能實壤者實壤，能欣者欣。」「欣」與「睎」同。「管」作「關」，《耕柱》篇：「古者周公旦非關叔。」《公孟》篇：「關叔爲天下之暴人。」「關」並與「管」同。「悖」作「費」，《魯問》篇：「豈不費哉?」上文「費」作「悖」。「從」作「松」，《號令》篇：「松上不隨下。」「松」與「從」同。皆足以見古字之借、古音之通，佗書所未有也。其脱誤不可知者，則概從闕疑，以俟來哲。道光十一年九月十三日，高郵王念孫叙，時年八十有八。

【説明】

《叙》在《讀書雜志》七《墨子》卷首，羅振玉輯入《王石臛先生遺文》卷三。

【校注】

〔一〕畢氏，指畢沅（一七三〇——一七九七），字纕蘅，一字弇山，一字秋帆，江蘇鎮洋今太倉。人。有《續資治通鑑》、《山海經新校正》、《經典文字辨證》、《山左金石志》等書。

〔二〕「皆」字據《雜志》補。「癸卯」，《雜志》作「癸丣」。

重修《古今韻略》凡例

一、《韻略》曰：「《韻府》止收八千八百餘字，校《集韻》僅十之二，《廣韻》僅十之四，校劉、黄韻亦僅四之三。其間闕略牴牾，蓋亦不尠矣。因取經史中字可備採擇者，每韻增收數字或十餘字，隨音押入，而删正其譌複六十九字。」及今攷之，則誤增者十之三，闕增者十之九，妄删者十之二，失删者十之一，悉正之。

一、字不當增者，如「雝」或作「雍」，「趺」本作「跗」，「蹏」或作「蹄」，「谿」或作「溪」，皆形異而義同。今將「雍」、「跗」等字增入，而小變其注以惑人，是複矣，所謂誤增十之三也。

一、字之當增者，如支韻之内，凡經史中字，如「窺」、「錘」、「摛」、「隋」之類，失收者至八十餘，所謂當增者十之九也。

一、字不當删者，如「委委佗佗」之「委」、「周道倭遲」之「倭」、「溹沮之從」之「沮」，今并斥爲譌複而去之，所謂妄删者十之二也。

一、字之當删者，如「䑥」或作「艟」、「濃」或作「𩆝」、「䨣」俗作「𩂣」之類，今直與「䑥」、「濃」等字並列，所謂失删者十之一也。

一、《韻略》曰：「注釋譌者正之，略者補之，敢於今本云有微長。」今考其注，則譌者十之五，闕者十之六，悉正之。

一、注之譌者，如東韻中：「朦，月朦朧也，字從月；朦，《方言》大也，字從肉。」今於朦朧字混加「又《方言》大皃」五字。「筒，竹名也；筩，斷竹也。」二字絶不相蒙，今於「筒」注中妄加「一作筩」三字。「侗，徒東切，音同；侗，童蒙也，又他東切，音通，大皃。」今於「他東切」注中複加「又倥侗」三字。「穜」在鍾均[二]，即「黍稷重穋」之「重」，其支音入東均，音同，今亦作重。三字混入東韻「穜」字注中。「叢，一作藂。」今「一作藂」三字混入「叢」字注中。「篷，《方言》曰：車枸簍，南楚之外謂之篷。艂，織竹編箬以覆舟也。」今於「篷」字下混加「編竹覆舟車者，一作艂。」又「躳」，《説文》本作「䑖」，從身從吕，吕象人脊骨之形。今反曰「一作䑖」。「叢」俗作「藂」，今反曰「一作藂」。「悤」一作「怱」，今反曰「俗作怱」。又《爾雅》：「爞爞、炎炎，薰也。」今引《爾雅》脱却「炎炎」字。《史記》：「𨉖𨉖如畏然。」今引《史記》脱却「然」字。《相如賦》：「深山之谾谾。」今引《相如賦》脱却「之」字。又其《字例》曰：「注中或作某字，凡加圈者，異義可分押。」按或作之字，如果異義，即當收入韻字正數之内，否則形雖異而意義實同。如「同」或作「仝」、「幏」或作「幪」、「艐」隸作「朡」之類。一字轉寫了無區別，今并在加圈分押之列，義同訓別，義別訓同，而其注復自相矛盾。一韻之中，支離舛錯，不可悉數，所謂譌者十之五也。

一、注之闕者，如東韻之中，考《説文》注中本訓，「蒙，王女也」；「矇，童蒙也」；「夢，不明也」；「同，合會也」；「中，和也」；「衷，裏褻衣也」；「忠，敬也」；「沖，涌摇也」；「穹，窮也」；「豵，生六月豚也」；「稯，布八十縷爲稯」；「終，絿絲也」；「充，長也，高也」；「螉，蟲在牛馬皮者」。一韻中凡十四條皆係制字本義，而概不收入其餘，義之失收者乃倍之，所謂闕者十之六也。

一、《韻略》曰：「古時字少，往往借用。故六經子史兩漢諸子中通作之字最多，俗本不援出處，本文僅臚或作某、又作某某字，翻令覽者眩瞀。是刻於通作之字斷引原書，令有據依。其有字而無考證者，多從删。或一字而數易者，注某書作某字、某書作某某字，以廣參稽，亦讀書識字之一助也。」按或作、通作，義各不同：或作者，形體雖易，本屬一字，如東韻「恫或作痌」、「𦨴或作艟」之類也；通作者，顯屬二字，偶爾借用，如東韻「僮通作童」、「功通作紅」之類也。或作者於六書之義各有所取，必强爲牽合，而字之本義反亂。通作者，於六書之義一無所取，必詳爲解釋，而此字之義始明。且今觀或作之字，如東韻「風或作飌」、「蘴或作葑」、「竉或作䆍」、「癃或作𤸇」之類，考之舊注亦未嘗有所援据，引以相證，是自相矛盾矣。又曰「無考證者多從删」，則又見聞不廣之故也。故余於或作之字，必明徵出處，以爲證據；而通作之字，則但云通作某而已，以字各有訓，實難假借也。

闢去兩聲各義之説，舊注一概不用。

偏旁必有本字而失去者補之，如屋部「彔」字之類。

【説明】

《凡例》載《王石臞先生遺文》卷四，未詳年月。康熙三十五年，江蘇巡撫宋犖字牧仲，號西陂，有《西陂類稿》。刻其幕僚邵長蘅字子湘，有《青門集》。《古今韻略》五卷。重修者，應即此書。未見重修稿，殆未成或中輟。

【校注】

〔一〕「均」通「韻」，段玉裁《六書音均表》即如此作。

《汪孟慈文集》稿本識語

「至于敬寡」解

《尚書・梓材》：「至于敬寡，至于屬婦。」喜荀按〔一〕：《小爾雅》：「妾婦之賤者，謂之屬婦。屬，逮也。逮婦之名，言其微也。」又案：《孔叢子》引《吕刑》「哀敬折獄」〔二〕，「敬」作「矜」。《孔叢（之）〔子〕》雖係僞書，然三代兩漢故書雅記動見徵引，亦如《家語》、《竹書》，未嘗無所本也。此「敬寡」疑亦「矜」字。「矜寡」即「鰥寡」，古音近通用。《王制》：「老而無妻謂之矜。」《詩・何草不黄》：「何人不矜？」《詩攷》引《韓詩》作「鰥」。《尚書大傳・洪範》曰：「毋侮矜寡而畏高明。」《史記・宋世家》引《書》作「毋侮鰥寡。」是其證也。又案：《詩・敝笱》「鰥」與「雲」爲韻。《楚詞・天問》：「舜閔在家，父何以鰥？堯不姚告，二女何親？」是古人讀「鰥」爲「矜」，故《集韻》通作「矜」。

《宋本論語釋文校勘記》敬寡解、郭公解皆致確，駁正郭亾尤確，所謂論古有識也。王念孫識。

【説明】

《識語》載《汪孟慈文集》稿本，標題爲編者所加，寫作時間不詳，殆作於嘉慶十九年甲戌至二十年乙亥。二十年正月，王氏爲故友汪中撰《述學叙》，嗣後無與汪孟慈交往記録。

【校注】

〔一〕汪喜荀，一作喜孫，字孟慈，汪中之子，嘉慶舉人，由員外郎出爲懷慶知府。有《且住庵詩文稿》、《汪孟慈文集》、《遂雅堂叢書》。《從政録》《重印江都汪氏叢書》。等書。

〔二〕《孔叢子》，三卷，别名《連叢》，舊題秦末儒生孔鮒撰，内附《小爾雅》。宋以來，學界多疑此書係三國魏王肅僞作，與《書孔傳》、《孔子家語》同出一轍。

書札

與程易疇論戈戟書〔一〕

閲《重定戟考》，始知内之有刃者即其刺。近閲唐釋慧苑《華嚴經音義》卷第十五《賢首品》下云：「按《論語圖》，戈形旁出一刃也，戟形旁出二刃也。」與《二儀寶録》説正同。

劉盼遂按：右文見程氏《考工創物小記》卷二《冶氏爲戈戟考》中引。

【説明】

王念孫致程易疇書，載《王石臞文集補編》。王、程相交在乾隆四十一至四十五年，此書應作於此時。

【校注】

〔一〕程易疇，初名易，字瑶田，後改字易田，又字易疇，號讓堂，又號亦田、伯益，安徽歙縣人。師承江永，長於名物考證，有《通藝録》四十二卷、《考工創物小記》八卷。

與邵二雲書（二）

《知不足齋叢書》一套繳上。曩注《廣雅》「葆，本也」，而不解其義。又讀《詩傳》「苞，本也」，亦不解其義。竊疑「浸彼苞稂」、「如竹苞矣」、「實方實苞」、「苞有三櫱」，皆不當訓爲本。昨偶閱《玉篇・草部》「蕁」字注云：「本，蕁草叢生。」字或作「苯」，《西京賦》：「苯蕁蓬茸。」始知《傳》訓苞爲本者，乃叢生之義，非根本之義也。《斯干》箋云：「言時民殷衆，如竹之本生。」本生猶言叢生，故以比民之殷衆。故孫炎云：「物叢生。」非根本之義明矣。《生民》箋云：「豐，苞，亦茂也。」《長發》箋云：「苞，豐也。」皆足增成《傳》義，而《正義》以爲易《傳》，失其旨矣。《廣雅》云：「葆、科，本也。」又云：「科，叢也。」「蔟，葆也。」《說文》：「葆，草盛貌。」「蔟，細草叢生也。」則葆、苞古蓋通用。未知有當與否，唯先生裁之。又李氏《周易集解》「繫于苞桑」下所列古訓，必有與《爾雅》、《毛詩》相發明者，並祈録示，餘不一一。年侍王念孫頓首。

李氏案曰：王氏所著《廣雅疏證・釋詁三》已用此義，惟未言及《詩傳》、《鄭箋》。即此可知《鄭箋》之不易讀，而傳、箋異同之故可輕言哉？

劉盼遂按：李慈銘《越縵堂日記・荀學齋己集》下記邵書玉藏乾隆諸老致二雲書，有石渠先生二通：一爲借

《開元（古）〔占〕經》，一爲論《廣雅》事。《占經》札未録，只録次札，今據收。

【説明】

書載《王石臞文集補編》，未記年月。王念孫乾隆五十二年八月始撰《廣雅疏證》，五十七年成前四卷，則此札當作於乾隆五十二年至五十六年之間。

【校注】

〔一〕邵二雲，即邵晉涵，字與桐，又字二雲，號南江，浙江餘姚人。史學家、經學家、訓詁學家，曾與王念孫在四庫全書館供職。有《爾雅正義》二十卷，輯《舊五代史》。

與劉端臨書

王念孫再拜端臨先生席前：新正接奉手書，具領一切。念孫前歲差旋過鎮，滿擬入城一晤，並訪若膺先生，同作竟夕之談。詎因水淺，改由焦山閘口渡江，遂不獲如願，悵何如之！先生談經冰署〔一〕，借清俸以怡顔，暢叙天倫，其樂何極！人世浮名，誠不足爲先生道耳。念孫自改諫曹，幸謝部務之擾。去年夏秋間，欲作《方言疏證補》，已而中止。念孫己亥年曾有《方言校本》，庚子攜入都，皆爲丁君小雅録去。内有數十條不甚愜意者，往往見於盧紹弓先生新刻《方言》中。中有一條爲紹弓先生所不取。今本《方言》「杷」字注云：「無齒爲朳。」念孫所校本於此上增「有齒爲杷」四字。紹弓先生云，「有齒爲杷，見顔師古《急就篇》注」，此不當有。今案《説郛》本有此四字。又唐釋玄應《一切經音義》云：「《方言》杷謂之渠拏。」郭璞曰：「有齒曰杷，無齒曰朳。」則是郭注原有此四字，不始於《急就篇》注也。其愜意數條，則紹弓先生所不録，容當録出就正。然計先生及若膺先生所校，必有暗合者矣。自去年八月，始作《廣雅疏證》一書。是書雖不及《爾雅》、《方言》之精，然周、秦、漢人之訓詁皆在焉。若不爲校注，恐將來遂失其傳。念孫將以十年之功爲之，自八月至今，始完半卷，而正譌補缺，已至一百五十餘條。是書積誤較他書爲甚，倘先生平日有考訂之處，務祈録示，以便登載。令弟現館内城，一月之内，時獲晤談，甚爲相得。良覿正遥，諸惟珍重，不宣。乾隆己酉〔二〕。

又

端臨先生席前：接讀來札，備悉近狀平善爲慰。念孫素好岑寂，人事擾擾，殊非所堪。近患脾泄，日甚一日。衰病之軀，勢難久居京邸，決意於冬底告病，明春二三月命棹南歸。但舍間俗冗叢脞，家難紛起，不可一日居，擬於鎮江覓一養病之所，以度餘年。閒泠禪院，可以棲息者，先生幸爲我留意焉，切囑切囑。《廣雅》積誤已久，有明本之誤，有宋元本之誤，以《集韻》所引知之。有隋唐本之誤。以曹憲音知之。又漢儒箋注讖緯及小學諸書今多亡失，訓詁無徵，疏通證明大非易事。自前歲仲秋至今，甫完兩卷，衰病如此，懼不能成也。先生湛深經術，卓識精忠〔三〕，萬非時輩所能企及，幸即筆之於書，勿過爲矜慎也。蒙示《方言注》辨誤二條，精確不可移。「聑顛」一條，正與鄙見相合。其「噎憂」一條，則念孫所未及。前札云愜意數條者，「忢忓」亦居其一，餘俟南歸後面質之。若膺先生在都時，快談一切，竊恨相見之晚。其所著《尚書考異》，發前人所未發，有功經學甚鉅，與《説文解字讀》、《六書音均表》皆不朽之業也。聞容甫先生近狀較佳，其著作想益宏富。此人才、學、識三者皆能過人，在我輩中且當首詘一指也。南歸之後，可與諸君子當相見〔四〕，差足自慰耳。令弟九哥，人學兼優，入都二年以來，與念孫相得甚歡。小兒姻事，諸煩部署，感激難以言狀。朱三姻兄，質美而好學，芝蘭玉樹，良可重也。小兒頗有志於學，近作《周秦名字解故》二卷，於古義閒有發明，南歸後當令録出呈覽，幸先生之教之也。兹因九哥南旋之便，率候近安，餘容面晤，不一。

又

端臨先生執事：去冬得奉手書，備稔近履，邇想侍奉萬安，起居清吉，俱足下慰私悃〔五〕。令弟九哥，近況奚似？聞於安徽有所圖，尚得意否？容甫先生書内云：「於《春秋》用功甚深，全經萬八千言，更無不了之義。」晤范大親家之長孫，云先生亦從事於此書，惜未得相從受教也。邇來新得必多，尚望寄示，及有關於《廣雅》者，亦望示及也。念孫前以歸家，多所患苦，故且留京邸。詎意衰病日甚，夏不能冒暑，冬不能衝寒。自去春至今，一歲之内，因官差而病卧者數矣。長安道上，應酬終不能絶，《廣雅》僅成四卷。又以體例中更，重加改訂，至今尚未完畢。似此遷延，恐終不能成書。計典已過，今秋必將告歸。但求一避囂之所而終不可得，爲可悲耳。若膺、容甫札俱祈轉致。肅此，恭候近祉，不一。

致劉端臨書第一

自劉寶楠纂劉氏《清芬外集》稾録出

去秋按奉手書，得悉弄璋之喜，歡慰者久之。嬾病相因，致疏裁候〔六〕。大著《儀禮補疏》已成者幾卷？其中卓見必多，便中望寄示一二。念孫自客歲九月備給事員，十日之中進科者凡有五六日，一月之中看書者不過八九日，已與素懷相左。至十一月初，忽派巡城一差，終日碌碌，刻無甯晷。黎明即往飯廠，日晡始能歸家，多病之身，不勝其苦。計自巡城以來，三月有餘，嘔吐之病已四五作，其泄瀉則無日無之。從此至滿差時尚有十月，將如之何哉！來札云若膺居蘇州甚安適，可以肆力於古，甚爲欣慰。其所著《尚書撰異》，王青浦携來京邸，其中精確者致多，惜今世無賞識者，曲高和寡，自古歎之矣。易田有書來，云精神漸衰，然家居一切自如，則勝念孫多矣。令弟九哥，今歲設帳何所？近況奚似？來歲公車，望足下及令弟俱早束裝北上，以慰離懷也。

劉詩孫著《端臨年譜》，記端臨得子在乾隆五十八年〔七〕。石渠派巡東城，則五十八年十月初事也。

與劉端臨書第二

王念孫再拜端臨先生執事：八月初旬率具一函奉覆，并覆容甫札，封家信中寄回高郵，交奴子高錫純轉寄揚州。後接舍間家信，知其患病物故。昨又接家信，知前書爲伊病中失落矣。念孫次子才質甚鈍，遠遜其兄，而得先生爲之蹇修，且不爲容甫所棄，何幸如之。夏初有同譜者寄書議姻家，約俟女家來京面致聘訂，迄今尚未來，違之，又滋物議，容再奉聞。前月晤范隣兄，據云來歲先生與令弟九哥同來京都，後又云來京之説尚未確，未知近日已决意北上否。區區一第之榮，固不足以動君子，而數年離索之思一旦慰之，此則念孫之大幸矣，盼望之至。容甫曾來鎮江，近况奚似，舊恙不復作否？若膺尚在蘇州否？有考訂《周禮讀》一書已就鐫否？念孫城差報滿後，甫得數日之間，而倉差又至，辛苦更甚于巡城。此後直當束書不觀耳。前札未經寄到，復泐數行候安，兼訂來春北上之約，餘不書。十一月二十二日，念孫再拜。

盼遂按：原稿藏杞縣侯汝承處。

又

端臨先生執事：自春徂夏，兩奉手書，怳同面晤。邇惟侍奉萬安，興居佳勝，定符私祝〔八〕。正月底，即聞容甫凶耗，悲不能已。二十年性情學術之交，遂成永訣，痛哉！孝臣殁已十年，去歲幾遭火化，而容甫又客死西湖，自顧衰病日加，欲歸不得，未知何時得圖良覿也。容甫在日，鹽政全公待之頗厚〔九〕。近聞兩淮辦書一事，仍令其子接辦，身後薄有留貽，目下自可無憂〔一〇〕。惟文章一事，須急爲收拾。念孫京邸僅存文十篇，《講學釋義》、《左氏春秋釋疑》、《居喪釋服解義》、《石鼓文證》、《請祀故樂儀書院山長沈公議》、《廣陵對》、《泰伯廟銘》、《黄鶴樓銘》、《高郵賈君銘》、《李君銘》。其《釋闕》、《釋三九》二篇，遍檢無存。此外，念孫所未見者必多。又聞其《述學》一書業經付梓，遠客燕邸，不獲爲之整頓。得先生身任其事，俾不朽之文懸諸日月，實生死所共慰也。編録已畢，祈將附帙見寄，以便參酌付梓，幸甚幸甚。《儀禮補疏》所成已及半否？念孫常患學者成書之易，今則又患成書之難。蓋精力日就衰頹，撰述不可不早就也。自四月派巡南城，忽忽靡暇。《廣雅》七卷後竟不能成一字，奈何？武曹兄曩曾一晤於清江，再晤於寶應，今爲三聚矣〔一一〕。省試前方爲舉子業，故未及縱談，而約略數語，已知其博聞强識而有卓見。他日吾見蔑之面，今吾見其心矣。令弟屢不得志於禮闈，深爲扼腕。然近况亦頗順適，數月以來不時與念孫朝夕相聚，清泠中趣味，亦足樂也。耑此問訊，伏維珍攝。

【説明】

王念孫致劉端臨書，今存六通。其一、二、三、六通，載《王石臞先生遺文》卷四。四、五通，載《王石臞文集補編》。六通又併載於劉文興《劉端臨先生年譜》。分别寫於乾隆五十三年、五十五年、五十七年、五十九年、五十九年、六十年。

【校注】

〔一〕冰署，冰鑑署，主管藏冰的機構。然王念孫未曾署此職，疑此以「冰署」喻禮部之清貴。

〔二〕劉盼遂《王念孫年譜》記在乾隆五十三年戊申，非己酉；劉文興《劉端臨先生年譜》同。

〔三〕「精忠」，劉文興作「精思」，是。

〔四〕「當」，劉文興作「常」，是。

〔五〕「邇想……私悃」句，劉文興無。

〔六〕「致疏裁候」，劉文興作「致疏箋候，幸勿爲過。獻歲以來，想侍奉萬安，起居佳勝。」

〔七〕長子源岷巨源生於乾隆五十八年五月。

〔八〕「邇惟……私祝」句，劉文興無。

〔九〕「鹽政」二字下「全公」二字上，劉文興有「學」字。

〔一〇〕「憂」，劉文興作「慮」。

〔一一〕「聚」下，劉文興有「首」字。

與桂未谷論慎憒二字說書〔一〕

承示：《廣雅》「慎，憒也」，「慎」爲「憒」之誤；《文選·幽通賦》「周賈盪而貢憤兮」，「憤」亦爲「憒」之誤。念孫案：「憤」有潰亂之義，曹大家訓「憤」爲「潰」是也。亦有恐懼之義，《廣雅》訓「侙慎」爲「愩」是也。欲知《廣雅》「愩」字之義，當於「侙慎」二字求之。《説文》：「侙，惕也。」「《春秋國語》曰：『于其心侙然。』」鄭注《易》云：「惕，懼也。」是「侙」爲恐懼之義。《廣雅》：「慎，恐也。」是「慎」亦有恐懼之義。《方言》：「蛩烘，戰慄也。荆吴曰蛩烘。」「蛩烘」又恐也。《廣雅》：「䖻、蛩、烘、畏、恐，懼也。」「䖻、慎、忌、畏，恐也。」「侙、慎，愩也。」轉相訓釋，而其義自明。愩、恐、蛩、烘聲近而義同也。若改「慎」爲「憒」，則與「侙」字之義不類。《廣韻》：「侙，意慎侙也。」此尤足證「慎」字之不誤。又案「憒」字亦有潰亂之義，是以慶鄭言「亂氣狡憒」，是以曹大家、孟康皆訓「憒」爲「亂」。字通作「賁」。《荀子·彊國》篇：「下比周賁潰以離上。」《韓詩外傳》作「憒」。是「憒」與「潰」同義。《説文》：「憒，潒也。」「潒，煩也。」煩亦亂也。李奇注《漢書·叙傳》云：「愩，潒也。」是「憒」與「愩」亦同義。似無煩改「憒」爲「憒」也。肅此，覆候裁酌，不宣。念孫頓首。

【説明】

札載《札樸》卷七，羅振玉收入《王石臞先生遺文》卷四。考王念孫任給諫及王、桂交往事實，此札殆作於乾隆五十三年至六十年。時王氏正注《廣雅》。

【校注】

〔一〕桂馥書見《札樸》卷七《貢》，引録於後：《幽通賦》：「周賈盪而貢憤兮。」曹大家曰：「貢，潰也。憤，亂也。潰亂於善惡。」案：「貢憤」當爲「慣憒」。《廣韻》：「慣，憒也。」《集韻》：「慣，悒憒皃。」《説文》：「憒，亂也。」又《廣雅》：「慎，憒也。」「慎」當爲「憒」。既質之王給諫，説與余異。

致宋小城書〔一〕

王念孫頓首。别來已久，每悵離羣。今接手書，恍同面晤。《諧聲補逸》一書闡發古音，洵有功於許氏，惜無由奉讀耳。《爾雅》郭注已非全璧，而作疏者，總未得其人。足下欲作集注，以補前人之缺，疏通而證明之，誠不刊之盛事也。及今爲之，勿妄勿助〔二〕，勿以更端閒之，是所切禱。《方言補注》，以餘功爲之可矣。念孫於公餘之暇，惟躭小學。《經義述聞》而外，擬作《讀書雜記》一書，或作或輟，統計所成，尚未及三分之二，剞劂正未有期也。數年之後，如荷乞歸田里，與足下論學講書，還我青氈故志，何樂如之！即此數行裁復，順問邇祉，不一。念孫頓首。

又

念孫頓首，小城世講大兄足下：前奉手書，得悉近祉佳善爲慰。大著《諧聲補逸》分別精審，攻究確當，洵爲叔重功臣。展讀再三，深喜同志之有人也。閒附拙見數條，敬候裁酌。念閉門守拙，眠食粗安，足慰記憶。夏閒校讀《戰國策》，録成三卷，兹特寄請教正。兒子引之秋日有灤河之役，昨甫回寓，亦叨庇如常。兹因次孫彦和南旋之便，順候動履。諸惟朗照，不一。

【説明】

王念孫致宋小城書二通，原載《諧聲補逸》卷首，後羅振玉輯入《王石臞先生遺文》卷四。分别寫於嘉慶十四年己巳、十六年辛未。

【校注】

〔一〕宋小城，名保，字定之，號小城，江蘇高郵人，王念孫及門弟子。有《諧聲補逸》十四卷，其中引王念孫説二十一條。

〔二〕「妄」，《諧聲補逸》作「忘」，當從羅氏改作「妄」。

致段若膺書

愚弟王念孫頓首，啓若膺大兄先生閣下：前奉手書，碌碌未暇作答爲歉。拙序本不愜意，得蒙教訓，幸甚感甚。弟前在運河，不過循分供職，於地方事宜，不敢妄爲陳説。即河務敝壞，所患亦在大江以南，尤不便越俎創議，以此並無摺子上聞經部駁飭。來札所云，以告者過也。弟今秋仰荷諭旨，調任永定，以衰憊之年，重臨獲咎之地，事繁且險，悚懼不可言狀。弟每觀宦海風濤之險，非不欲引疾求退，而無如家鄉歷被淹浸，三徑久荒，欲歸不得耳。戀棧之譏，無由自解，抱媿極矣。頃戴信堂世兄携東原師《河渠書》稿本〔一〕，並將先生寄信堂原札見示，足徵尊崇師誼，日久不渝，實深歎服。弟檢閱戴世兄所携之稿，當日卻爲方宫保代作。今王通判所呈之本，是否即係原本，抑已被改頭換面？未見其書，難以懸斷。如欲伸理，則方氏現有貴顯後裔，尚須伺伊動静；且戴世兄又無力與人争勝，亦只可隱忍有待而已。刻下戴世兄與弟相商，意欲付梓，以别真僞，擬即請先生校讐，囑弟作序。弟本不勝任，且於師弟名分又不敢稱序，可否懇先生校定，添加一跋語，以傳千秋？將來刊刻時，卷帙繁多，必得同門相好十數人共襄斯舉，弟名下若干，當無不盡力也。微有商者，此書雖出自東原師手筆，究係方宫保出名，將來若不易名，則爲方氏刻書，同人亦斷不肯助力。倘竟换東原師之名，未免與當日草創本意有違。且東原師所著之書，精且簡，未有卷帙浩繁若此者，是不可不斟酌盡善也。弟識見淺隘，不敢臆斷，還祈先生有以教之。專函奉布，敬候台安，諸希朗鑒。念孫載拜，十月初四日。

【説明】

札原載羅繼祖《段懋堂先生年譜》，今轉録自陳鴻森《〈段玉裁年譜〉訂補》「嘉慶十四年己巳」下。互詳段氏於十三年、十五年致王念孫書。

【校注】

〔一〕戴信堂，戴震之子。

與臧鏞堂論校《小學鉤沈》書〔一〕

接讀來示，考訂精詳，佩服之至。《字體》可删〔二〕，《珠叢》可補〔三〕。其《説文音隱》若博考羣書以補之〔四〕，實有功於許氏，此書不知亡於何時。《繫傳》所稱「此反切皆後人所加」

者，疑即是也。乃小徐易以新音，而大徐則專用《唐韵》，於是《説文》之舊反切遂亡。今采羣書補之，實一快事也。專此羽覆，不一。念孫頓首，用中先生執事。

【説明】

書載《王石臞文集補編》，寫於嘉慶十六年辛未。互見臧氏來書。

【校注】

〔一〕並見《任子田〈小學鉤沈序〉》。

〔二〕《字體》，見《小學鉤沈》卷十九及顧震福《小學鉤沈續編》卷六。

〔三〕《珠叢》，即《桂苑珠叢》，見《新唐書・藝文志》。今有清黄奭輯本一卷，見《漢學堂叢書》。

〔四〕《説文音隱》，見《新唐書・藝文志》。近人龍璋《小學蒐佚》下編輯有一卷。

與汪喜孫書

右文據《汪氏學行記》卷三。

聞尊大人已入《儒林傳》，不獨尊大人之名垂不朽，所以鼓舞後進者，其益無疆也。

與汪喜孫書二

尊大人遵文内《老子考異》引證群書體例，本應如是，足下序次極當，可無疑議。寄到四篇内，《袁玉符妻劉氏墓銘》及《與端臨書》已載前帙，其《朱先生學政記》，念孫舊於笥河先生學署内先睹之，惟《龍潭避風館疏》今始快讀，皆不刊之作也。帙内悞字謹爲更正。《魏次卿誄》爲尊甫先生少作，可不存。《提督楊凱傳》叙次戰功，歷歷如見，不可不存。（楊凱傳叙次戰功歷歷如見不可存）

右文據《汪氏學行記》卷四。

與汪喜孫書三

尊甫與念孫定交于笥河先生幕府，在壬辰之冬。賈稻孫先生與尊甫交在癸巳之秋，亦在笥河先生（墓）〔幕〕府。丙申之春，念孫至揚州，尊甫始言程易疇先生之學甚精，想訂交，即在乙未、丙申之間也。念孫自辛丑入都，未曾南旋。至辛亥年接尊甫札，始言段若膺小學甚精，其訂交則不知在何時矣。尊甫札尋檢尚未得，因往返山左，書籍淩亂故也。祇檢出《請祀沈椒園先生議》一篇，想有此稿，因係尊甫手書，良可寶貴，故先行奉上，乞檢存。

右文據《汪氏學行記》卷五。

【説明】

三書原載《汪氏學行記》卷三、四、五，劉盼遂輯入《王石臞文集補編》。嘉慶十七年，汪喜孫致書王念孫，請其説項，將汪中由《文苑傳》改入《儒林傳》，此第一書即爲覆書。而阮元刻《國史儒林傳》在道光十年，見《揅經室續集》卷二。故此札當作於道光十年。第二、三書，討論輯刊汪中《述學》。而汪喜孫求序在嘉慶十九年，王念孫撰《述學叙》在嘉慶二十年；此前之嘉慶十七年夏，汪喜孫致王念孫第一書，請王氏爲之搜集校正汪中文稿，故二、三書當作於嘉慶十七年、十八年間。

與李鄦齋方伯論古韻書（一）

脩書甫竟，復接季冬手札，欣悉先生福履茂暢，諸協頌忱。某嘗留心古韻，特以顧氏五書，已得其十之六七，所未備者，江氏《古韻標準》、段氏《六書音均表》皆已補正之，唯入聲與某所攷者小異，故不復更有撰述。兹承詢及，謹獻所疑，以就正有道焉。入聲自一屋至二十五德，其分配平上去之某部某部，顧氏一以九經、《楚辭》所用之韻爲韻，而不用《切韻》以屋承東、以德承登之例，可稱卓識。獨於二十六緝至三十四乏仍從《切韻》以緝承侵、以乏承凡，此兩岐之見也。蓋顧氏於九經、《楚辭》中求其與去聲同用之迹而不可得，故不得已而仍用舊説。又謂《小戎》二章以驂、合、軜、邑、念爲韻，《常棣》七章以合、琴、翕、湛爲韻。不知《小戎》自以中、驂爲一韻，合、軜、邑爲一韻，期、之爲一韻；《常棣》自以合、翕爲一韻，琴、湛爲一韻，不可强同也。今案緝合以下九部，當分爲二部。徧攷《三百篇》及羣經、《楚辭》所用之韻，皆在入聲中，而無與去聲同用者。而平聲侵覃以下九部，亦但與上去同用，而入不與焉。然則緝合以下九部，本無平上去明矣。又案去聲之至、霽二部，及入聲之質、櫛、黠、屑、薛五部中，凡從至、從疐、從質、從吉、從七、從日、從疾、從悉、從栗、從桼、從畢、從乙、從失、從八、從必、從卩、從節、從血、從徹、從設之字，及閉、實、逸、一、抑、别等字，皆以去入同用，而不與平、上同用，固非脂部之入聲，亦非真部之入聲。《六書音均表》以爲真部之入聲，非也。《切韻》以質承真，以術承諄，以月承元。《音均表》以術、月二部爲脂部之入聲，則諄、元二部無入聲矣，而又以質爲真之入聲，是自亂其例也。又案《切韻》平聲，自十二齊至十五咍，凡五部，上聲亦然。若去聲，則自十二霽至二十廢，共有九部，較平上多祭、泰、夬、廢四部，此非無所據而爲之也。攷《三百篇》及羣經、《楚辭》，此四部之字，皆與入聲之月、曷、末、黠、鎋、薛同用，而不與至、未、霽、怪、隊及入聲之術、物、迄、没同用。且此四部，有去入而無平上。《音均表》以此四部與至、未等部合爲一類，入聲之月、曷等部亦與術、物等部合爲一類，於是《蓼莪》五章之烈、發、害，與六章之律、弗、卒；《論語》「八士」之達、适，與突、忽〔一〕；《楚辭·遠遊》之至、比，與厲、衛，皆混爲一韻，而音不諧矣。其以月、曷等部爲脂部之入聲，亦沿顧氏之誤而未改也。唯術、物等部乃脂部之入聲耳。又案屋、沃、燭、覺四部中，凡從屋、從谷、從木、從卜、從族、從鹿、從賣〔二〕、從菐、從録、從束、從獄、從辱、從豖、從曲、從玉、從蜀、從足、從局、從角、從岳、從峀之字，及禿、哭、粟、玨等字，皆矦部之入聲，而《音均表》以爲幽部之入聲，於是《小戎》之首章之驅、續、轂、馵、玉、屋、曲，《楚茨》六章之奏、禄，《角弓》三章之裕、瘉，六章之木、附、屬，《桑柔》十二章之穀、垢，《左傳·哀十七年》繇辭之竇、踰，《楚辭·離騷》之屬、具，《天問》之屬、數，皆不以爲本韻，而以爲合韻矣。且於《角弓》之「君子有徽猷小人與屬」，《晉·初六》之「罔孚裕无咎」，皆非韻，而以爲韻矣。以上四條，皆與某之所攷不合。不揣寡昧，僭立二十一部之目而爲之表。分爲二類：自東至歌之十部爲一類，皆有平上去而無入；自支至宵之十一部爲一類，或四聲皆備，或有去入而無平上，或有入而無平上去，而入聲則十一部皆有之，正與前十類之無入者相反。此皆以九經、《楚辭》用韻之文爲準，而不從《切韻》之例。一偏之見，未敢自信，謹述其大略，并草韻表一紙呈覽。如蒙閣下是正其失，幸甚幸甚〔四〕。

【説明】

王念孫致李庚芸書一通，載《經義述聞·通説上》、《高郵王氏父子手稿》、《王石臞先生遺文》卷四。是書寫於嘉慶二十一年丙子。文字一依《遺文》，《手稿》是未定稿，故不从。

【校注】

〔一〕李庚芸，字生甫，號鄦齋，室名稻香唫館，錢大昕弟子，嘉定人。官至福建布政使，故王氏尊稱之爲方伯。有《炳燭編》四卷、《稻香唫館詩文集》七卷。

〔二〕《論語·微子》：「周有八士：伯達、伯适，仲突、仲忽，叔夜、叔夏，季隨、季騧。」

〔三〕賣，篆作[illegible]，隸定作𧶠，从𡙁聲，余六切。

〔四〕《述聞》「幸甚」下有「某又啟」三字，後附《古韻二十一部表》。

致陳碩甫書〔一〕

碩甫大兄先生執事：前者蒙賜教言，備承惓惓，並不憚芻蕘下詢，何好學之勤抑至于此！垂問《毛詩故訓傳》，欲爲釐正，是所託已尊〔二〕。屢讀大著，條示俱極精審，洵非鹵莽者可以從事。亦思兼治丁氏《集韻》〔三〕，以攷古人音讀，漢魏後之音轉、音變，足徵用意之勞。愚竊以爲《集韻》當先治其紕繆處，如「許九」譌爲「許元」之類，表而出之，則廓清之功已甚偉矣。奉到繭紙二幅，僅書《毛傳》、丁《韻》鄙著六條，録呈左右，拜求教正。

《鄭風·女曰雞鳴》篇：「宜言飲酒。」箋曰：「宜乎我燕樂賓客而飲酒。」正義曰：「宜乎者，謂閒暇無事，宜與賓客燕。與上宜肴別也。」　念孫案：此承上「宜之」而言，「宜」亦當訓爲「肴」，猶「弋言加之」承上「弋鳧與雁」而言也，不當上下異訓。毛於上「宜」字訓爲「肴」，則此「宜」字亦爲「肴」可知。《爾雅》：「宜，肴也。」李巡曰：「宜，飲酒之肴。」是「宜言飲酒」之「宜」訓爲「肴」矣。蓋《毛詩》說本如是，當從李巡。

念孫案：《小雅·正月》篇：「哿矣富人，哀此惸獨。」哿與哀對文。哀者憂悲，哿者歡樂也。言樂矣，彼有屋之富人；悲哉，此無禄之惸獨也。《雨無正》篇：「哀哉不能言，匪舌是出，維躬是瘁。哿矣能言，巧言如流，俾躬處休。」哀與哿亦對文。言悲哉，不能言之人，其身困瘁；樂矣，能言之人，身處於安也。哿、嘉俱以加爲聲，而其義相近。《禮運》：「以嘉魂魄。」鄭注曰：「嘉，樂也。」王肅注《家語·問禮》篇曰：「嘉，善樂也。」《大雅·假樂》篇：「假樂君子。」《中庸》引作「嘉樂」。是嘉與樂同義。「哿」之爲言猶「嘉」耳。故《昭八年左傳》引《詩》「哿矣能言」，杜注曰：「哿，嘉也。」毛傳訓「哿」爲「可」，可亦快意愜心之稱。

《廣雅》曰：「厭、愜、哿，可也。」故箋曰：「富人已可，惸獨將困。」宋岳珂本《七經孟子考文》所引古本及宋板並作「富人已可」，明監本「已」字始作「猶」，淺學人改之也。正義曰：「可矣富人，猶有財貨以供之。」失傳、箋之意矣。

念孫案：《北山》篇：「我從事獨賢。」《孟子・萬章》篇引此而釋之曰：「此莫非王事，我獨賢勞也。」賢亦勞也。賢勞猶言劬勞，故毛傳曰：「賢，勞也。」《鹽鐵論・地廣》篇亦曰：「《詩》云莫非王事，而我獨勞，刺不均也。」鄭箋、趙注並以賢爲賢才，失其義矣。

《山海經・東山經》：「北號之山有鳥焉，其狀如雞而白首，鼠足而虎爪，其名曰鬿雀，食人。」《楚辭・天問》：「鬿堆焉處？」王注曰：「鬿堆，奇獸也。」「鬿」一本作「魁」。念孫案：《東山經》「鬿雀」，《天問》之「鬿堆」，皆魁堆之譌。魁堆疊韻也，凡地之高出者謂之魁堆。《周語》：「魁陵糞土溝瀆。」《史記正義》引賈逵注曰：「小阜曰魁。」《説文》：「𠂤，小阜也。」𠂤與堆同，合言之則曰魁堆。《楚辭・九歎》「陵魁堆以蔽視兮」，王注曰：「魁堆，高貌。」是也。鳥獸之奇出於衆者，亦謂之魁堆。《東山經》、《天問》所云是也。凡字從斗者，古或作斤，故魁字或作魁，偏旁與斤相似，遂譌而爲鬿。《漢楊君石門頌》：「奉魁承杓。」「魁」字作「鬿」。《爾雅・釋木》「魁瘣」釋文：「魁字亦作鬿。」《天問》之「鬿堆」，一本作「魁堆」。《九歎》之「魁堆」，一本作「鬿堆」。皆其證也。《墨子・備穴》篇：「罌容三十斗以上。」今本「斗」作

「斤」。《説文》「秖」字注：「《周禮》二百四十斗爲秉。」今本「斗」作「斤」。此皆「斗」之譌爲「斤」者也。《説卦傳》「爲科上槁」，《釋文》：「科，虞作折。」《爾雅》「㪺謂之疀」，《釋文》「㪺」作「斲」。《潛夫論・志氏姓》篇：「已秃彭董妘曹斟芈。」今本「斟」作「斯」。《干禄字書》曰：「科」俗作「折」。《史記・虞卿傳・贊》「虞卿料事揣情」，《文選・高祖功臣頌》注引「料」作「斷」。《淮陰侯傳》「大王自料」，《新序・善謀》篇「料」作「斷」。《文選・宋玉對楚王問》「豈能與之料天地之高哉」，《新序・雜事》篇「料」作「斷」。蓋俗書「料」字作「粁」，「斷」字作「断」，二形相似，故「料」譌爲「斷」。此皆從斗之字之譌從斤者也。又《九歎》：「訊九鬿與六神。」「鬿」一本作「魁」，亦當以作「魁」者爲是。王叔師以九魁爲北斗七星，即其證也。「堆」字或作「崔」，又作「雈」，見《説文》及《漢書・溝洫志》。「崔」「雈」二字並與「雀」字相似，故「魁堆」譌而爲「鬿雀」。王(叔)叔師以「魁堆」爲奇獸，則字本作「魁」。而今本《山海經》注云「魁音祈」，則非景純之音，乃後人以意爲之者。故《廣韻》無「鬿」字，而《集韻・上平聲・八微》有「魁」字，渠希切，引《山海經》「鬿雀」爲證，則丁度等所見本已然矣。《大廣益會玉篇・六》有「鬿」字，巨希切，星名。此又後人依俗本《楚辭・九歎》附入者，非原書所有。

《漢書・楊雄傳・甘泉賦》：「列宿乃施於上榮兮，日月纔經於柍桭。」服虔曰：「柍，中央也。桭，屋梠也。」師古曰：「柍音鞅。」今本「鞅」作「央」。攷《玉篇》、《廣韻》、《集韻》、《類篇》，「柍」字俱無央音。宋祁引蕭該音義：「柍，於兩反。」李善《文選》注同，今據以訂正。念孫案：「柍」當作「央」，此因「桭」字而誤加木旁耳。「桭」與「宸」同。《説文》：「宸，屋宇也。」即服注所謂屋梠。鄭注《士喪禮》曰：「宇，梠也。」即今人所謂屋檐，央桭謂半檐也。日月纔經於半檐，極言臺之高也。「央桭」與「上榮」對文，則「央」字不當作「柍」。服虔訓爲中央，則所見本必作「央」也。蕭該音「於兩反」，則所見本已譌作「柍」矣。《西京賦》曰：「消雰埃於中宸，集重陽之清澂。」彼言「中宸」，猶此言「央桭」，則「央」之不當作「柍」，益明矣。《魏都賦》：「旅楹閑列，暉鑒柍桭。」張載曰：「柍，中央也。」則其字亦必作「央」。今作「柍」者，亦是傳寫之誤。《説文》：「柍，柍梅也。」《玉篇》「於兩切」，則即《爾雅》所謂「旹英梅」者也，與「央桭」之義無涉。《集韻》：「柍，屋中央也。」則爲俗本《漢書》所惑矣。

《廣雅·釋器》：「皛，白也。」曹憲音「乎了」，又「乎灼反」。今本「乎灼」作「乎炯」。案：「炯」與「灼」，草書相似，故「灼」字譌而爲「炯」。《集韻》「皛」字又音户茗切，引《廣雅》：「皛，白也。」「户茗」與「乎炯」同音，則宋時《廣雅》本已誤。攷《説文》「皛讀若皎」，與「乎炯」聲不近。今本《廣雅》「皛」音「乎了」、「乎炯」二反，「乎了」與「乎炯」聲亦不相近。故《玉篇》、《廣韻》「皛」字皆無「乎炯」之音。又攷《玉篇》：「皛，乎了切，又乎灼切。」《廣雅音》即本於此，則「炯」字當爲「灼」字之譌。「乎灼」與「乎了」古聲相近，故字之從勺聲者，亦有「乎了」之音。《爾雅》：「芍，梟茈。」芍，音户了反；又「蓮其中的」，的，音丁歷反，又户了反，皆其證也。自《廣雅音》「乎灼」譌爲「乎炯」，而《集韻》以下皆沿其誤，且不復知有「乎灼」之音矣。

又蒙垂問古韻部分，即於段茂堂先生《音均表》十七部中分出緝葉帖一部，合盍洽狎業乏一部，質櫛屑一部，祭泰怪夬隊廢一部，共爲廿一部〔四〕。月曷末黠鎋薛，則統於祭泰部。去聲之至未霽，入聲之術物迄，仍是脂微之入也。若冬韻則合於東鍾江而不別出〔五〕，此其崖略也。弟老邁無知，諸無善狀，差幸眠食如舊，堪慰遠懷。專此佈覆，並候起居，不宣。

【説明】

書寫於嘉慶二十四年己卯。是年，陳氏撰《毛詩故訓傳考證》，質之王念孫，王氏是正數條，並指示古韻部分。文載《王石臞先生遺文》卷四。

【校注】

〔一〕陳奐，字倬雲，號碩甫，一號師竹，晚號南園老人，清代經學家。少師事江沅、段玉裁，治《毛詩》、《説文》。後與王念孫、王引之父子游，學益精進。有《毛詩傳疏》、《毛詩説》、《毛詩音》、《詩義類》、《鄭氏箋考證》、《説文部目分韻》、《三百堂集》、《師友淵源記》等書。《清史稿》有傳，清管慶祺撰有《陳先生年譜》。

〔二〕嘉慶二十三年戊寅秋，陳氏自常州入都，詣王氏寓所拜謁，問治學門徑。王念孫語之以先治

《詩傳》，而後及《集韵》，與《集韵》治理之方，並語之曰：「凡學者著書，必於所托者尊，或逕後人不能諟正則董理之，日定以課程，庶有成而止。」

〔三〕宋代丁度《集韻》。遵王氏囑，陳氏著《宋本集韻校勘記》。

〔四〕、〔五〕王念孫先分古韵二十一部，後從孔廣森説，東、冬分立，成二十二部。見《與丁大令若士書》及丁氏覆書，又《冬韻譜》。

答江晉三論韻學書〔一〕

王念孫再拜晉三兄足下〔二〕：往者胡竹邨中翰以大著《詩經韻讀》見贈〔三〕，奉讀之下，不勝佩服。念孫少時服膺顧氏書，年二十三入都會試，得江氏《古韻標準》，始知顧氏所分十部猶有罅漏。旋里後，取《三百五篇》反覆尋繹，始知江氏之書仍未盡善。輒以己意重加編次，分古音爲二十一部，未敢出以示人。及服官後，始得亡友段君若膺所撰《六書音均表》，見其分支、脂、之爲三，真、諄爲二，尤、侯爲二，皆與鄙見若合符節。唯入聲之分合及分配平上去，與念孫多有不合。嗣值官務殷繁，久荒舊業，又以侵、談二部分析未能明審，是以書雖成而未敢付梓。己酉仲秋，段君以事入都，始獲把晤，商訂古音。告以侯部自有入聲，月、曷以下非脂之入，當别爲一部，質亦非真之入；又質、月二部皆有去而無平上，緝、盍二部則無平上而並無去。段君從者二，謂侯部有入聲，及分術、月爲二部。不從者三。自段君而外，則意多不合，難望鍾期之賞，而鄙書亦終未付梓。及奉讀大著，則與鄙見如趨一軌，不覺狂喜。嗟乎，段君歿已六年，而念孫亦春秋七十有八，左畔手足偏枯，不能步履，精日銷亡，行將繼段君而去矣。唯是獲覩異書，猶然見獵心喜。曩者，李許齋方伯聞念孫所編入聲有與段君不合者，曾走札相詢。今將復札録出，寄呈教正。然其中有與大著不合者，好學深思、心知其意者無如足下，故敢略言其概焉。段氏以質爲真之入，非也，而分質、術爲二，則是。足下謂質非真之入，是也，而合質於術以承脂，則似有未安。《詩》中以質、術同用者，唯《載馳》三章之濟、閟，《皇矣》八章之類、致，「是類」與「是致」爲韻，「是禡」與「是附」爲韻，類、致、禡、附皆通韻也。《抑》首章之疾、戾，不得因此而謂其全部皆通也〔四〕。若《賓之初筵》二章「以洽百禮，百禮既至」，此以兩「禮」字爲韻，而「至」字不入韻。「四海來格，來格其祁」，亦以兩「格」字爲韻。凡下句之上二字與上句之下二字相承者，皆韻也。質、術之相近，猶術、月之相近。《侯人》四章之薈、蔚，《出車》二章之旆、瘁，《雨無正》二章之滅、戾、勩，《小弁》四章之嘒、淠、届、寐，《采菽》二章之淠、嘒、駟、届，《生民》四章之旆、穟，術、月之通較多於質、術，而足下尚不使之通，則質、術之不可通明矣。念孫以爲質、月二部皆有去而無平上，術爲脂之入，而質非脂之入，故不與術通，猶之月非脂之入，故亦不與術通也。孔氏分東、冬爲二，念孫亦服其獨見。然考《蓼蕭》四章，皆每章一韻，而第四章之沖沖、雝雝既相對爲文，則亦相承爲韻。孔以「沖沖」韻「濃」，「雝雝」韻「同」，似屬牽强。《旄丘》三章之戎、東、同，孔謂「戎」字不入韻。然蒙戎爲疊韻，則「戎」之入韻明矣。《左傳》作「尨茸」，亦與公、從爲韻也。又《易·彖傳》、《象傳》合用者十條，而孔氏或以爲非韻，或以爲隔協，皆屬武斷。又如《離騷》之庸、降爲韻。凡若此者，皆不可析爲二類，故此部至今尚未分出。又讀大著《古韻總論》，有獻疑數處，别録呈正。大著自《詩經韻讀》而外，念孫皆未之見，并希賜讀，以開茅塞。海内存知己，天涯若比鄰，愛而不見，悵何如之！念孫再拜。

答江晉三書

王念孫再拜晉三兄足下：前奉手札，備領一切，因衰病頻仍，艱於作字，遂遷延至今。念孫自庚辰得手足偏枯之疾，足跡不能出户，然在一室之中，尚能復理舊業。至去年加劇，文體竟少運動，一歲之中，半在床笫，百事皆廢，以致作札遲滯，非敢疏於裁答也。《詩》之以質、術同用者，唯《載馳》之濟、閟，《皇矣》之類、致，《抑》之疾、戾，較之不同用者，尚不及二十分之一。若《楚辭》之音，則不能盡合於古。既云《詩》、《易》似若可分，則當以

《詩》、《易》爲主，不當舍此而從彼也。然《楚辭》之以質、術分用者，自足下所引而外，尚有《懷沙》之汨、忽，其至、當改鞊。未、霽、代等部之字，不與至、疐、閉等字同用者，尚有《懷沙》之濟、示及喟、謂、愛、類，及《九辯》之冀、欷。來札云：「《楚辭》分用者五章，合用者七章。」此合《文選》、《古文苑》所載之宋賦言之也。其實合去、入二聲而論，《楚辭》分用者有七章，合用者僅三章耳。至《風賦》之「憯悽惏慄，清涼增欷」，則本作「惏慄憯悽，清涼增欷」，以悽、欷爲韻，而非以慄、欷爲韻。何以明之？《高唐賦》「惏悷憯悽，脅息增欷」，亦以悽、欷爲韻。又《九辯》「憯悽增欷兮，薄寒之中人；愴怳懭悢兮，去故而就新」，「憯悽」與「增欷」韻，「愴怳」與「懭悢」韻，上文「蕭瑟」與「憭慄」韻，「泬寥」與「宋寥」韻，則慄非術部之字明矣。以是明之。此以宋賦證宋賦，而覺其誤，非敢師心自用，而顛倒古人之文也。來札又云：「質之与祭合，術之與祭合，皆無平側賓主之辨。」案：陸韻不以術、物、迄、没承脂、微、齊、灰，而以承諄、文、殷、魂、痕，顧氏謂其若吕之代嬴，黄之易芈，其舛誤如斯，又何平側賓主之可言乎？來札又云：「今若割至、霽與質、櫛、屑别爲一部，則脂、齊無去、入矣。二百六部中，未有有平、上而無去者也，且至、霽二部，爲質之去者十之二，爲術之去者十之八，賓勝於主，無可擘畫。若耑以質、櫛、屑成部，則又有去聲數十字牽引而至，非若緝、盍九韻之絶無攀緣也。」案：念孫所分至、霽二部，質、櫛、屑三部，但有从至、从疐、从質、从吉、从

七、从日、从疾、从悉、从栗、从桼、从畢、从乙、从失、从八、从必、从卪、从血、从徹、从設之字，及閉、實、逸、一、别等字，具在前所呈《與李方伯書》中，其餘未分之字，不可悉數。今云脂、齊無去、入，又云有平、上而無去，殆閲之未審也。且質、術之相近，猶術、月之相近。《詩》中術、月之通，較多於質、術，而足下毅然以爲不可通者，以月部之字，皆有去、入，而無平、上也。念孫所分質部之字，亦是有去、入而無平、上，無平、上則不可與平、上通，亦猶緝、盍九部之無平、上、去，則不可與平、上、去通也。來札又云：「《賓之初筵》二章，以壬、林、湛韻，下六句以能、又、時韻，則『以洽百禮』二句，自當以禮、至韻，二『百禮』、二『其湛』恐非韻。《玄鳥》篇亦當以祁、河、宜、(河)〔何〕韻，二『來假』亦恐非韻。」並臚列歌、脂相通之證若干條。案：至字讀上聲，乃《楚辭》所有，而《三百篇》中所無也。《三百篇》中，凡本句之上半与上句相疊者，其下半必轉韻，若《關雎》之「寤寐求之，求之不得」、《葛覃》之「言告師氏，言告言歸」及「薄澣我衣，害澣害否」、《緑衣》之「緑兮衣兮，緑衣黄裹」、三章「絲」字不疊，則与下文爲韻；首章、二章「衣」字皆疊，則不与下文爲韻，然則兩「禮」字之不与「至」爲韻明矣。《凱風》之「吹彼棘心，棘心夭夭」、次章「薪」字不疊，則与下文爲韻；首章「心」字疊，則不与下文爲韻。《匏有苦葉》之「有瀰濟盈，有鷕雉鳴。濟盈不濡軌，雉鳴求其牡」、此以盈、鳴雙承，軌、牡雙轉。《静女》之「貽我彤管，彤管有煒」、《定之方中》之「以望楚矣，望楚与堂」、《駟(鐵)〔驖〕》之「奉時辰牡，辰牡孔碩」皆是也。《國風》大抵皆然，則《雅》、《頌》可無煩覼縷矣。然則兩「百禮」、兩「其湛」、兩「來假」皆入韻，而至字、樂字、祁字皆不入韻明矣。歌、脂之通，自周末始然，前此未之有也，況《商頌》又在周之前乎？此念孫所以必分去聲至、霽二部之至、疐、閉等字及入聲之質、櫛、屑別爲一類，而不敢苟同也。近者復奉新札，謂古人實有四聲，特與後人不同，陸氏依當時之聲誤爲分析，特撰《唐韻四聲正》、《四聲韻譜》，不覺狂喜。顧氏四聲一貫之説，念孫向不以爲然，故所編古韻，如札内所舉爽、饗、化、信等字皆在平聲，偕、茂等字皆在上聲，館字亦在去聲，其他指不勝屈，大約皆與尊見相符；唯祛字則兼收平聲，至字則唯收去入聲，此其小異者也。其侵、覃二部，仍有分配未確之處，故至今未敢付梓，草稿亦未定。既與尊書大略相同，則鄙著雖不刻可也。《廣雅疏證》一書，成於嘉慶元年，其中遺漏者十之一二，錯誤者亦百之一二。書已付梓，不能追改，今取一部寄呈，唯足下糾而正之。足下富於春秋，敏而好學，日進無彊〔疆〕，不能測其所至。念孫日西方莫，恐不及見大著之成矣。舊疾日加，新食日減，心不堪用。前所寄大著數種，尚未能徧讀，容讀畢另札寄呈。作此札至七八日乃成，操思不精，語言散漫，且手戰，書不成字，可勝慚恧！念孫再拜。

答江晉三書　道光癸未三月二十五日。

與江晉三書〔五〕

接奉手札，謂古人實有四聲，特與後人不同，陸氏依當時之聲誤，爲分析，特撰《唐韻四聲正》一書，與鄙見幾如桴鼓相應，益不覺狂喜。顧氏四聲一貫之説，念孫向不以爲然，故所編古韻，如札内所舉顈、饗、化、信等字皆在平聲，偕、茂等字皆在上聲，館字亦在去聲，其他指不勝屈，大約皆與尊見相符。至字則上聲不收，惟收去入爲小異耳。其侵、談二部，仍有分配未確之處，故至今未敢付梓。既與尊書大略相同，則鄙著雖不刻可也。足下富於春秋，敏而好學，日進无疆，不能測其所至。念孫日西方暮，恐不及見大著之成矣。手戰，書不成字，可勝慙悚！念孫再拜。

與江晉三論韵書

此蓋用陳第之説，念孫竊以爲非也。《毛傳》云：「嚴，敬也。」稿本糢胡，約五六字。非「儼，敬也」，則非「莊」字明矣。若謂出許所改，毛公何由豫知東漢之諱而避之乎？經典中「莊」

字未有改爲「嚴」者。且「有嚴」二字計凡三見，豈皆以避諱而改之乎？《天問》「能流厥嚴。」王注云：「流其威嚴」，則亦非「莊」字明矣。豈有避諱之字而叔師不識，乃訓爲威嚴者乎？段氏於《詩韻》列監、嚴、濫、遑四字，而以遑爲合韻；《群經韻》列亡、嚴、饗、長四字，而以嚴爲合韻，皆是也。談、陽二部古聲原有合韻者。《桑柔》之「民人所瞻」，與相、臧、腸、狂爲韻。《管子・内業》之「大心而敢」，與「廣」爲韻。《太玄・交》「測曰〔冥交不以〕懷非含慙」，與明、鄉、行、方爲韻。《急就篇》「屈宗談」與章、芳以下四十八字爲韻。此十七字後乙去。皆其例也。

魚、侯二部最相近，故股、羖二字皆從殳聲。他部之似此者不少矣。《説文》「[女殳]」字解引《詩》「静女其[女殳]」，今《詩》作「姝」，此殳聲在侯部也。《繫傳》殳字本從（殳）〔几〕聲，今《説文》無「聲」字，此大徐不知古音而删之耳。「吺」字《繫傳》亦從殳聲，今作「投省聲」，此亦大徐所改。今改「殳」字入魚部，而反以「伯也執殳」爲通韻，亦未安。

「鴟鴞鴟鴞」以兩「鴞」字爲韻，與「黄鳥黄鳥」同例。《爾雅》之梟鴟雖一物而二名，故可先言梟而後言鴟，若鴟鴞、鸋鴂則兩字共爲一名，鴟鴞不可謂之鴞鴟，而鸋鴂不可謂之鴂鸋也。「鴟鴞鴟鴞」之「鴞」音子驕反，「爲梟爲鴟」之「梟」音古堯反，梟、鴞又不同音也。自《爾雅》至此後乙去。名之曰鴟鴞，斷不可改爲鴞鴟，而足下必改之者，欲合質、術爲一，以口口脂部耳。今案「室」字之見於《詩》者，若《桃夭》二章與實韵，《定之方中》一章與日、栗、漆、瑟韵，《大車》三章與穴、日韵，《東門之墠》二章與栗、即韵，《東方之日》一章與日、即韵，《山有樞》三章與漆、栗、瑟、日韵，《葛生》五章與日韵，《隰有萇楚》三章與實韵，《東山》三章與垤、窒、至韵，《雨無正》七章與血、疾韵，《瞻彼洛矣》二章與珌韵，《綿》一章與瓞、漆、穴韵，《生民》五章與栗韵，《良耜》與挃、栗、比、櫛韵，《易・小需・象》與吉、失韵，皆無與術部字同用者。即改鴖鴞爲鴞鴖，亦與「室」字不協。其故何也？「室」在質部，「鴖」在脂部，脂部爲術部之平聲，非質部之平聲也。質部本無平聲，説見《與李許齋書》。知鴖、室之非韵，則知質、術之不可合矣。知質、術之不可合，則亦知真、諄之不可合矣。仍當依段氏以子、室爲合韵。

「毳衣如璊」與啍、奔爲韵，則璊聲似在諄部。《管子・白心》云「灑乎天下滿」，與「聞」爲韵，「聞」字亦在諄部也。其入元部者，安知非通韵乎？「河水浼浼」，與洒、殄韵，則免聲似亦在諄部。《論語》「出則事公卿」四句，亦似以卿、兄爲韵，勉、困爲韵也。此二字須再編。

至若改「遠兄弟父母」爲「遠兄弟母父」，改「誰適與謀」爲「誰適謀與」，移「誕寘之平林」二句於「誕寘之隘巷」之上，念孫皆不敢謂然，唯改「自西徂東」爲「自東徂西」，以與慇、辰、昏爲韵，則利於韵而復口於文，頗爲允協。奉讀大著，有云「平心涵泳，不强古以就我」，旨哉言乎，足以爲法矣。

泛之爲覂，亦猶《周官》之「窆」，《禮記》作「封」也。談、陽古有合韵，故「民人所瞻」與相、臧、腸、狂協，〇〇皆非譌字也。若口口口口，則二十一部皆可轉入，不獨此兩部矣。《校官碑》之「民人所彰」，未必即是《詩》之「民人所瞻」，自才老引之〔六〕，而孔遂謂三家有作「彰」者，殊繆。

【説明】

王念孫致江晉三書三通。一、二通載《高郵王氏父子手稿》，羅振玉輯入《王石臞先生遺文》卷四時，第二通僅録其後半部分，所據殆爲殘稿。嚴式海輯刊《音韻學叢書》同。第三通載《王石臞文集補編》。三通分別寫於道光元年辛巳、三年癸未、四年甲申。

【校注】

〔一〕江晉三，即江有誥，字晉三，號古愚，安徽歙縣人，《清史稿》有傳。有《音學十書》、《説文分韻譜》、《説文更定部分》、《説文繫傳訂譌》等書。

〔二〕一、二通首「王念孫再拜」、尾「念孫再拜」，僅見於《音韻學叢書》。「念孫」二字，手稿空缺。

〔三〕胡竹邨，即胡培翬，字載屏，一字竹邨，王引之弟子，嘉慶進士。有《研六室文鈔》、《儀禮正義》等書。

〔四〕「通也」下，有江有誥按語。有誥按：尚有《終風》三章之曀、寐、疐，未引首二章。弟三句皆入韻，則「寐」字不得謂非韻。

〔五〕此第三通實爲第二通之一部分，自「近者復奉新札」至「恐不及見大著之成矣」，文字大多相同。何以合爲一通，成因難明。

〔六〕才老，即吴棫，字才老，舒州今安徽潛山。人。宋代音韻學家、古音學家，有《裨傳》十三卷等，今傳《韻補》五卷。

與朱郁甫書〔一〕

王念孫頓首，郁甫大兄先生執事：夏間得奉手書，藉悉大兄先生言旋珂里〔二〕，動履康泰，並快讀大著諸條，辯章舊聞，實事求是，凡有所見，皆由三復經文而得，誠非墨守者所可同日語也，敬佩之至。閒有鄙見不同之處，竊附簽若干條以質所疑，未知是否，仍希教正。弟衰病日增，不堪思索，閒步之外，静坐偶一展卷，來往檢書，則又步履不便，唯有廢學而已。《經義述聞》增補未竟，《漢書雜志》容再寄呈，秋冬間可付梓矣。率泐數行，布候福祉，餘情慺慺，不盡欲言。念孫頓首再拜。小兒引之稟筆問安。

盼遂按：原稿藏北平莊氏尚巖，以下二通同。

復朱郁甫書〔三〕

王念孫頓首，郁甫先生閣下：判襼多年，未通音問，每因令嗣少宗伯得悉動履安和爲慰〔四〕。承惠手書，并賜讀《經（義）〔傳〕考證》，斟酌古訓，左宜右有，平心審擇，惟期有當于經，迥非求古而不求是者所可同日語也，佩服之至。承命譔序一首，言之不文，殊不足以述通人之意恉，但（以）志嚮往之誠耳。附上獻疑諸條，一隅之見，未知是否，并希教政。弟養痾京邸，步履艱難，幸眠食尚獲無恙，差可告慰（勳倦）〔懃情〕。《經義述聞》新刻者譌字甚多，又板在江西（會）〔令〕垣，手頭見無存者。此書年來又續添三四百條，擬于都中再刻之。容俟刻後再呈左右。《讀書雜志》惟增《漢書》一種，去冬草草成編，今尚未及付梓也。率泐數行，復問起居，諸惟澄照不宣。念孫再拜。兒子引之稟筆問安。

與朱武曹書

王念孫頓首，武曹先生執事：令嗣公孚司馬抵京之便〔五〕，得奉手書，存問殷殷，並蒙獎許過情，殊增顔汗。藉稔先生杖履綏和，諸凡如意，欣慰之至。捧讀大著《禮記訓纂》，根據注疏而參以後儒之説，使讀者飲水而知源，實事以求是，洵爲酌古準今之作，有功經學甚鉅，欽佩奚如！不揣固昧，間有獻疑者數處，遵命録呈，未知是否，仍希先生裁酌。《述聞》中管蠡之見，殊不足存，而乃見采于通儒，媿何如之！弟衰老之軀，艱于撰述，差幸眠食如舊，足慰熱情。耑此謝並問福履，不盡欲言。王念孫再拜。小兒引之稟筆請安。

念孫衰病日增，每日晨飯食方能起床〔六〕，略坐一二時，至午後仍就床偃息，不能久坐。撰述一事，久已束之高閣。差幸下無文。

盼遂按：零有一箋，疑係爲朱武曹《禮記訓纂》題辭原稿，今並迻録於次。

道光十一年正月〇日，高郵王念孫讀于京師西江米巷之壽藤書屋，謹附簽二十八，寄求武曹先生教政，時年八十有八。

【説明】

王念孫致朱郁甫書三通，載《王石臞文集補編》，又有手稿一篇。三通中，第三通末零箋署道光十一年正月，證以道光八年朱氏致王氏書第五通「彬近輯《禮記訓纂》四十九篇……俟一二年後便可寫定呈上教削」數語，彼此胳合。第一通「弟衰病日增」數語，知在遲暮之年；又「間有鄙見不同之處，竊附簽若干條以質所疑」諸語，知與第三通同指一事，同在一年。第二通評《經傳考證》，而道光二年王念孫撰《經傳考證序》，故第二通亦應作於道光二年，而稍早於《序》。

【校注】

〔一〕朱郁甫，名朱彬，字武曹，號郁甫，江蘇寶應人。有《禮記訓纂》四十九卷，集《禮記》注疏之大成；又有《經傳考證》八卷、《游道堂詩文集》四卷。

〔二〕珂里，對他人故里的美稱。

〔三〕文字依手稿校定。

〔四〕令嗣少宗伯，指朱彬之長子朱士彦。

〔五〕令嗣公孚司馬，指朱彬之次子朱士達，字公孚。

〔六〕「食」，疑爲「時」字之訛。

與丁大令若士書〔一〕

昨承枉顧，有失迎迓。奉讀大著論韵諸篇〔二〕，精心研綜，纖悉靡遺，本韵、合韵，條理秩然，不勝佩服之至。弟自去年肝血虧損，左臂左足幾于偏廢，迄今不能出户，愧不克趨詣尊齋請教。弟向所酌定古韵凡二十二部説，與大著略同。惟質、術分爲二部，且質部有去聲而無平上聲，緝、盍二部則並無去聲。又《周頌》中無韵之處，不敢强爲之韵，此其與大著不同者。謹附簽三十五條，未知是否，仍希尚明教正〔三〕，大著一併繳還。專此謝教，併問日安，不一。簽三十五條〔四〕，謹録最要者二十八條。

【説明】

王念孫《答江晉三論韵學書》稱「念孫亦春秋七十有八，左畔手足偏枯，不能步履」，此云「弟自去年肝血虧損，左臂左足幾于偏廢，迄今不能出户」，丁若士《復王懷祖先生書》有「昨奉手教」、「天時溽暑」之語。據此，知此書作於道光二年盛夏。書載《昭代經師手簡》、《形聲類篇》、《王石臞文集補編》、《高郵王氏父子論音韵文稿》（以下稱《文稿》，在中國科學院圖書館。）互見本書甲編《形聲類篇簽記》。

【校注】

〔一〕丁大令，指丁履恒，字若士，一字道久，號東心、冬心，江蘇武進人。盧文弨弟子，有《形聲類編》、《思賢閣詩文集》。

〔二〕大著，指丁氏《形聲類編》，見《佞漢齋叢書》、《大亭山館叢書》，光緒十五年秋刊於虎林。

〔三〕「尚」，《形聲類編》作「高」，《文稿》同，當从。「教正」以下文字，《形聲類編》無，當補。

〔四〕「簽三十五條」之文字，見本書《籤記〈形聲類篇〉》。

考　辨

《小學鈎沈》校正語

卷一　《倉頡篇上》

賮，財貨也。晉劉逵《魏都賦》注。唐李善《文選・赭白馬賦》注。　念孫案：李善《三都賦序》注云：「《三都賦》成，張載爲注《魏都》，劉逵爲注《吴》《蜀》。」又《魏都賦》「矍焉相顧」，張載注「矍」作「愯」，云：「愯，懼也。」李善注云：「張以愯，先壠反，今本竝爲矍，吁縛反。」是《魏都賦》注乃張孟陽所作，今本云劉淵林注〔一〕，誤也。

飤，飽也。《阿毗達磨俱舍論》卷十五音義下云：「謂以飲食設供於人曰飤，故字從人。」　念孫案：「飽」當爲「餉」字之誤也。飤訓爲餉，故注云「以飲食設供於人曰飤」。《廣雅》：「餉，食也。」食、飤古通用。

卷二　《倉頡篇下》

輷輷，衆車聲也。《文選・魏都賦》注。　念孫案：《魏都賦》「振旅輷輷」，李善注云：「《倉頡篇》曰：『輷輷，衆車聲也。呼萌切。』今爲⿰車甸字，音田。」既云「今爲⿰車甸字，音田」，則上文音呼萌切者，非⿰車甸字明矣。今考《説文》：「轟，羣車聲也。」字或作「輷」、「⿰車勺」，又作「⿰車旬」，竝音呼萌切。⿰車旬與⿰車甸，字形相近。然則上文所引「⿰車甸⿰車甸，衆車聲，音呼萌切」者，乃是「⿰車旬」字之訛。《長阿含經》卷三音義云：「轟，《字書》作⿰車旬。」《集韻》、《類篇》「轟」或作「⿰車旬」，是其證。

垷，大阪，在塈西山。《玉篇》。　念孫案：「塈西」當爲「隴西」。「隴」通作「壟」，故訛而爲「塈」。《廣韻》、《五音集韻》「垷」字注竝云：「大坂在隴西。」《五音篇海》引《倉頡篇》云：「大坂在隴西山。」皆其證也。

淈，水通皃。竝《文選·江賦》注。　念孫案：「通」當爲「涌」，謂水涌出也。《説文》：「淈，水出皃。」《上林賦》：「潏潏淈淈，湁潗鼎沸。」郭璞注云：「皆水微轉細涌皃也。」《莊子·達生》篇：「與齊俱入，與（汩）〔汨〕偕出。」郭象注云：「磨翁而旋入者齊也，回伏而涌出者（汩）〔汨〕也。」「（汩）〔汨〕」與「淈」同。

倄，痛而謼也。羽罪反。《顏氏家訓·風操篇》。　念孫案：《風操》篇云：「《倉頡篇》有『咕』字，《訓詁》云〔二〕：『痛而謼也。音羽罪反。今北人痛則呼之。』《聲類》：『音于（來）〔耒〕反，今南人痛則呼之。』」今案：「倄」字從肴得聲，羽罪、于（來）〔耒〕二反，皆與肴聲不協。《説文》：「倄，刺也，一曰痛聲。胡茅切。」《玉篇》音訓與《説文》同，皆無羽罪、于（來）〔耒〕之音。又案：《僧祇律》卷十三音義云：「痏，諸書作侑。」引《通俗文》云：「侑，于罪反，痛聲。」曰侑，于罪，與羽罪同音。然則音羽罪反之「倄」字，乃「侑」字之訛。痏、侑竝從有得聲，與貨賄之「賄」聲相近，故《倉頡訓詁》「侑」音羽罪反，《聲類》音于（來）〔耒〕反。今人痛呼之聲，猶有若此者。然考《廣韻》：「倄，胡茅切，痛聲也。又于罪切，痛而叫也。」《集韻》、《類篇》竝與《廣韻》同，則此字之訛，其來久矣。

附《倉頡訓詁》

飤，飽也。《四分律》卷十二音義下云：「謂以食與人曰飤。」《立世阿毗曇論》卷一音義。　念孫案：「飽」當爲「餉」，説見《倉頡篇上》。

卷三《三倉上》

搉，敲也。竝《莊子·徐無鬼》釋文。　念孫案：「敲」當爲「敲」。《説文》：「搉，敲擊也。」《漢書·五行志》「搉其眼」，顔師古注云：「搉，謂敲擊去其精也。」

今江東呼病皆曰瘵，東齊曰瘼。《攝大乘論》卷十四音義。　念孫案：此與《爾雅注》同，蓋郭璞《解詁》語也。

卷五《勸學篇》

鼫鼠五能，不成一技。《易·晉》正義下云：「王注云：『能飛不能過屋，能緣不能窮木，能游不能度谷，能穴不能掩身，能走不能先人。』」五技者，能飛不能上屋，能緣不能窮木，能泅不能渡瀆，能走不能絶人，能藏不能覆身是也。《爾雅·釋獸》釋文。　案：《釋文》引此，作蔡伯喈《勸學篇》云云，然則《易正義》所引「能飛不能過屋」數語，皆《勸學篇》中文也。《易正義》乃引作王注，異同未審。　念孫案：《釋文》所引《勸學篇》，亦《勸學篇》注也。古人引書注，多直言某書云云，以注附本文，不復識別。上文「儲，副君也」、「傭，賣力也」，皆《勸學篇》注，而《衆經音義》竝引作《勸學篇》，例與此同。又《世説新語·紕漏》篇：「蔡司徒渡江，見彭蜞，大喜，曰：『蟹有八足，加以二螯。』令烹之。既食，吐下，委頓，方知非蟹。後向謝仁祖説此事，謝曰：『卿讀《爾雅》不熟，幾爲《勸學》死。』」劉峻注云：「《大戴禮·勸學》篇：『蟹，二螯八足，非蛇蟺之穴，無所寄託者，用心躁也。』故蔡邕《勸學章》取義焉。《爾雅》云：『蜎蠌，小者蟧。』即彭蜞也，似蟹而小。」案：此則「蟹有八足，加以二螯」，即蔡邕《勸學篇》文，與「鼫鼠五能，不成一技」，皆取義于《大戴禮·勸學》篇。其斷四字爲句，亦正相似。司徒熟于蔡邕《勸學篇》「蟹有八足，加以二螯」之語，不熟于《爾雅·釋魚》「蜎蠌」之文，因而誤食彭蜞，故曰「讀《爾雅》不熟，幾爲《勸學》死」也。

卷六《通俗文上》

穀曰粒，豆曰完。《慧上菩薩問大善權經》卷下音義：「完音桓。」　念孫案：音桓，玄應之誤也。「完」當作「皀」。完字隸作皃，與皀字相似而誤。《説文》：「皀，一粒也。」《顔氏家訓·勉學》篇云：「吾在益州與數人同坐，初晴日明，見地上小光。問左右此是何物，有一蜀豎就視，答云：『是豆逼耳。』相顧愕然，不知所謂。命取將來，乃小豆也。窮訪蜀土呼粒爲逼，時莫之解。吾云：『《三倉》、《説文》此字白下爲匕，皆訓粒。《通俗文》音方力反。』衆皆歡悟。」案：此則「豆曰皀」，即所謂「豆逼」也。方力反三字，乃豆曰皀之音，今入此條下。皀，方力反。

超通爲跳。《史記·高祖本紀》索隱。　念孫案：「通」當作「踊」。

卷七《通俗文下》

露髻曰鬣，以麻雜爲髻，如今撮也。《文選·西京賦》注。案：本文云「朱鬘鬣髽」，注引《通俗文》上句釋「鬣」字，則下句乃釋「髽」字，況以麻雜者，正合髽制，不當云「髻」。「髻」字乃「髽」字之誤。念孫案：《説文》、《玉篇》、《廣韵》、《集韵》俱無「鬣」字，「鬣」當爲「䰆」。《説文》云：「䰆，束髮少也。從髟，截聲。」《繫傳》引《西京賦》正作「朱鬘䰆髽」。俗本「䰆」誤爲「鬣」，《韵會》引《西京賦》已然。

鏨曰塹，鏨充曰銃，小鏨曰鎒，柄曰橈，受橈曰鏓。《太平御覽》卷七百六十三。念孫案：《説文》、《玉篇》、《廣韵》、《集韵》並云：「鏓，大鏨也。」不以爲受橈之名，「受橈」之下、「曰鏓」之上疑有脱文。

載器車謂之輊轊。《太平御覽》卷七百七十三。念孫案：《御覽》「輊」音六，「轊」音衛，而徧考諸書，無言器車名輊轊者。《玉篇》、《廣韵》並云：「輽輊，載器車也。輽，息流切。」則「轊」字乃「輽」字之誤，又誤倒於「輊」字之下耳。音衛，恐後人承誤爲之。

車當謂之箳篁。《太平御覽》卷七百七十六。念孫案：「篁」當爲「篂」，字從竹，星聲，讀與星同。箳篂，疊韵字也。《廣雅》云：「箳篂，簹也。」「簹」與「當」通。曹憲音「篂」爲星，《玉篇》、《廣韻》同桑經切，云：「箳篂，車轓也。」

細葛謂之毻翅。《太平御覽》卷八百十九。念孫案：「翅」當爲「㲃」。《廣雅》云：「毻㲃，罽也。」毻㲃本是罽名，借以爲細葛之名耳。罽以毛爲之，故毻㲃二字並從毛，不得從羽作「翅」。

卷九《埤倉上》

⿰木黑音每，謂（木）〔禾〕傷雨而生黑斑點也。《列子·黃帝》篇釋文。　念孫案：「⿰木黑」當作「⿰禾黑」，字從禾旁。《玉篇·禾部》：「⿰禾黑，黑也，禾傷雨也。」《廣韻》同。

拱，大戈也。《太平御覽》卷三百三十七。　念孫案：「拱」當爲「栱」，「戈」當爲「弋」。《爾雅》云：「杙，大者謂之栱。」

靼，柔皮也。《太平御覽》卷三百五十八。　念孫案：鈔本《御覽》「靼」音浙，柔皮也，爲「⿰革畐⿰革奇勒靼也」句註文。

乾，急繫縛也。《集韻》。《類篇》「繫」作「⿰扌絜」。　念孫案：當從《類篇》作「⿰扌絜」。《玉篇》、《廣韻》竝云：「乾，急擷也。⿰扌絜，束縛也。」「擷」、「⿰扌絜」竝胡結、下結二切，故二字通用。「⿰扌絜」與「縛」同義，故云⿰扌絜縛。

嵐，山風也。《文選·謝靈運〈晚出西射堂詩〉》注、《選句圖》注「風」作「氣」。　念孫案：作「氣」是也。《廣韵》、《集韻》竝云：「嵐，山氣也。」謝詩云「夕曛嵐氣陰」，故註引《埤倉》：「嵐，山氣也。」

⿱竹耳，竹頭有文也。《文選·南都賦》注。　案：《南都賦》曰「阿那蓊茸」，注引《埤倉》「茸，竹頭有文」釋「蓊茸」之「茸」。考《玉篇》、《廣韻》、《集韻》竝云：「⿱竹耳，竹頭有文。」从竹，不从艸。《埤倉》既訓云「竹頭有文」，則定作「⿱竹耳」字，註誤以「⿱竹耳」爲「茸」，遂引以釋「蓊茸」之「茸」，非是。　念孫案：《賦》「蓊茸」字必從竹頭作「⿱竹翁⿱竹耳」，故注引《說文》「⿱竹翁，竹貌也」，又引《埤倉》「⿱竹耳，竹頭有文也」，俗本誤寫艹頭耳。

搞，苦學反。《一切經音義》卷十三、卷二十四竝云：「《埤倉》礭作搞。」　念孫案：「礭」即「確」字，「搞」當爲「塙」。《說文》云：「塙，堅不可拔也。」即《易·文言》「確乎其不可拔」之「確」，故《埤倉》「確」作「塙」。《玉篇》「塙」、「確」竝音口角切，正與苦學反同。

倥，音曰弄反。　念孫案：「曰弄」當作「口弄」。

卷十《古今字詁》

省，今省督也。《顔氏家訓・書證》篇引張揖云：「省，今省督也。」而釋之曰：「督，古察字。」　念孫案：今上「省」字當爲「㕯」，《説文》：「㕯，古文省字。」

鍉即題，音徒啟反。《後漢書・隗囂傳》注云：「蕭該《音義》引《字（古）〔詁〕》，又引《方言》：宋楚之間謂盎爲題。」　念孫案：「鍉」當作「鍉」，「題」當作「㼜」。《方言》：「甂，陳魏宋楚之間謂之㼜。」郭璞音杜啟反。《玉篇》：「鍉，徒啟切。亦作㼜。」

卷十一《聲類》

嚄，大唤也，《文選・風賦》注。大笑。《史記・信陵君傳》正義。　念孫案：《廣韻》云：「嚄嘖，大唤。」《集韻》云：「嚄，大呼也。」無訓爲「大笑」者。「笑」當如《文選》作「唤」。「笑」字或爲「咲」，與「唤」相似而譌。

眣，的也。《廣韻》。　念孫案：「的」當爲「昀」。《大戴禮記・易本命》篇：「三月而微昀」。盧辯注曰：「昀，轉視貌。」今本「昀」譌作「的」，正與此同。昀，《説文》作「旬」，云：「目摇也。從目，昀省聲。」或作「眴」，從旬聲。《一切經音義》卷二引《通俗文》云：「目動曰昀」。通作「瞚」。《説文》曰：「瞚，開闔目數摇也。」《文〔公〕七年公羊傳》「眣晉大夫」，何休注曰：「以目通指曰眣。」釋文：「眣音舜。」引《字書》曰：「眣，瞚也。」

卷十二《辨釋名》

卿，慶也，言萬國皆慶賴之也。《北堂書鈔》卷五十三、《初學記》卷十二、《太平御覽》卷三百二十八。又卿，章也，言貴盛章著也。《初學記》卷十二。念孫案：「卿，慶也」云云，蓋《釋名》原文；「卿，章也」云云，則《辨釋名》語也。

【説明】

《小學鈎沈》，十九卷，清任大椿輯漢魏六朝四十四種小學佚書文字編纂而成。其弟子汪廷珍《序》云：「前十二卷，高郵王懷祖先生手校付梓。後七卷，未及校。廷珍無似，不能詳稽古訓以成定本，恐其久而散失，以致湮没，非所以畢後死者之責也。謹以原本繕寫，屬懷祖先生令子伯申侍郎刊其譌誤，授之剞劂，以質世之君子。」今查光緒四年尤氏重刊本，未見王引之校正語。嘉慶十六年，臧庸、王念孫、王引之有書札討論校正《小學鈎沈》事，可互參。

【校注】

〔一〕劉淵林，即劉逵。

〔二〕《小學鈎沈》卷二《倉頡篇下》附《倉頡訓詁》。

《大戴禮記正誤》校正語

曾子立事篇第四十九

不殄微也，行自微也，不微人。「行自微也」之「微」，「微」猶「伺」也，「察」也〔一〕。 王念孫案：「微」猶「匿」也。己有善，則務自匿；人有善，則揚之。

復宜其類，類宜其年。「復宜其類」，謂言信行果，惟義所在也。「類宜其年」，謂積久而不改其節。 念孫案：「復宜其類」，謂觸類而廣之也。 喜孫案：各本「類」下有盧注「《詩》曰『宜爾室家，樂爾妻孥』」十字，「年」下有盧注「《詩》曰『樂只君子，萬壽無期』」十字，先君校，去而自爲注如此。

惠而不儉。 念孫案：「儉」字疑〔二〕。 喜孫案：此條先君録王說於簡端，而未下己意。

與其倨也，寧句。 中案：「句」或「敬」字之脱誤。 念孫案：玩「與其」語意，恐當作「句」。蓋行過乎恭之意，非美德也。 喜孫案：此條先君先下己意，後載王說，蓋兩存之。

君子亂言弗殖。 念孫案：「亂言而弗殖」，「而」字衍，或它處錯入。 喜孫案：各本作「亂言而弗殖」，先君校去「而」字，故識王說于上。 謹案：孔校亦疑「而」爲衍字。

其次而能夙繩之也。 念孫案：「其次而能夙絶之」，「次」下當有脱字〔三〕。 中案：上注以無爲過之意解不生惡，此云有意而隨絶之，脱處當是「生」字。念孫案：前云「禍之所由生，自孅孅也，是故君子夙絶之」，此處脱「生」字無疑。喜孫案：孔氏注亦云「次」下當有「生」字。

曾子本孝弟五十

孝子游之。念孫案：「游」疑當作「由」。喜孫案：先君録王説而未下己意，蓋同其説。

曾子大孝弟五十二

加之如此，謂禮終矣。念孫案：「加之」字疑〔四〕。中案：「加」字當是「如」字之譌，又衍一「如」字，「之」字當乙下，當作「如此之謂禮終矣。」彬案：「加之」二字〔屬上〕，「如此」下脱一「可」字。喜孫案：先君於既下己意之後，復引朱説于下，於經文則抹去「加之」二字，疑後改從朱説。或兩存之，亦不可知。

曾子制言中弟五十五

雖獨也，吾弗親也。注：「人而不仁，不足友也。故周公曰：『不如我者，吾不與處，損我者也。與吾等，吾不與處，無益我者也。吾所與處者，必賢於我。』」　念孫案：「人而不仁」以下此注，疑全是正文。　中案：「人而不仁」二句是註，「故周公曰」以下是正文。　喜孫案：各本皆以此三十七字爲注文。阮氏本用先君説，移入正文。其釋曰：「《呂氏春秋・觀世》篇云：『周公旦曰：『不如吾者，吾不與處，累我者也。與吾齊者，吾不與處，無益我者也。惟賢者，必與賢於己者處。』據此，可知此三十七字爲正文無疑矣。《呂覽》之文，多有從《曾子》竊去，畧加改易者。以此相較，明呂改《曾子》正文也。《呂覽》此節與「雖獨弗親」不甚近切，盧不應引之；即引之，亦斷不能改易如此之多，又可知非盧襲呂，其非盧注文明矣。」謹案：先君此條，得阮氏此説，愈覺證據確鑿，故附録之。又案：「獨」字之旁，先君以墨識之，蓋別有攷證，未書於策，今不可得而詳矣。

仁之見逐，智之見殺，固不難；詘身而爲不仁，宛言而爲不智，則君〔子〕弗爲也。上「仁」字，盧刻作「畏」。　念孫案：「固不難」三字，與上下不屬，當有脱誤〔五〕。　中案：此「畏」字當是「仁」字，以形譌「位」，又以聲譌「畏」。言無道之世，仁智不容於人，君子非不能枉道以苟免，但有所不爲耳。　喜孫案：戴校聚珍本作「仁」，云「各本訛作畏」，今從方本。孔本亦作「仁」。先君此校與戴、孔闇合。謹案：盧氏注云：「小人在朝，多逐害於仁智者，君子之人不枉言行，而懷其禄也。」則盧所據本正作「仁之見逐」無疑。又案：先君於此畫爲一節。

曾子制言下第五十六

不通患而出危邑。「邑」，馬作「色」。　念孫案：「通」當作「遇」。喜孫案：聚珍本「通」作「避」，「色」作「邑」，云：「各本避訛作通，邑訛作色。」今從方本。孔本亦作「避」作「邑」，阮本則作「通」作「邑」。謹案：先君識馬本異文，引王説，疑「通」作「遇」，而未下己意，今亦未敢附會。

夫有世義者哉？　念孫案：此句疑。喜孫案：此條先君載王説，而未下己意。

曾子疾病第五十七

吾不見孜孜而與來而改者矣。　念孫案：「與來」二字疑。喜孫案：先君載王説，而未下己意，今亦不敢附會。

曾子天圓第五十八

諸侯之祭牲，牛曰太牢。申出五牲而詳之。盧刻無「牲」字。　念孫案：「諸侯之祭」下，宜有「牲」字〔六〕。喜孫案：聚珍本有「牲」字，孔本亦有「牲」字，云從朱本增。阮本亦有「牲」字。

【説明】

《大戴禮記正誤》，汪中撰。正誤者，正篇數或字句之誤，並引多種版本及劉台拱、王念孫、臧庸、朱彬諸家之説加以辨白。刊入《汪容甫所著書》時，其子汪喜孫又加上案語。今據《清經解》本録出王氏校正語，其中，有數條不見於《經義述聞・大戴禮記上》。

【校注】

〔一〕原文下，首列盧辯注。下同。

〔二〕《經義述聞・大戴禮記上》「惠而不儉」條有王引之説。

〔三〕詳見《經義述聞・大戴禮記上》「而能夙絶之」條。

〔四〕詳見《經義述聞・大戴禮記上》「加之如此」條。

〔五〕詳見《經義述聞・大戴禮記上》「固不難」條。

〔六〕《經義述聞・大戴禮記上》「諸侯之祭牲牛」條有王引之説。

《管韓合刻》本《管子》王念孫王引之批校

卷一

《牧民》

「守國之度，在飾四維。」

王氏「飾」旁批注：「同『飭』。」

「政之所興，在順民心。」

王氏批注：「《群書治要》『興』作『行』。」

「故刑罰不足以畏其意，殺戮不足以服其心。」

王氏批注：「《治要》『畏』作『恐』。」

「下令於流水之原，使民於不争之官。」

王氏批注：「官，事也。」

「使各爲其所長。」

王氏批注：「《治要》『使』下有『民』字。」

「毋曰不同國，遠者不從。」

王氏批校：「『國』當爲『邦』。『生』、『聽』爲韻，『鄉』、『行』爲韻，『邦』、『從』爲韻。今作『國』者，是漢人避諱所改〔一〕。」

「兵甲彊力，不足以應敵。」

王氏批注：「《治要》『彊』作『勇』。」〔二〕

「故知時者可立以爲長，無私者可置以爲政。」

王氏批注：「『政』與『正』同，正亦長也。」

《形勢》

「虎豹得幽，而威可載也。」

王氏批注：「後《解》『得幽』作『託幽』。」

「貴有以行令，賤有以忘卑。」尹注：「貴而行令，令乃行。」

王氏批注：「注與後《解》不合。」

「抱蜀不言，而廟堂既修。」尹注：「雖復静然不言。」

王氏改「然」爲「默」。

「犧牷圭璧，不足以饗鬼神。」

王氏批注：「《解》無『神』字。」

「奚仲之巧，非斲削也。」尹注：「貴其九車以載。」

王氏改「九」爲「大」。

「唯夜行者獨有也。」

王氏「也」前增「之」字。

「訾讆之人，勿與任大。」

王氏批注：「『訾』、『讆』皆小也。『訾』讀若《爾雅》『佌佌，小也』之『佌』。『讆』讀若

『嘒彼小星』之『嘒』。」

「譓臣者可與遠舉。」

王氏「遠」旁批注：「朱作『興』。」〔三〕

「小謹者不大立，訾食者不肥體。」

王氏「訾」旁批校：「當作『饗』。」〔四〕

「有無棄之言者，必參於天地也。」

王氏批校：「『於』字上有『之』字。」

「不行其野，不違其馬。」

王氏批注：「《廣雅》：『違，離也。』」

「道之所言者一也，而用之者異。」尹注：「道之所言，其理不二，但用之不同，其事遂異也。」

王氏「不二」旁批校：「當作『不一』。」

《權修》

尹注：「謂濟而成立之。」

王氏改「謂」爲「爲」。

「欲民之有義，則小義不可不行。」

王氏「行」下增「也」字，批注：「字據宋本增。」

「欲民之有恥，則小恥不可不飾也。」

王氏「飾」旁批注：「同『飭』。」

「用民之死命者，則刑罰不可不審。」

王氏「審」下增「也」字。

《立政》

「功力未見于國者，則不可授以重禄。」

王氏「于」旁批注：「於。」又：「《治要》『授以』二字作『與』。」

「故大德至仁，則操國得衆。」

王氏「德」旁批注：「位。」

「君之所慎者四：一曰大德不至仁，不可以授國柄。」

王氏批注：「《群書治要》引作『大位不至仁』。」

「兵主不足畏，國之危也。」

王氏「畏」旁批注：「威。」

「憲既布，使者以發，然後敢就舍。」

王氏「以」旁批注：「同『已』。」

「首憲既布，然後可以布憲。」「首憲」下尹注：「歲朝之憲。」

王氏乙轉「既布」與尹注。

「歲雖凶旱，有所秎穫，司空之事也。」

王氏「雖」旁批注：「有。」

「刑餘戮民不敢服絻，不敢畜連乘車。」

王氏批注：「『連』讀曰『輦』，又見《海王》篇。」

「上之所欲，小大必舉。」

王氏批注：「『必』與『畢』同。」

《乘馬》

「春秋冬夏，陰陽之推移也。」

此句及以下别爲一段，王氏與上文合爲一。

「鎌纏得入焉，九而當一。」

王氏改「纏」爲「纆」，批注：「『纏』疑當作『纆』。」

「二馬其甲七，其蔽五。」

王氏改「馬」爲「乘」，批注：「『蔽』讀爲『敝』。」

「百乘一宿之盡也。」

王氏批注：「『盡』與『贐』通。」〔五〕

「黄金百鎰爲一篋，其貨一穀籠爲十篋。」

王氏批注：「朱作『寵』，下有注云：『寵音籠。』」

卷二

《七法》

「猶立朝夕於運均之上，檐竿而欲定其末。」尹注：「均，陶者之輪也。」

王氏改「輸」爲「輪」，又批注：「《墨子·非命》篇：『猶運鈞之上而立朝夕。』」又：「『檐』當爲『擔』。」

「致所貴，非實也。」

王氏改「實」爲「寶」。

「故不爲重寶虧其命。」

王氏批注：「『命』猶『令』也。」

「不爲愛人枉其法。故曰：法愛於人。」

王氏並改「人」爲「民」，批注：「『民』字據《法法》篇改。」

「則令行禁止。是以聖王貴之。」

王氏「王」旁批校：「當作『主』。」

「故聚天下之精財。」

王氏改「財」爲「材」。

「故不明于敵人之政，不能加也。」

王氏「政」旁批注：「朱作『正』。」〔六〕

「野不辟，地無吏，則無蓄積。」

王氏「蓄」旁批注：「朱作『畜』。」〔七〕

「有水旱之功，故能攻國救邑。」

王氏批注：「『功』與『攻』同。」

「故攻國救邑，不恃權與之國。」

王氏「恃」旁批注：「待。」

「一體之治者，去奇説，禁雕俗也。」

王氏批校：「『雕』疑當作『離』。」

「定宗廟，育男女，天下莫之能傷，然後可以有國。制儀法，出號令，莫不嚮應，然後可以治民一衆矣。」

王氏二「後」旁批注：「后。」「號」旁批注：「号。」

《版法》

「怨乃起，令乃廢，驟令不行。」

王氏批注：「朱『令』下有『亦』字，後《解》同。」

「必先順教，萬民鄉風。」

王氏「順」旁批注：「同『訓』，見後《解》。」

「故用財不可以嗇，用力不可以苦。」

王氏批注：「『苦』讀爲『盬』，故後《解》云：『用力苦則事不工。』」

「禍昌不寤，民乃自圖。」

王氏批注：「朱作『昌而不寤』。」〔八〕

「象法無親。」尹注：「地之資生無所親私。」

王氏改「法」爲「地」，批注：「據後《解》改。」又乙轉「親私」二字。

「修長在乎任賢。」

王氏改「修」爲「備」。

「高安在乎同利。」

王氏乙轉「高安」二字。

卷三

《幼官》

「若因夜虛守靜人物，人物則皇。」

王氏圈去上「人物」二字。

「發之以力，威之以誠。」

王氏批校：「『威』當爲『感』。」

「三舉而地辟散成。」

王氏「地」旁批注：「洪云：『散當作政。』」

「九本搏大。」

王氏改「搏」爲「博」。

「勸勉以遷衆，使二分具本。」

王氏「遷」旁批校：「當作『選』。」

「此居圖方中。」

王氏「居」下增「於」字。

「秋行夏政，葉；行秋政，華。」

王氏改下「秋」字爲「春」。

「明養生以解固，審取予以總之。」

王氏改「予」爲「與」。

「置大夫以爲廷安。」

王氏批校：「『安』字疑是語詞，屬下句讀。」

「定綸理，勝。」

王氏批注：「『綸』與『倫』同。」

「故全勝而無害。莫之能害。」

王氏改下「害」字爲「圖」。

「視於新，故能見未形。」

王氏批注：「《廣雅》曰：『新，初也。』」

「勝無非義者焉，可以爲大勝。」

王氏批校：「焉，乃也。下屬爲句。」

「不可數，則爲詐不敢鄉。」

王氏批注：「《兵法》篇『爲』作『僞』。」

「使國君得其治，則人君從會。」

王氏批校：「『會』字疑當屬下句讀。」

「計緩急之事，則危危而無難。」

王氏批注：「洪云：『上危字當爲居。』又：《五行》篇云：『危危而無害，窮窮而無難。』」

《五輔》

「非得人者，未之嘗聞。」

王氏批注：「《治要》『聞』下有『也』字。下同。」

「暴王之所以失國家。」

王氏改「王」爲「主」，批注：「『主』字依《治要》改。」

「利之之道，莫如教之以政。」

王氏批注：「《治要》引無『以政』二字。」

「其君子上中正而下諂諛。」

王氏「中」旁批注：「《治要》作『忠』。」

「上下交引而不和同，故(虚)〔處〕不安而動不威。」

王氏批注：「引，謂引戾也。」

「導水潦，利陂溝，決潘渚，潰泥滯，通鬱閉，慎津梁。」

王氏批注：「《淮南注》曰：『楚人謂水暴溢爲瀿。』『瀿』與『潘』同。《爾雅》曰：『濆大出。』『濆』與『潘』亦同義〔九〕。」

「食飢渴，匡貧窶，賑罷露，資乏絶，此謂賑其窮。」

王氏並改「賑」爲「振」，又批注：「露，犹羸也。」

「敦懞純固，以備禍亂。」

王氏批注：「『懞』與『厖』同。」

「貧富無度則失。」

王氏批注：「『失』與『佚』同。」

「故曰五經既布，然後逐姦民」。

王氏「故曰」旁批注：「孫云：『二字因上文而衍。』」

「以上諂君上，而下惑百姓。」

王氏「諂」旁批注：「音『滔』，下同。」

「毋苟於民。」

王氏批校：「『苟』當爲『苛』。」

卷四

《宙合》

「鳥飛准繩，讂充末衡。」

王氏批注：「《淮南·道應訓》云：『大人之行，不掩以繩，至所極而已矣。此筦子所謂梟飛而維繩者。』高誘云：『言處士者，上下無常，進退無恆，不可繩也。以喻梟從下繩維之而欲翱翔則不可也。』」

「宙合有橐天地。」

王氏「有」旁批注：「同『又』。」

「夫繩扶撥以爲正，准壞險以爲平。」

王氏「扶撥」旁批注：「撥，治也。《淮南子·脩務訓》云：『琴或撥刺枉橈。』」又：「《淮南·本經訓》：『扶撥以爲正，壞險以爲平，矯枉以爲直。』高誘注云：『撥，治也。』」

「此言聖君賢佐之制舉也。」

王氏「佐」旁批注：「朱作『相』。」

「夫焉有不適善？適善，備也，僊也，是以無乏。」

王氏「僊」旁批注：「僎。」

「成功之術，必有巨獲。」

王氏批注：「『巨獲』讀爲『榘矱』。」

「此言聖人之動靜、開闔、詘信、浧儒。」

王氏「詘」旁批注：「拙。」

「故有道者，不平其稱，不滿其量，不依其樂，不致其度。」

王氏批注：「依之言殷也。」

「惠者知其不可兩守。」

王氏批注：「『惠』與『慧』同。」

「此言止忿速，濟没法也。」

王氏批注：「法亦上也，『没法』二字有誤。」

「通於可不利害之理，循發蒙也。」

王氏批注：「『不』與『否』同。」又批校：「『循』疑『猶』之譌。」

「階隄而不行。」

王氏批注：「隄，滯也。」

「不必以先帝常，義立之謂賢。」

王氏批校：「（義）『〔帝〕』疑即『常』之誤〔而行者〕。」

「心欲忠。」

王氏「忠」旁批注：「中。」

「下乃解怠惰失。」

王氏批注：「『失』與『佚』同。」

「國家煩亂，萬民心怨。」

王氏批校：「『心怨』當爲『懟怨』，『懟怨』皆本上文。」

「泉踰瀷而不盡，薄承瀷不滿。」

王氏批注：「『踰』讀爲『輸』。」

「可淺可深，可沈可浮。」

王氏批校：「『可沈可浮』當作『可浮可沈』，『沈』、『深』爲韻。」

「故名爲之説，而況其功。」

王氏批校：「『名』當爲『各』。下文云：『此名重之儀』。」

「上通於天之上，下泉於地之下。」

王氏批注：『引之曰：『泉當爲臬。』』

「多内則富，時出則當。」

王氏「内」旁批注：「與『入』同。」

《樞言》

王氏批注：「樞，本也。」

「進退勞佚，與人相胥。」

王氏批注：「胥，待也。」

「先王之所以寂重也。」

王氏批校：「此句上有脱文。」

「能敕乎？能隱而伏乎？」

王氏「敕」旁批注：「朱本作『勑』，宋本同。」又批校：「而，猶乃也。」

卷五

《八觀》

「不通於若計者，不可使用國。」

王氏批注：「若，此也。」

「博民於生穀也。」

王氏批校：「『博』當爲『慱』，古『專』字。」

「則攘奪、竊盜、攻擊、殘賊之民，毋自勝矣。」

王氏批注：「『勝』讀『勝殘去殺』之『勝』。」

「本求朝之臣。」

王氏批校：「洪云：『當作求本朝。』」

「豪桀材人。」

王氏「人」旁批注：「朱本作『臣』。」

「權重之人，不論才能，而得尊位。」

王氏「尊」旁批注：「在。」

《法禁》

「是以人用其私，廢上之制，而道其所聞。」

王氏批校：「道，行也。」

「正經而自正矣。」

王氏批校：「疑『經』上有脱文。」

「故舉國之士以爲亡黨。」

王氏批校：「『亡』疑『己』之譌。」

「退則相譽於民。」

王氏「譽」旁批注：「朱作『舉』。」

「壺士以爲亡資，修田以爲亡本。」

王氏批校：「兩『亡』字亦疑『正』之譌，『壺』疑『壹』之譌。」

「必使反乎安其位，樂其群，務其職，榮其名，而後止矣。」

王氏「榮」旁批注：「營。」

「凡君國之重器。」

王氏批注：「朱本『君』作『布』。」

《重令》

「而論可與不可者在下……而論可與不可者在下。」

王氏並删二句下「可」字，批注：「『可』字據注删，又據《唐書·李德裕傳》。」

「益損者毋罪，則是教民邪途也。」

王氏批校：「『教民邪途』，謹案：『途』字蓋因下文『示民邪途五衢』而衍。」

尹注：「見一而制。」

王氏改「而」爲「尚」。

卷六

《法法》

「赦過遺善，則民不勵；有過不赦，有善不遺。勵民之道，於此乎用之矣。」

王氏改「勵」爲「厲」。

「下不聽而彊以刑罰，則爲人上者衆謀矣。」

王氏「謀」下增「之」字。

「國毋怪嚴，毋雜俗，毋異禮。」

王氏批注：「『嚴』讀爲『譀』。」

「士毋私議。」

王氏批校：「『士毋私議』，『毋』當作『有』。今作『毋』者，因上文二『毋』字而誤。」

「則卒輕患而傲敵。」

王氏批注：「傲亦輕也。」

「得此六者，而君父不智也。」

王氏批注：「『智』與『知』同。」

「令入而不至，謂之瑕。」

王氏批注：「『瑕』讀曰『格』，下文曰：『令而不行謂之障。』」

「德行成於身而遠古，卑人也。」

王氏批注：「卑，小也。」

「今以誣能之臣，事私國之君，而能濟功名者，古今無之。」

王氏批注：「今，猶若也。」

尹注：「作此李官。」

王氏改「官」爲「字」。

「此所謂擅也。」

王氏批校：「『謂』字衍。」

《兵法》

「器械不巧，則朝無定。」

王氏批注：「《七法》篇『巧』作『功』，『定』作『政』。」

「破大勝强。」

王氏「强」旁批注：「彊。」

卷七

《大匡》

「不畏惡親，聞容昬生，無醜也。」

王氏批校：「『容』疑『咎』之訛。『聞咎』即《左傳》所謂『惡於諸侯也』。」又批注：「醜，恥也。」

「其於我也，曾若是乎？」

王氏批注：「曾，猶乃也。《論語》云：『曾由與求之問。』」

「管仲得行其知於國，國可謂亂乎？」

王氏批注：「『國可謂』三字，『可』與『何』同；謂，猶爲也。」

「外亂之本也。」

王氏批校：「『外』字疑涉下文而衍。」

「其及豈不足以圖我哉?」尹注:「若及獨能圖我。」

王氏改「獨」爲「猶」。

「臣禄齊國之政而不死糾也。」

王氏批注:「『禄』蓋與『録』通。」

「未也,國中之政,夷吾尚微爲,焉亂乎?尚可以待。」

王氏批注:「待,上也。」

「明年,朝之争禄相刺、裚領而刎頸者不絶。」

王氏批校:「『裚領』疑當爲『折領』。折領,即絜領。」

「賓胥無堅强以良,可以爲西土。」

王氏改「以」爲「令」。

「斬孤竹,遇山戎。」

王氏批校:「『遇』疑『過』之訛。」

「必足三年之食安。」

王氏批校:「『安』屬下讀,語詞也。」

「從政治爲次。」

王氏批校：「『爲次』二字校者所加。」

「得二者爲次，得一者爲下。」

王氏删二「者」字，批注：「兩『者』字因上文而衍。」

卷八

《中匡》

「粟盡則有生，貨散則有聚。」

王氏批注：「『有生』、『有聚』，二『有』字皆讀『又』。」

「過罰以金軍，無所計而訟者。」

王氏批校：「『軍』乃『鈞』之誤。《小匡》云：『輕罪入蘭盾鞈革二戟，小罪入以金鈞分，宥薄罪入以半鈞』。」

「而後可以危救敵之國。」

王氏批注：「『救』讀爲『怨耦曰仇』之『仇』。」

「古之隳國家、隕社稷者。」

王氏改「隳」爲「墮」。

「非故且爲之也。」

王氏批注：「『故』讀爲『如』。」

「公與管仲父而將飲之，掘新井而柴焉。」

王氏「父」前增「仲」字，批注：「與，猶謂也。」

《小匡》

「必將勤管仲以勞其君。」

王氏「仲」下增「仲」字，批注：「勤，謂恩勤。」

「力死之功，猶尚可加也。」

王氏批注：「『加』與『嘉』同。」

「服牛輅馬，以周四方。」

王氏改「輅」爲「駕」，批校：「『輅』疑即『駕』字之誤。又『駕』籀文作『㭨』。『㭨』、『輅』並從『各』字，故字或相通。《齊語》作『軺馬』，注：『軺，馬車也。』兩『軺』字疑皆爲『輅』字之訛。」

「以極聘覜於諸侯。」

王氏批注：「『極』讀爲『亟』。《齊語》作『驟』。」

「諸侯多沈亂。」

王氏批注：「『沈』讀爲『湮』。」

「與卑耳之貉。」

王氏批校：「『貉』當作『谿』，《國語》云『與辟耳之谿』是也。」

「乘桴濟河。」

王氏「桴」旁批注：「浮浮。」

「實謂爾伯舅，毋下拜。」

王氏批注：「『實』與『寔』同，是也。」

「牂牁。」

王氏批注：「牂柯。」

「龍旗九游。」

王氏「旗」旁批注：「旂。」

「男女不淫。」

王氏批校：「謹案：『男女不淫』二句，因下文而衍。《齊語》無。」

「於是列廣地以益狹地。」

王氏批注：「『列』，古『裂』字。」

「用此五子者何功。」

王氏批校：「『何』當爲『有』。」

「平原廣牧，車不結轍。」

王氏批注：「《爾雅》：『郊外謂之牧。』」

卷九

《霸形》

「人甚憂飢而稅斂重。」

王氏批注：「《治要》『人』作『民』。」

「君何不發虎豹之皮、文錦以使諸侯，令諸侯以縵帛、鹿皮報。」

王氏批注：「帛無文曰縵。」

「此其後，楚人攻宋、鄭，燒焫熯焚鄭地，使城壞者不得復築也。」

王氏批注：「『焫』，古『然』字。」

「寡人之所明於人君者，莫如桓公。」

王氏批注：「鄭注《禮運》：『明猶尊也。』」

「楚取宋、鄭而不知禁。」

王氏「知」旁批注：「止。」

《霸言》

「象天則地，化人易代。」

王氏改「人」爲「民」，改「代」爲「世」。

「故貴爲天子，富有天下，而伐不謂貪者，其大計存也。」

王氏批校：「『伐』疑『代』之譌。代，即世字。」

「夫先王取天下也術。」

王氏批校：「洪云：『術當屬下句讀。』『術』可通作『遂』，《爾雅》：『烝烝、遂遂，作也。』郭注：『皆物盛興作之皃。』」

「圉暴止貪，存亡定危，繼絶世，此天下之所載也。」

王氏批注：「『載』與『戴』同。」

「夫上夾而下苴。」

王氏批注：「『苴』與『粗』同。」

「彊最一伐，而天下共之，國必弱矣。」

王氏改「伐」爲「代」。

「未嘗有先能作難，違時易形，以立功名者，無有。」

王氏乙轉「先能」二字，批注：「據宋本、朱本。」

「常先作難，違時易形，無不敗者也。」

王氏改「無」爲「而」。

「令國一輕一重者，刑也。」

王氏批注：「『刑』與『形』同，見上文。」

《問》

「君臣有位而未有田者幾何人？」

王氏改「君」爲「帬」。

「問邑之貧人債而食者幾何家？」

王氏改「債」爲「責」。

尹注：「儧而食。」

王氏改「儧」爲「責」。

「度必明，失經常。」

王氏批校：「據注似當作『無失經常』。」

卷十

《戒》

「不相告而知。」

王氏批校：「『相』字疑衍。」

「故天不動，四時云下而萬物化。」

王氏批校：「『下』字疑涉下文而衍，注同。」

「君不動，政令陳下而萬功成。」

王氏批校：「『政令陳下』疑當作『政陳令下』。」又改「功」爲「物」，批校：「『物』字據注改。」

「心不動，使四肢耳目而萬物情。」尹注：「心亦當無爲。」

王氏改「當」爲「常」。

「今孤之不得意於天下，非皆二子之憂也？」

王氏批校：「『也』與『邪』同。」

「朔月三日。」

王氏批校：「洪云：『當作三月朔日。』」

尹注：「盍，何不也。」

王氏删「不」字。

《地圖》

「論功勞，行賞罰，不敢蔽賢；有私行用貨財供給軍之求索，使百吏肅敬。」

王氏「有」旁批校：「同『又』。」又：「引之曰：『私下衍行字。』」

《制分》

「屠牛坦朝解九牛，而刀可以莫鐵，則刃游閒也。」

王氏批校：「『莫』疑『算』字之訛。隸書從竹、從艸之字多相溷，故『算』訛而爲『莫』。『算』字或作『筭』，《廣雅》：『筭，斷也，㦸也。』」

「待治者，所道富也，治而未必富也。」尹注：「有所待而治，其道當，然未必富。」

王氏乙轉「治而」二字，又批注：「道，由也。」又改尹注「當」字爲「富」。

《君臣上》

「權度不一，則修義者惑。」

王氏「修」旁批注：「循。」

「是故能象其道於國家，加之於百姓，而足以飾官化下者，明君也。」

王氏「飾」旁批注：「同『飭』。」

「下致力於民，而足以修義從令者。」

王氏改「修」爲「循」，批注：「下文作『循義從令』。」

「而民不疾也。」尹注：「故人不敢疾怒。」

王氏改「怒」爲「怨」。

「民性因而三族制也。」尹注：「言因上下有體。」

王氏批校：「『因』當爲『固』。」

「制令傅於相，事業程於官，百姓之力也，胥令而動者也。」

王氏批注：「胥，待也。」

「是故有道之君，正其德以蒞民，而不言於聰明。」

王氏「於」旁批校：「衍『於』字。」

「犯俗離教者，衆共姦之。」

王氏批注：「『姦』讀爲『閒』。閒，非也。」

「慶之於天子……慶之於長者。」

王氏批校：「兩『慶』字皆『薦』字之譌。」

「是以上有餘日，而官勝其任；時令不淫，而百姓肅給。」

王氏批注：「《爾雅》：『肅，速也。』」

「是故將與之，惠厚不能供；將殺之，嚴威不能振。嚴威不能振，惠厚不能供，聲實有閒也。」

王氏批校：「『惠』皆『惡』之訛。」

「下雖有姦僞之心，不敢殺也。」

王氏批校：「『殺』當爲『試』。『試』譌爲『弑』，又譌爲『殺』耳。下篇云：『然則作姦邪僞詐之人不敢試也。』」

「知其所不能益，若任之以事。」

王氏批注：「若，猶乃也。」

「盡知短長與身力之所不至，若量能而授官。」

王氏「授」旁批注：「同『受』。」

卷十一

《君臣下》

「是故明君飾食飲弔傷之禮，而物屬之者也。」

王氏「飾」旁批注：「同『飭』。」

「故德之以懷也，威之以畏也，則天下歸之矣。」

王氏批注：「以，猶而也。」

「墳然若一父之子，若一家之實。」

王氏改「墳」爲「墳」。

「亂至則虐，騰至則北。」

王氏批注：「『北』，古『背』字。」

「則故施舍優猶以濟亂。」

王氏批校：「此『則』字衍，或爲『是』字之譌。」

「倍其官，遺其事，穆君之色，從其欲，阿而勝之，此臣人之大罪也。」

王氏批注：「『勝』即上文『縢』字。」

「狡婦襲主之請而資游慝也。」

王氏「請」旁批注：「情。」

「便僻不能食其意。」

王氏批注：「上文云『則婦人能食其意』，下文云『不能食其意』。謹案：『食』疑當讀『伺』。」

「兼上下以環其私。」

王氏批注：「環，猶營也。」

「刑罰亟近也。」

王氏「亟」旁批注：「同『極』。」

「能易賢不肖而可威。」

王氏批校：「『威』當爲『成』，『成』與下四字連讀。」

「雖有明君。」

王氏批注：「『雖』與『唯』同。」

「頃時而王不難矣。」

王氏批校：「『頃時』當爲『須時』。」

「參伍相德而周舉之。」

王氏改「伍」爲「五」，又「德」旁批校：「同『得』。」

「有中人之亂。」

王氏改「人」爲「民」。

「刑殺亟近。」

王氏「亟」旁批注：「同『極』。」

「則士反於情矣。」

王氏批注：「情，即誠字。」

《小稱》

「我託可惡，以來美名。」

王氏改「來」爲「求」，批注：「『求』字據下注改。」

「在於既善所以感之也。」

王氏「既」旁批校：「『既』字疑衍。」

「澤之身則榮，去之身則辱。」

王氏「澤」旁批注：「宅。」又：「《莊子·則陽》篇：『比于大澤』，釋文：『澤本亦作宅。』」

「逐堂巫，而苛病起兵。逐易牙，而味不至。」

王氏批校：「念孫案：『苛病起』下不當有『兵』字。尹曲爲之説，非也。《吕氏春秋·知接》篇無『兵』字。」

「使公毋忘出如莒時也。」

王氏批校：「念孫案：『時』字後人所加。『莒』、『魯』、『下』爲韻，若『莒』下加『時』字，則失其韻矣。《藝文類聚·人部七》、《太平御覽·人事部一百》引此皆無『時』字。」

《四稱》

「夷吾之所能與所不能，盡在君所矣，君胡有辱令？」

王氏批注：「『有』讀爲『又』。」

「收聚以忠而大富之，固其武臣，宣用其力。」

王氏批校：「『富』與『稷』、『力』、『側』、『飾』、『貸』、『殖』、『伏』、『寧』、『德』、『式』爲韻，『之』字衍文。」

王氏批注：「『有』讀爲『又』。」

「競稱於義，上下皆飾。」

王氏「飾」旁批注：「同『飭』。」

「形正明察，四時不貸。」

王氏批注：「謹案：『形正』讀曰『刑政』。」

「遷損善士，捕援貨人。」

王氏批注：「《廣雅》：『捕，取也。』」

卷十二

《侈靡》

「不出百里而來足。」

王氏批校：「念孫案：『來』當爲『求』，尹注非。」

「其獄一踦腓一踦屨而當死。」

王氏批校：「『一踦腓一踦屨』，念孫案：踦，足也。謂一足腓一足屨也。《爾雅·釋蟲》：『蠨蛸長踦。』謂小蜘蛛長脚者也。《廣雅》曰：『踦，脛也。』《淮南·齊俗》篇：『男女切踦肩摩於道。』高注云：『踦，足也。』尹以一踦爲一隻，非是。」

「大昏也，博夜也。」

王氏「博」旁批注：「厚。」

尹注：「雖務鰥寡獨老。」

王氏改「務」爲「矜」。

「爲之畜化用。」

王氏批校：「『用』字疑屬下句。」

「父繫而伏之。」

王氏批校：「『父』疑當作『人』。」

「此謂國亡之郄。」

王氏乙轉「國亡」二字。

尹注：「謂與衆爲約束也。」

王氏改「約」爲「要」。

「擇天下之所宥，擇鬼之所當，擇人天之所戴。」

王氏批校：「『擇鬼之所〔當〕』，念孫案：『當』宜爲『富』字之誤也。《郊特牲》云：『富也者，福也。』故尹注云：『爲神所福助。』《大雅·瞻卬篇》：『何神不富。』毛傳云：『富，福也。』《大戴禮·武王踐阼篇》：『勞則富。』盧辯注云：『船勞終福。』《謙·彖傳》：『鬼神害盈而福謙。』京房『福』作『富』。『富』與『宥』、『戴』爲韻。」

「萬世之國，必有萬世之實。」

王氏批校：「『必有萬世之實』。念孫案，『實』當爲『寶』，下文『棄其國寶』即其證也。『寶』與『道』爲韻，下文『寶』字亦與『道』爲韻。」

「無使其内，使其外，使其小。」

王氏改「無使其内」爲「使其内無」。

「國雖弱，令必敬以哀。」

王氏「哀」旁批校：「衷。」

「加功於人而勿得，所橐者遠矣。」

王氏「得」旁批注：「與『德』同。」

「能與化起而王用，則不可以道山也。」

王氏批校：「『山』疑『止』之誤。」

卷十三

《心術上》

「掃除不潔，神乃留處。」

王氏改「乃」爲「不」。

「直人之言，不義不顧。」

王氏改「直」爲「賢」，改「顧」爲「頗」。

「不顧，言因也。因也者，非吾所顧，故無顧也。」

王氏並改「顧」爲「頗」。

「故曰：心術者，無爲而制竅者也。」

王氏「故曰」旁批校：「二字疑衍。」

「故禮出乎義，義出乎理，理因乎宜者也。」

王氏改二「義」字爲「理」，改二「理」字爲「義」。

「莫人，言至也。」

王氏改爲「真人，言至人也」。

「不顧，言因也。因也者，非吾所顧，故無顧也。」

王氏改三「顧」字爲「願」。

「潔其宫，闕其門。」

王氏「闕」旁批注：「上文作『開』。」

《心術下》

「正形飾德，萬物畢得。」

王氏「飾」旁批注：「同『飭』。」

「外見於形容，可知於顔色。」

王氏删「可」字，批注：「『知』亦見，後人所加。」

「是故聖人一言解之，上察於天，下察於地。」

王氏乙轉「解之」二字。

《白心》

「以時爲寶，以政爲儀。」

王氏批注：「儀，法也。」

「其事也不隨。」

王氏「隨」旁批注：「隋。」

「正名自治之，奇身名廢。」

王氏批校：「『之』字疑因上句而衍。」

「其人入，入於身。」

王氏批校：「此『人』字疑衍。」

「故曰祥於鬼者義於人，兵不義不可。」

王氏批校：「《爾雅》：『義，善也。』」

「日極則仄，月滿則虧。」

王氏批注：「極，中也。」

「持而待之，空然勿兩之。」

王氏批校：「『兩』當爲『㒳』，與『滿』通。」又：「然，猶而也。」

「集於顏色，知於肌膚。」

王氏批注：「知，猶見也。」

「責其往來，莫知其時。」

王氏批注：「責，非也。」

「濟於舟者和於水矣，義於人者祥其神矣。」

王氏批注：「義，善也。」

「爲善乎，毋提提。爲不善乎，將陷於刑。」尹注：「謂有所揚舉也。」

王氏改「揚」爲「猲」。

「無損言，近可以免。」尹注：「又曰何謀，此縝密之至。」

王氏勾去「曰何謀此縝密之至」，批校：「注内八字因下注而衍。」

「滿盛之國，不可以仕任。」

王氏乙轉「仕任」二字。

「無遷無衍，命乃長久。」

王氏批注：「『衍』讀曰『延』。」

「一以無貳，是謂知道。」

王氏批校：「『貳』當爲『貣』。」
「責其往來，莫知其時。」
王氏批注：「責，求也。」

卷十四

《水地》
「地者，萬物之本源，諸生之根菀也。」
王氏批校：「『菀』疑『薨』之誤。」
「唯無不流，至平而止，義也。」
王氏批注：「『唯』讀曰『雖』。」
「叩之，其音清摶徹遠，純而不殺。」
王氏批注：「『摶』、『專』古字通。《說文》：玉，石之美，聲舒揚，專以遠聞。」
「三月如咀。」
王氏「如」旁批注：「『如』讀爲『而』。」
「耳之所聽，非特雷鼓之聞也，察於淑湫。」

王氏批注：「『淑』讀爲『寂』。」

「伏闇能存而能亡者，著龜與龍。」

王氏「著」旁批注：「神。」

「宋之水，輕勁而清，故其民閒易而好正。」

王氏「閒」旁批注：「簡。」

《四時》

「正津梁，修溝瀆，甃屋行水，解怨赦罪，通四方。」

王氏批注：「『怨』讀爲『寃』。」

「毋蹇華絶芋。」

王氏批校：「『芋』當爲『芽』。」

「德生正，正生事。」

王氏批注：「念孫案：『正』与『政』同，尹注非。」

《五行》

「貨曋神廬，合於精氣。」

王氏批校：「謹案：上篇文：『除急漏田廬。』」
「得奢龍而辯於東方。」
王氏批校：「『奢龍』，念孫案：『奢』當爲『蒼』。《北堂書鈔・帝王部十一》、《太平御覽・皇王部四》引此並作『蒼龍』。」
「四曰景鍾，昧其明。」
王氏批注：「景鍾，白鍾也。」
「合什爲伍以修於四境之内。」
王氏批校：「『爲』字因注而衍。」
「諛然告民有事，所以待天地之殺斂也。」
王氏批校：「『待』蓋『法』之誤，注以『象』字作解可證。」
「令民出獵禽獸，不釋巨少而殺之。」
王氏批注：「『釋』與『擇』同。」
「天子敬行急政。」
王氏批校：「『敬』疑『亟』字之訛。」

卷十五

《勢》

「先爲之政，其事乃不成。」

王氏「政」旁批注：「讀『政』作『征』。」

「繆受其刑。」

王氏批校：「據注則正文『繆』當作『僇』。」

「慕和其衆，以修天地之從。」

王氏「修」旁批注：「循。」

「毋亡天極，究數而止。」

王氏批校：「『極』當爲『紀』，注内『數』字正釋『紀』字。『紀』、『止』爲韻。《越語》云：『無過天極，究數而止。』則『極』字亦誤。」

「善周者，明不能見也。善明者，周不能蔽也。」

王氏批校：「『周』讀爲『誰侜予美』之『侜』。《説文》云：『侜，有廱蔽也。』」

《正》

「正之，服之，勝之，飾之。」

王氏「飾」旁批注：「同『飭』。」

「明之以察其生，必修其理。」

王氏「修」旁批注：「循。」

「致刑，其民庸心以蔽。」

王氏「蔽」旁批注：「敬。」

「致道，其民付而不争。」

王氏批校：「謹案：『付』疑當作『附』。《勢》篇曰：『行德而不争。』」

「罪人當名曰刑，出令時當曰政。」

王氏乙轉「時當」二字。

《九變》

「不然則賞明而足勸也。」

王氏删「不然則」三字。

「今恃不信之人，而求以智。」

王氏批注：「『智』與『知』同。《小問》篇作『恃不信之人而求以外知』。」

《任法》

「二曰禁民私而收使之。」

王氏改「收」爲「牧」。

「然故諶杵習士，聞識博學之士，能以其智亂法惑上。」

王氏批校：「『之士』當作『之人』，見上文。」

「聖君失度量，置儀法。」

王氏批校：「念孫案：『失』當爲『矢』。矢，陳也。『矢度量』、『置儀法』相對爲文。」

「令出而後反之。」

王氏批校：「『後』當爲『復』，『復反』與『還』相對爲文。」

「是貴能威之，富能祿之，賤能事之，近能親之，美能淫之也。」

王氏批注：「五『能』字下文皆作『而』。」又：「『威』與『畏』同。」

「富人用金玉事主而來焉。」

王氏批校：「念孫案：『來』當爲『求』，尹注非。」

「夫非主令而行，有功利因賞之，是教妄舉也。」

王氏「教」下增「民」字，「舉」下增「措」字。

《明法》

「令求不出謂之滅，出而道留謂之擁，下情求不上通謂之塞。」

王氏批校：「念孫案：『令求不出謂之滅』，『求』當爲『本』；『下情求不上通謂之塞』，衍『求』字，亦見後《解》，尹注非。」

《正世》

「民已侵奪墮倪，因以法隨而誅之。」

王氏批注：「『墮』與『惰』同。《輕重》篇：『歸市亦惰倪。』」

「治莫貴於得齊。」

王氏批注：「齊，中也。」

《治國》

「粟者，王之本事也。」

王氏「王」下增「者」字。

卷十六

《内業》

「折折乎如在於側，忽忽乎如將不得。」

王氏批注：「『折』與『晰』通。」

「山陵川谷，地之枝也。」

王氏改「枝」爲「材」。

「嚴容畏敬，精將至定。」

王氏批注：「『嚴』與『儼』同。」

「九竅遂通。」

王氏改「通」爲「達」。

「能無卜筮而知吉凶乎？」

王氏批校：「念孫案：『吉凶』當依《心術》篇作『凶吉』，『吉』與『一』爲韻。」

「凡食之道，大充，傷而形不臧。」

王氏批校：「『傷』上脱『一』字。」

「飢不廣思，飽而不廢。」

王氏「廢」旁批注：「發。」

「遇亂正之。」

王氏批校：「『遇』疑『過』之譌。」

《小問》

「而憂之以德，勿懼以罪。」

王氏批校：「『憂』與『優』同。」

「有時先恕。」

王氏批注：「《廣雅》：『恕，仁也。』」

「百川道，年穀熟，糴貸賤。」

王氏批校：「『百川道』，念孫案：『道』猶『順』也。《楚辭》曰『違而道』、『從而逆』，是其證。『百川道』、『年穀熟』、『糴貸賤』三句相對爲文，尹注非。」

「今吾有欲王，其可乎？」

王氏批注：「『有』與『又』同。」

「其君豐，其臣教。」

王氏批校：「引之曰：『教當爲殺，與豐正相對。尋尹注，亦是殺字也。殺字或寫作敎，（耴）〔輒〕與教字相近。』」

「公遵遁繆然遠，二三子遂徐行而進。」

王氏批校：「念孫案：『公遵遁繆然遠』爲句，『二三子遂徐行而進』爲句，『遵遁』與『逡巡』同，尹注大謬。」

「君欲勝民，則使有司疏獄而謁，有罪者償。」

王氏批校：「『償』讀曰『賞』。《齊策》：『達子收餘卒，復振，與燕戰，求所以償者，閔王不肯與。』」

「除君苛疾，與若之多虛而少實。」

王氏批校：「『與若之多虛而少實』，引之曰：『「若」當爲「君」，下文云又與君之若賢，是其證也，尹注非。』」

「瞑目而視祝梟、已疕。」

王氏批校：「念孫案：『瞑目』當爲『瞋目』。隸書『真』字或作『㝠』，『冥』字或作『㝠』，二形相似而誤。《莊子·秋水》篇：『瞋目而不見丘山。』『瞋』本或作『瞑』。《韓非子·守道》篇：『瞋目切齒傾取之患。』《淮南·道應》篇：『佽非瞋目敎然。』今本『瞋』字並譌作

『瞑』，是其謬也。」

「苗，始其少也，眴眴乎何其孺子也。」

王氏批注：「眴眴，猶恂恂。」

「至其成也，由由乎兹免，何其君子也。」

王氏「由」旁批注：「與『用』同。」

「仲父之聖至若此，寡人之抵罪也久矣。」

王氏批注：「抵，觸也。」

「有執席食以視上者。」

王氏批校：「念孫案：『視上』當爲『上視』，故尹注云：『私自上視。』即其證也。《北堂書鈔·武功部二》引此正作『上視』。《吕氏春秋·重言》篇、《説苑·權謀》篇亦作『上視』。」

卷十七

《七臣七主》

「呼嗚美哉，成事疾。」

王氏乙轉「呼嗚」二字，批注：「下文云：『嗚呼美哉，名斷言澤。』」

「芒主目伸五色，耳常五聲。」

王氏批注：「『芒』讀『荒淫』之『荒』。」

「昏則緩急俱植。」

王氏批注：「『植』，古『置』字。」

「故主虞而安。」

王氏批校：「此上有脱文。」

「夫男不田，女不緇。」

王氏批校：「隸書『甾』字作『甾』，與『責』相似。豈『績』誤爲『緇』歟？」

「曰：昔者桀紂是也。」

王氏批校：「『桀』字後人所加。」

「此營於物而失其情者也，愉於淫樂而忘後患者也。」

王氏批注：「營，惑也。」

「故設用無度，國家踣。」

王氏批校：「『踣』當作『路』。路，敗也。《四時》篇云：『不知五穀之故，國家乃路。』」

『度』、『路』爲韻。」

「故穀貴賤，而上不調淫，故游商得以什佰其本也。」

王氏批校：「『淫』當爲『羡』。」

「夫凶歲雷旱，非無雨露也，其燥溼，非其時也。」

王氏批校：「『雷』疑當作『菑』，『菑』與『災』同。」

「冬無賦爵賞禄，傷伐五穀。」

王氏改「穀」爲「藏」，批注：「念孫案：『五穀』當爲『五藏』，《禁藏》篇云『冬收五藏』是也。今作『五穀』者，因與注文相涉而誤。注云『五穀之藏』，是解『五藏』，非解『五穀』也。《續漢書・五行志》注引此正作『傷伐五藏』。」

「山多蟲蠠。」

王氏批校：「念孫案：蟲蠠，即蟲螟，《月令》曰『蟲螟爲害』是也。注内『蠠即蚕』三字蓋妄人所加，非尹注也。」

「數出重法而不克其罪。」

王氏批注：「『克』讀爲『核』。」

「上亦法臣法。」

王氏批校：「『臣』下疑有『亦』字。」

「飾臣克親貴以爲名。」尹注：「虚名求實之飾。」

王氏批校：「『克』當爲『交』。」又：「『實』下增『謂』字。

「故《記》稱之曰愚忠讒賊。」

王氏改「忠」爲「臣」。

《禁藏》

「夫衆人者，多營於物。」

王氏批注：「營，惑也。」

「其唯無福，禍亦不來矣。」

王氏批注：「『唯』讀爲『雖』。」

「故耕器具則戰器備，農事習則功戰巧矣。」

王氏「功」旁批注：「同『攻』。」又：「《輕重己》篇曰：『教民樵室鑽燧，墐竈泄井。』」

「發五正，赦薄罪，出拘民，解仇讎。」

王氏批注：「『正』與『政』同。」

「冬收五藏，最萬物，所以内作民也。」

王氏「最」旁批注：「冣。」

「草木美多，六蓄蕃息。」

王氏批注：「『蓄』、『畜』古字通。」

「國富兵彊，民材而令行。」

王氏批校：「『材』疑『朴』字之誤。」

「賞罰莫若必成，使民信之。」

王氏批注：「『成』與『誠』同。下卷云『用賞者貴誠』，同。刑者貴必。」

「吏無備追之憂。」

王氏批校：「『備』疑當爲『捕』。」

「故主政可往於民，民心可繫於主。」

王氏「往」旁批注：「往，行也。」

「果蓏素食當十石。」尹注：「果蓏不以火化而食，故曰素食。」

王氏批注：「『素』讀爲『疏』，《月令》云『取疏食』。」

「二曰視其陰所憎，厚其貨賂，得情可深。」

王氏批校：「『陰』字疑當在『所憎』下。」

「離氣不能令。」

王氏「氣」旁批注：「意。」

卷十八

《九守》

「君因其所以來。」

王氏批校：「念孫案：『來』當爲『求』，《鬼谷子·符言》篇正作『求』。尹注非。」

「關閈不開，善否無原。」

王氏批校：「『閈』當爲『閉』。《八觀》篇：『宮垣關閉，不可以不修。』正作『閉』。」

「修名而督實。」

王氏改「修」爲「循」。

《度地》

「州者謂之術。」

王氏批校：「『州者』上當有『不滿』二字。」

「控則水妄行，妄行則傷人。」

王氏批注：「此以水喻民也。」

「雨輂什一。」

王氏批校：「注：『車輂所以禦雨，故曰雨輂。』念孫案：《說文》：『輂，大車駕馬也。』『輂』非所以禦雨。『輂』當爲『奞』字之誤也。『奞』謂車蓋弓也。《方言》：『車枸簍，西隴謂之槒。』郭璞曰：『即車弓也。』『槒』與『奞』同。《釋名》云：『奞，藩也。藩蔽雨水也。』故尹注曰『車奞所以禦雨，故曰雨奞』。」

「降雨下，山水出。」

王氏批注：「《齊策》曰：『降雨下，淄水至。』降雨，大雨也。」

「四時以得，四害皆服。」

王氏「以」旁批注：「同『已』。」又：「『服』讀爲『伏』。」

「春不收枯骨（朽）〔朽〕脊。」

王氏批注：「『脊』讀爲『胔』，《藝文類聚》、《太平御覽》廿二、卅八引此正作『朽胔』。」

卷十九

《地員》

「瀆田悉徙，五種無不宜，其立后而手實。」

王氏批校：「『立』當爲『土』。」又：「『手』當爲『平』。」

「斥埴宜大菽與麥。」

王氏批校：「『斥』當爲『赤』。」

「其泉黄而糗，流徙。」

王氏删「糗」字。又：「而」下增「有」，「流」上增「水」。

「先主一而三之。」

王氏批校：「『主』當作『立』。」

「不無有三分而去其乘。」

王氏批注：「『有』讀爲『又』。」又：「謹案：《廣雅》：『乘，一也。』」

「陜之芳七施，七七四十九尺而至於泉。」

王氏「芳」旁批注：「旁。」

「其下青商，不可得泉。」

王氏批注：「《説文》：『商，小塊也。』《白虎通義》：『商者，强也。』」

「陞山白壤十八施，百二十六尺而至於泉。」

王氏批校：「『陞』疑當作『陘』」。

「其草兢與薔，其木乃格。」

王氏批校：「『格』疑『梏』字之訛。《説文》：『梏，木也。從木，咎聲。讀若晧。』」〔一〇〕

「其木乃品榆。」

王氏批校：「『品榆』疑當作『區椅』。」

「鬱下於莧，莧下於蒲。」

王氏改上「莧」字爲「莞」。

「淖而不肕，剛而不觳。」

王氏批注：「『觳』讀爲『埆』。」

「其種大重、細重、白莖、白秀，無不宜也。」

王氏批注：「『重』蓋即『重穋』之『重』。」

「俱宜竹箭、藻龜、楢檀。」

王氏「藻」旁批注：「下文作『求黽』，朱作『藻黽』。」又：「『藻』者，『漆』之訛。」

「薜荔白芷。」

王氏「芷」旁批注：「茝。」

「蘪蕪椒連。」

王氏批注：「『連』當讀爲『蘭』。」

「五臭所校，寡疾難老。」

王氏批校：「『校』疑『佼』字之誤，『佼』與『交』同。」

「其陽則安樹之五麻。」

王氏刪「則」字。

「乾而不格，湛而不澤。」

王氏批注：「《齊民要術》引《氾勝之書》云：『秋無雨而耕，絶土氣，土堅垎，名曰臘田。』『垎』與（格）『〔格〕』通。」

「五位之狀，不塥不灰。」

王氏批注：「『塥』即上文『赤壚歷彊肥』之『歷』。」

「其種大苗細苗，赨莖黑秀。」尹注：「音形。」

王氏改「形」爲「彤」。

「皆宜竹箭、求䨟、楢檀。」

王氏批校：「『求』疑當爲『桼』，二字隸書常相亂。《史記》『漆雕哆字子斂』，《魯峻石壁書》『漆』作『求子斂』。」

「蕫與桔梗，小辛大蒙。」

王氏批注：「小辛，細辛。《山海經》謂之『少辛』。」

「鳥獸安施。」

王氏改「施」爲「旅」。

「廩焉如壏，潤濕以處。」

王氏「處」旁批注：「虚。」

「纑土之次曰五壏。」

王氏批注：「『纑』與『壚』同。」

「壏土之次曰五剽。」

王氏批注：「『壏』即《周官》『彊檃』之『檃』。」

「五殖之次曰五觳。」

王氏批校：「念孫案：『五殖』當爲『殖土』。」

《弟子職》

「夙興夜寐，衣帶必飭。」

王氏批注：「『飭』讀爲『飾』。」

「先生將食，弟子饌饋。」尹注：「饋，謂選具其食。」

王氏改尹注「饋」爲「饌饋」。

「左執虛豆，右執挾匕。」

王氏批注：「念孫案：『挾』即《曲禮》『羹之有菜者用梜』之『梜』。」

「周則有始。」

王氏「有」旁批注：「同『又』。」

「既徹並器，乃還而立。」

王氏批注：「『並』與『屏』同。」

「坐板排之，以葉適己。」

王氏批注：「《説文》：『籓，大箕也。』『籓』、『板』聲相近。」

「錯總之法，橫于坐所。」

王氏批注：「《説文》：『熜，然麻蒸也。』『熜』、『總』古字通。」

「居句如矩，蒸閒容蒸。」

王氏批注：「『居』讀《考工記》『倨句』之『倨』。」

「敬奉枕席，問所何趾。」

王氏批注：「《説文》引作『問疋何止』。」

「倣袵則請，有常有否。」

王氏改下「有」字爲「則」。

卷二十

《形勢解》

「主不失其常，則群臣得其義，百官守其事。」

王氏批注：「『義』讀曰『儀』。」

「臣下不失其常，則事無過失，而官職政治。」

王氏「政」旁批注：「同『正』。」

「抱蜀不言，而廟堂既脩。」

王氏改「脩」爲「循」。

「明主之動静得理義，號令順民心。」

王氏「動静」旁批校：「『動静』當作『動作』，見下文。」

「射者，弓弦發矢也。」

王氏批校：「『弓』疑當爲『引』。」

「奚仲之爲車器也。」

王氏删「器」字，批注：「據《藝文類聚》七十一、《太平御覽》七百七十三删。」

「如水之走下，於四方無擇也。」

王氏批注：「朱無『之』字。《治要》『方』作『旁』。」

「唯夜行者獨有之乎。」

王氏改「乎」爲「也」。

「所謂平原者，下澤也。」

王氏改「原」爲「隰」。

「平原之隰，奚有於高。」

王氏改「隰」爲「陘」。

「爲天下計者，謂之譕臣。」

王氏「譕」旁批注：「同『謨』。」

「備利而偷得。」

王氏「備」旁批注：「循。」

「定服而勿厭也。」

王氏改「厭」爲「猒」。

「人主能安其民，則事其主如事其父母。」

王氏「則」下增「民」字，批注：「『民』字依《治要》補。」

「禹身決瀆，斬高橋下，以致民利。」

王氏批校：「『橋』疑是『澮』。」

「天之所違，雖大必削。」

王氏「違」旁批注：「圍。」

「與人交，多詐僞，無情實，偷取一切，謂之烏集之交；烏集之交，初雖相驩，後必相咄。故曰：烏集之交，雖善不親。」

王氏並改「交」爲「佼」。

卷廿一

《立政九敗解》

「而生又養生，養何也？」

王氏「有」旁批注：「同『有』。」

「人君唯無聽私議自貴，則民退静隱伏。」

王氏「無」旁批注：「毋。」

「人君唯毋聽請謁任譽。」

王氏改「譽」爲「舉」。

「帬臣務佼而求用。」

王氏「而」下增「不」字。

「如是則謀臣死而諂臣尊矣。」

王氏改「謀」爲「諫」。

《版法解》

「凡人君所尊安者，賢佐也。」

王氏「所」下增「以」字。

「故曰：三經既飭，君乃有國。」

王氏「飭」旁批注：「朱作『飾』。」

「往事畢登。」

王氏批注：「『必』、『畢』古字通。」

「欲其從事之勝任也。」

王氏删「之」字。

「不教順則不鄉意。」

王氏「順」旁批注：「同『訓』。」

「無度，則事無機。」

王氏「機」旁批注：「儀。」

「明君能勝六攻而立三器，則國治。」

王氏改「則」爲「故」，批注：「『故』字依《治要》改。」

「六攻者何也？親也，貴也，貨也，色也，巧佞也，玩好也。」

王氏「親」上增「曰」字，批注：「『曰』字據《治要》補。」

「利有所並。」

王氏批注：「『並』讀爲『屏』。」

「飾父子兄弟夫妻之義。」

王氏「飾」旁批注：「同『飭』。」

「如此則衆無鬱怨之心。」

王氏批注：「怨，猶鬱也。『鬱怨』雙聲字。」

《明法解》

「吏者，民之所懸命也。」

王氏改「懸」爲「縣」。

「公平而無所偏，故姦詐之人不能誤也。」

王氏批注：「誤，欺也。」

「離公道而行私術矣。」

王氏「術」旁批注：「朱作『述』。」

「比周以相爲慝，是故忘主死佼以進其譽。」

王氏改「死」爲「外」。

「是故邪之所務事者。」

王氏「邪」上增「姦」字。

「使法無明，主無悟，而己得所欲也。」

王氏「悟」旁批注：「寤。」

「姦邪在主之側者，不能勿惡也。」

王氏批注：「《治要》『在』上有『之』字。」又改「也」爲「之」，批注：「『之』字依《治要》改。」

「姦臣之擅主者，有以私危之。」

王氏批校：「有，或也。」

《臣乘馬》

「民食什伍之穀，則君已藉九矣。」

王氏改「伍」爲「五」。

「有衡求幣焉，此盜暴之所以起，刑罰之所以衆也。」

王氏「有」旁批注：「又。」又「暴」旁批校：「當爲『賊』。」

「筴乘馬之數求盡也。」

王氏改「求」爲「未」。

《乘馬數》

「振貧，補不足，下樂上。」

王氏「足」下增「而」字。

「如廢方於地。」

王氏批注：「廢，置也。」

卷廿二

《事語》

「城脆致衝。」

王氏改「脆」爲「胞」。

「不待權輿。」

王氏改「輿」爲「與」。

《海王》

「吾子食鹽二升少半，此其大曆也。」

王氏批注：「『吾子』即『竪子』。」

「禺筴之，商日二百萬。」

王氏批校：「『禺』字衍。」

「行服連軺輂者，必有一斤一鋸一錐一鑿。」尹注：「輂，名所以載作器。」

王氏批校：「《淮南・人間》篇注：『軺，駕車也。』」又批校：「念孫案：『輂』當爲『棐』。」又改尹注「作」爲「任」。

《國蓄》

「而民不足於食，皆以其技能望君之禄也。」

王氏批注：「朱『皆』上有『是』字。」

「黄金刀幣，民之通施也。」

王氏批注：「『施』讀爲『移』，後凡言『通施』者皆同。」

「人有若干步畝之數矣，計本量委則足矣。」尹注：「委，積也。」

王氏批注：「『委』讀『或』，『原或』之『或』。」

「故君必有什倍之利，而財之櫎可得而平也。」

王氏改「什」爲「十」。

「故人君御穀物之秩相勝，而操事於其不平之間。」

王氏批注：「『秩』讀爲『迭』。」

「然則大國内款，小國用盡。」

王氏批注：「款，空也。」

《山國軌》

「民有過移長力。」

王氏「過」旁批注：「通。」

「不陰據其軌，皆下制其上。」

王氏「皆」旁批注：「朱作『者』。」

「十倍山田，以君寄幣，振其不贍，未淫失也。」

王氏「失」旁批注：「同『佚』。」

「軌守其時，有官天財。」

王氏「有」旁批注：「同『又』。」

「捍寵纍箕。」

王氏批校：「『捍』疑當爲『桿』之譌。桿，臿也。」

「皆假之械器勝籯屑緵公衣。」

王氏「勝」旁批注：「同『縢』。」

《山權數》

「高田十石，間田五石，庸田三石。」

王氏勾「庸」字，批注：「庳。」

「運五如行事，如日月之終復。」

王氏「如」旁批注：「同『而』。」

「此使君不迷妄之數也。」

王氏批注：「『妄』讀『學而不思則罔』之『罔』。」

《山至數》

「不通於輕重，謂之妄言。」

王氏批校：「此二句似注文。」

「秦之明山之曾青，一筴也。」

王氏删「之」字，批注：「『之』字據《揆度》篇删。」

「汜下多水之國，常操國穀三分之一。」

王氏批注：「《方言》：『汜，洿也。自關而東曰汜。』」

卷廿三

《地數》

「苟山之見其榮者，君謹封而祭之。」

王氏批校：「『祭』當依下章作『禁』。」

「修教十年，而葛盧之山發而出水。」

王氏批校：「念孫案：『交』字隸書作『文』，與『犮』字相似，疑古本《管子》『發』作『犮』，因訛爲『交』也。」

「然則其與犯之遠矣。」

王氏「犯」旁批注：「折取。」

「吾欲守國財，而毋税於天下。」

王氏批注：「謹案：『税』蓋與『奪』通。」

「民舉所最粟，以避重泉之戍。」

王氏批校：「『最』當爲『冣』。」

「君伐菹薪，煮沛水爲鹽。」

王氏改「沛」爲「沸」，批注：「洪云：『水清不能爲鹽，且下文修河濟之流，字已作濟。《輕重甲》篇、《乙》篇、《丁》篇並此篇，此語凡五見，唯《輕重甲》篇作沸字不誤。』」

《揆度》

「民財足，則君賦斂焉不窮。」

王氏批注：「焉，於是也。」

「爲分者萬人，爲輕車百乘。」

王氏「爲」旁批校：「『爲』下皆有『當』字。」

「當壯者遣之邊戍。」

王氏批注：「『當』猶『丁』也。」

「民之無本者，貸之圃彊。」

王氏批校：「『圃彊』疑是『囷京』。」

「一農不耕，民有爲之飢者；一女不織，民有爲之寒者。」

王氏批注：「有，即或也。後《輕重甲》篇『有』作『或』。」

《輕重甲》

「不守以物，則物輕。」

王氏「不守」下增「之」字。

「釜鏂無止，遠通不推。」

王氏改「通」爲「邇」。

「勿使赴於溝澮之中。」

王氏批注：「『赴』讀爲『趴』。」

「行事期年，而皮幹筋角之徵去分，民之藉去分。」

王氏批注：「分，丰也。」

「廣澤遇雨，十人之力不可得而恃。」

王氏「恃」旁批注：「燒。」

「必離其牛馬，而歸齊若流。」

王氏勾「離」字，批注：「雝。」

「聖人乘幼。」

王氏批注：「『幼』當讀『幽明』之『幽』。」

「春獻蘭，秋斂落。」

王氏批校：「『蘭』疑當作『萌』。」

「此之謂設之以祈祥，推之以禮義也。」

王氏批注：「祈祥，即禨祥。」

「以唐園爲本利。」

王氏批注：「『唐』讀曰『場』。」

「有所雝其手搔之功。」

王氏批注：「『搔』讀曰『爪』。」

「今傳戟十萬，薪菜之靡，日虚十里之衍。」

王氏「菜」旁批注：「采。」

「寡人之行，爲此有道乎？」

王氏「寡人」旁批校：「疑衍『寡人』二字。」

「而辟千金者，珠也。」

王氏批注：「辟，易也。」

卷廿四

《輕重乙》

「草木以時生，器以時靡幣。」

王氏批注：「靡幣，即靡敝。」

「一車必有一斤、一鋸、一釭、一鑽、一鉥、一軻，然後成爲車。」

王氏批注：「『軻』讀爲『椅』。」

「有雜之以輕重，守之以高下。」

王氏「有」旁批注：「同『又』。」

「寡人欲毋殺一士，毋頓一戟，而辟方都二。」

王氏批注：「方，大也。」

「菹菜……若此，則菹菜鹹鹵斥澤……」

王氏並改「菜」爲「萊」。

《輕重丁》

「天使使者臨君之郊，請使大夫初飭、左右玄服，天之使者乎。」

王氏「飭」旁批注：「飾。」

「請以令決㵐洛之水，通之杭莊之間。」

王氏改「杭」爲「抗」，批注：「『通之杭莊之間』，念孫案：『杭』與『抗』同，見《説文》。『抗』古讀若『康』。《小雅·賓之初筵》篇『大侯既抗』，與『張』爲韻。《後漢書·班固傳·典引》『尊無與抗』，與『王』爲韻。李賢曰：『抗讀曰康，抗莊即康莊。』」又：「抗猶杭，讀曰康。」

《輕重戊》

「周人之王，循六峜，合陰陽，而天下化之。」

王氏改「惢」爲「法」。

「車轂齺騎，連伍而行。」

王氏批校：「當作『車齺轂』。」又：「『齺』、『騶』古字通。」

「民被白布，清中而外濁。」

王氏「白」旁批注：「與『帛』同。」

「即以戰鬬之道與之矣。」

王氏批注：「與，於聲也。」

「毋斬大山，毋戮大衍。」

王氏批注：「『戮』讀『翏』。」

「趣菹人薪雚葦，足蓄積。」

王氏「雚」旁批注：「萑。」

【説明】

明趙用賢《管韓合刻》本《管子》，二十四卷，王念孫、王引之批校，《中國古籍善本書目·子部》「管子」條著録。此校本曾由近代著名藏書家葉景葵購藏，現藏上海圖書館。參張錦少《王念孫古籍校本研究·王念孫〈管子〉校本研究》，上海古籍出版社二〇一四年版，第二一四頁。書中有大量王念孫批校語，或批於天頭，或批於地腳，或批於行間，或以浮簽形式著於葉端，間有引王引之、孫星衍、洪頤煊説者，王氏以「引之曰」、「孫云」、「洪云」注明。王氏批校作於《讀管子雜志》前，故有的意見已採入《雜志》中，張錦少以兩書相較，共得此校本中批校不見於《雜志》者三百四十四條，以附録形式附於篇末見張書第三章附録。王氏批校許多現已漫漶不清，故本篇僅録能辨識者，其中與張書所録出入較大者，於注中注出。

上海圖書館另藏有一種《管韓合刻》本《管子》，著録爲：「清戴望校跋，並録洪頤煊、王念孫、王引之、丁世涵、俞樾諸家校。」戴望所録王氏父子校語已見於此校本或《讀管子雜志》，故不再收録。

【校注】

〔一〕「是」，張錦少録爲「蓋」。

〔二〕張錦少録爲「『彊』字旁有校語『勇』」。

〔三〕「朱作『興』」指朱東光《中都四子》本作「興」。張錦少録「朱作」爲「又可」。

〔四〕張錦少録「當」爲「訾」。

〔五〕張錦少録爲「『盡』與『贐』同。」

〔六〕張錦少録無「朱作」二字。

〔七〕張錦少録爲「一本作『畜』」。

〔八〕張錦少録爲「應作『禍昌而不寤』」。

〔九〕張錦少録爲「『濮』與『潘』亦同」。

〔一〇〕張錦少録爲「讀曰晧」。

《羣經字類》卷一　高郵王念孫懷祖纂

重

《禮記·檀弓》：「與其鄰重汪踦往」。注：「重當爲童，未冠者之稱。」

童

《玉篇》：「羷，無角羊。」《詩·賓之初筵》五章：「俾出童羖。」箋：「使女出無角之羖羊。」與「羷」同。

童

《爾雅·釋畜》「犝牛」注：「無角牛。」《易·大畜·六四》「童牛之牿」釋文：「童牛，無角牛也。」與「犝」同。

蟲

《爾雅·釋訓》：「爞爞、炎炎，薰也。」注：「皆旱熱薰炙人。」《詩·雲漢》二章「蘊隆蟲蟲」傳：「蟲蟲而熱。」《爾雅》疏：「爞、蟲音義同。」

沖

《玉篇》：「种，稚也。」《書·盤庚》「肆予沖人」。正義：「沖是幼小之名。」《金縢》：「惟予沖人弗及知。」竝與「种」同。

鞠窮

《廣韻》：「芎藭，香草。」《左傳·宣十二年》：「有山鞠窮乎？」釋文：「鞠，起弓反。」「鞠窮」與「芎藭」同。

飌

《周禮·大宗伯》：「以槱燎祀司中、司命、飌師、雨師。」與「風」同。

豐

《説文》：「酆，周文王所都。」《詩·文王有聲》三章：「作豐伊匹。」正義：「文王作此豐邑，維與相匹。」與「酆」同。

豐

《玉篇》：「灃水出右扶風。」《詩·文王有聲》五章：「豐水東注。」與「灃」同。

葑

《方言》：「蘴蕘，蕪菁也。陳楚之郊謂之蘴。」《詩·谷風》首章：「采葑采菲。」釋文：「葑，《草木疏》云蕪菁也。」正義：「蘴與葑，字雖異，音實同。」《禮記·坊記》引《詩》「采葑采菲」，注：「陳宋之閒謂之葑。」正義引陸璣云：「又謂之蓯」。《爾雅·釋草》：「須葑，蓯。」竝與「蘴」同。

充

《玉篇》：「珫，珫耳也。」《詩·旄邱》四章：「褎如充耳。」《淇奥》二章：「充耳琇瑩。」

竝與「琉」同。

公　《詩·六月》三章：「以奏膚公。」正義以爲天子之大功也。與「功」同。

虹　《説文》：「訌，讃也。」《詩·抑》八章：「實虹小子。」傳：「虹，潰也。」《爾雅·釋言》亦作「虹」。竝與「訌」同。

緵　《玉篇》：「緵，縷也。」《詩·東門之枌》三章：「越以緵邁。」正義：「緵謂麻縷。」與「緵」同。

衝　《説文》：「轒，陷敶車也。」《詩·皇矣》七章：「與爾臨衝。」正義：「兵書有作臨車、衝車之法。」與「轒」同。

庸

《説文》：「墉，城垣也。」《詩·崧高》三章：「以作爾庸。」傳：「庸，城也。」《禮記·王制》：「附於諸侯曰附庸。」注：「小城曰附庸。」竝與「墉」同。

雍

《集韻》：「饔，熟食也。一曰割亨煎和之稱。」《禮記·雜記》：「祝宗人、宰夫、雍人。」正義：「雍人是廚宰之官。」《大戴禮·諸侯釁廟》篇亦作「雍」。竝與「饔」同。

雝

《爾雅·釋詁》：「關關、噰噰，音聲和也。」注：「皆鳥鳴相和。」《詩·匏有苦葉》三章：「雝雝鳴鴈。」傳：「雝雝，鴈聲和也。」《卷阿》九章：「雝雝喈喈。」竝與「噰」同。

重

《玉篇》：「先種後熟曰穜。」《詩·七月》七章：「黍稷重穋。」傳：「後熟曰重。」《周禮·内宰》：「而生穜稑之種。」釋文：「穜本或作重。」竝與「穜」同。

逢

《禮記·玉藻》：「縫齊倍要。」注：「縫或爲逢。」

從

《玉篇》：「縱，縱横也。」《詩·南山》三章：「衡從其畝。」與「縱」同。

蒙戎

《玉篇》：「尨茸，亂貌。」《詩·旄邱》三章：「狐裘蒙戎。」傳：「蒙戎以言亂也。」釋文：「徐讀作尨茸字。」

共

《説文》：「供，設也，一曰供給。」《周禮·小宰》：「令百官府共其財用。」釋文：「《禮》本供字皆作共。」《左傳·僖四年》：「王祭不共」。《孟子》：「共爲子職而已矣。」竝與「供」同。

杠

《玉篇》：「矼，石橋也。」《孟子》：「歲十一月徒杠成。」音義：「杠，石橋也。」《爾雅·釋宫》：「石杠謂之徛。」注：「聚石水中以爲步渡彴也。或曰今之石橋。」竝與「矼」同。

支

《廣韻》：「肢，肢體。」《易·坤·文言》：「而暢于四支。」與「肢」同。

多

《廣韻》：「衹，適也。」《左傳·襄二十九年》：「多見疏也。」正義：「多，服虔本作衹，解云適也。晉宋杜本皆作多，古人多、衹同音。」《論語》：「多見其不知量也。」注：「適足自見其不知量也。」竝與「祇」同。

蚍

《集韻》：「委蛇，委曲自得皃。」《詩・羔羊》首章「委蛇委蛇」，釋文作「委蚍」。與「蛇」同。

逶迤

《詩》「委蛇委蛇」釋文：「《韓詩》作逶迤。」

撝

《玉篇》：「麾，指麾也。」《易・謙・六四》「撝謙」注：「指撝皆謙。」釋文：「撝義與麾同。」

垂

《廣韻》：「陲，邊也。」《書・顧命》：「立于東垂。」正義：「垂，堂上之遠地。」《爾雅・

釋詁》：「疆、界、邊、衛、圉，垂也。」竝與「陲」同。

歈

《周禮》：「笙師掌教歈竽、笙、塤、籥、簫、篪、篴、管。」與「吹」同。

祇

《爾雅·釋詁》：「疷，病也。」《詩·何人斯》六章：「俾我祇也。」傳：「祇，病也。」與「疷」同。

罷

《説文》：「疲，勞也。」《周禮·大司寇》：「以圜土聚教罷民。」注：「聚罷民其中，困苦以教之爲善也。」釋文：「罷，音皮。」《禮記·少儀》：「師役曰罷。」注：「罷之言罷勞也。」竝與「疲」同。

褵

《集韻》：「褵，婦人之褘也。」《詩·東山》四章：「親結其縭。」傳：「縭，婦人之褘也。」《爾雅·釋器》：「婦人之褘謂之縭。」竝與「褵」同。

羈

《玉篇》：「羇，寄也。」《左傳·昭七年》：「單獻公棄親用羈。」集解：「羈，寄客也。」《十一年》：「羈不在内。」《十三年》：「爲羈終世。」並與「羇」同。

庳

《詩·正月》五章：「謂山蓋卑。」釋文：「卑本又作庳。」

辟

《爾雅·釋言》：「紕，飾也。」《禮記·玉藻》：「而素帶終辟。」注：「辟，謂以繒采飾其側。」釋文：「辟，婢支反，與紕同。」

施

《説文》：「倪，伺人也。」《詩·邱中有麻》首章：「將其來施施。」箋：「施施，舒行伺閒，獨來見己之貌。」與「倪」同。

戚施

《玉篇》：「䙗倪，面柔也。」《詩·新臺》三章：「得此戚施。」箋：「戚施，面柔。」《晉語》：「戚施不可使仰。」《爾雅·釋訓》：「戚施，面柔也。」竝與「䙗倪」同。

螭

《玉篇》：「魑，鬼也。」《左傳·文十八年》：「投諸四裔以禦螭魅。」《宣三年》：「螭魅罔兩。」《昭九年》：「先王居檮杌於四裔，以禦螭魅。」竝與「魑」同。

篪

《玉篇》：「箎，管有七孔也。」《禮記·月令》：「調竽笙、篪簧。」與「箎」同。

危

《廣韻》：「三峗，山名。」《書·舜典》：「竄三苗于三危。」《禹貢》：「三危既宅。」竝與「峗」同。

夷

《説文》：「痍，傷也。」《易·序卦傳》：「夷者，傷也。」《左傳·成十六年》：「子反命軍吏察夷傷。」竝與「痍」同。

夷

《爾雅·釋器》：「彝、卣、罍，器也。」注：「皆盛酒尊。」《禮記·明堂位》：「灌尊夏后氏以雞夷。」注：「夷讀爲彝。」與「彝」同。

夷

《爾雅·釋詁》：「彝，常也。」《孟子》引《詩》：「民之秉夷。」注：「夷，常也。」與「彝」同。

夸毗

《玉篇》：「舿毗，以體柔人也。」《詩·板》五章：「無爲夸毗。」傳：「夸毗，以體柔人也。」《爾雅·釋訓》：「夸毗，體柔也。」竝與「舿毗」同。

齎

《説文》：「資，貨也。」《周禮·外府》：「共其財用之幣齎。」注：「齎，行道之財用也。鄭司農云，今禮家定齎作資。玄謂齎、資同耳。其字以齊、次爲聲，從貝，變易。」《掌皮》：「則會其財齎。」《儀禮·聘禮》：「記問幾月之資。」注：「古文資作齎。」竝與「資」同。

齊

《爾雅·釋草》「粢稷」注：「今江東人呼粟爲粢。」《禮記·祭義》：「以爲醴酪齊盛。」與「粢」同。

齊

《説文》：「齎，緶也。」《儀禮·喪服傳》：「齊者何？緝也。」疏：「緝則今人謂之爲緶也。」《禮記·曲禮》「去齊尺」注：「齊謂裳下緝也。」《論語》「攝齊升堂」注：「孔曰衣下曰齊。」竝與「齋」同。

次且

《説文》：「趑趄，行不進也。」《易·夬·九四》：「其行次且。」正義：「次且，行不前進也。」與「趑趄」同。

茨

《説文》：「薺，蒺黎也。」《詩·牆有茨》首章傳：「茨，蒺藜也。」《楚茨》首章：「楚楚者茨。」《爾雅·釋草》：「茨，蒺藜。」竝與「薺」同。

終葵

《廣雅》：「柊楑，椎也。」《考工記》：「玉人終葵首。」注：「終葵，椎也。」與「柊楑」同。

綏

《釋名》：「緌，有虞氏之旌也。」注：「旄竿首，其形桑桑然也。」《詩·韓奕》二章：「淑旂綏章。」正義：「綏者，交龍旂竿所建。」《周禮》：「夏采以乘車建綏復于四郊。」注：「綏當作緌，以旄牛尾爲之，綴於橦上。」《禮記·王制》：「天子殺則下大綏。」《明堂位》：「夏后氏之綏。」《雜記》：「以其綏復。」竝與「緌」同。

綏

《集韻》：「綏，垂也。」《禮記·曲禮》「武車綏旌」注：「綏謂垂舒之也。」釋文：「耳佳反。」與「緌」同。

維

《玉篇》：「惟，辭也。」《詩·葛覃》首章：「維葉萋萋。」與「惟」同。凡《詩》中「惟」字皆作「維」。

唯

《左傳·隱十一年》：「唯我鄭國之有請謁焉。」與「惟」同。《左傳》「惟」字皆作「唯」。

惟

《玉篇》：「唯，獨也。」《書·舜典》：「惟刑之恤哉。」與「唯」同。《書》「唯」字皆作「惟」。

羸

《説文》：「纍，大索也。」《易·大壯·九三》「羸其角」釋文：「羸，馬云大索也。」《井·彖辭》「羸其瓶」，竝與「纍」同。

麋

《爾雅·釋水》：「水草交爲湄。」《詩·巧言》六章：「居河之麋。」傳：「水草交謂之麋。」《左傳·僖二十八年》：「余賜女孟諸之麋。」集解：「水草之交曰麋。」正義：「古字皆得通用，故此作麋耳。」

伾

《玉篇》：「坯，山再成也。」《書·禹貢》：「至于大伾。」傳：「山再成曰伾。」與「坯」同。

詒

《爾雅·釋言》：「貽，遺也。」《詩·雄雉》首章：「自詒伊阻。」傳：「詒，遺也。」《小明》三章：「自詒伊慼。」《左傳·昭六年》：「叔向使詒子産書。」集解：「詒，遺也。」竝與「貽」同。

璂

《説文》：「璟，弁飾，往往冒玉也。」《周禮·弁師》：「會五采玉璂。」注：「皮弁之縫中每貫結五采、玉十二以爲飾。」與「璟」同。

基

《玉篇》：「鎡錤，鉏也。」《孟子》「雖有鎡基」注：「鎡基，耒耜之屬。」與「錤」同。

辭

《説文》：「詞，意内而言外也。」《易·益·象傳》：「偏辭也。」與詞同。凡經文「詞」字多作「辭」。

辭

《説文》：「辤，不受也。」《禮記·曲禮》：「客固辭。」與「辤」同。凡經文「辤」字皆作「辭」。

氂

《廣韻》：「氂，十豪。」《禮記·經解》：「差若豪氂。」釋文：「氂本又作氂。」與「氂」同。

載

《爾雅·釋地》：「田一歲曰菑。」疏：「菑者，災也。」引孫炎云：「始災殺其草木也。」《詩·大田》首章：「俶載南畝。」箋：「俶讀爲熾，載讀爲菑栗之菑。」正義：「熾菑謂耜之熾而入地以菑殺其草。」《載芟》箋：「俶載當作熾菑。」竝與「菑」同。

紂

《説文》：「緇，帛黑色也。」《禮記·檀弓》「紂衣」釋文：「紂，側其反。」與「緇」同。

譆

《玉篇》：「熹，熱也。」《左傳·襄三十年》「譆譆出出」注：「譆譆，熱也。」與「熹」同。

懿

《玉篇》：「噫，痛傷之聲也。」《書·金(勝)〔縢〕》：「噫，公命我勿敢言。」釋文：「噫，馬本作懿。」《詩·瞻卬》三章：「懿厥哲婦。」箋：「懿，有所痛傷之聲也。」正義曰：「懿與噫字雖異音，義同。」

孳

《説文》：「孜，汲汲也。」《禮記·表記》：「俛焉日有孳孳。」《孟子》：「孳孳爲善者。」竝與「孜」同。

匪

《玉篇》：「騑騑，行不止也。」《禮記·少儀》「匪匪翼翼」注：「匪，讀如（四）〔駟〕牡騑騑。」與「騑」同。

肥

《集韻》：「所出同，所歸異，曰淝泉。」《詩·泉水》四章：「我思肥泉。」傳：「所出同，所歸異，爲肥泉。」《爾雅·釋水》：「歸異、出同流，肥。」竝與「淝」同。

伊威

《玉篇》：「蛜蝛，委黍也。」《詩·東山》二章：「伊威在室。」傳：「伊威，委黍也。」《爾雅·釋蟲》：「蛜威，委黍。」釋文：「蛜本今作伊。」竝與「蛜蝛」同。

圻

《說文》：「畿，天子千里地。」《書·酒誥》：「矧惟若疇圻父。」正義：「司馬主圻封，故云圻父。」《左傳·襄二十五年》：「且夫天子之地一圻。」竝與「畿」同。

祈

《詩序》：「《祈父》，刺宣王也。」箋：「祈、圻、畿同。」正義：「此職掌封畿兵甲，當作畿字，今作祈，故解之。古者祈、圻、畿同，字得通用，故此作祈，《尚書》作圻。」

祈

《廣韻》：「刉，以血塗門。」《周禮・肆師》：「及其祈珥。」注：「祈珥，釁禮之事。小子而掌珥于社稷，祈于五祀。」注：「珥讀爲衈，祈或爲刉。刉衈者，釁禮之事也。」並與「刉」同。

幾

《廣雅》：「譏，問也。」《周禮・司門》：「幾出入不物者。」疏：「以其特異於人，訶問所以也。司關則無關門之征，猶幾。」注：「猶幾謂猶苛察，不得令姦人出入。」並與「譏」同。

䰻

《玉篇》：「漁，捕魚也。」《周禮》「䰻人」，與「漁」同。

魚

《春秋·隱五年》："公矢魚于棠。"正義："謂使捕魚之人陳設取魚之備。"《左傳》："公將如棠觀魚者。"《公羊傳》："公曷爲遠而觀魚，登來之也。"《穀梁傳》："魚，卑者之事也。"竝與"漁"同。

荼

《考工記》："弓人斲，目必荼。"注："鄭司農云，荼讀爲舒，徐也。"與"舒"同。

荼

《廣雅》："瑹，笏也。"《禮記·玉藻》"諸侯荼"注："荼讀爲舒遲之舒。舒懦者所畏在前也。諸侯唯天子詘焉，是以謂笏爲荼。"與"瑹"同。

爰居

《玉篇》："鶢鶋，海鳥。"《左傳·文二年》："祀爰居。"《魯語》："海鳥曰爰居。"《爾雅·釋鳥》："爰居，雜縣。"竝與"鶢鶋"同。

扶渠

《爾雅·釋草》：「荷，芙蕖。」釋文作「芙渠」，又云「芙」本或作「扶」。

余

《周禮·委人》：「凡其余聚以待頒賜。」注：「余當爲餘。」

與

《玉篇》：「歟，語末辭。」《禮記·檀弓》：「大夫之簀與？」與、歟同。凡經文「歟」字皆作「與」。

睢

《説文》：「沮水出漢中房陵，東入江。」《左傳·哀六年》：「江漢睢漳。」正義引《土地名》「睢經襄陽，至南郡枝江縣入江。」與「沮」同。

疏

《玉篇》：「蔬，菜蔬也。」《周禮·太宰》：「聚斂疏材。」注：「疏材，百草根實可食者。」《委人》：「凡疏材、木材。」竝與「蔬」同。

邪

《詩·北風》首章：「其虚其邪。」箋：「邪讀如徐。」正義：「虚徐者，謙虚閑徐之義。」此作「其邪」，《爾雅》作「其徐」，字雖異，音實同。

豬

《玉篇》：「瀦，水所停也。」《書·禹貢》：「大野既豬。」釋文引馬云：「水所停止，深者曰豬。」《禮記·檀弓》：「洿其宫而豬焉。」正義：「謂掘洿其宫，使水聚積。」《左傳·襄二十五年》：「規偃豬。」集解：「偃豬，下溼之地，規度其受水多少。」竝與「瀦」同。

虚

《玉篇》：「墟，大丘也。」《詩·定之方中》二章：「升彼虚矣。」正義：「地有故虚可登。」《禮記·檀弓》「墟墓之閒」，釋文作「虛」。《左傳·僖二十八年》：「晉侯登有莘之虛以觀師。」《哀十七年》：「登此昆吾之虛。」竝與「墟」同。

茹

《玉篇》：「袽，所以塞舟漏也。」《易·既濟·六四》：「繻有衣袽。」注：「衣袽所以塞舟漏也。」釋文：「袽，子夏作茹。」與「袽」同。

虞

《説文》：「娱，樂也。」《詩序》：「欲其及時以禮自虞樂也。」《孟子》：「驩虞如也。」竝與「娱」同。

嵎

《説文》：「隅，陬也。」《孟子》：「虎負嵎。」注：「虎依陬而怒。」與「隅」同。

无

《易·乾·九三》：「无咎。」與「無」同。釋文：「《易》内皆作此字。」

亾

《論語》：「亾而爲有。」與「無」同。凡《論語》「無」字多作「亾」，同。

武

《禮記·禮器》：「詔侑武方。」注：「武當爲無。」

無

《説文》：「毋，止之也。」《書·皋陶謨》：「無教逸欲有邦。」與「毋」同。凡經文「毋」字多作「無」。

于

《廣韻》：「吁，歎也。」《詩·麟之趾》首章：「于嗟麟兮。」《騶虞》首章：「于嗟乎騶虞。」竝與「吁」同。

盱

《爾雅·釋詁》：「訏，大也。」釋文：「訏本又作盱。」《易·豫·六三》：「盱豫。」釋文引王肅云：「盱，大也。」竝與「訏」同。

芋

《詩·斯干》三章：「君子攸芋。」傳：「芋，大也。」釋文：「香于反。」與「訏」同。

句

《爾雅·釋器》：「絇謂之救。」疏：「絇，屨頭飾也。」《周禮·屨人》「青句」注：「句當爲絇。絇謂之拘，著舄屨之頭以爲行戒。」與「絇」同。

瞿

《廣韻》：「戵，戟屬。」《書·顧命》：「執瞿。」傳：「瞿，戟屬。」與「戵」同。

歐

《玉篇》：「驅，逐遣也。」《易·比·九五》：「王用三驅。」釋文：「驅，徐云，鄭作歐。」《周禮·方相氏》：「以索室歐疫。」竝與「驅」同。

鋪

《集韻》：「敷，陳也。」《詩·常武》四章：「鋪敦淮濆。」箋：「陳屯其兵於淮水大防之上。」釋文：「鋪，徐音孚。」《禮記·樂記》：「鋪筵席。」釋文：「鋪，普胡反，又音敷。」竝與「敷」同。

溥

《説文》：「尃，布也。」《禮記·祭義》：「溥之而横乎四海。」正義：「溥，布也。」與「尃」同。

桴

《爾雅·釋言》：「舫，泭也。」注：「水中簰筏。」《論語》：「乘桴浮于海。」注：「馬曰編竹木大者曰栰，小者曰桴。」正義：「泭、桴音義同。」

蒡

《爾雅·釋草》：「華，荂也。」《易·説卦傳》「爲蒡」釋文：「蒡，于云，華之通名。」與「荂」同。

膚

《玉篇》：「側手曰扶。」《公羊傳·僖三十一年》：「膚寸而合。」解詁：「側手爲膚。」與「扶」同。

不

《玉篇》：「柎，花萼足也。」《詩·常棣》首章：「鄂不韡韡。」箋：「不當作柎，鄂足也。」古聲「不」、「柎」同。

仇

《説文》：「𣂔，挹也。」《詩·賓之初筵》二章：「賓載手仇。」箋：「仇讀曰𣂔。」正義：「賓手自𣂔挹其酒。」與「𣂔」同。

沽

《説文》：「酤，買酒也。」《論語》：「沽酒。」釋文：「沽，買也。」與「酤」同。

僕姑

《玉篇》：「鏷鏻，矢名。」《左傳·莊十一年》：「公以金僕姑射南宫長萬。」集解：「金僕姑，矢名。」與「鏷鏻」同。

涂

《爾雅·釋宫》：「路，旅途也。」注：「途即道也。」《周禮·遂人》：「洫上有涂。」注：「涂容乘車一軌。」《量人》：「量其市朝州涂。」《司險》：「設國之五溝、五涂。」《考工記》：「匠人經涂九軌。」竝與「途」同。

塗

《易·繫辭下傳》：「天下同歸而殊塗。」與「途」同。凡經文「途」字多作「塗」。

塗

《説文》：「嵞，會稽山，一曰九江當嵞也，民以辛、壬、癸、甲之日嫁娶。」《書·益稷》：「娶于塗山。」《左傳·哀七年》：「禹合諸侯於塗山。」竝與「嵞」同。

帑

《玉篇》：「孥，子也。」《詩·常棣》八章：「樂爾妻帑。」傳：「帑，子也。」《禮記·中庸》注：「古者謂子孫曰帑。」《左傳·文六年》：「宣子使臾駢送其帑。」集解：「帑，妻子也。」《七年》：「荀伯盡送其帑。」《十三年》：「執其帑於晉。」竝與「孥」同。

於戲

《禮記·大學》引《詩》：「於戲，前王不忘。」正義：「於戲，猶嗚呼。」

於乎

《詩・抑》十章：「於乎，小子。」釋文：「於乎，上音烏，下音呼。凡此二字相連皆放此。」

廬

《説文》：「籚，積竹矛戟矜也。」《考工記》：「秦無廬。」注：「鄭司農云，廬謂矛戟柄竹欑柲。」與「籚」同。

蘇

《玉篇》：「穌，息也，死而更生也。」《禮記・樂記》：「蟄蟲昭蘇。」注：「更息曰蘇。」正義：「言蟄蟲埋藏近於死，今復得活，似更息也。」與「穌」同。

且

《爾雅・釋詁》：「徂，往也。」《詩・溱洧》首章：「士曰既且。」釋文：「且音徂，往也。」與「徂」同。

盧

《廣韻》：「玈，黑弓也。」《書・文侯之命》：「盧弓一。」傳：「盧，黑也。」與「玈」同。

圬

《爾雅・釋宮》：「鏝謂之杇。」釋文引李云：「泥鏝，一名杇，塗工之作具也。」《左傳・襄三十一年》：「圬人以時塓館宮室。」集解：「圬人，塗者。」《論語》「不可杇也」，釋文作「圬」。竝與「杇」同。

汙

《説文》：「洿，濁水不流也。」《詩・十月之交》五章：「田卒汙萊。」正義：「汙者，池停水之名。」《左傳・隱三年》：「潢汙，行潦之水。」正義引服虔云：「水不流謂之汙。」竝與「洿」同。

惡

《玉篇》：「於，歎辭也。」《孟子》：「惡，是何言也！」注：「惡者，不安事之歎辭也。」與

「於」同。

齊

《玉篇》：「臍，膍臍。」《左傳·莊六年》：「後君噬齊。」集解：「若齧腹齊。」與「臍」同。

黎

《說文》：「𨞄，殷諸侯國，在上黨東北。」《書·西伯戡黎》傳：「近王圻之諸侯，在上黨東北。」《詩序》：「黎侯寓于衞。」《左傳·宣十五年》：「棄伯章而奪黎氏地。」集解：「黎氏，黎侯國，上黨壺關縣有黎亭。」竝與「𨞄」同。

黎

《玉篇》：「黧，黑也。」《書·禹貢》：「厥土青黎。」傳：「色青黑而沃壤。」與「黧」同。

萋

《說文》：「緀，帛文皃。」《詩·巷伯》首章：「萋兮斐兮，成是貝錦。」傳：「萋斐，文章相錯也。」與「緀」同。

提

《爾雅・釋訓》：「媞媞，安也。」《詩・葛屨》二章：「好人提提。」傳：「提提，安諦也。」與「媞」同。

雞

《說文》：「筓，簪也。」《禮記・問喪》「雞斯」注：「雞斯當爲筓纚。」正義：「筓謂骨筓，纚謂縚髮之繒。」與「筓」同。

奚

《說文》：「媄，女隸也。」《周禮》「奚三百人」注：「古者從坐，男女没入縣官爲奴，其少才知以爲奚。」與「媄」同。

徯

《釋名》：「步所用道曰蹊。」《禮記·月令》：「塞徯徑。」與「蹊」同。

驂

《説文》：「緊，赤黑色繒。」《周禮·巾車》「驂總」注：「鄭司農云，驂總者，青黑色，以繒爲之。」與「緊」同。

兒

《爾雅·釋詁》：「黄髮齯齒，壽也。」釋文「齯」作「兒」。《詩·閟宫》七章「黄髮兒齒」箋：「兒齒，壽徵。」竝與「齯」同。

鞞

《説文》：「鼙，騎鼓也。」《禮記·月令》：「命樂師修鞀鞞鼓。」與「鼙」同。

隮

《廣韻》：「躋，升也。」《書·顧命》：「由賓階隮。」傳：「用西階升，不敢當主。」《詩·蝃蝀》二章：「朝隮于西。」傳：「隮，升也。」《周禮》：「眡祲，九曰隮。」注：「鄭司農云，隮者，升氣也。」竝與「躋」同。

齊

《禮記·樂記》：「地氣上齊。」注：「齊讀爲躋，升也。」與「躋」同。

圭

《說文》：「閨，特立之户，上圜下方，有似圭。」《禮記·儒行》：「蓽門圭窬。」注：「圭窬，門旁窬也，穿牆爲之如圭矣。」《左傳·襄十年》：「蓽門閨竇之人。」釋文：「閨本亦作圭。」竝與「閨」同。

柴

《說文》：「祡，燒柴燓燎以祭天神。」《書·舜典》：「至于岱宗柴。」傳：「燔柴祭天告至。」《禮記·郊特牲》:「先柴。」竝與「祡」同。

嘖 《玉篇》:「䫿,疾風也。」《詩·北風》二章:「北風其嘖。」傳:「嘖,疾貌。」與「䫿」同。

薶 《玉篇》:「埋,瘞也。」《爾雅·釋天》:「祭地曰瘞薶。」注:「既祭,薶藏之。」與「埋」同。

貍 《周禮·鼈人》「凡貍物」注:「鄭司農云,貍物,龜鼈之屬,自貍藏伏於泥中者。」釋文:「貍,莫皆反。」《大宗伯》:「以貍沈祭山林川澤。」疏:「山林無水故貍之,川澤有水故沈之。」竝與「埋」同。

齊

《説文》：「齋，戒潔也。」《易·繫辭上傳》：「聖人以此齊戒，以神明其德夫。」與「齋」同。凡經文「齋」字皆作「齊」。

隤

《玉篇》：「虺𩨁，馬病。」《詩·卷耳》二章：「我馬虺隤。」傳：「虺隤，病也。」與「𩨁」同。

穨

《爾雅·釋詁》：「虺穨，病也。」與「𩨁」同。

衰

《説文》：「縗，服衣。」《周禮·内司服》：「共喪衰。」與「縗」同。凡經文「縗」字多作「衰」。

追　《廣韻》：「鎚，治玉也。」《詩·棫樸》五章：「追琢其章。」箋：「追琢玉，使成文章。」《周禮·追師》注：「追，治玉石之名。」竝與「鎚」同。

敦　《詩·有客》：「敦琢其旅。」正義：「言選擇從者，如敦琢玉然。」與「鎚」同。

追　《廣韻》：「毋追，夏冠名。」《儀禮·士冠禮記》：「毋追，夏后氏之道也。」《禮記·郊特牲》亦作「追」，竝與「頧」同。

倍　《玉篇》：「培，益也。」《左傳·僖三十年》：「焉用亾鄭以倍鄰？」集解：「倍，益也。」釋文：「蒲回反。」與「培」同。

臺

〔《正義》〕引陸璣《疏》云「夫須」「可爲蓑笠」。《都人士》二章：「臺笠緇撮。」箋：「以臺皮爲笠。」《爾雅・釋草》：「臺，夫須。」竝與「薹」同。

臺

《玉篇》：「儓，輿儓也。」《左傳・昭七年》：「輿臣隸，隸臣僚，僚臣僕，僕臣臺。」正義引服虔云：「臺，給臺下者微名也。」《孟子》：「蓋自是臺無餽也。」注：「臺，賤官主使令者。」竝與「儓」同。

晐

《說文》：「垓，兼該八極地也。」《鄭語》：「故王者居九晐之田。」注：「九晐，九州之極數也。」《楚語》：「天子之田九晐，以食兆民。」竝與「垓」同。

財

《爾雅・釋言》：「裁，節也。」《易・泰・象傳》：「后以財成天地之道。」正義：「天地之道，君當財節成就。」與「裁」同。

財

《孟子》：「有達財者。」與「才」同。

材

《玉篇》：「哉，語助。」《論語》：「無所取材。」注：「鄭曰，無所取於桴材，一曰過我無所取哉。」古字「材」、「哉」同。

烖

《詩·召旻》六章：「不烖我躳。」《周禮·膳夫》：「天地有烖則不舉。」《禮記·中庸》：「烖及其身者也。」竝與「災」同。

菑

《詩·生民》二章：「無菑無害。」《禮記·祭法》：「能禦大菑則祀之。」《孟子》：「安其危而利其菑。」竝與「災」同。

台

《爾雅·釋詁》：「鮐背，壽也。」疏引舍人曰：「鮐背，老人氣衰，皮膚消瘠，背若鮐魚也。」《詩·行葦》八章：「黄耇台背。」箋：「台之言鮐也。」與「鮐」同。

絪緼

《玉篇》：「氤氲，元氣。」《易·繫辭下傳》：「天地絪緼。」正義：「二氣絪緼，共相和會。」與「氤氲」同。

陻

《廣雅》：「堙，塞也。」《書·洪範》：「鯀陻洪水。」傳：「陻，塞也。」與「堙」同。

信

《易·繫辭上傳》：「引而伸之。」釋文：「伸本又作信。」《下傳》：「來者信也。」釋文：

「信音申。」引韋昭《漢書音義》云：「古伸字。」《詩·擊鼓》五章：「不我信兮。」釋文：「信，毛音申。」即古「伸」字也。《左傳·隱六年》：「則善者信矣。」竝與「伸」同。

信

《周禮·大宗伯》：「侯執信圭，伯執躬圭。」注：「信當爲身。身圭、躬圭，蓋皆象以人形爲瑑飾，欲其慎行，以保身。」《大行人》：「執信圭七寸。」《考工記·玉人》：「謂之信圭。」竝與「身」同。

頻

《玉篇》：「濱，涯也。」《詩·召旻》六章：「不云自頻。」傳：「頻，厓也。」箋：「頻當作濱。」正義：「《箋》以水厓之濱，其字不應作頻，故破之也。《傳》作頻者，蓋以古多假借，或通用故也。」與「濱」同。

麐

《玉篇》：「麟，麒麟也。」《爾雅·釋獸》：「麐，麕身，牛尾，一角。」釋文：「麐，牝麒也。」與「麟」同。

鄰

《玉篇》：「轔，衆車聲。」《詩·車鄰》首章：「有車鄰鄰。」傳：「鄰鄰，衆車聲也。」與「轔」同。

麢

《説文》：「麇，麞也。」《詩·野有死麢》首章正義引《續人》注云：「齊人謂麢爲獐。」《禮記·内則》：「麢脯。」《爾雅·釋獸》：「麢，牡麌，牝麜。」竝與「麇」同。

玟

《説文》：「珉，石之美者。」《禮記·玉藻》：「士佩瓀玟。」正義：「瓀玟，石次玉者。」「玟」與「珉」同。

寅

《説文》：「夤，敬惕也。」《書・堯典》：「寅賓出日。」傳：「寅，敬也。」《舜典》：「夙夜惟寅。」《皋陶謨》：「同寅協恭和衷哉。」《爾雅・釋詁》：「寅，敬也。」竝與「夤」同。

肫

《廣韻》：「諄，誠懇貌也。」《禮記・中庸》：「肫肫其仁。」注：「肫肫，懇誠貌也。」與「諄」同。

純

《禮記》：「肫肫其仁。」注：「肫肫或爲純純。」與「肫」同。

洵

《方言》：「恂，信也，宋衞汝潁之間曰恂。」《詩・静女》三章：「洵美且異。」箋：「洵，信也。」《叔于田》首章：「洵美且仁。」《有女同車》首章：「洵美且都。」《溱洧》首章：「洵訏且樂。」竝與「恂」同。

遵

《廣韻》：「僎，《鄉飲禮》僎者。」《儀禮·鄉飲酒禮》：「遵者降席。」注：「遵者謂此鄉之人仕至大夫者也，今來助主人樂賓，主人所榮而遵法者也。」《鄉射禮》：「大夫若有遵者。」並與「僎」同。

旬

《説文》：「均，平徧也。」《易·豐·初九》：「雖旬无咎。」注：「旬，均也。初四俱陽爻，故曰均也。」釋文：「旬，荀作均。」《周禮·均人》：「則公旬用三日焉。」注：「旬，均也，讀如畇畇原隰之畇。」釋文：「畇音均。」疏：「旬，均也者，《王制》既云用民歲不過三日，明不得爲旬十日解之，故破從均也。注又云《易·坤》爲均，今書亦有作旬者。」《禮記·内則》：「由命士以上及大夫之子旬而見。」注：「旬當爲均。」正義：「謂大夫命士，適妾生子，皆以未食之前均齊見。」並與「均」同。

鈞

《詩·行葦》五章：「四鍭既鈞。」正義：「謂輕重鈞停。」《左傳·襄二十六年》：「若多鼓鈞聲以夜軍之。」集解：「鈞同其聲。」《昭二十六年》：「年鈞以德，德鈞以卜。」竝與「均」同。

均

《玉篇》：「袀，戎服也。」《左傳・僖五年》：「均服振振。」集解：「戎事上下同服。」與「袀」同。

員

《集韻》：「云，語辭也。」《詩・出其東門》首章：「聊樂我員。」正義：「員、云古今字，助句辭也。」與「云」同。

墳

《集韻》：「賁，大也。」《周禮・司烜氏》：「共墳燭庭燎。」注：「墳，大也。」《左傳・昭十二年》：「是能讀三墳五典八索九丘。」正義引《尚書序》云：「伏犧、神農、黄帝之書謂之三墳，言大道也。」竝與「賁」同。

墳

《説文》：「濆，水厓也。」《詩・汝墳》首章：「遵彼汝墳。」傳：「墳，大防也。」正義：「謂汝水之側厓岸大防也。」《周禮・大司徒》：「辨其山林、川澤、丘陵、墳衍、原隰之名物。」注：「水崖曰墳。」《爾雅・釋地》：「墳莫大於河墳。」《釋丘》：「墳，大防。」竝與「濆」同。

賁

《爾雅・釋樂》：「大鼓謂之鼖。」《詩・靈臺》四章：「賁鼓維鏞。」傳：「賁，大鼓也。」正義：「賁，大也，故謂大鼓爲賁鼓。」《周禮・大司馬》：「諸侯執賁鼓。」《考工記・韗人》「謂之鼖鼓」，釋文作「賁鼓」。竝與「鼖」同。

匪

《周禮・稟人》：「以待國之匪頒賙賜稍食。」注：「匪讀爲分。」

餴

《爾雅·釋言》：「饙、餾，稔也。」注：「今呼餈飯爲饙，饙熟爲餾。」《詩·泂酌》首章：「可以餴饎。」傳：「餴，餾也。」正義：「蒸米謂之餴，餴必餾而熟久，故言餴餾。」《爾雅疏》：「饙、餴音義同。」

纁

《爾雅·釋器》：「三染謂之纁。」注：「纁，絳也。」《周禮·染人》：「夏纁玄。」注：「故書纁作纁。鄭司農云：纁讀當爲纁，謂絳也。」與「纁」同。

殷

《説文》：「慇，痛也。」《詩·北門》首章：「憂心殷殷。」箋：「心爲之憂殷殷然。」《爾雅·釋訓》：「殷殷，憂也。」疏引《毛傳》云：「慇慇然痛也。」竝與「慇」同。

沂

《廣韻》：「齗，大篪。」《爾雅·釋樂》：「大篪謂之沂。」釋文：「沂，郭魚斤反。」與

「蚚」同。

蠑螈

《説文》：「榮蚖，蛇醫。」《爾雅·釋魚》：「蠑螈，蜥蜴。」釋文引《方言》云：「南楚謂之蛇醫，或謂之蠑螈。」與「榮蚖」同。

遼

《爾雅·釋地》：「廣平曰原。」《周禮·大司徒》：「辨其山林、川澤、丘陵、墳衍、原隰之名物。」釋文：「原本又作遼。」《遼師》注：「遼，地之廣平者。」竝與「原」同。

原

《玉篇》：「源，水本也。」《禮記·學記》「或源也」，釋文作原。《左傳·昭九年》：「木水之有本原。」竝與「源」同。

原　《玉篇》：「⿸厂⿱泉䖵，晚蠶也。」《周禮》：「馬質禁原蠶者。」與「⿸厂⿱泉䖵」同。

蝯　《玉篇》：「猨似獼猴而大。」《爾雅·釋獸》：「猱蝯善援。」與「猨」同。

蕃　《玉篇》：「繁，多也。」《易·晉·彖辭》：「用錫馬蕃庶。」釋文：「蕃，多也。」與「繁」同。

燔　《玉篇》：「膰，膰胙也。」《詩·楚茨》三章：「或燔或炙。」箋：「燔，燔肉也。」《鳧鷖》五章：「燔炙芬芬。」《周禮·量人》：「制其從獻脯燔之數量。」《儀禮·特牲饋食禮》：「兄弟長以燔從。」《左傳·襄二十二年》：「與執燔焉。」《公羊傳·定十四年》：「熟曰燔。」《孟子》：「燔肉不至。」竝與「膰」同。

拚

《玉篇》：「翻，飛也。」《詩·小毖》：「拚飛維鳥。」釋文：「拚，芳煩反。」與「翻」同。

煖

《廣韻》：「暄，温也。」《禮記·樂記》：「煖之以日月。」釋文：「煖，徐許袁反。」與「暄」同。

諼

《廣韻》：「萱，忘憂草。」《詩·伯兮》四章：「焉得諼草。」傳：「諼草令人忘憂。」與「萱」同。

壎

《廣韻》：「塤，樂器也。」《詩·何人斯》七章：「伯氏吹壎。」正義：「《周禮·小師職》作塤，古今字異耳。」《板》六章：「如壎如篪。」《爾雅·釋樂》：「大塤謂之嘂。」釋文：「塤本或作壎。」竝與「塤」同。

言 《玉篇》:「管,管長一尺四寸。」《爾雅·釋樂》:「大簫謂之言。」注:「編二十三管,長尺四寸。」與「管」同。

卵 《爾雅·釋魚》:「鯤,魚子。」注:「凡魚之子總名鯤。」《禮記·内則》「卵醬」注:「卵讀爲鯤,魚子。」與「鯤」同。

鶤 《玉篇》:「鶤似雞而大。」《爾雅·釋畜》:「雞三尺爲鶤。」與「鶤」同。

穈 《爾雅·釋草》:「虋,赤苗。」《詩·生民》六章:「維穈維芑。」傳:「穈,赤苗也。」《爾雅疏》:「虋與穈音義同。」

尊

《玉篇》：「樽，酒器也。」《詩・閟宫》三章：「犧尊將將。」與「樽」同。凡經文「樽」字多作「尊」。

昏

《爾雅・釋親》：「婦之父爲婚。」《詩・谷風》二章：「宴爾新昏。」與「婚」同。凡經文「婚」字多作「昏」。

單

《玉篇》：「殫，盡也。」《書・洛誥》：「乃單文祖德。」傳：「乃盡文祖之德。」《詩・天保》首章：「俾爾單厚。」箋：「單，盡也，天使女盡厚天下之民。」《禮記・郊特牲》：「單出里。」正義：「單，盡也，合里之家盡出，故云單出里也。」《祭義》：「歲既單矣。」注：「歲單謂三月月盡之後也。」《晉語》：「若外單善而内辱之。」注：「單，盡也。」竝與「殫」同。

殘

《廣韻》：「戔戔，束帛貌。」《易・賁・六五》：「束帛戔戔。」釋文：「戔戔，《子夏傳》作殘殘。」與「戔」同。

刊

《廣韻》：「栞，槎木也。」《書・益稷》：「隨山刊木。」傳：「刊，槎其木。」《左傳・襄二十五年》：「井堙木刊。」竝與「栞」同。

專

《説文》：「團，圜也。」《周禮・大司徒》：「其民專而長。」注：「專，圜也。」釋文：「徒丸反。」與「團」同。

敦

《詩・東山》三章：「有敦瓜苦。」傳：「敦猶專專也。」釋文：「徒丸反。」與「團」同。

鶨

《廣韻》：「鶩，鳶之别名。」《詩·四月》七章：「匪鶨匪鳶。」釋文：「鶨，徒丸反。」與「鶩」同。

鑾

《説文》：「鑾，人君乘車四馬鑣八鑾鈴，象鸞鳥聲和則敬也。」《詩·駟驖》三章：「輶車鸞鑣。」《蓼蕭》四章：「和鸞雝雝。」《采芑》二章：「八鸞瑲瑲。」《周禮·大馭》：「儀以鸞和爲節。」《禮記·玉藻》：「在車則聞鸞和之聲。」《少儀》：「鸞和之儀。」《大戴禮·保傅》篇：「行中鸞和。」《左傳·桓二年》：「鍚鸞和鈴。」竝與「鑾」同。

驩

《説文》：「歡，喜樂也。」《左傳·昭四年》：「寡人願結驩于二三君。」《孟子》：「驩虞如也。」竝與「歡」同。

弁

《爾雅·釋詁》:「般,樂也。」《詩·小弁》首章:「弁彼鸒斯。」傳:「弁,樂也。」釋文:「步干反。」與「般」同。

盤

《書·無逸》:「文王不敢盤于遊田。」與「般」同。

墁

《爾雅·釋宫》:「鏝謂之杇。」注:「泥鏝。」釋文:「鏝,本又作墁。」《孟子》:「毀瓦畫墁。」竝與「鏝」同。

瘝

《玉篇》:「瘵,病也。」《書·康誥》:「恫瘝乃身。」傳:「瘝,病也。」《召誥》:「厥終智藏瘝在。」傳:「賢智隱藏,瘝病者在位。」竝與「瘵」同。

關

《説文》：「彎，持弓關矢也。」《左傳·昭二十一年》：「豹則關矣。」注：「關，引弓。」釋文：「關，烏還反。」《孟子》：「越人關弓而射之。」竝與「彎」同。

環

《廣韻》：「圜，圜圍。」《周禮·環人》注：「環猶圍也。」《考工記·匠人》：「環涂七軌。」注：「杜子春云，謂環城之道。」《禮記·雜記》：「小斂環絰。」正義：「環是周迴纏繞之名。」《儒行》：「環堵之室。」《左傳·文元年》：「且掌環列之尹。」《襄六年》：「環城。」《孟子》：「環而攻之而不勝。」竝與「圜」同。

賁

《廣韻》：「斑，文也。」《易·賁·彖辭》釋文引傅氏云：「賁，古斑字，文章貌。」與「斑」同。

嚞

《周禮·鄉師》："而賙萬民之嚞阸。"釋文："嚞、古艱字。"《遺人》："以恤民之嚞阸。"竝與"艱"同。

《羣經字類》卷二 高郵王念孫懷祖纂

肩

《説文》："豜，三歲豕肩相及者。"《詩·還》首章："竝驅從兩肩兮。"傳："獸三歲曰肩。"與"豜"同。

甸

《廣韻》："畋，取禽獸也。"《周禮·小宗伯》："若大甸。"注："甸讀曰田。"疏："大甸者，天子四時田獵也。"《肆師》"凡師甸"疏："甸謂四時田獵。"《司幾筵》"甸役"。竝與"畋"同。

田

《易·師·六五》：「田有禽。」與「畋」同。凡經文「畋」字多作「田」。

佃

《易·繫辭下傳》：「以佃以漁。」釋文：「佃音田。引馬云，取獸曰佃。」與「畋」同。

顛

《説文》：「闐，盛皃。」《禮記·玉藻》：「盛氣顛實。」注：「顛讀爲闐盛，身中之氣使之闐滿其息也。」與「闐」同。

顛

《玉篇》：「驒，馬白額。」《詩·車鄰》首章：「有馬白顛。」正義引舍人曰：「額有白毛。」《爾雅·釋畜》：「駒顙白顛。」竝與「驒」同。

淵　《説文》：「鼘，鼓聲也。」《詩·采芑》三章：「伐鼓淵淵。」傳：「淵淵，鼓聲也。」《那》：「鞉鼓淵淵。」竝與「鼘」同。

咽　《詩·有駜》首章：「鼓咽咽。」釋文：「咽，烏元反。」與「鼘」同。

僊　《廣韻》：「躚，舞皃。」《詩·賓之初筵》三章：「屢舞僊僊。」正義：「僊僊，舞貌也。」與「躚」同。

鱻　《玉篇》：「鮮，生也。」《周禮·庖人》：「凡其死生鱻薨之物。」注：「鄭司農云，鱻謂生肉。」釋文：「悉然反。」與「鮮」同。

延

《玉篇》：「綖，冕前後垂。」《周禮·弁師》「延紐」疏引《漢禮器制度》：「以五采繅繩貫五采玉，垂於延前後，謂之邃延。」《禮記·玉藻》：「前後邃延。」注：「言皆出冕前後而垂也。」竝與「綖」同。

飦

《説文》：「饘，糜也。」《孟子》：「飦粥之食。」注：「飦，糜粥也。」與「饘」同。

旜

《爾雅·釋文》：「因章曰旃。」注：「以帛練爲旒，因其文章，不復畫之。」《周禮·司常》：「通帛爲旜。」與「旃」同。

旋

《廣韻》：「還，還返。」《易·履·上九》：「其旋元吉。」正義：「旋謂旋反也。」與「還」同。凡經文「還」字多作「旋」。

員

《孟子》：「不能成方員。」與「圓」同。

僁

《禮記·緇衣》引《詩》：「不僁于儀。」注：「僁，過也。」與「愆」同。

圈

《玉篇》：「棬，屈木盂也。」《禮記·玉藻》：「母没而杯圈不能（食）〔飲〕焉。」注：「圈，屈木所爲。」與「棬」同。

箾

《左傳·襄二十九年》：「見舞《韶箾》者。」釋文：「箾音簫。」正義：「箾即簫也。《尚書》曰『《簫韶》九成』，此云《韶箾》，即彼《簫韶》是也。」蓋《韶》樂兼簫爲名，簫字或上或下耳。

簫

《玉篇》：「弓弭頭謂之𢐑。」《禮記·曲禮》：「凡遺人弓者，右手執簫。」注：「簫，弭頭也。」與「𢐑」同。

窕

《廣韻》：「佻，輕佻。」《左傳·成十六年》：「楚師輕窕。」與「佻」同。

雕

《説文》：「琱，治玉也。」《孟子》：「必使玉人雕琢之。」與「琱」同。

敦

《詩·有客》：「敦琢其旅。」釋文：「敦，都回反。徐又音雕。」正義：「言選擇從者如敦琢玉然。」與「琱」同。

雕

《廣韻》：「雕，雕刻。」《禮記·王制》：「雕題、交趾。」注：「雕題謂刻其肌，以丹青涅之。」與「雕」同。

雕

《説文》：「凋，半傷也。」《論語》：「然後知松柏之後雕也。」與「凋」同。

綃

《集韻》：「綃，綺屬。」《詩·揚之水》二章：「素衣朱綃。」箋：「綃當爲綃。」正義：「綃是繒綺別名。」《禮記·郊特牲》：「綃黼丹朱中衣。」注：「綃讀爲綃，繒名也。」竝與「綃」同。

宵

《儀禮·士昏禮》：「姆纚笄宵衣。」注：「宵讀爲《詩》『素衣朱綃』之綃。《魯詩》以綃爲綺屬也。」與「綃」同。

消摇

《禮記·檀弓》：「消摇於門。」正義：「消摇，放蕩以自寬縱。」與「逍遥」同。

猲驕

《爾雅·釋畜》：「短喙，猲獢。」《詩·駟驖》三章：「載獫猲驕。」傳：「猲驕，田犬也。短喙曰猲驕。」與「猲獢」同。

蕉萃

《玉篇》：「憔，憔悴。」《左傳·成九年》：「無棄蕉萃。」釋文：「蕉，在遥反，蕉萃。」與「憔悴」同。

驕

《集韻》：「穚，莠草長茂皃。」《詩·甫田》首章：「維莠驕驕。」與「穚」同。

驕

《玉篇》：「憍，逸也。」《易·乾·文言》：「是故居上位而不驕。」與「憍」同。凡經文「憍」字皆作「驕」。

喬

《禮記·樂記》：「齊音敖辟喬志。」正義：「言齊音敖狠辟越，所以使人意志驕逸也。」《表記》：「喬而野。」竝與「憍」同。

茮

《爾雅·釋木》：「椒榝，醜荥。」釋文：「椒作茮。」

繇

《玉篇》：「䌛，茂也。」《書·禹貢》：「厥草惟繇。」傳：「繇，茂也。」與「䌛」同。

揄

《説文》：「揄，翟羽飾衣。」《周禮·内司服》「揄狄」注：「鄭司農云，揄狄，畫羽飾。」釋文：「揄音遥。」《禮記·玉藻》：「夫人揄狄。」注：「揄讀如揺。翟，雉名也，刻繒而畫之，著於衣以爲飾。」《雜記》：「夫人税衣揄狄。」竝與「榆」同。

磬

《説文》：「韶，虞舜樂也。」《周禮·大司樂》「大磬」注：「大磬，舜樂也。」釋文：「上昭反。」與「韶」同。

招

《孟子》：「蓋《徵招》、《角招》是也。」正義：「徵以爲事，角以爲民，皆以招名之者，亦舜作歌，以康庶事，鼓琴歌《南風》，以阜民財之意也。」與「韶」同。

炤

《禮記·中庸》引《詩》：「亦孔之昭。」釋文：「昭，本又作炤。」

猋

《説文》：「飆，扶搖風也。」《禮記·月令》：「猋風暴雨總至。」《爾雅·釋天》：「扶搖謂之猋。」竝與「飆」同。

要

《玉篇》：「邀，遮也。」《左傳·襄三年》：「吴人要而擊之。」《公羊傳·僖三十三年》：「然而晉人與姜戎要之殽而擊之。」《孟子》：「使數人要於路。」竝與「邀」同。

夭

《説文》：「枖，木少盛皃。」《詩·桃夭》首章：「桃之夭夭。」傳：「夭夭，其少壯也。」《凱風》首章：「棘心夭夭。」竝與「枖」同。

殽

《玉篇》：「肴，俎實。」《詩·園有桃》首章：「其實之殽。」與「肴」同。凡經文「肴」字多作「殽」。

殽

《玉篇》：「崤，晉要塞也。」《春秋・僖三十三年》：「晉人及姜戎敗秦師于殽。」與「崤」同。

苞

《玉篇》：「包，裹也。」《詩・野有死麕》首章：「白茅包之。」釋文作「苞」。《儀禮・既夕》「苞二」注：「所以裹奠羊豕之肉。」《禮記・曲禮》：「凡以弓劒苞苴簞笥問人者。」注：「苞苴，裹魚肉。」《少儀》亦作「苞苴」。竝與「包」同。

包

《爾雅・釋木》：「樸，枹者。」疏：「木叢生之名。」《書・禹貢》：「草木漸包。」傳：「包，叢生。」與「枹」同。

摽

《玉篇》：「抛，擲也。」《公羊傳・莊十三年》：「曹子摽劒而去之。」釋文：「摽，普交反。」疏：「摽劒而置于地。」與「拋」同。

磽

《廣韻》：「墝埆，瘠土。」《孟子》：「則地有肥磽。」與「墝」同。

勦

《玉篇》：「𧦝，代人説也。」《禮記・曲禮》：「母勦説。」注：「勦謂取人之説以爲己説。」釋文：「初交反。」與「𧦝」同。

包

《説文》：「庖，廚也。」《易・姤・九二》：「包有魚。」正義：「以不正之陰處遇之，始不能逆於所近，故捨《九四》之正，應樂充《九二》之庖廚也。」與「庖」同。

皋

《説文》：「號，呼也。」《周禮・樂師》「皋舞」疏：「謂號呼國子，當舞者使舞。」《太祝》：「令皋舞。」注：「皋讀爲卒嘷呼之嘷，謂呼之入。」竝與「號」同。

皋

《説文》：「鼜，大鼓也。」《考工記・韗人》：「爲皋鼓。」與「鼜」同。

滔

《玉篇》：「慆，慢也。」《詩・蕩》二章：「天降滔德。」傳：「滔，慢也。」《左傳・昭二十六年》：「官不滔。」集解：「滔，慢也。」竝與「慆」同。

慆

《爾雅・釋詁》：「謟，疑也。」《左傳・昭二十六年》：「天道不謟。」集解：「謟，疑也。」釋文：「謟，本又作慆。」《二十七年》：「天命不慆久矣。」集解：「慆，疑也。」竝與「謟」同。

絛

《説文》：「絛，編緒也。」《周禮・巾車》：「絛纓五就。」注：「絛讀爲絛，其樊及纓以絛絲飾之。」與「絛」同。

刀　《玉篇》：「舠，小船。」《詩・河廣》二章：「曾不容刀。」箋：「小船曰刀。」與「舠」同。

鞉　《玉篇》：「鼗，似鼓而小。」《詩・有瞽》：「鞉磬柷圉。」傳：「鞉，小鼓也。」與「鼗」同。

獶　《廣韻》：「猱，猴也。」《禮記・樂記》：「及優侏儒獶雜子女。」注：「獶，獮猴也。言舞者如獮猴戲，亂男女之尊卑也。」《爾雅・釋獸》：「蒙頌，猱狀。」釋文：「猱，本或作獶。」竝與「猱」同。

獻　《廣韻》：「抄，摩抄。」《周禮・司尊彝》：「鬱齊獻酌。」注：「獻讀爲摩莎之莎。煮鬱和秬鬯以醆酒，摩莎泲之，出其香汁也。」《禮記・郊特牲》：「汁獻涚于醆酒。」注：「獻讀當爲莎。」竝與「抄」同。

他

《廣韻》：「佗，非我也。」《易・比・初六》：「終來有他吉。」與「佗」同。凡經文「佗」字多作「他」。

它

《易》：「終來有他吉。」《詩・鶴鳴》首章「他山之石」，釋文竝作「它」。

難

《廣韻》：「儺，驅疫。」《周禮・占夢》：「遂令始難歐疫。」《方相氏》：「帥百隸而時難，以索室歐疫。」《禮記・月令》：「命國難。」竝與「儺」同。

摩 《廣韻》：「磨，磨礪。」《左傳·昭十二年》：「摩厲以須。」與「磨」同。

吪 《爾雅·釋言》：「訛，化也。」《詩·破斧》二章：「四國是吪。」傳：「吪，化也。」與「訛」同。

蠃 《玉篇》：「螺，蜯類。」《易·説卦傳》：「爲蠃爲蚌。」《周禮·鼈人》：「共蠯蠃蚳。」《醢人》：「葵菹蠃醢。」《爾雅·釋魚》：「蚹蠃螔蝓。」竝與「螺」同。

蝸 《禮記·内則》「蝸醢」釋文：「蝸，力戈反。」與「螺」同。

和

《玉篇》：「鉌，鈴也。」《詩・蓼蕭》四章：「和鸞雝雝。」正義：「和，鈴也。載見和鈴央央。」《周禮・大馭》：「儀以鸞和爲節。」《禮記・經解》：「升車則有鸞和之音。」《左傳・桓二年》：「鍚鸞和鈴。」竝與「鉌」同。

華

《易・大過・九五》：「枯楊生華。」與「花」同。凡經文「花」字皆作「華」。

瑕

《玉篇》：「遐，遠也。」《詩・泉水》三章：「不瑕有害。」傳：「瑕，遠也。」《思齊》四章：「烈假不瑕。」釋文：「瑕，遠也。」竝與「遐」同。

沙

《玉篇》：「紗，紗縠也。」《周禮・内司服》「素沙」注：「今之白縛也。今世有沙縠者，名出于此。」與「紗」同。

邪

《玉篇》：「衺，姦思也。」《易・乾・文言》：「閑邪存其誠。」與「衺」同。凡經文「衺」字多作「邪」。

汙

《説文》：「窊，污邪，下也。」《禮記・禮運》：「汙尊而抔飲。」釋文：「汙，烏華反。」正義：「汙尊謂鑿地汙下而盛酒。」《孟子》：「汙不至阿其所好。」注：「汙，下也。」竝與「窊」同。

颺

《書・益稷》：「皋陶拜手稽首，颺言曰。」正義：「揚聲大言。」《左傳・昭二十八年》：「今子少不颺。」集解：「顏貌不揚顯。」竝與「揚」同。

涼

《廣韻》：「飈，北風也。」《詩・北風》首章：「北風其涼。」與「飈」同。

薌

《禮記·曲禮》：「黍曰薌合。」正義：「黍既軟而相合，氣息又香，故曰薌合也。」《内則》：「春宜羔豚膳膏薌。」竝與「香」同。

坊

《禮記·郊特牲》：「祭坊與水庸。」正義：「坊者，所以畜水，亦以障水。」《經解》：「猶坊止水之所自來也。」正義：「坊謂堤坊。」《坊記》正義引鄭《目録》云：「名曰坊記者，以其記六藝之義，所以坊人之失者也。」竝與「防」同。

昌

《玉篇》：「菖，菖蒲也。」《周禮·醢人》「昌本」注：「昌本，昌蒲根。」《儀禮·公食大夫禮》亦作「昌」。《左傳·僖三十年》：「有昌歜、白黑形鹽。」集解：「昌歜，昌蒲葅。」竝與「菖」同。

疆

《說文》：「畺，界也。」《易·坤·彖傳》：「德合无疆。」與「畺」同。凡經文「畺」字多作「疆」。

肅爽

《廣韻》：「驌驦，良馬。」《左傳·定三年》：「有兩肅爽馬。」集解：「肅爽，駿馬名。」與「驌驦」同。

將

《玉篇》：「鏘鏘，聲也。」《詩·有女同車》二章：「佩玉將將。」釋文：「將將，玉佩聲。」《庭燎》首章：「鸞聲將將。」《執競》：「磬筦將將。」竝與「鏘」同。

瑲

《詩·采芑》二章：「八鸞瑲瑲。」與「鏘」同。

鎗

《詩》：「八鸞瑲瑲。」釋文：「瑲，本亦作鎗。」

鶬

《詩·烈祖》：「八鸞鶬鶬。」與「鏘」同。

匡

《廣韻》：「筐，筐籠。」《詩·楚茨》四章：「既匡既勑。」箋：「天子使宰夫受之以筐。」與「筐」同。

匡

《説文》：「恇，怯也。」《禮記·禮器》：「衆不匡懼。」正義：「天下之衆不恐懼也。」與「恇」同。

彊

《廣韻》："强，健也。"《易·乾·象傳》："君子以自彊不息。"與"强"同。凡經文"强"字多作"彊"。

倉

《詩·黍離》首章："悠悠蒼天。"釋文："蒼，本亦作倉。"《禮記·月令》："駕倉龍。"正義："倉，青也。"竝與"蒼"同。

康

《集韻》："甗瓠，陶器。"《爾雅·釋器》："康瓠謂之甈。"與"甗"同。

荒

《玉篇》："㡆，幪也。"《禮記·喪大記》"黼荒"注："荒，蒙也。在旁曰帷，在上曰荒。"與"㡆"同。

餘皇

《玉篇》：「艅艎，船名。」《左傳·昭十七年》：「獲其乘舟餘皇。」集解：「餘皇，舟名。」與「艅艎」同。

皇

《玉篇》：「遑，暇也。」《書·無逸》：「無皇曰，今日耽樂。」傳：「無敢自暇。」《左傳·昭三十二年》：「不皇啟處。」竝與「遑」同。

洸

《廣韻》：「僙僙，武皃。」《詩·江漢》二章：「武夫洸洸。」《爾雅·釋訓》：「洸洸，武也。」竝與「僙」同。

杭

《玉篇》：「航，船也。」《詩·河廣》首章：「誰謂河廣，一葦杭之。」與「航」同。

將

《爾雅·釋畜》：「羊牡，羒；牝，牂。」《禮記·内則》：「取豚若將。」注：「將當爲牂，牝羊也。」與「牂」同。

倉庚

《玉篇》：「鶬，鶬鶊鳥。」《詩·東山》四章：「倉庚于飛。」《禮記·月令》：「倉庚鳴。」《爾雅·釋鳥》：「倉庚，商庚。」竝與「鶬鶊」同。

庚

《廣韻》：「更，償也。」《禮記·檀弓》：「請庚之。」注：「庚，償也。」與「更」同。

蝱

《爾雅·釋草》：「莔，貝母。」《詩·載馳》四章：「言采其蝱。」傳：「蝱，貝母也。」與「莔」同。

衡

《廣韻》："横，縱横也。"《詩·南山》三章："衡從其畝。"正義："衡，古横字也。"《衡門》首章："衡門之下。"傳："衡木爲門。"釋文引沈云："此古文横字。"《考工記·玉人》："衡四寸。"注："衡，古文横，假借字也。"竝與"横"同。

喤

《爾雅·釋訓》："鍠鍠，樂也。"注："鐘鼓音。"《詩·執競》："鐘鼓喤喤。"《有瞽》："喤喤厥聲。"竝與"鍠"同。

彭

《説文》："騯，馬盛也。"《詩·出車》三章："出車彭彭。"傳："彭彭，四馬貌。"《大明》八章："駟騵彭彭。"正義："馬彭彭然强盛。"《駉》首章："以車彭彭。"傳："彭彭，有力有容也。"竝與"騯"同。

甿

《説文》：「氓，民也。」《周禮・遂人》：「以下劑致甿。」注：「變民言甿，異外内也。」與「氓」同。

桯

《説文》：「楹，柱也。」《考工記・輪人》：「桯圍倍之。」注：「鄭司農云，桯讀如丹桓宫楹之楹。」疏：「柱之類也。」與「楹」同。

偵

《禮記・緇衣》引《易》：「恒其德偵。」與「貞」同。

經

《廣韻》：「赬，赤色。」《儀禮・士喪禮》「經裏」注：「經，赤也。」釋文：「丑貞反。」與「赬」同。

窺

《左傳·哀十七年》：「如魚窺尾。」集解：「窺，赤色。」與「赬」同。

征

《玉篇》：「䳒，鵅鶹也。」《禮記·月令》：「征鳥厲疾。」注：「征鳥，題肩也。」與「䳒」同。

頃

《廣韻》：「傾，敧也。」《詩·卷耳》首章：「不盈頃筐。」釋文引《韓詩》云：「頃筐，敧筐也。」與「傾」同。

刑

《玉篇》：「鉶，羹器也。」《周禮·內饔》：「凡掌共羞、脩刑、膴胖、骨鱐。」注：「刑，鉶羹也。」與「鉶」同。

葶

《玉篇》：「渟，水止也。」《考工記·匠人》：「凡行葶水。」注：「鄭司農云，葶讀爲停，謂行停水。」與「渟」同。

馦

《説文》：「馨，香之遠聞者。」《禮記·郊特牲》：「然後焫蕭合馦薌。」注：「馦當爲馨。」正義：「馨香謂黍稷。」《祭義》：「燔燎馦薌。」注：「馦當爲馨。」竝與「馨」同。

蛉

《説文》：「螟蠕，桑蟲也。」《詩·小宛》三章：「螟蛉有子。」傳：「螟蛉，桑蟲也。」《爾雅·釋蟲》：「螟蛉，桑蟲。」竝與「蠕」同。

脊令

《爾雅·釋鳥》：「鶺鴒，雝渠。」《詩·常棣》三章：「脊令在原。」傳：「脊令，雝渠也。」《小宛》四章：「題彼脊令。」竝與「鶺鴒」同。

泠

《玉篇》：「毪，毛長也。」《周禮·内饔》：「羊泠毛而毳。」注：「泠毛，毛長總結也。」《禮記·内則》亦作「泠」。竝與「毪」同。

苹

《釋名》：「輧車，輧，屏也，四面屏蔽也。」《周禮·車僕》：「苹車之萃。」注：「苹猶屏也，所用對敵自蔽隱之車也。」杜子春云：「苹車當爲輧車。」與「輧」同。

蓱

《説文》：「苹，苹也，水艸也。」《爾雅·釋草》：「苹，蓱。」釋文：「蓱音瓶」。與「萍」同。

熒

《玉篇》：「螢，夜飛腹下有光，腐草所化。」《禮記·月令》：「腐草爲螢。」釋文：「螢，本又作熒。」《爾雅·釋蟲》：「熒火即炤。」竝與「螢」同。

蒸 《爾雅·釋詁》：「烝，衆也。」《孟子》引《詩》：「天生蒸民。」與「烝」同。

承 《廣韻》：「烝，佐也。」《左傳·哀十八年》：「請承。」集解：「承，佐。」與「丞」同。

徵 《玉篇》：「懲，止也。」《易·損·象傳》「君子以懲忿窒欲」，釋文作「徵」。與「懲」同。

陵 《説文》：「夌，越也。」《禮記·學記》：「不陵節而施之謂孫。」正義：「陵猶越也。」《樂記》：「迭相陵。」正義：「陵，越也。」竝與「夌」同。

馮 《玉篇》：「憑，託也。」《詩·卷阿》五章：「有馮有翼。」傳：「道可馮依，以爲輔翼也。」

與「憑」同。凡經文「憑」字多作「馮」。

馮

《説文》：「淜，無舟渡河也。」《易·泰·九二》「用馮河」正義：「馮河，無舟渡水，馮陵于河。」《詩·小旻》六章：「不敢馮河。」《爾雅·釋訓》：「馮河，徒涉也。」竝與「淜」同。

冰

《説文》：「掤，所以覆矢也。」《左傳·昭十三年》：「奉壺飲冰。」集解：「冰箭筩蓋。」《二十五年》：「執冰而踞。」正義：「《詩》毛傳云，掤，所以覆矢。掤、冰字雖異，音義同，是一器也。」《二十七年》：「豈其伐人而説甲執冰以游？」竝與「掤」同。

繩

《玉篇》：「譝，譽也。」《左傳·莊十四年》：「繩息嬀以語楚子。」集解：「繩，譽也。」與「譝」同。

繩

《爾雅·釋訓》：「憴憴，戒也。」釋文作「繩繩」。《詩·螽斯》二章：「繩繩兮。」傳：「繩繩，戒慎也。」《抑》六章：「子孫繩繩。」箋：「繩繩，戒也。」《爾雅疏》：「繩、憴音義同。」

升

《廣韻》：「昇，日上。」《詩·天保》六章：「如日之升。」與「昇」同。

升

《爾雅·釋詁》：「騭、假、格、陟、躋、登，陞也。」《易·同人·九三》：「升其高陵。」與「陞」同。凡經文「陞」字多作「升」。

贈

《說文》：「繒，帛也。」《禮記·禮運》「瘞繒」注：「幣帛曰繒。」「繒」或作「贈」，與「繒」同。

繒

《説文》：「鄫，姒姓國，在東海。」《春秋·僖十四年》：「季姬及鄫子遇于防。」釋文：「鄫，本或作繒。」《穀梁傳》作「繒」。《周語》：「杞繒由太姒。」注：「杞、繒二國姒姓。」竝與「鄫」同。

升

《爾雅·釋詁》：「登，成也。」《儀禮·喪服傳》：「冠六升。」注：「布八十縷爲升。升字當爲登，成也。」與「登」同。

曾

《孟子》：「曾益其所不能。」音義：「曾，張云與增同。」

耐

《禮記·禮運》：「故聖人耐以天下爲一家。」注：「耐，古能字。」正義：「古者犯罪，髡其鬢謂之耐罪，以不虧形體，猶堪其事，故謂之耐。古之能字爲此耐字，取堪能之義也。」

《樂記》：「故人不耐無樂。」注：「耐，古書能字也。」竝與「能」同。

郵

《玉篇》：「尤，過也。」《詩・賓之初筵》四章：「不知其郵。」箋：「郵，過也。」《禮記・王制》：「郵罰麗於事。」注：「郵，過也，過人、罰人當各附於其事。」竝與「尤」同。

訧

《詩・緑衣》三章：「俾無訧兮。」傳：「訧，過也。」與「尤」同。

優

《説文》：「瀀，澤多也。」《詩・信南山》二章：「既優既渥。」與「瀀」同。

汓

《公羊傳・成五年》：「壅河三日不汓。」釋文：「汓音流。」與「流」同。

游

《玉篇》：「旒，旌旗垂者。」《左傳·桓二年》：「鞶厲游纓。」集解：「游，旌旗之游。」釋文音「留」。與「旒」同。

緧

《玉篇》：「鞦，車鞦也。」《考工記·輈人》：「必緧其牛後。」釋文：「緧音秋。」疏引《方言》：「車紂，自關而東，韓、鄭、汝、潁而東謂之爲緧。」與「鞦」同。

鰌

《考工記》：「必緧其牛後。」注：「故書緧作鰌。」釋文音「秋」。與「鞦」同。

由

《孟子》：「王由足用爲善。」與「猶」同。

浮游　《爾雅·釋蟲》：「蜉蝣，渠略。」《大戴禮·夏小正》篇：「浮游有殷。」傳：「浮游者，渠略也。」與「蜉蝣」同。

揄　《廣韻》：「抌，抒臼。」《詩·生民》七章：「或舂或揄。」傳：「揄，抒臼也。」與「抌」同。

愁　《爾雅·釋詁》：「揫，聚也。」注：「斂也。」《禮記·鄉飲酒義》：「秋之爲言愁也。」注：「愁讀爲揫斂也。」與「揫」同。

脩　《玉篇》：「修，治也。」《易·復·象傳》：「以脩身也。」與「修」同。凡經文「修」字多作「脩」。

周

《玉篇》：「賙，給也。」《詩·雲漢》七章：「靡人不周。」箋：「周當作賙。王以諸臣困於食，人人賙給之。」《禮記·月令》：「周天下。」注：「周謂給不足也。」《孟子》：「君之於氓也，固周之。」竝與「賙」同。

夫不

《爾雅·釋鳥》：「隹其，鳺鴀。」釋文：「鳺本亦作夫，甫于反。鴀本亦作夫，方浮反。夫不與鳺鴀同。」

獀

《爾雅·釋天》：「春獵爲蒐。」《禮記·祭義》：「而弟達乎獀狩矣。」注：「春獵爲獀。」《公羊傳·桓四年》：「秋曰蒐。」釋文：「本又作獀。」竝與「蒐」同。

鱐

《説文》：「牗，乾魚尾牗牗也。」《周禮·庖人》：「夏行腒鱐。」注：「鄭司農云，鱐，乾魚。」《禮記·内則》亦作「鱐」。《篡文》：「膴鮑魚鱐。」注：「鱐者，析乾之。」竝與「驌」同。

綢

《説文》：「稠，多也。」《詩·都人士》二章：「綢直如髮。」傳：「密直如髮也。」與「稠」同。

璆

《廣韻》：「球，美玉。」《書·禹貢》：「厥貢璆鐵銀鏤砮磬。」傳：「璆，玉名。」《爾雅·釋器》：「璆琳，玉也。」《釋地》：「有崑崙虚之璆琳琅玕焉。」竝與「球」同。

浮

《爾雅·釋訓》：「烰烰，烝也。」《詩·生民》七章：「烝之浮浮。」正義：「《釋訓》烰烰與此不同，古今字耳。」

桴

《説文》：「枹，擊鼓杖也。」《禮記·禮運》：「蕢桴而土鼓。」正義引皇氏云：「桴謂擊鼓之物。」《明堂位》：「土鼓蕢桴。」《左傳·成二年》：「右援枹而鼓。」釋文作「桴」。竝與「枹」同。

牟

《説文》：「來，麰麥也。」《詩·思文》：「貽我來牟。」傳：「牟，麥也。」與「麰」同。

漏

《爾雅·釋蟲》：「螌，天螻。」注：「螻蛄也。」《禮記·内則》：「馬黑脊而般臂，漏。」注：「漏當爲螻，如螻蛄臭也。」與「螻」同。

區

《説文》：「鉤，曲也。」《禮記·樂記》：「區萌達。」注：「屈生曰區。」正義：「謂鉤曲而生出。」與「鉤」同。

捄

《説文》：「觓，角皃。」《詩·良耜》：「有捄其角。」箋：「捄，角貌。」與「觓」同。

朻

《説文》：「下句曰樛。」《詩序》：「樛木，后妃逮下也。」釋文：「樛，馬融、《韓詩》本竝作朻。」《爾雅·釋木》：「下句曰朻。」竝與「樛」同。

箴

《廣韻》：「針，針線。」《禮記·内則》：「紉箴請補綴。」與「針」同。

任

《爾雅·釋詁》：「壬，佞也。」《書·舜典》：「而難任人。」傳：「任，佞也。」釋文音「壬」。與「壬」同。

湴

《說文》：「蒞蒲，蒻之類也。」《周禮·醢人》「湴蒲」注：「鄭司農云，湴蒲，蒲蒻，入水湴，故曰湴蒲。」與「蒞」同。

淫

《玉篇》：「霪，久雨也。」《左傳·莊十一年》：「天作淫雨。」《爾雅·釋天》：「久雨謂之淫。」竝與「霪」同。

陰

《説文》：「霒，雲覆日也。」《詩·終風》四章：「曀曀其陰。」《谷風》首章：「以陰以雨。」《爾雅·釋天》：「陰而風爲曀。」竝與「霒」同。

三

《玉篇》：「叄，相叄也。」《考工記·弓人》：「量其力有三均。」注：「有三讀爲又叄。」與「叄」同。

函

《廣雅》：「鏂，鎧也。」《考工記》：「燕無函。」注：「鄭司農云，函，鎧也。」《孟子》：「矢人豈不仁於函人哉？」竝與「鏂」同。

撢

《説文》：「揬，遠取之也。」《周禮·撢人》釋文：「撢與揬同」。

湛

《玉篇》：「耽，樂也。」《詩·鹿鳴》三章：「和樂且湛。」《賓之初筵》二章：「子孫其湛。」竝與「耽」同。

參

《考工記·輪人》：「參分其牙圍而漆其二。」與「三」同。

纖

《玉篇》：「綅，黑經白緯也。」《禮記·閒傳》「禫而纖。」注：「黑經白緯曰纖。」與「綅」同。

裧

《玉篇》：「幨，帷也。」《儀禮·士昏禮》「有裧」注：「裧，車裳幃。」《禮記·雜記》：「其輤有裧。」正義：「謂輤之四旁有物裧垂。」竝與「幨」同。

襜

《廣韻》：「褟褟，衣動皃。」《論語》：「衣前後襜如也。」與「褟」同。

溓

《説文》：「黏，相著也。」《考工記·輪人》：「則雖有深泥亦弗之溓也。」注：「鄭司農云，溓讀爲黏，謂泥不黏著輻也。」與「黏」同。

沾　《廣韻》：「覘，窺視也。」《禮記・檀弓》：「我喪也斯沾。」注：「沾讀曰覘，視也。」與「覘」同。

佔　《禮記・學記》：「呻其佔畢。」注：「佔，視也。」與「覘」同。

奄　《爾雅・釋詁》：「淹，久也。」《詩・臣工》：「奄觀銍艾。」箋：「奄，久也。」釋文：「鄭音淹。」與「淹」同。

湛　《廣韻》：「漸，漬也。」《禮記・月令》：「湛熾必絜。」注：「湛，漬也。」釋文：「子廉反。」與「漸」同。

瀸

《公羊傳·莊十七年》："齊人瀸于遂。瀸者何？瀸，漬也。"疏引《曲禮》鄭注云："謂相瀸汙而死也。"與"漸"同。

厭

《爾雅·釋訓》："懕懕，安也。"《詩·小戎》三章："厭厭良人。"傳："厭厭，安静也。"《湛露》首章："厭厭夜飲。"傳："厭厭，安也。"竝與懕同。

咸

《集韻》："凾，匵也。"《周禮·伊耆氏》："共其杖咸。"注："咸讀爲凾"。與"凾"同。

咸

《説文》："緘，束篋也。"《禮記·喪大記》："大夫士以咸。"注："咸讀爲緘。今齊人謂棺束爲緘繩。"與"緘"同。

摻

《説文》：「攕，好手皃。」《詩·葛屨》首章：「摻摻女手。」與「攕」同。

漸

《玉篇》：「巉巖，高危。」《詩·漸漸之石》首章傳：「漸漸，山石高峻」。釋文：「士銜反。」與「巉」同。

【説明】

此系未完稿，僅列平聲字。依例推論，全稿當有五卷，上平聲、下平聲、上聲、去聲、入聲各一卷。稿依《廣韻》上下平聲韻目順序排列群經通用之字，引傳注、字書、韻書，證明某字與某字通用或假借。今存二卷中收單字、聯綿字四百六十個，按五卷推算，全稿當有千餘字條，群經常見通用字大致包羅在内。

稿存《嘉草軒叢書》，羅振玉輯。

另《販書偶記》卷三有《群經讀爲讀若音義》。孫氏云：「不著撰人姓名，底稿本。《毛詩箋》、《周禮注》、《儀禮注》、《禮記注》。此高郵王氏藏物，著作人不出王氏父子之手，唯未竟之作爲憾。」

《爾雅》分韻 四册，手稿

一册

東冬江

支脂之微

魚虞模

齊佳皆灰咍

真臻文欣

元魂痕

寒桓删山

覃談鹽咸銜嚴凡

二册

董腫

講

先仙

蕭宵

肴豪

歌戈

麻

陽唐庚

耕清青蒸登

尤侯幽

隱

阮混很

旱緩

潸産

紙旨止尾
語麌姥
薺蟹駭
賄海
軫準吻
梗耿
靜迥
拯
等
有厚黝
寑感敢琰忝儼豏檻范
三册
送宋用絳
寘至志未
沁勘闞豔㮇釅陷鑑梵

銑獮
篠小巧
晧
哿果馬
養蕩
御遇暮
霽祭泰卦怪夬隊代廢
震稕問焮
願慁恨翰換諫襇霰線
嘯笑效號
箇過禡
漾宕
映諍勁徑證嶝
宥候幼
職德

四册　　　緝
屋沃燭覺　合盍
質術櫛　　叶帖
物迄　　　洽狎
月没曷末　業乏
黠鎋屑薛
藥鐸陌麥
昔錫

《爾雅·釋詁》展、諶、允、慎、亶。誠也。
鞠、訩、溢，盈也。
功、績、質、登、平、明、考、就，成也。
挋、拭、刷，清也。

《爾雅·釋言》肅、噰，聲也。
漠、察，清也。

偲，聲也。

輶，輕也。

濟，成也。

《爾雅·釋訓》目上爲名。

【説明】手稿藏北京大學，是《高郵王石臞先生手稿四種》之二。其末《爾雅》諸條加圓圈的解釋語，在手稿中用紅筆書寫。此據筆者手抄謄正。

《方言》《廣雅》《小爾雅》分韻 一卷，手稿

深

釋詁一 梅、赧、怍、㥏、䩉、眍、瞢、㥷、恧、怩、慼、恣、恧，慙也。

釋詁二 槾、搏、㑰、忨、懆、饕、飻、㔾、嗇、歁、欿、欲、婪、利、遴、茹、嗜、耆、惨、餽，貪也。

釋詁三

攍、孩、何、䐡，擔也。

釋言

叄，三也。

方言六

挈

方言七

儋

方言十

貪

方言十三

貪

小爾雅·釋言

擔　㦻

爾雅·釋言

龕

【説明】

手稿藏北京大學，是《高郵王石臞先生手稿四種》之三。稿中加圓圈的解釋語，用紅筆書寫。此據筆者手抄謄正。

《格致叢書》本《方言》王念孫批校

《方言》序

「庶以燕石之瑜，補琬琰之瑕，俾後之瞻涉者，可以廣寤多聞爾。」

王氏改「瞻」爲「贍」。

劉歆與揚雄書

「欲得其最目。」

王氏「得」上增「頗」字。

揚雄答劉歆書

「詁籀爲病。」

王氏改「詁」爲「詰」。

「今舉者懷報而低眉。」

王氏改「報」爲「赧」。

「猶見輶軒之使所奉言。」

王氏改「奉」爲「奏」。

「齎素油四尺。」

王氏改「素油」爲「油素」。

輶軒使者絶代語釋別國方言第一

「虔、儇，慧也」條。

「自關而東，趙、魏之間謂之黠，或謂之鬼」，郭注：「言鬼眎也。」王氏改「眎」爲「眿」。

「烈、枿，餘也」條。

「秦、晉之間曰隸」，「隸」下郭注：「音謚。《傳》曰：『夏疑是屏。』」王氏改「疑」爲「肄」。

「台、胎、陶、鞠，養也」條。

「晉、衛、燕、魏曰台」，王氏批注：「《爾雅疏》引此『魏』作『趙』。」

「憮、俺、憐、牟，愛也」條。

「宋、魯之間曰牟，或曰憐」，王氏「或曰憐」上增「秦」字。

「咺、唏、灼、怛，痛也」條。

「齊、宋之間謂之喑，或謂之惄」，「惄」下郭注：「奴歷切。」王氏改「切」爲「反」。

「悼、惄、悴、慭，傷也」條。

「自關而東，汝潁陳楚之間通語也」，王氏批注：「丁小山云：『「自關而東，汝潁陳楚之間語也」上當有「傷」字。』」

「鬱、悠、懷、惄、惟、慮、願、念、靖、慎，思也」條。

「晉宋衛魯之間謂之鬱悠」，王氏批注：「『衛魯』，《説郛》本作『魯衛』。」

「敦、豐、厖、夰、憮、般、嘏、奕、戎、京、奘、將，大也」條。

「東齊海岱之間曰夰，或曰憮」，王氏並改二「憮」字爲「幠」。

「而舊書雅記故俗語，不失其方」，郭注：「雅，小雅也。」王氏改「小」爲「尒」。

「嫁、逝、徂、適，往也」條。

「自家而出謂之嫁，由女而出爲嫁也」，王氏批校：「念孫按：『由女而出爲嫁』，『由』、『猶』古字通，言自家而出謂之嫁，亦猶女出爲嫁耳。女出爲嫁，文義甚明，若云『女而出爲嫁』，即不成語。然《爾雅疏》引此已有『而』字，蓋後人不知『由』即『猶』字，而以『由女出』三字連讀，以爲『由女而出』正與『自家而出』文義相同，故妄增『而』字，而邢疏遂仍其誤。觀《爾雅注》引此原無『而』字可證。」

「虔、劉、慘、㨆，殺也」條。

「南楚江湘之間謂之欺」，郭注：「言欺㨆難猒也。」王氏並改二「欺」字爲「欺」。

「亟、憐、憮、㤿，愛也」條。

「東齊海岱之間曰亟」，郭注：「詐欺也。」王氏批校：「念孫按：『亟』字原注『詐欺也』，『也』字乃妄人所加。至『詐欺』二字則不誤。蓋『亟』又音欺，『詐欺』二字非釋其義，乃釋其音，猶言『音詐欺之欺』耳。前『㡣』字注云『鴟鵂』，『般』字注云『般桓』，正與此同。考《集韻·七之》有『亟』字，音丘其切，是其證。今以『詐欺也』爲『欺革反』之訛，非是。」

「脩、駿、融、繹、尋、延，長也」條。

「《周官》之法，度廣爲尋」，王氏批注：「『度』謂絹帛横廣。『廣』本或作『度』。」〔一〕

「延，永長也」，王氏改「永」爲「年」。

「碩、沈、巨、濯、訏、敦、夏、于，大也」條。

「齊宋之郊、楚魏之際曰夥」，王氏批注：「『齊宋之郊』，『郊』，宋慶元本作『間』。」

「周鄭之間謂之暇」，王氏改「暇」爲「蝦」。

「于，通詞也」，王氏改「詞」爲「語」。

「牴、㑁，會也」條。

王氏改「牴」爲「抵」。

「牴」下郭注：「觸牴也。」王氏删「也」字。

「墳，地大也」條。

「青幽之間凡土而高且大者謂之墳。」郭注：「即大陵也。」王氏改「陵」爲「防」。又批校：「念孫按：『墳』字注『即大陵也』，『陵』字本作『防』，俗儒改之耳。《爾雅・釋丘》：『墳，大防也。』是其證。俗儒不知『大防』所本，又以此文云『凡土而高且大者謂之墳』，遂以『大陵』當之，不知『陵』與『墳』高卑懸絶。且『大陵』謂之『阿』，不謂之『墳』也。」

「踏、蹈、䠙，跳也」條。

郭注：「古榻字，他匣反。」王氏改「榻」爲「蹋」。

「餥、飵，食也」條。

「陳楚之内相謁而食麥饘謂之餥」，王氏批注：「『内』，《説郛》本作『間』。」

《輶軒使者絶代語釋别國方言》第二

「朦、厖，豐也」條。

「豐」下王氏增「大」字。

「《燕記》曰：『豐人杼首。』」王氏「《燕記》曰」上增「故」字。

「燕趙之間言圍大謂之豐」，郭注：「謂度圍物也。」王氏改爲「圍謂度物圍也」。

「娃、嫷、窕、豔，美也」條。

「娃」下郭注：「烏佳反。」王氏改「佳」爲「佳」。

「窕」上王氏增「娥窈」二字。

「宋衛晉鄭之間曰豔」，王氏改「豔」爲「豔」。

「故吴有館娃之宫，榛娥之臺」，王氏「榛娥」上增「秦有」二字。

「奕、偞，容也」條。

郭注：「奕、偞皆輕麗之貌，偞音葉。」王氏「奕」下增「奕」，「偞」上增「偞」。

「顥、鑠、盱、揚、賭，雙也」條。

王氏改「賭」爲「賭」，改「隻」爲「雙」。

「燕代朝鮮洌水之間曰盱，或謂之揚」，郭注：「此本論隻耦。」王氏改「隻」爲「雙」。

「傀、渾、膞、膿、僇、泡，盛也」條。

「梁益之間，凡人言盛及其所愛曰瑋」，王氏乙轉「人言」二字。

「其肥胑謂之膿」，王氏改「胑」爲「晠」。

「私、策、纖、葆、稺、杪，小也」條。

王氏改「策」爲「莿」。

又批注：「《説郛》本『莿』字在『杪』字之下。」

「小或曰纖」，王氏删「小」字。

「江淮陳楚之内謂之篾」，郭注：「篾，小貌也。」王氏改二「篾」字爲「蔑」。

「燕之北鄙朝鮮洌水之間謂之策」，王氏改「策」爲「莿」。〔二〕

「青齊兖冀之間謂之葼」，郭注：「音鬆。」王氏「音鬆」上增「如馬駿也」四字。

「故《傳》曰：『慈母之怒子也，雖折葼笞之，其惠存焉。』」王氏「焉」下增「耳」字。

「臺敵，延也」條。

王氏改「延」爲「匹」。

「東齊海岱之間曰臺」，王氏批注：「『曰臺』，《説郛》本作『謂之臺』。」

「自關而西，秦晉之間物力同者謂之臺敵」，王氏「物」上增「凡」字。

「抱嬔，耦也」條。

王氏改「嬔」爲「嬎」。

「荆吴江湘之間曰抱嬔，宋潁之間或曰嬔」，王氏並改「嬔」爲「嬎」。郭注：「耦亦迮，牙見其義耳。音赴。」王氏改「迮」爲「匹」，改「牙」爲「互」。

「儀、佫，來也」條。

「齊魯之間或謂佫曰懷」，王氏「佫」上增「之」字，「曰」上增「或」字。

「逞、苦、了，快也」條。

「苦而爲快者，猶以臭爲香，治爲亂，但爲存」，王氏改「但」爲「徂」。

「挴、㥾、被，愧也」條。

王氏批注：「《爾雅疏》引此作『挴、㥾、被，慙也』。」

「叨、惏，殘也」條。

「惏」下郭注：「洛舍反。」王氏改「舍」爲「含」。

「憑、齘、苛，怒也」條。

王氏改「齘」爲「齘」。

「楚曰憑」，郭注：「憑，恚盛貌。」王氏改二「憑」字爲「馮」。

「小怒曰齘」，郭注：「言噤齘也。」王氏改二「齘」爲「齘」。

「撊、梗、爽，猛也」條。

王氏改「梗」爲「挭」。

「鋠、摫，裁也」條。

王氏改「摫」爲「摫」。

「恒慨、蔘綏、羞繹、紛母，言既廣又大也」條。

「蔘」下郭注：「索舍反。」王氏改「舍」爲「含」。

《輶軒使者絶代語釋别國方言》第三

「陳楚之間，凡人、嘼乳而雙産謂之釐孳」條。

王氏批注：「《説郛》本『雙産』下有『者』字。」

「自關而東，趙魏之間謂之孿生」，王氏改「孿」爲「孌」。又批注：「《説郛》本『孌』所患反。」

「東齊之間聟謂之倩」條。

郭注：「言可借倩也，今俗呼女聟爲卒便是也。」王氏並改二「聟」字爲「壻」。

「燕齊之間養馬者謂之娠」條。

王氏批注：「《玉篇》引此作『侲』。」

「臧、甬、侮、獲，奴婢賤稱也」條。

「齊之北鄙，燕之北郊，凡民男而聟婢謂之臧」，王氏「郊」上增「南」字，改「聟」爲「壻」。

「蘓、芥，草也」條。

「南楚江湘之間謂之芥」，王氏改「芥」爲「莽」。

「蘴、蕘，蕪菁也」條。

「蘴」下郭注：「舊音峰。今江東音嵩，字作菘也。」王氏批注：「《玉篇》引此注云：『江東曰菘。』《詩·谷風》釋文引此注云：『今菘菜也。』」

「葰、芡，雞頭也」條。

王氏改「葰」爲「䓈」。

「北燕謂之葰」，郭注：「今江東亦呼葰耳。」王氏並改二「葰」字爲「䓈」。

「凡草木刺人」條。

「北燕朝鮮之間謂之策」，郭注：「《爾雅》曰：策，刺也。」王氏改二「策」爲「茦」。

「凡飲藥傅藥而毒」條。

「南楚之外謂之瘌」，郭注：「乖瘌。」王氏改「瘌」爲「刺」。

「逞、曉、恔、苦，快也」條。

郭注：「快即狡，狡戲亦快事也。」王氏改上「快」爲「恔」。

「膠、譎、謬，詐也」條。

「詐，通詐也。」王氏改下「詐」爲「語」。

「揠、擢、拂、戎，拔也」條〔三〕。

「自關而西或曰拔，或曰擢」，王氏「或曰擢」上增「西晉」二字。

「朹，仇也」條。

王氏改「朹」爲「执」。

「諄，罪也」條。

王氏改「諄」爲「譚」。

「苙，圂也」條。

郭注：「謂蘭圂也，音立。」王氏改「蘭」爲「闌」。

「廋，隱也」條。

郭注：「謂隱匿也，音搜索也。」王氏删下「也」字。

「褸裂、須捷、挾斯，敗也」條。

「或謂之褸裂」，郭注：「裂，衣壞貌。」王氏於郭注「裂」上增「褸」字。

「故《左傳》曰：『華路褸襤以啟山林。』」王氏「左」下增「氏」字。

「差、間、知，愈也」條。

「南楚病愈者謂之差，或謂之間」，郭注：「言有間隟也。」王氏改「隟」爲「隙」。

《輶軒使者絶代語釋别國方言》第四

「襌衣」條。

「江淮南楚之間謂之褋」，郭注：「《楚辭》曰：『遺余褋兮澧浦。』音簡褋。」王氏改郭注下「褋」字爲「牒」。

「襜褕」條。

「其短者謂之短褕」，王氏改下「短」字爲「裋」。

「汗襦」條。

「自關而東謂之甲襦」，王氏改「甲」爲「卑」。

「陳魏宋楚之間謂之襜襦」，王氏改「襦」爲「裿」。

「蔽厀」條。

「江淮之間謂之褘」，王氏改爲「江淮南楚之間謂之褘」。

「魏宋南楚之間謂之大巾」，王氏改「南」爲「陳」。

「襦」條。

「西南屬漢謂之曲領」，王氏改「屬」爲「蜀」。郭注：「字亦作褕。」王氏改「褕」爲「䙱」。〔四〕

「袴」條。

「齊魯之間謂之襱」，郭注：「《傳》曰：徵蹇與襦。」王氏改郭注「蹇」爲「褰」。

「䘯謂之袩」條。

郭注：「子苕、丁俠兩反，未詳其義。」王氏改「子」爲「千」〔五〕。

「褸謂之袩」條。

郭注：「即衣衽也。」王氏批注：「《爾雅疏》引注云：『即衣衿也。』」

「袧繵謂之褌」條。

王氏改「褌」爲「襌」。

「袒飾謂之直衿」條。

郭注：「婦人初嫁所著上衣直衿也。音但。」王氏並改二「衿」字爲「衿」。

「絜襦謂之蔽膝」條。

王氏改「膝」爲「厀」。

「大袴」條。

「小袴謂之㶣衧」，王氏改「衧」爲「衭」。

「幏，巾也」條。

「大巾謂之㠥」，郭注：「音分。」王氏改「分」爲「芬」。

「嵩嶽之南」，郭注：「嵩高，中岳山也。」王氏改爲「中岳，嵩高山也」。

「絡頭，帞頭」條。

「其偏者謂之𩯭帶」，王氏改「偏」爲「㣍」。

「扉、屨、麤，履也」條。

「自關而東，複履其庳者謂之鞔」，王氏「複履」上增「謂之」二字，改「庳」爲「痺」〔六〕。

「西南梁益之間或謂之𡳐」，郭注：「字或作𡳐。」王氏改「𡳐」爲「屨」〔七〕。

「徐土邳圻之間」，郭注：「今下邳也。圻音祁。」王氏並改二「圻」字爲「沂」。

《輶軒使者絶代語釋别國方言》第五

「甂」條。

「自關而東謂之甗，或謂之鬵」，「鬵」下郭注：「音岑，梁州呼鉹。」王氏改「梁」爲「涼」。

「瓬、㼚、甒、䍃、甄、甇、甀、瓮、瓿甊、瓨、甏，甖」條。

王氏「甖」下增「也」字。

「罃」條。

「齊之東北海岱之間謂之儋」，郭注：「音儋荷，字或作甔。」王氏改郭注「儋」爲「擔」。

「所以注斛」條。

「陳魏宋楚之間謂之篅」，郭注：「音巠覡。」王氏改「巠」爲「巫」。

「自關而西謂之注。箕，陳魏宋楚之間謂之籮」，王氏析「箕」以下别爲一條。郭注：「篅亦籮屬也，形小而高，無耳。」王氏改「篅」爲「箕」。

「炊籅謂之縮」條。

「或謂之匧」，郭注：「江東呼淅籤。」王氏改「淅」爲「淅」。

「繘」條。

「關西謂之繘綆」，王氏删「綆」字。

「飲馬橐」條。

王氏改「飲」爲「飤」。

「杷」條。

王氏改「杷」爲「杷」。

郭注：「無齒爲朳。」王氏「無齒」上增「有齒曰杷」四字。

「橛，燕之東北朝鮮洌水之間謂之椵」條。

王氏改「椵」爲「椴」。

郭注：「楬，栈也，江東呼都。椵，音段。」王氏改「楬栈」爲「楬杙」，改「段」爲「段」。

「槌」條。

「自關而東謂之槌」，王氏改「東」爲「西」。

「齊部謂之持，胡以縣樀」，王氏改「胡」爲「所」。

「牀」條。

「南楚之間謂之趙」，郭注：「趙當作兆，聲之轉也。中國亦呼杠爲桃牀，皆通也。」王氏並改「兆」、「桃」二字爲「朓」。

「東齊海岱之間謂之樺」，王氏改「樺」爲「樺」。郭注：「音先。」王氏改「先」爲「詵」。

「篗，榱也」條。

「絡謂之格」，郭注：「所以轉篗給車也。」王氏改「給」爲「絡」。

「簙謂之蔽，或謂之箘」條。

「或謂之匴璇」，郭注：「銓旋㔷音。」王氏改「㔷」爲「兩」。

「圍棊謂之奕」條。

「圍棊謂之奕，自關而東齊魯之間皆謂之奕」，王氏改「奕」爲「弈」。

《輶軒使者絶代語釋別國方言》第六

「聳、㞷，欲也」條。

王氏改「㞷」爲「獎」〔八〕。

郭注：「皆强欲也。山頂也。」王氏改「頂」爲「項」，改「也」爲「反」。

「自關而西，秦晉之間相勸曰聳，或曰㞷獎」，王氏改「㞷」爲「獎」。

「凡相被飾亦曰⿰爿殳」，王氏改「⿰爿殳」爲「⿰爿矦」。

「聳、⿰耳卒，聾也」條。

「聾之甚者，秦晉之間謂之⿰耳闕」，郭注：「言其無所聞知也，《外傳》：『聾聵二字音蒯聵。』」王氏删「其」字，圈「二字」。

「其言聧者，若秦晉中土謂墮耳者明也」，王氏改「聧」爲「⿰耳闕」〔九〕，改「明」爲「⿰耳月」。

「陂、傜，衺也」條。

「自山而西，凡物細大不純者謂之傜」，郭注：「陂傜也。」王氏圈「陂」字。

「怠、陁，壞也」條。

王氏「壞」下增「也」字。

「誙、䛘，與也」條。

王氏改「誙」爲「誣」。

「吴越曰誙」，王氏改「誙」爲「誣」。

「猶秦晉言阿與」，郭注：「相阿與者，所以與致誙䛘也。」王氏「與」下增「也」字，改「誙」爲「誣」。

「掩、索，取也」條。

「自關而西曰索，或曰狚」，王氏改「狚」爲「狙」。

「絓、挈、儴、介，特也」條。

王氏批注：「《玉篇》引此『介』作『夰』。」

「楚曰儴」，王氏改「儴」爲「儻」。

「獸無耦曰介」，王氏改「獸」爲「兽」〔一〇〕。

「飛鳥曰雙」條。

王氏改「雙」爲「隻」。

「坻、坦，場也」條。

王氏改「坦」爲「坥」。

「梁宋之間，蚍蜉黏鼠之場謂之坻」，郭注：「黏鼠，蚡鼠也。」王氏並改「黏」爲「犂」。

「螾場謂之坦」，郭注：「螾，蛐蟮也。其糞名坦。」王氏並改「坦」爲「坥」〔一一〕。

「鋪頒，索也」條。

王氏改「頒」爲「須」。

「東齊曰鋪頒」，王氏改「頒」爲「須」。

「悀、偪，滿也」條。

王氏改「偪」爲「愊」。

「腹滿曰偪」，王氏改「偪」爲「愊」。

「踊、膂，力也」條。

「膂，由力也」，王氏改「由」爲「田」。

「譩、譆，諟也」條。

「諟」下郭注：「亦審諟。互見其義耳。」王氏改爲「諟亦審，互見其義耳」。

「閻笘，開也」條。

「東齊開户謂之閻笘」，王氏改「閉」爲「開」。

「厲、卬，爲也」條。

郭注：「《爾雅》曰：『俶、厲，作。』」王氏「作」下增「也」字。又批注：「《廣雅》：『厲、卬，爲也。』『卬』曹憲音『於信反』。」〔一二〕

「佚惕，緩也」條。

王氏改「惕」爲「愓」。

《輶軒使者絶代語釋别國方言》第七

「杜、蹻，歰也」條。

郭注：「今俗語通言歰如杜，杜棃子歰，因名之。」王氏改「棃」爲「梨」。

「肖、類，法也」條。

「謂使犬曰哨」，王氏批注：「《玉篇》引此作『謂使犬曰嗾』。」

「傑倯，罵也」條。

郭注：「傑音印竹。」王氏改「印」爲「卬」。

「膊、曬、晞，暴也」條〔一三〕。

王氏改「膊」爲「䁤」。

「煦、煆、熱也，乾也」條。

「煦」下郭注：「州呼。」王氏改「呼」爲「吁」。

「乾也」下郭注：「熱則乾熮。」王氏改「熮」爲「燥」。

《輶軒使者絶代語釋别國方言》第八

「雞」條。

「陳楚宋魏之間謂之鸊鷉」，郭注：「避、祇兩音。」王氏改「鷉」爲「鷈」，改「祇」爲「祇」。

「鶡鴠」條。

郭注：「鳥似雞，五色，各無毛，亦倮，晝夜鳴，侃旦兩音。」王氏改「各」爲「冬」。

「或謂之鳴鴠」，王氏改「鳴鴠」爲「鶡鴠」。

「鳩」條。

「其小者謂之鴓鳩」，王氏改「鴓」爲「鴓」。

「或謂鷑鳩」，王氏「謂」下增「之」字。

「尸鳩」條。

「燕之東北朝鮮洌水之間謂之鶝鴀」，王氏改「鴀」爲「䳕」。

「東齊吴揚之間謂之鵀」，王氏批注：「《爾雅疏》引此作『謂之鵖鴔』。」

「蝙蝠」條。

「北燕謂之蠟蠼」，郭注：「䘁、墨兩音。」王氏改「䘁」爲「職」。

「鸝黄」條。

「或謂之倉鶊」，王氏改「倉」爲「鶬」。

「守宫」條。

「其在澤中者謂之易蜴」，王氏批注：「『易蜴』，《説郛》本作『易蜥』。」〔一四〕

「東齊海岱謂之螔⿰虫侯」，郭注：「似蜇易，大而有鱗。」王氏乙轉「大而」二字。

「雞雛，徐魯之間謂之秋侯子」條。

王氏改「秋侯」爲「稚」。

《輶軒使者絶代語釋别國方言》第九

「矛」條。

「其柄謂之鈐」，王氏改「鈐」爲「矜」。郭注：「今字作穳，巨今反。」王氏改「巨今」爲「巨巾」。

「劒削」條。

「自河而北燕趙之間謂之室」，王氏改「室」爲「室」。

「自關而西謂之⿰韋卑」，王氏改「⿰韋卑」爲「鞞」。

「盾」條。

「自關而東或謂之⿰盾攵」，王氏改「⿰盾攵」爲「瞂」。

「車下鐵」條。

王氏改「鐵」爲「鉄」。

「大車謂之綦」，王氏改「車」爲「者」。此本別爲一條，王氏移與「車下鐵」合爲一條。

「車轄」條。

王氏改「轄」爲「轄」。

「車枸簍」條。

「秦晉之間，自關而西謂之枸簍」，王氏改爲「自關而西秦晉之間謂之枸簍」。

「車紂」條。

「自關而東，周洛韓鄭汝潁而東謂之緻」，王氏改「而東」爲「之間」。

「輨、軑，鍊鏅」條。

王氏改「軑」爲「軑」〔一五〕，又「鍊鏅」下增「也」字。

「鏄謂之釪」條。

王氏改「釪」爲「釬」。郭注：「音扜，或名爲鐓，音頓。」王氏改「扜」爲「扞」。

「舟」條。

「南楚江湘，凡船大者謂之舸」，王氏批注：「《説郛》本『江湘』下有『之間』二字。」

「南楚江湘，凡船大者謂之舸」，郭注：「始可反。」王氏改「始」爲「姑」。

「艖謂之艒䑿」，王氏「艖」上增「小」字。

「小而深者謂之樑」，郭注：「即長舼也，音印竹。」王氏改「印」爲「邛」。

「艁舟謂之浮梁」，王氏批注：「《説郛》本『艁舟謂之浮梁』下有『音造』二字。」

「維之謂之鼎」，王氏批注：「『維之謂之鼎』，上『之』字《説郛》本無。」

「舳，制水也」，王氏批注：「『制水』，《説郛》本作『制木』。」

「僞謂之仡」，郭注：「吾勃反。僞音訛，船動摇之貌也。」王氏批注：「『船動摇之貌也』，《説郛》本作『船動傾側之貌也』。」

《輶軒使者絶代語釋别國方言》第十

「媱、愓，遊也」條。

「江沅之間謂戲爲媱」，王氏改「媱」爲「媱」。

「央亡、嚜杘、姡，獪也」條。

「江湘之間或謂之無賴，或謂之𣍘」，郭注：「恐惧多智也。」王氏改「恐惧」爲「恐忺」。

「誺，不知也」條。

郭注：「音癡眩。」王氏改「眩」爲「眡」。

「囒哰、謰謱，拏也」條。

「囒哰亦通語也」，郭注：「平原人好囒哰也。」王氏改「好」爲「呼」。

「或謂之誙」，郭注：「言誙譎也。」王氏改郭注「誙」爲「誣」。

「亄、嗇，貪也」條。

「慳，恨也」，郭注：「慳者多情恨也。」王氏改「情」爲「猜」。

「戲、泄，歇也」條。

「楚謂之戲泄」，「戲」下郭注：「音義。」王氏改「義」爲「羲」。

「攓，取也」條。

郭注：「音鶱，一曰鶱。」王氏改上「鶱」字爲「褰」。

「翥，舉也」條。

「楚謂之翥」，王氏批注：「《廣雅音》云：『翥，《方言》音曙。』」

「謇、極，吃也」條。

「或謂之䛐」，郭注：「語䛐難也。今江南又名吃爲諜，音若葉反。」王氏改「若」爲「苦」。

「呰、䍬，短也」條。

王氏改「呰」爲「啙」。

「江湘之會謂之呰」，王氏改「呰」爲「啙」。

「東陽之間謂之㾈」，王氏改「陽」爲「揚」。郭注：「言㾈視之，因名云。」王氏改郭注「㾈」字爲「俯」。

「癡，騃也」條。

本條與上「鉗、疲、憋，惡也」爲一條，王氏析爲二。

「惃、愂、頓愍，惽也」條。

王氏改「愍」爲「愍」。

「眠娗、脉蜴、賜施、茭媞、譠謾、慴他，皆欺謾之語也」條。

王氏改「蜴」爲「蜴」。

「頷、頤，頜也」條。

王氏批注：「《玉篇》引此作：『頷、頤，頜也。』」

「艸、莾，草也」條。

「莾」下郭注：「嫫母反。」王氏刪「反」字。

「抋、扰，椎也」條。

「南楚凡相椎搏曰拯，或曰㧪」，王氏改「㧪」爲「㧪」。
「沅湧澆幽之語或曰攩」，王氏改「湧」爲「涌」。

《輶軒使者絶代語釋别國方言》第十一

「蛥蚗」條。
「自關而東謂之虭蟧」，郭注：「貂料二反。」王氏改「反」爲「音」。
「蟬」條。
「其蟪蜻謂之疋」，王氏改「疋」爲「尐」。
「蛄詣謂之杜蛒」條。
王氏改「詣」爲「諸」。
「螳蜋謂之髦」條。
郭注：「又名齕肬。」王氏改「肬」爲「朧」。
「姑䗅謂之强蛘」條。
郭注：「建平人呼羋子，音羋，羋即姓也。」王氏改前「羋」爲「蛘」。
「蟒」條。

「南楚之外謂之蟅蟒」，郭注：「蟅音近詐，亦呼吒咟。」王氏改「吒咟」爲「蚝蛨」。

「蜻蛉謂之蝍蛉」條。

郭注：「六足四翼蟲也，音靈。江東名爲狐黎，淮南人呼蠊蛜，蠊音康，蛜音伊。」王氏「呼」上增「又」字，改二「蛜」字爲「𧉅」。

「蠀蝛謂之蚇蠖」條。

郭注：「蠖，烏郎反。」王氏改「郎」爲「郭」。

「蠭」條。

「其大而蜜謂之壺蠭」，王氏「蜜」下增「者」字。郭注：「今黑蠭穿竹林作孔亦有蜜者，或呼笛師。」王氏改「林」爲「木」。

「蚍蜉」條。

「或謂之蛭」，王氏改「蛭」爲「垤」。

「蠀螬謂之蟦」條。

郭注：「翡翠反。」王氏刪「反」字。

「鼅鼄」條。

「北燕朝鮮洌水之間謂之蝳蜍」，郭注：「齊人又呼社公，亦言周公，音毒餘。」王氏改

「周」爲「周」。

《輶軒使者絶代語釋别國方言》第十二

「爰、暖，哀也」條。

郭注：「音段。」王氏改「叚」爲「段」。

「菲、惄，悵也」條。

王氏改「菲」爲「悲」。

「娋、孟，姊也」條。

王氏改「姊」爲「姊」。郭注：「今江東山越間呼姊聲如市。」王氏改「姊」爲「姊」。

「躔、逡，循也」條。

王氏「循」下增「也」字。

「揄、楕，脱也」條。

王氏改「揄」爲「揄」。

「解、輸，棁也」條。

郭注：「棁猶脱耳。」王氏並改二「棁」字爲「税」。

「𥂕、歇，涸也」條。王氏改「𥂕」爲「[illegible]」。

「尐、杪，小也」條。王氏改「尐」爲「𡮐」。

「鞅、侼，懟也」條。郭注：「亦爲怨懟，鞅猶怏也。」王氏改「怏」爲「快」。

「僉、怚，劇也」條。郭注：「謂勤劇，音驕怚也。」王氏改爲「謂勤劇也，音驕怚」。

「紓、逞，緩也」條。王氏改「逞」爲「𨓏」。

「漢、𦳝，怒也」條。王氏改「𦳝」爲「赫」。

「炗、眼，明也」條。郭注：「炗光也。」王氏並改「炗」爲「灮」。

「即、圍，就。」

王氏「就」下增「也」字。

「惙、㤕，中也」條。

郭注：「中宣爲忡，忡，惱怖意也。」王氏改「宣」爲「宜」。

「𣨛、㑧，傍也」條。

王氏改「㑧」爲「𠈊」。

「鑴、錣，餽也」條。

王氏改「錣」爲「餟」。

「餼、鏢，飽也」條。

王氏改「鏢」爲「𩞄」。

「攎、遫，張也」條。

王氏改「遫」爲「邀」。　郭注：「音勑。」王氏改「勑」爲「敕」〔一六〕。

「半步爲跬」條。

郭注：「差箠反。」王氏改「差」爲「羌」。

「箇，枚也」條。

郭注：「爲枚數也，古餓反。」王氏改「爲」爲「謂」。

《輶軒使者絶代語釋别國方言》第十三

「蹫、抍，拔也」條。

「抍」下郭注：「摻拔。」王氏改「摻」爲「拯」。

「出水爲抍」，王氏改「水」爲「休」。

「出火爲蹫也」，王氏改「蹫」爲「蹫」〔一七〕。

「炖、㶲、煓，䒭貌也」條。

王氏改「䒭」爲「䒭」。

「聲、腆，忘也」條。

王氏改「聲」爲「𪏆」。

「龕、喊、唽、㖤，聲也」條。

「㖤」下郭注：「靈几反。」王氏改「靈」爲「虚」。

「衔，刻也」條。

王氏改「衔」爲「衔」。

「跌，蹷也」條。

郭注：「偃地反。」王氏改「反」爲「也」。

「齹、塰，貪也」條。

王氏改「塰」爲「㙁」。

「譴喘，傳也」條。

王氏批注：「《廣雅》：『譴喘，轉也。』」

「困、胎、偵，逃也」條。

王氏改「偵」爲「倢」。

「朓娧，好也」條。

王氏改「朓」爲「姚」。

「湟，休也」條。

王氏改「湟」爲「涅」。

「濂，空也」條。

郭注：「濂窘，空貌。」王氏改「窘」爲「㝗」。

「兖，養也」條。

王氏批注：「《廣雅》：『充，養也。』」

「搪，張也」條。

郭注：「謂穀張也，音堂。」王氏改「穀」爲「彀」。

「淬，寒也」條。

郭注：「淬猶浄也，作憒反。」王氏並改二「淬」字爲「淬」。

「牧，凡也」條。

王氏改「牧」爲「枚」。

「蹻，行也」條。

郭注：「音晀蹻也，音藥。」王氏改上「音」字爲「謂」。

「適，牾也」條。

郭注：「相觴迕也。」王氏改「觴」爲「觸」。

「捭，予也」條。

王氏批注：「《廣雅》：『裨、埤，予也。』」

「珇，美也」條。

郭注：「美好等牙見義耳。」王氏改「牙」爲「互」。

「閻，開也」條。

郭注：「謂關門也。」王氏改「關」爲「開」。

「靡，滅也」條〔一八〕。

郭注：「或作摩，滅字音麋。」王氏改「麋」爲「麋」。

「選、延，偏也」條。

王氏改「偏」爲「徧」。

「箄、簍、籅、筥，篪也」條。

王氏改「篪」爲「篆」。

「篪，其通語也」、「篪小者，南楚謂之簍」，王氏並改「篪」爲「篆」。

「筥」下郭注：「弓弢。」王氏改「弢」爲「弢」〔一九〕。

「箙」條。

郭注：「盛餅筥也。」王氏改「餅」爲「餅」。

「南楚謂之筲」，郭注：「今建平人呼筲，爲鞭鞘。」王氏改「爲」爲「音」。

「趙魏之郊謂之笿箙」，郭注：「今遍語也。」王氏改「遍」爲「通」。

「錐謂之鍩」條。

王氏改「鍩」爲「鍣」。郭注：「《廣雅》作銘字。」王氏改「銘」爲「鉊」。

「匕謂之匙」條。

郭注：「音紙。」王氏改「紙」爲「祇」。

「盂謂之櫨」條。

「木謂之涓抉」，王氏改「木」爲「椀」。

「餌謂之餻」條。

「或謂之餣」，郭注：「央恡反。」王氏改「恡」爲「怯」。

「𪌂、䴭、䴧、麰、䴽、𪎊、𪌖，麴也」條。

「𪌖」下郭注：「鯤音。小麥麴爲𪌖，節䴷也。」王氏改「鯤」爲「鯉」，改「節」爲「即」，改「䴷」爲「䴵」。

「北鄙曰麰」，王氏改「鄙」爲「燕」。

「屋梠謂之欞」條。

郭注：「雀梠，即屋檐也。」王氏改「雀」爲「屋」。

「瓴謂之甋」條。

王氏改「甋」爲「甂」。

「冢」條。

「或謂之采」，王氏批注：「《玉篇》引此『采』作『埰』。」

郭注：「有界埒似耕壟，因名之。」王氏批注：「《玉篇》引此作『因名也』。」「自關而東謂之廿，小者謂之塿，大者謂之廿」，王氏並改二「廿」字爲「丘」。「所以墓謂之墲」，王氏「墓」上增「安」字。

【説明】

明胡文焕《格致叢書》本《方言》，王念孫批校，《中國古籍善本書目》「方言」條著録，現藏上海圖書館。此本批校，華學誠、張錦少曾作過整理。華氏録出王念孫校勘《方言》的文字一百七十二處，以附録形式附於《王念孫手校明本〈方言〉的初步研究》一文之末，見《文史》二〇〇六年第一輯。張氏統計此校本中王氏校訂《方言》及郭璞注的文字有二百六十四處，標注異文的有三十二處，以附録形式附於《王念孫古籍校本研究·王念孫〈方言〉校本研究》篇末，上海古籍出版社二〇一四年版。張氏統計尚有遺漏。本篇所録包括張書所遺漏者，於注中注出；與張書所録出入較大者，亦於注中注出。

【校注】

〔一〕張錦少未録此條。

〔二〕張錦少未録此條。

〔三〕張錦少未録此條。

〔四〕張錦少未録此條。

〔五〕張錦少録「子」爲「干」。

〔六〕「改『庳』爲『痺』」，張錦少未録。
〔七〕張錦少未録此條。
〔八〕張錦少未録此條。
〔九〕「改『睽』爲『矙』」，張錦少未録此條。
〔一〇〕張錦少未録此條。
〔一一〕張錦少未録此條。
〔一二〕張錦少未録此條。
〔一三〕張錦少未録此條。
〔一四〕張錦少未録此條。
〔一五〕張錦少未録此條。
〔一六〕張錦少未録此條。
〔一七〕張錦少録二「論」字爲「論」。
〔一八〕張錦少未録此條。
〔一九〕張錦少未録此條。

疊韻轉語 未刊稿

見谿　具區

見羣 溝渠 硨磲車渠
見疑 句吴
端見 詆諆
定見 踥跔 㮼梚 駃騠 鸜鵒鸜鳩 鶗鳩
精見 鎡錤鎡基 兹其 兹基 妓姕 子巂子規 秭鳺 蜛蠩 作姑 鶌鴶
（見心） 卷施 狼居胥 姑蘇 （羈紲）
（心見） 嵩高崧高（凡原稿分散者，今按其次序、體例併入，加括弧識之。）
（見來） 句龍 羇旅 江蘺江離 句麗
來見 臚句 軥録 觝盧 螻蛄 蝸蠃 茈離
幫見 不其
滂見 鎃摫
竝見 蒲姑薄姑 鏷鐣僕姑
見明 羈縻覊靡 摹姑 姑幕
谿羣 芎藭營藭 鞠窮 穹窮 鵋鶀
（羣谿） 鵋鶀（按：原稿重見，今仍其舊。）
谿疑 曲遇 崆峴

谿定　倥侗崆峒　空桐　空同

谿孃　揩摒

谿從　軀茲

谿來　崆巃　穹窿　篕籠

竝谿　徘徊

谿明　墟墓

羣疑　鐻鍝

知羣　株枸

定羣　宕渠　籧篨

羣孃　躨跜

羣照　狋氏　佳其　沮渠

羣心　髡鬆　期思　虒祈　抵徙　須句　氍毹氍毷

來羣　離奇

奉羣　芙蕖夫渠　扶渠

定疑　鶤鸕澤虞　隫敳

（照疑）　楮梧枝梧　鯫齵

精疑　壓㠢　騶虞騶吾　鯫齵　懠疑

心疑　浚儀駿蟻

端定　槌提　狄鞮

（端來）　凍淩　都龐　凍梨

（知來）　株離侏離

來端　瀧凍　東籠　邾婁豬貜　豬驢　都盧

透　涕洟

澄徹　臺駘

透照　踶跂

來徹　蹱踵　軀膢軀劉

徹日　偷懦

徹並　㩗蒲樗蒲　瑦琈　鵧鷈鵧鶺

清定　㼷池

心澄　棲遲遲遟　屖遲　蘇屠　廜廯屠蘇　提撕

定來　曈曨艟艨　頊顱

幫定　鷩鶮

滂定　陂池波池

（定竝）　僮僕

竝定　崥崹

明定　艨艟氋氃

來泥　盧奴

精　齎咨　質劑　閶娵

穿照　俶載熾菑

（定照）　度支

（澄照）　條支

（照定）　雉度

（照澄）　諄謘

（精定）　梓潼　條支　雉度度支　度支　諄謘（按：原稿重見者，仍之。）

心照　鮮支析支　賜支

從精 呰災

求精 巃嵸 躘蹱龍鍾 籠籦 籦籠 支離 離支 荔枝离支 嵫釐 諸慮 且慮 屬鏤獨鹿

（照來）籦籠 支離（按：原稿重見，今仍之。）

（來照）躘蹱龍鍾 籠籦 離支 荔枝离支（按：原稿重見，今仍之。）

照日 之而 芝栭 侏儒朱儒 袾襦 株檽

精幫 鈭錍 即裴楖裴 補苴 巴且

非精 （原稿有目無例。）

竝精 負茲布茲

精明 姿媚

（微照）無終

來清 蘢蓯 取慮

清滂 鈭錍 萋斐

竝穿 膍胵

明穿 艨艟蒙衝

來從　籠籦　柴欐　蒺蔾（蒺梨、蒺黎）　疵癘

竝從　朏臍

心來　犀利　簁籭

心幫　鮮卑　波斯

竝心　鬌髿　犀毗　脾析　罘罳罘思　華胥　扶疏　夫須　扶蘇扶胥

（心明）駿尨駿蒙

審明　施縻　浽溦　摸撫

禪非　碩膚

來　廬旅

日來　茹藘　若蘆

幫來　藩籬藩蘺　欂櫨薄櫨

敷來　豐霳豐隆　封隆　玻璃玻瓈　頗黎　髣髴

（來並）籠篦　離別

並來　蓬蘢　被麗　蒲盧　（疲癃）

（奉來）附麗

明來　曚曨朦朧蒙蘢　离靡　熳蠡　黴黎　無慮　醫無閭

滂日　鬔髶

奉日　稯䅵

明日　尨茸蒙戎

微非　碔砆武夫

滂　匹妃

滂明　披靡　旇靡（紕繆）

明並　靡敝擵弊

曉　煦煆

匣曉　榽榼

影曉　噫嘻　嗚呼於戲　於乎　嗚嘑　烏虖　惡虖　於虖　依俙　於謳

曉喻　誒詒　姁媮　呴喻

羣曉　駏驢巨虚

曉定　滹沱虖池　嘑池　㦌㠸赫虒

曉精　吁嚱于嚱

來曉　嚨㕼

滂曉　胮肛

竝曉　胮肛　舽舡　仳倠

(喻匣)　傛華

匣見　係羈

(匣羣)　狐歧

端匣　驒騱驒奚

精匣　觜觿　觜蠵

匣審　舽艭

匣來　碚礲　係纍　盧胡　箶簏　瓡甗壺盧　胡盧

匣明　鴻蒙　庬降　庬洪　糢糊

(明匣)　庬降　庬洪(原稿重見，今仍之。)

影　蛜蝛伊威

影喻　萎移　隇陕倭遲　意怠鷾鴯　依違依韋　猗違

影羣　（齝齥）齝渠　（安期）安其　（威權）　（句寃）　伊耆

（影疑）　伊吾廬

（疑影）　吾伊　吾伊廬伊吾　威儀

影定　委蛇透蛇　透虵　透迤　委佗　於菟於檡　洿池　（宛童）　（童幼）　（汪浵）

（著雍）（按：原稿凡三頁，互有重見。）

（影澄）　淵沖

（定影）　童幼（原稿重見，今仍之。）

（澄影）　著雍（原稿重見，今仍之。）

影照　臃腫　猗嚱

（影精）　猗嚱

影心　旖施　委虒

影日　委蕤葳蕤

竝影　埤益　泭漚

影明　嫛彌

喻　邪揄
喻見　椸枷
谿喻　區宇丘宇
羣喻　鴝鵒鸜鵒　（琦瑋）
知喻　中庸　等夷
徹喻　沖瀜
喻澄　維持
喻精　余且
（穿喻）　⿰衤童褣童容　幢容　蚩尤　鴟夷
清喻　蓯蓉　從容從頌　瑽瑢　⿰衤童褣童容　幢容　蚩尤　鴟夷　昌陽
（喻審）　夷傷
審喻　豕韋　須臾
禪喻　⿰衤童褣童容　幢容　茱萸
喻非　俞跗俞柎　榆柎　臾跗
敷喻　豐肜　甹與　鋪于
並喻　汎淫　髕寅　扶輿

【説明】

此稿採自魏建功先生《古音系研究》附録二。括號和括號内字，是魏先生所加，筆者依例對少數行款作了改動。此稿旨在揭示聲轉規律，對今人認識王氏聲紐研究大有裨益。此稿撰寫年月未詳，據論音韻書札，殆作於二十五至二十七歲時，與《釋大》相後先。

諧聲譜殘，上下

一、東董送

冬宋

鍾腫用

江講絳

二、蒸拯證

登等嶝

三、侵寢沁

添忝㮇

分覃　分感　分勘

分鹽　分琰　分艶

四、談敢闞

咸嗛陷

銜檻鑑

嚴儼釅

凡范梵

分覃　分感　分勘

分鹽　分琰　分艶

五、陽養漾

唐蕩宕

分庚　分梗　分映

六、耕耿諍

清靜勁

青迥徑

分庚　分梗　分映

七、真軫震

臻

分先　分銑　分霰

八、諄准稕

文吻問

欣隱焮

魂混慁

痕很恨

九、元阮願

寒旱翰

桓緩换

删潸訕

山産襇

仙獮線

十、歌哿箇

戈果過

分支　分紙　分寘

分麻　分馬　分禡

【説明】

此稿藏北京大學，是《高郵王石臞先生手稿四種》之四，似爲作《説文諧聲譜》作準備，體現了王念孫古音學研究一個階段的認識。

《古韵譜》卷上

東弟一　平上去

《詩經》

中宫《采蘩》二章。　僮公三章。　蟲螽忡降《草蟲》一章。　墉訟訟從《行露》三章。　縫總公《羔羊》三章。　東公同《小星》一章。　襛雝《何彼襛矣》一章。　蓬豵《騶虞》二章。　仲宋忡《擊鼓》二章。　冬窮《谷風》六章。　躬中《式微》二章。　戎東同《旄丘》三章。　中宫中宫《桑中》一、二章。

葑東庸中宮三章。　中宮《定之方中》一章。　東蓬容《伯兮》二章。　罿庸凶聰《兔爰》三章。　控送《大叔于田》二章。　松龍充童《山有扶蘇》二章。　丰巷送《丰》一章。　雙庸庸從《南山》二章。　葑葑東從《采苓》三章。　中驂《小戎》二章。　從從《蒹葭》一章，二、三章同。　同功豵公《七月》四章。　同功七章。　沖陰八章。　東濛東濛東濛東濛《東山》一、二、三、四章。　蟲螽忡降仲戎《出車》五章。　濃沖雝同《蓼蕭》四章。　顒公《六月》三章。　攻同龐東《車攻》一章。　調同五章。　同從《吉日》二章。　聰饔《祈父》三章。　傭訩《節南山》五章。　誦訩邦十章。　從用邛《小旻》一章。　共邛《巧言》三章。　勇尰六章。　東東空《大東》二章。　雝重《無將大車》三章。　同邦《瞻彼洛矣》三章。　同功《賓之初筵》一章。　蓬邦同從《采菽》四章。　中降《旱麓》二章。　公恫邦《思齊》二章。　雝宮臨三章。　恭邦共《皇矣》五章。　衝墉七章。　衝墉衝墉八章。　樅鏞鐘廱《靈臺》四章。　鐘廱逢公五章。　功崇豐《文王有聲》二章。　廱東六章。　幪唪《生民》四章。　融終《既醉》三章。　潨宗宗降崇《鳧鷖》四章。　飲宗《公劉》四章。　菶雝《卷阿》九章。　諶終《蕩》一章。　蟲宮宗臨躬《雲漢》二章。　邦功《崧高》二章。　邦庸三章。　同功《常武》六章。　訌共邦《召旻》二章。　頻中弘躬六章。　邦崇功皇《烈文》。　工公《臣工》。　雝容《振鷺》。　雝公《雝》。　蜂蟲《小毖》。　崇墉《良耜》。　訩功《泮水》六章。　公東庸《閟宮》三章。　蒙東邦同從功六章。　邦從七章。　共共厖龍勇動竦總《長發》五章。

羣經

龍用《易・乾・初九》。　墉攻《同人・九四》。　中應中蒙功《蒙・彖傳》。　窮中功《需・彖傳》。　從中應窮《比・彖傳》。　通同《泰・彖傳》。　通邦《否・彖傳》。　中功《坎・彖傳》。　動應《恒・彖傳》。　同通《睽・彖傳》。　中窮功邦《蹇・彖傳》。　衆中功《解・彖傳》。　窮終《夬・彖傳》。　中窮《困・彖傳》。　窮中功凶《井・彖傳》。　功邦中窮《漸・彖傳》。　窮同中功《渙・彖傳》。　中窮通《節・彖傳》。　中邦《中孚・彖傳》。　中窮《既濟・彖傳》。　中中終應《未濟・彖傳》。　中窮終《坤・象傳》。　禽窮《屯・象傳》。　中終《需・象傳》。　凶寵邦功《師・象傳》。　功邦同上。　中禽中終《比・象傳》。　凶正《豫・象傳》。　凶功中《隨・象傳》。　凶中功《坎・象傳》。　容公邦《離・象傳》。　深中容禽終凶功《恒・象傳》。　窮中《大壯・象傳》。　心躬正終《艮・象傳》。「以中正也。」朱子云：「正字羨文。」良是。然《豫・象傳》亦以「正」韻「凶」，姑闕之。　中窮功中窮凶《巽・象傳》。　中窮《節・象傳》。　從功《繫辭・上傳》「易則易知」四句。　凶功《下傳》「三多凶」二句。　明凶《乾・文言》。　終窮《雜卦傳》。

邦雍《書・堯典》「協和萬邦」二句。　惇庸衷章用《皋陶謨》「天叙有典」九句。　從同《禹貢》「漆沮既從」二句。　從從從從從同逢《洪範》：「汝則從，龜從，筮從，卿士從，庶民從，是之謂大同。身其康彊，子孫其逢，吉。」僞孔傳以「逢吉」二字連讀。李成裕云：「當讀至『逢』字句絶，與上文五『從』字、一『同』字音韻正協。『吉』字別爲一句，與下文五『吉』字、二『凶』字體例更合。據傳，以此爲大吉，下文三從二逆爲中吉，二從三逆爲小吉。中吉、小吉且言吉，況大吉乎？」念孫案：此説是也。釋文引馬融云：「逢，大也，猶言其後必大耳。」《禮記·儒行》：「衣逢掖之衣。」注：「逢猶大也。」是其證。子孫對身言之，逢對康彊言之。逢之言豐也，豐亦大也。《禮記·玉藻》「縫齊倍要」註：「縫或爲逢，或爲豐。」是古逢、豐聲義皆同也。體例、訓詁、音韻三者皆合，理無可疑。

憧空《大戴禮·王言》篇「女憧」二句。　從凶《武王踐阼》篇師尚父道丹書言。　容恭戒書帶銘。　用送《五帝德》篇：「取地之財而節用之，撫教萬民而利誨之，歷日月而迎送之，明鬼神而敬事之。」用、送爲韻，誨、事爲韻。此篇多隔句韻。　從由《勸學》篇「物類之從」二句。　明功容明聰騰窮「是故無憤憤之志者」十句。

容恭同王《禮記·曲禮上》「正爾容」六句。　通同《王制》「言語不通」二句。　降騰同動《月令》「天氣下降」四句。　降騰「時雨將降」二句。　功衆「不可以興土功」三句。　騰降通冬「天氣上騰」四句。　終用《禮運》「使老有所終」二句。　從同邦《孔子閒居》「無聲之樂，氣志既從」六句。

中融《左傳·隱元年》鄭莊公賦。　茸公從《僖五年》晉士蔿賦。　共從《昭十一年》晉叔向言單子將死。

重棟《魯語上》子叔聲伯引所聞。　功庸《越語下》范蠡諫(上)〔王〕「聖人之功」二句。

讎讎通《穀梁傳·文六年》「上泄則下闇」二句。

躬中窮終《論語·堯曰》堯命舜辭。

《楚辭》

庸降《離騷》。　縱巷同上。　同調同上。　降中窮㠬《九歌·雲中君》。　堂宫中《河伯》。

功同《天問》。　從通同上。　躬降同上。　逢從同上。　沈封同上。　中窮行《九章·涉江》。

江東《哀郢》。　同容《抽思》(二)。　豐容《懷沙》。　江洶《悲回風》。　忠窮《卜居》。　凶從同上。

重通《九辯》。　通從誦容同上。　中湛豐同上。　從容同上。　從用《招魂》：「巫陽對曰：『掌夢，上帝其難從。若必筮予之，恐後之謝，不能復用。』」王逸注云：「謝，去也。巫陽言如必欲先筮問，求魂魄所在，然後與之，恐後世怠解，必去卜筮之法，不能復修用。」五臣《文選注》同。下文「巫陽焉乃下招」王逸注云：「巫陽受天帝之命，因下招屈原之魂。」念孫按：此則「不能復用」爲句、「巫陽焉乃下招」爲句明甚。「焉乃」者，語辭，猶言巫陽於是下招耳。《遠遊》篇：「焉乃逝以徘徊。」是其證。今本《楚辭》及《文選》皆以「不能復用巫陽焉」爲句，非也。「不能復用」，謂不用卜筮，非謂不用巫陽。且「用」字古讀若庸，與「從」字爲韵。若以「復用巫陽」連讀，則失其韵矣。今從王注、五臣注訂正。

衆宫同上。

蒸弟二　平上去

《詩經》

薨繩《螽斯》二章。　掤弓《大叔于田》三章。　來贈《女曰雞鳴》三章。　薨夢憎《雞鳴》三章。　升朋《椒聊》一章。　膺弓縢興音《小戎》三章。　興陵增《天保》三章。　恒升崩承六章。　陵朋《菁菁者莪》三章。　陵懲興《(沔)〔沔〕水》三章。　興夢《斯干》六章。　蒸雄兢崩肱升《無羊》三章。　蒸夢勝懵《正月》四章。　陵懲夢雄五章。　騰崩陵懲《十月之交》三章。　兢冰《小旻》六章。　兢冰《小宛》六章。　弓繩《采綠》三章。　陾薨登馮興勝《緜》六章。　烝烝烝烝烝烝烝烝《文王有聲》一、二、三、四、五、六、七、八章。　(登)〔登〕升《生民》八章。　繩承《抑》六章。　崩騰朋陵《閟宮》四章。　乘縢弓綅增膺懲承五章。　勝乘承《玄鳥》。

羣經

朋朋《易・坤・彖辭》。　陵興《同人・九三》。　陵孕勝《漸・九五》。　升陵《坎・彖傳》。　凝冰《坤・象傳》。　乘興陵《賁・象傳》。　恒承《歸妹・象傳》。

疑徵《書・洪範》「次七日明用稽疑」二句。

弓興《考工記・弓人》「下(拊)〔柎〕之弓」二句。

興崩《大戴禮・武王踐阼》篇戒書劍銘。

乘弓朋《左傳・莊二十二年》陳敬仲引《詩》。　陵雄《襄十年》衛孫文子追鄭師卜辭。　澠陵興《昭十二年》齊侯投壺辭。

登崩《周語下》衛彪傒引諺。　徵興《晉語三》輿人誦。

《楚辭》

恒徵《離騷》：「民生各有所樂兮，余獨好脩以爲恒。雖體解吾猶未變兮，豈余心之可懲。」今本「恒」作「常」，乃漢人避諱所改。吴棫《韻補》因以「懲」叶直良反，非是。　弓懲凌雄《九歌·國殤》。　興膺《天問》。　膺仍《九章·悲回風》。　乘烝《招魂·亂》。

侵弟三　平上去

《詩經》

覃覃《葛覃》一、二章。　林心《兔罝》三章。　三今《摽有梅》二章。　風心《緑衣》四章。　音南心《燕燕》三章。　南心《凱風》一章。　音心四章。　音心《雄雉》二章。　風心《谷風》一章。　汎髧《柏舟》一章，二章同。　甚耽耽耽《氓》三章。　衿心音《子衿》一章。　風林欽《晨風》一章。　林南林南《株林》一章。　萏儼枕《澤陂》三章。　鬵音《匪風》三章。　芩琴琴湛心《鹿鳴》三章。　駸諗《四牡》五章。　琴湛《常棣》七章。　湛厭《湛露》一章，二章同。　音心《白駒》四章。　簟寢《斯干》六章。　風南心《何人斯》四章。　錦甚《巷伯》一章。　欽琴音南僭《鼓鐘》四章。　琴心《車舝》五章。　壬林湛《賓之初筵》二章。　湛心四章。　林心六章。　林興心《大明》七章。　音男《思齊》一章。　心音《皇矣》四章。　林林《生民》三章。　歆今八章。　南音《卷阿》一章。　玷玷《抑》五章。　僭心九章。　風心《桑柔》六章。　林譖九章。　風心《烝民》八章。　深今《瞻卬》七章。　玷貶《召旻》三章。　今今《載芟》。　心南《泮水》六章。　林黮音琛金八章。

羣經

坎窞險坎枕窞《易·坎·初六》、《九二》、《六三》。　心金《繫辭上傳》「二人同心」二句。

淫禁《禮記·月令》「省婦事」四句。

黔心《左傳·襄十七年》宋築者謳。　愔音金心《昭十二年》楚子莘引《祈招》之詩。

鳳鳳《論語·微子》楚狂接輿歌。

《楚辭》

心淫《離騷》。　風林《九章·涉江》。　心風《哀郢》。　潭心《抽思·亂》。　心淫《招魂》。　楓心南同上，《亂》。

談弟四　平上去

《詩經》

檻菼敢《大車》一章。　巖瞻惔談斬監《節南山》一章。　涵讒《巧言》二章。　甘餤三章。　藍襜詹《采緑》二章。　巖詹《閟宫》六章。　監嚴濫遑《殷武》四章。

羣經

監監《書・酒誥》引古人言。

斬剡《禮記・雜記下》引縣子言。

《楚辭》

敢憺《九章・抽思》。　淹漸《招魂・亂》。

陽弟五　平上去

《詩經》

筐行《卷耳》一章。　岡黄觥傷三章。　荒將《樛木》二章。　廣泳永方廣泳永方廣泳永方

《漢廣》一、二、三章。　方將《鵲巢》二章。　陽遑《殷其靁》一章。　裳亡《綠衣》二章。　頏將《燕燕》二章。　方良忘《日月》三章。　鏜兵行《擊鼓》一章。　行臧《雄雉》四章。　方泳亡喪《谷風》四章。　涼雱行《北風》一章。　景養《二子乘舟》一章。　襄詳詳長《牆有茨》二章。　唐鄉姜桑上上桑上上桑上上《桑中》一、二、三章。　彊良兄《鶉之奔奔》一章。　彊良二章。　堂京桑臧《定之方中》二章。　蝱行狂《載馳》三章。　湯裳爽行《氓》四章。　廣杭望《河廣》一章。　梁裳《有狐》一章。　陽簧房《君子陽陽》一章。　牆桑兄《將仲子》二章。　黃襄行揚《大叔于田》二章。　彭旁英翔《清人》一章。　翔姜《有女同車》一章。　行英翔將姜忘二章。　狂狂《褰裳》一、二章。　昌堂將《丰》二章。　裳行三章。　瀼揚臧《野有蔓草》二章。　明昌明光《雞鳴》二章。　昌陽狼臧《還》三章。　堂黃英《著》三章。　明裳《東方未明》一章。　兩蕩《南山》二章。　湯彭蕩翔《載驅》三章。　昌長揚揚蹌臧《猗嗟》一章。　霜裳《葛屨》一章。　方桑英英行《汾沮洳》二章。　岡兄《陟岵》三章。　堂康荒《蟋蟀》一章，二、三章同。　行桑梁嘗常《鴇羽》三章。　桑楊簧亡《車鄰》三章。　蒼霜方長央《蒹葭》一章。　堂裳將忘《終南》二章。　桑行行防《黃鳥》二章。　裳兵行《無衣》三章。　陽黃《渭陽》一章。　湯上望《宛丘》一章。　魴姜《衡門》二章。　楊牂煌《東門之楊》一章。　翔堂傷《羔裘》二章。　稂京《下泉》一章。　陽庚筐行桑《七月》二章。　桑斨揚桑三章。　黃陽裳同上。　霜場饗羊堂觥疆八章。　場行《東山》二章。　斨皇將《破斧》一章。　魴裳《九罭》一章。　簧將行《鹿鳴》一章。　享嘗王疆《天保》四章。　剛陽《采薇》三章。　方彭央方襄《出車》三章。　陽傷遑《杕杜》一章。　桑楊光疆《南山有臺》二章。　瀼光爽忘《蓼蕭》二章。　藏貺饗《彤弓》一章。　方陽章央行《六月》四章。　鄉央衡瑲皇珩《采芑》二章。　央光將《庭燎》一章。　湯揚行忘《沔水》三章。　桑粱明兄《黄鳥》二章。　祥祥《斯干》七章。　牀裳璋喤皇王八章。　霜傷將京痒《正月》一章。　行良常臧《十月之交》二章。　向藏王向六章。　臧臧《小旻》二章。　盟長《巧言》三章。　行梁《何人斯》二章。　行行五章。　霜行《大東》二章。　漿長光襄五章。　襄章箱明庚行六章。　揚漿七章。　彭傍將剛方《北山》三章。　牀行四章。　仰掌五章。　將湯傷忘《鼓鐘》一章。　蹌羊嘗亨將祊明皇饗慶疆《楚茨》二章。　將慶六章。　享明皇疆《信南山》六章。　明羊方臧慶《甫田》二章。　粱京倉箱粱慶疆四章。　黄章章慶《裳裳者華》二章。　上怲臧《頍弁》二章。　岡薪薪《車（牽）〔舝〕》四章。　仰行五章。　抗張《賓之初筵》一章。　良方讓亡《角弓》四章。　黄章望《都人士》一章。　藏忘《隰桑》四章。　梁良《白華》七章。　享嘗《瓠葉》一章。　黄傷《苕之華》一章。　黄行將方《何草不黄》一章。　常京將《文王》五章。　上王方《大明》一章。　商京行王二章。　祥梁光五章。　王京行王商六章。　洋煌彭揚王商明八章。　伉將行《緜》七章。　王璋《棫樸》二章。　章相王方五章。　兄慶光喪方《皇矣》三章。　京疆岡六章。　陽將方王同上。　王方兄七章。《後漢書·伏湛傳》引《詩》「同爾弟兄」，今從之。　王京《下武》一章。　王京《文王有聲》七章。　將明《既醉》二章。　皇王忘章《假樂》二章。　疆綱三章。　康疆倉糧囊光張揚行《公劉》一章。　岡京三章。　長岡陽五章。　糧陽荒同上。長康常《卷阿》四章。　卬璋望綱六章。　岡陽九章。　康方良明王《民勞》一章。　明王《板》八章。　商商商商商商商《蕩》二、三、四、五、六、七、八章。　明卿四章。　螗羹喪行方《蕩》六章。　尚亡章兵方《抑》四章。　將往競梗《桑柔》三章。　王痒荒蒼七章。　瞻相臧腸狂八章。　疆糧行《崧高》三章。　將明《烝民》四章。　彭鏘方七章。　張王章衡錫《韓奕》二章。　彭鏘光四章。　湯洸方王《江漢》二章。　祥亡《瞻卬》五章。　罔亡罔亡六章。　喪亡荒《召旻》一章。　王忘《烈文》。按：「於乎前王不忘」，句法與「於乎皇王，繼序思不忘」正同〔二〕，俱以王、忘爲韵。　荒康行《天作》。　將享《我將》。　方王饗同上。　王康皇康方明喤將穰《執競》。　王章陽央鶬光享《載見》。　王忘《閔予小子》。　將明行《敬之》。　香光《載芟》。　皇黄彭疆臧《駉》一章。　黄明《有駜》一章。　皇揚《泮水》六章。　王陽商《閟宮》二章。　嘗衡剛將羹房洋慶昌臧方常四章。　嘗將《那》。　疆衡鶬享將康穰饗疆嘗將《烈祖》。　商芒湯方《玄鳥》。　商祥芒方疆長將商《長發》一章。　競剛四章。　衡王七章。　鄉湯羌享王常《殷武》二章。

羣經

亨尚《易·坎·彖辭》。　往享《損·彖辭》。　霜方章囊裳黄《坤·初六》、《六二》、《六三》、《六四》、

《六五》、《上六》。按：「直方」爲句，「大」爲句。觀《象傳》云「六二之動，直以方也」，可見。　荒亡行《泰・九二》。
亡亡桑《否・九五》。　光王《觀・六四》。　壯罔《大壯・九三》。　良望《歸妹・六五》。　筐羊《上六》。
望亡《中孚・六四》。　防戕《小過・九三》。　疆亨疆行常行慶疆《坤・象傳》。　行亨往行《小畜・
象傳》。　剛亨明《履・象傳》。　陽剛《否・象傳》。　明行亨《大有・象傳》。　亨明行《謙・象傳》。
亨明章行《噬嗑・象傳》。　亨剛亨往《賁・象傳》。　剛長象行《剥・象傳》。　亨行行長《復・象
傳》。　養養《頤・象傳》。　行往亨《大過・象傳》。　亨行長《遯・象傳》。　壯壯《大壯・象傳》。
上明行《晉・象傳》。　上行明行剛《睽・象傳》。　上行往亨行《損・象傳》。　疆光慶行疆方行
《益・象傳》。　剛光《夬・象傳》。　剛長章行《姤・象傳》。　亨慶行《升・象傳》。　當亡《萃・象傳》。
明行剛亨《鼎・象傳》。　行明《艮・象傳》。　當剛《歸妹・象傳》。　亨剛明《旅・象傳》。　行剛
《巽・象傳》。　亨行《小過・象傳》。　亨當《既濟・象傳》。　方光《坤・象傳》。　剛常《屯・象傳》。
明光長同上。　行常《需・象傳》。　長明《訟・象傳》。　常行當《師・象傳》。　傷上《比・象傳》。
明行當剛行當慶《履・象傳》。　當行當長《否・象傳》。　剛行《同人・象傳》。　當行剛亡長《豫・
象傳》。　當長當《臨・象傳》。　行剛當光當明《噬嗑・象傳》。　慶行《大畜・象傳》。　光上慶
《頤・象傳》。　罔往當詳長《大壯・象傳》。　行當慶光《晉・象傳》。　當剛行慶亡《睽・象傳》。
當明光長《夬・象傳》。　當光上《萃・象傳》。　明慶剛祥《困・象傳》。　當行同上。　剛當光行

喪《震・象傳》。　常當行良行筐《歸妹・象傳》。　當明行慶翔藏《豐・象傳》。　傷喪《旅・象傳》。當慶當光《兑・象傳》。　當上當長《中孚・象傳》。　當長上亢《小過・象傳》。　當行《未濟・象傳》。彰剛望《繫辭下傳》「君子知微知彰」三句。　方常行「初率其辭而揆其方」四句。　藏明行《乾・文言》。亡喪同上。　剛方常光行《坤・文言》。　慶殃同上。　陽剛章《説卦傳》。　剛行《雜卦傳》。

明明《書・皋陶謨》「天聰明」二句。　明良康「皋陶歌」。　陽漳《禹貢》「既修太原」四句。　喪亡《湯誓》「(詩)〔時〕日曷喪」二句。　明行昌《洪範》「無虐煢獨而畏高明」三句。　黨蕩「無偏無黨」二句。　行光王「是訓是行」二句。　章康「俊民用章」二句。

黄方《考工記・弓人》「鼠膠黑」四句。　强防党「維幹强之」五句。

彊慶《儀禮・士冠禮》三加祝辭。　芳祥忘醴辭。　慶彊三醮辭。　相常《士昏禮・記》父命子辭。

明行昌當明喪《大戴禮・禮三本》篇「日月以明」十句。　長攘《保傳》篇「習與智長」二句。　養緇傍「仁者養之」三句。　言揚行秉《曾子言事》篇「身言之」四句。　方明《曾子天圓》篇引夫子言。　强亡《武王踐阼》篇丹書言。　强枉同上。　傷長戒書楹銘。　杖杖觴豆銘。　兄往《衛將軍文子》篇「孝乎父而恭於兄」二句。　言明量方《五帝德》篇「生而神靈」九句。　皇王「承受大命」四句。　行陽《四代》篇「三德率行」二句。　明昌慶《虞戴德》篇「天事日明」四句。　祥昌長「昭天之福」六句。　昌臧《誥志》篇「國家之昌」二句。　行讓强《文王官人》篇「辨言而不顧行」三句。　張良常讓讓堂行張《投壺》篇「弓既平張」八句。

堂揚《禮記·曲禮上》「將上堂」二句。　羹羹「毋嚃羹」二句。　常章《曲禮下》「喪復常」二句。　仰放《檀弓上》「泰山其頹，則吾將安仰」五句。　行當行常《月令》「慶賜遂行」七句。　兵殃「不可以稱兵」二句。　量良「命工師令百工審五庫之量」三句。　方明望「毋用火南方」三句。　昌殃行湯疆「水潦盛昌」以下十一句。　裳長量常當當殃「乃命司服」以下十二句。　當饗「五者備當」二句。　疆竟粱裳「固封疆」七句。　房喪「地氣沮泄」五句。　香良「水泉必香」二句。　王上《曾子問》「天無二日」四句。　長養《禮運》「幼有所長」三句。　讓常殃康「刑仁講讓」六句。　望藏上鄉「故天望而地藏也」五句。　亨羊羹祥「然後退而合亨」六句。　養饗《禮器》「故天不生」四句。　陽明《郊特牲》「是故喪國之社屋之」四句。　相更《少儀》「怠則張而相之」二句。　行防《樂記》「政以行之」二句。　當昌祥當綱「子夏對魏文侯『夫古者，天地順而四時當』」六句。　商疆「且夫武始而北出」四句。　養享《祭義》「君子生則敬養」二句。　上愴「其氣發揚于上」二句。　象饗黨《仲尼燕居》「是故宮室得其度」八句。　象饗黨「宮室失其度」八句。　方將明《孔子閒居》「無聲之樂，日聞四方」六句。　王上《坊記》「天無二日」四句。　明强《中庸》「雖愚必明」二句。　行明「辟如四時之錯行」二句。　章亡「故君子之道闇然而日章」四句。　長上《表記》「是以不廢日月」五句。　傷亡《緇衣》「心以體全」四句。　鄉方「故君子之朋友有鄉」二句。　喪亡《問喪》「亡矣喪矣」二句。　悵愴「心悵焉愴焉」二句。　妄病《儒行》「今衆人之命儒也妄」二句。王肅讀至「妄」字絶句，今從之。　慶讓《射義》「數與於祭而君有慶」二句。　讓慶「不得與於祭者有讓」四句。

鏘姜昌卿京《左傳・莊二十二年》陳懿氏妻敬仲卜辭。　亡昌《閔二年》成季將生卜辭。　競病《僖七年》鄭孔叔引諺。　羊盂筐貺償相《十五年》晉獻公嫁伯姬於秦筮辭。　上堂《文二年》晉狼瞫引《周志》。賞殃《襄二十八年》叔孫穆子言。　翔廣《昭五年》叔孫穆子生筮辭。　黄裳《十二年》子服惠伯言。　商亡《二十六年》齊晏子引《詩》。　唐常方行綱亡《哀六年》孔子引《夏書》。　陽兵姜商《九年》晉趙鞅救鄭卜辭。　羊亡《十七年》衛侯夢于北宮卜辭。

綱上《周語中》單襄公引諺。　嘗傷《周語下》大子晉引人言。　行明《晉語三》慶鄭對惠公「下有直言」四句。　梁行《晉語四》董因對文公「歲在大梁」二句。　常剛行常《越語下》范蠡對王「因陰陽之恒」六句。　常荒荒王問范蠡「吾年既少」四句。　祥殃亡范蠡對王「彊索者不祥」五句。　荒荒常「王其且馳騁弋獵」六句。皇常行陽匡常行陽剛「天道皇皇」以下十五句。

行藏《論語・述而》「用之則行」二句。　卿兄《子罕》「出則事公卿」二句。

兄上《孟子・梁惠王上》「入以事其父兄」二句。　揚彊張光《滕文公下》引《太誓》。　亡鄉《告子上》引孔子曰「操則存」四句。

陽明藏英《爾雅・釋天・祥》。　相壯陽《月名》。

《楚辭》

英傷《離騷》。　裳芳同上。　荒章同上。　殃長同上。　當浪同上。　桑羊同上。　當芳同上。　央芳同上。　長芳同上。　行粻同上。　鄉行同上。　良皇琅芳漿倡堂康《九歌·東皇太一》。　芳英央光章《雲中君》。　望張上《湘夫人》。　堂房張芳衡同上。　翔陽坑《大司命》。　方桑明《東君》。　裳狼降漿翔行同上。　望蕩《河伯》。　行傷《國殤》。　明藏尚行《天問》。　揚光同上。　方桑同上。　堂臧同上。　尚匠同上。　饗喪同上。　臧羊同上。　兄長同上。　行將同上。　方狂同上。　將長同上。　亡嚴饗長同上。　長上彰同上。　杭旁《九章·惜誦》。　糧芳明身同上。　英光湘《涉江》。　陽傷同上。　當行同上。　亡行《哀郢》。　傷長《抽思》。　章明《懷沙》。　量臧同上。　强像同上。　將當《思美人》。　揚章同上。　長像《橘頌》。　傷倡忘長芳章芳晄羊明《悲回風》。　湯行同上。　行鄉陽英壯放《遠遊·重》。　行芒同上。　涼皇同上。　鄉行同上。　長明通《卜居》。　怳悢《九辯》，愴怳、懭悢爲韻。　霜藏横黄傷當佯將攘堂方明同上。　房颸芳翔明傷同上。　藏當光同上。　臧恙同上。　方祥《招魂》。　光張璜同上。　房光同上。　堂梁同上。　方梁行芳羹漿鶬爽餭鴹涼漿妨同上。　洋囊狂傷《大招》。　梁芳羹嘗同上。　張商倡桑同上。　皇鶬鵝翔同上。　昌章明當同上。　明堂鄉張讓王同上。

耕弟六 平上去

《詩經》

縈成《樛木》三章。　丁城《兔罝》一章。　定姓《麟之趾》二章。　盈成《鵲巢》三章。　星征《小星》一章，二章同。　盈鳴盈鳴《匏有苦葉》一章。　旌城《干旄》三章。　青瑩星《淇奥》二章。　清盈《溱洧》二章。　鳴盈鳴聲《鷄鳴》一章。　庭青瑩《著》二章。　名清成正甥《猗嗟》二章。　菁睘姓《杕杜》二章。　鳴苹笙《鹿鳴》一章。　平寧生《常棣》五章。　丁嚶《伐木》一章。　鳴聲聲生聽平同上。定騁《采薇》二章。　成征《六月》二章。　鳴旌驚盈《車攻》七章。　征聲成八章。　庭楹正冥寧《斯干》五章。　天定生寧酲成政姓《節南山》六章。　領騁七章。　平寧正九章。　程經聽争成《小旻》四章。　令鳴征生《小宛》四章。　生生《巧言》二章。　罄生《蓼莪》三章。　冥熲《無將大車》二章。　領屏《桑扈》二章。　營成《黍苗》四章。　平清成寧五章。　青生《苕之華》二章。　生楨寧《文王》三章。　成生《緜》九章。　屏平《皇矣》二章。　經營成《靈臺》一章。　聲聲寧成《文王有聲》一章。　正成七章。　靈寧《生民》二章。　涇寧清馨成《鳧鷖》一章。　鳴生《卷阿》九章。　屏寧城《板》七章。　刑聽傾《蕩》七章。　今政《抑》三章。　盈成十章。　牲聽《雲漢》一章。　天星嬴成正天寧八章。　營城成《崧高》四章。　平定争寧《江漢》二章。　霆驚《常武》三章。　平庭六章。　天寧定《瞻卬》一章。　成傾三章。　城城三章。　聲鳴聽成《有瞽》。　庭敬《閔予小子》。　馨寧《載芟》。　盈寧《良耜》。　成聲平聲聲《那》。　成平争《烈祖》。　聲靈寧生《殷武》五章。

羣經

井井井井瓶《易・井・彖辭》。　生生生《觀・六三》、《九五》、《上九》。　盈平《坎・九五》。　庭庭《節・初九》、《九二》。　元天形成天命貞寧《乾・彖傳》。　生貞盈寧《屯・彖傳》。　中成正淵《訟・彖傳》。　行正《同人・彖傳》。　盈信《坎・彖傳》。　生平情《咸・彖傳》。　成成情《恒・彖傳》。　正情《大壯・彖傳》。　正定《家人・彖傳》。　亨正命情《萃・彖傳》。　信正《萃・彖傳》。　成命人同上。　貞人《兑・彖傳》。　成民《節・彖傳》。　正民《屯・彖傳》。　聽正《需・彖傳》。　正敬《訟・彖傳》。　正命《臨・彖傳》。　正命正《晉・彖傳》。　井正成《井・彖傳》。　正聽《艮・彖傳》。　極正《未濟・彖傳》。　生成生《繫辭下傳》「日往則月來」九句。　名身「善不積」四句。　精生「男女搆精」二句。　平傾「危者使平」二句。　亨情《乾・文言》。　精情天平同上。　盈生《序卦傳》。　正定《雜卦傳》。

姓明《書・堯典》「平章百姓」二句。　成明《洪範》「百穀用成」二句。　成明寧「百穀用不成」四句。

正令《儀禮・士冠禮》三加祝辭。

名身《大戴禮・禮察》篇「善不積」四句。　成性《保傅》篇引孔子言，見九部。　成性「化與心成」二句。

名成《曾子言事》篇「行無求數有名」二句。　敬正《武王踐阼》篇丹書言。　靈名身《五帝德》篇「生而神靈，自言其名」四句。　情經平「皋陶作士」九句。　名省《誥志》篇「此無空禮」四句。　聲旃《投壺》篇「射者之聲」二句。　寧靈《公冠》篇祭地辭。　經刑《易本命》篇「東西爲緯」四句。

清省争《禮記·曲禮上》「冬温而夏清」三句。　聲形「聽於無聲」二句。　生鳴聲《月令》「小暑至」四句。　刑成鳴生榮「百官静，事母刑」六句。　平刑嬴「決獄訟」六句。　名誠情「物勒工名」五句。　寧性静定「君子齊戒」八句。　成貞《文王世子》引語。　情生《禮運》「先王以承天之道」四句。　聘正「達於喪祭射御冠昏朝聘」三句。　定生「故禮達而分定」二句。　正盈「四體既正」二句。　生成《禮器》「禮也者，反其所自生」二句。　盈人《少儀》「執虚如執盈」二句。　鳴鳴聲《學記》「叩之以小者則小鳴」四句。　成生經清平寧《樂記》「小大相成」九句。　情經「窮本知變」四句。　正定定聲子夏對魏文侯「紀綱既正」五句。　霆形生《孔子閒居》「地載神氣」四句。　情争《坊記》「無辭而行情」二句。　敬信《中庸》「故君子不動而敬」二句。　盛姓《表記》「牲牷禮樂齊盛」三句。　正清寧成生成正姓《緇衣》引《詩》「昔吾有先正」八句。　聲成「人苟或言之」四句。　敬正《儒行》「儒有居處齊難」四句。

幸幸《左傳·宣十六年》晉羊舌職引諺。　挺扃令定《襄公五年》引《詩》。

寧聽《周語下》伶州鳩對景王「神是以寧」二句。　城金伶州鳩引諺。　聽誠刑生貞傾《晉語三》國人誦。　成榮《晉語四》鄭叔詹引諺。　成生生成《越語下》范蠡對王「美惡皆成」六句。　正定「待其來者而正之」二句。　生刑「死生因天地之刑」二句。　生形成「人自生之」三句。　生形征成刑「逆節萌生」五句。　成形范蠡諫王「得時弗成」二句。

清纓《孟子・離婁上》引孺子歌。

生嬴成寧正《爾雅・釋天・祥》。

《楚辭》

名均《離騷》。　情聽同上。　正征同上。　征庭旌靈《九歌・湘君》。　青莖成《少司命》。　旍星正同上。　冥鳴《山鬼》。　聽刑《天問》。　營成傾同上。　營盈同上。　寧情同上。　情正《九章・惜誦》。　天名《哀郢》。　正聽《抽思・少歌》。　星營同上，《倡》。　盛正《懷沙》。　征零成情程《遠遊》。　榮人征同上，《重》。　耕名身生真人清楹《卜居》。　清輕鳴名貞同上。　清醒《漁父》。　清纓同上。　清清人新平生憐聲鳴征成《九辯》。　天名同上。　征生《招魂》。　靜定《大招》。　盛命盛定同上。

真第七 平上去

《詩經》

蓁人《桃夭》三章。　麟麟麟《麟之趾》二、三章。　蘋濱《采蘋》一章。　淵身人《燕燕》四章。　洵信《擊鼓》五章。　薪人《凱風》二章。　榛苓人人人《簡兮》四章。　天人天人《柏舟》二章。　零人田人淵千《定之方中》三章。　人姻信命《蝃蝀》三章。　天人天人天人《黍離》一、二、三章。　薪申《揚之水》一章。　田人人仁《叔于田》一章。　溱人《褰裳》一章。　薪人信《揚之水》二章。　顛令《東方未明》二章。　田人《甫田》一章，二章同。　令仁《盧令》一章。　粼命人《揚之水》三章。　薪天人人《綢繆》一章。　苓苓顛信《采苓》一章。　鄰顛令《車鄰》一章。　天人身天人身天人身《黃鳥》一、二、三章。　榛人人年《鳲鳩》四章。　薪年《東山》三章。　駰均詢《皇皇者華》五章。　田千《采芑》一章，二章同。　天千三章。　淵闐同上。　人人《鴻雁》三章。　天淵《鶴鳴》二章。　年溱《無羊》四章。　親信《節南山》四章。　電令《十月之交》三章。　天人七章。　天信臻身天《雨無正》三章。　天人人《小宛》一章。　人陳身人天《何人斯》三章。　翩人信《巷伯》三章。　天天人人五章。　薪人薪人《大東》三章。　天淵《四月》七章。　濱臣均賢《北山》二章。　盡引《楚茨》六章。　甸田《信南山》一章。　賓年三章。　田千陳人年《甫田》一章。　榛人《青蠅》三章。　命申《采菽》三章。　天臻矜《菀柳》三章。　田人《白華》三章。　薪人四章。　玄矜民《何草不黃》三章。　天新《文王》一章。　躬天七章。

天莘《大明》六章。　天人《棫樸》四章。　天淵人《旱麓》三章。　民嫄《生民》一章。　堅鈞均賢《行葦》五章。　民人天命申《假樂》一章。　天人命人《卷阿》八章。　人人《抑》九章。　旬民填天矜《桑柔》一章。　翩泯燼頻二章。　人人十章。　天人臻《雲漢》一章。　天神申《嵩高》一章。　田人三章。　身人《烝民》四章。　甸命命命《韓奕》一章。　人田命命年《江漢》五章。　田人《瞻卬》二章。　天人三章。　替引《召旻》五章。　命臣七章。「昔者先王受命，有如召公之臣」，「命」與「臣」爲韻。《唐石經》及明監本注疏，并脱去「者」、「之臣」三字。《關雎》正義云：「《詩》之見句六字者，『昔者先王受命，有如召公之臣』之類也。」《召旻·序》云：「旻，閔也，閔天下無如召公之臣也。」今補入。　天民《思文》。　人天《雝》。

羣經

身人《易·艮·彖辭》。　田人淵天人《乾·九二》、《九四》、《九五》。　翩鄰《泰·六四》。　鉉鉉《鼎·六五》、《上九》。　限夤身《艮·九三》、《六四》。　元天《坤·彖傳》。　新賢正賢天《大畜·彖傳》：「剛健篤實，煇光日新，其德剛上而尚賢。」王注以「煇光日新其德」爲句。釋文云：「鄭以『日新』絶句，『其德』連下句。」今從鄭，蓋剛健謂乾也，篤實謂艮也。凡物之弱且薄者，必不能久。惟其剛健篤實，是以煇光日新。此釋《大畜》之義，其德剛上而尚賢，能止健，大正也。此言其德之大正，乃釋「利貞」之義。「其德剛上而尚賢」，與「其德剛健而文明」句法正同。「煇光日新」，與下「正」、「賢」、「天」三韻正協。　人神《豐·彖傳》。　賓民平《觀·彖傳》。　身仁《復·

象傳》。　牽賓牽民正命吝《姤・象傳》。　臣身成《繫辭上傳》「君不密則失臣」三句。　順信賢「天之所助者順也」四句。　信身《下傳》「尺蠖之屈」四句。　天田《乾・文言》。　天田人同上。　人神同上。　親新信《雜卦傳》。　進親顛同上。

人民《書・皋陶謨》「在知人」二句。　臣鄰鄰臣「臣哉」四句。　偏平《洪範》「無黨無偏」二句。　天身神神《金縢》祝辭。

天田年引《儀禮・少牢饋食禮》嘏辭。

仁信敦《大戴禮・王言》篇「是故君先言於仁」三句。　人淵淵人《武王踐阼》篇戒書盥盤銘。　人信《衛將軍文子》篇「畏天而敬人」二句。　天民《五帝德》篇「養材以任地」四句。　天神雲「其仁如天」四句。　民親「畏天而愛民」二句。　親信「其仁可親」二句。　身民「舉皋陶與益以贊其身」二句。　人天年《盛德》篇「夫民思其德」六句。　天人成《誥志》篇引周太史言。　親人《文王官人》篇「自事其親」二句。　人天年《用兵》篇「夫民思其德」六句。　民年《公冠》篇成王冠辭。

堅辯《禮記・王制》「行僞而堅」二句。　令民《月令》「命相布德和令」三句。　天神《禮運》「是故夫禮必本於天」四句。　身天命「故政者，君之所以藏身也」五句。　仁神「祖廟所以本仁也」四句。　神命天「分而爲天地」六句。　變命《郊特牲》「左之右之」六句。　親命《祭義》「教以慈睦，而民貴有親」二句。　人身身天身《哀公問》「不能愛人」八句。　親天天親身「是故仁人之事親也，如事天」三句。　天人命幸《中庸》「上不怨天」四句。　人身仁「故爲政在人」四句。　身身親親人人天「故君子不可以不修身」七句。　天千「大哉聖人之道」六句。　天淵「溥博如天」二句。　仁淵天「肫肫其仁」三句。　仁民《表記》「以德報怨」四句。　親憐「賢則親之」二句。　親怨《儒行》「儒有内稱不辟親」二句。　新新新《大學》引湯盤銘。

民神《左傳·莊三十二年》虢史嚚引所聞。

佞田《晉語三》輿人誦。　天人身《越語下》范蠡對越王「此逆於天而不和於人」五句。　人天「天因人」二句。

信仁《穀梁傳·莊二十七年》「信其信」二句。

身信《論語·學而》「事君能致其身」三句。　命天《顔淵》子夏引所聞。　親人人《堯曰》「雖有周親」四句。

《楚辭》

轔天人《九歌·大司命》。　民嬪《天問》。　人身《九章·涉江》。　鎮人《抽思》。　願進同上，《亂》。　顛天《悲回風》。　天聞鄰《遠遊·重》。　天人千侁淵瞑身《招魂》。

諄弟八 平上去

《詩經》

詵振《螽斯》一章。 麠春《野有死麠》一章。 緡孫《何彼穠矣》三章。 門殷貧艱《北門》一章。 洒浼殄《新臺》二章。 奔君《鶉之奔奔》二章。 倩盼《碩人》二章。 隕貧《氓》四章。 漘昆昆聞《葛藟》三章。 啍璊奔《大車》二章。 順問《女曰雞鳴》三章。 門雲雲存巾員《出其東門》一章。 鰥雲《敝笱》一章。 輪漘淪囷鶉飧《伐檀》三章。 羣錞苑《小戎》三章。 恩勤閔《鴟鴞》一章。 晨煇旂《庭燎》三章。 羣犉《無羊》一章。 鄰云慇《正月》十二章。 先墐忍隕《小弁》六章。 艱門云《何人斯》一章。 塵疷《無將大車》一章。 雲雰《信南山》二章。 芹旂《采菽》二章。 門門《緜》七章。 慍問八章。 壼胤《既醉》六章。 亹熏欣芬艱《鳧鷖》五章。 訓順《抑》二章。 慇辰東痻《桑柔》四章。 川焚熏聞遯《雲漢》五章。 雲門《韓奕》四章。 訓刑《烈文》。 耘畛《載芟》。 芹旂《泮水》一章。 震戁《長發》五章。

羣經

文文《易・賁・象傳》。 君羣《否・象傳》。 炳蔚君《革・象傳》。 焚聞《旅・象傳》。 存門《繫辭上傳》「成性存存」二句。 緼醇《下傳》「天地絪緼」二句。

訓訓《書・洪範》「是彝是訓」二句。

純循《大戴禮・哀公問五義》篇「穆穆純純」二句。　聞孫《武王踐阼》篇戒書。　順刃《虞戴德》篇「故有子不事父」四句。　川民《五帝德》篇「使禹敷土」三句。

輪奐《禮記・檀弓下》「美哉輪焉」二句。　西巡《祭義》「日出於東」四句。　神先雲《孔子閒居》「清明在躬」六句。　珍犬《坊記》「食時不力珍」三句。　謹勉盡《中庸》「庸德之行」五句。　聘問《儒行》「儒有席上之珍以待聘」二句。　倦困《儒有博學而不窮》四句。

晨辰振旂賁焞軍奔《左傳・僖五年》晉卜偃引童謠。《晉語》同。

飯飧《越語下》王問范蠡引諺。

倩盼絢《論語・八佾》子夏引《詩》。　勉困《子罕》「喪事不敢不勉」二句。　勤分《微子》「四體不勤」二句。

《楚辭》

艱替《離騷》。　忍隕同上。　門雲《九歌・湘夫人》。　門雲塵《大司命》。　雲先《國殤》。　分陳《天問》。　賓墳同上。　鰥親同上。　云先言勝陵文同上。無「先」字者非。　貧門《九章・惜誦》。　聞忳同上。　忍軫同上。　還聞《悲回風》。　雰媛同上。　勤聞《遠遊》。　傳垠然存先門同上，《重》。　門冰同上。　温飧垠春《九辯》。　門先《招魂》。　分紛陳先同上。　先還先兕同上。　嗽存先《大招》。　雲神存昆同上。

元弟九　平上去

《詩經》

轉卷選《柏舟》三章。　鴈旦泮《匏有苦葉》三章。　簡簡《簡兮》一章。　干言《泉水》三章。　泉歎四章。　孌管《静女》二章。　展袢顏媛《君子偕老》三章。　反遠《載馳》二章。　僩咺諼僩咺諼《淇奥》二章。　澗寬言諼《考槃》一章。　垣關關漣關言言遷《氓》二章。　怨岸泮宴宴旦反六章。　乾歎歎難《中谷有蓷》一章。　館還粲館還粲館還粲《緇衣》一、二、三章。　園檀言《將仲子》三章。　慢罕《大叔于田》三章。　晏粲彥《羔裘》三章。　旦爛鴈《女曰雞鳴》一章。　言餐《狡童》一章。　墠阪遠《東門之墠》一章。　漙婉願《野有蔓草》一章。　渙蕑觀觀觀觀《溱洧》一、二章。　還閒肩儇《還》一章。　婉孌丱見弁《甫田》三章。　環鬈《盧令》二章。　孌婉選貫反亂《猗嗟》三章。　閒閑還《十畝之間》一章。　檀干漣廛貆餐《伐檀》一章。　粲爛旦《葛生》三章。　旃旃然言焉旃旃然言焉旃旃然言焉《采苓》一、二、三章。　園閑《駟驖》三章。　菅言《東門之池》三章。　蕑卷悁《澤陂》二章。　冠欒慱《素冠》一章。　婉孌《候人》四章。　泉歎《下泉》一章，二、三章同。　山山山山《東山》一、二、三、四章同。 遠踐《伐柯》二章。 原難歎《常棣》三章。 阪衍踐遠愆《伐木》三章。 嘽痯遠《杕杜》三章。 汕衎《南有嘉魚》二章。 安軒閑原憲《六月》五章。 園檀園檀《鶴鳴》一、二章。 干山《斯干》一章。 言言《雨無正》五章。 山泉言垣《小弁》八章。 言言《巧言》五章。 幡言遷《巷伯》四章。 泉歎《大東》三章。 熯愆孫《楚茨》四章。 翰憲《桑扈》三章。 霰見宴《頍弁》三章。 樊言《青蠅》一章。 筵秩《賓之初筵》一章。 筵恭反幡遷僊三章。 言言五章。 返遠《角弓》一章。 遠然二章。 菅遠《白華》一章。 燔獻《瓠葉》二章。 援羨岸《皇矣》五章。 泉原六章。 閑言連安八章。 垣翰《文王有聲》四章。 原繁宣歎巘原《公劉》二章。 泉原三章。 泉單原五章。 館亂鍛六章。 澗澗同上。 安殘綣反諫《民勞》五章。 板癉然遠管亶遠諫《板》一章。 難憲二章。 藩垣翰七章。 旦衍八章。 顔愆《抑》七章。 言行九章。 難遠十二章。 翰蕃宣《嵩高》一章。 番嘽翰憲七章。 完蠻《韓奕》六章。 宣翰《江漢》四章。 嘽翰漢《常武》五章。 簡反反《執競》。 涣難《訪落》。 騆燕《有駜》三章。 山丸斷遷虔梴閑安《殷武》六章。

羣經

桓邅班班漣《易·屯·初九》、《六二》、《六四》、《上六》。 皤翰《賁·六四》。 園戔《六五》。 反連《蹇·九三》、《六四》。 變孌面《革·九五》、《上六》。 干言《漸·初六》。 磐衎《六二》。 難前

《蹇・象傳》。　順實巽順《蒙・象傳》。　顛亂《履・象傳》。　實顛顛亂《泰・象傳》。　變巽《家人・象傳》。　亂變巽《萃・象傳》。　巽顛亂《漸・象傳》。　順顛《渙・象傳》。　變顛《中孚・象傳》。

言蘭《繫辭上傳》「同心之言」二句。　變倦《下傳》「通其變」二句。　遠遷「易之爲書也不可遠」二句。　言見

言遷「八卦以象告」五句。　爛反《雜卦傳》。　緩難同上。

膞縣《考工記・瓬人》「器中膞」二句。　彈蜎摶《廬人》「句兵欲無彈」四句。　弦環環《弓人》「欲宛而無負弦」三句。

言衍鞶《儀禮・士昏禮・記》庶母命女辭。

然善《大戴禮・哀公問五義》篇「百姓淡然」二句。　貫然《保傅》篇引孔子曰：「少成若天性，習貫如自然。」「成」與「性」韵，「貫」與「然」韵。今本作「習貫之爲常」，後人改之也。考盧辨注云：「少教成之，若天性自然。」是其證。盧注又引《周書》「習之爲常，自氣而始」二句，以證「少成習貫」之義，而後人遂以注改經，謬矣。考《漢書・賈誼傳》、《新書・保傅》篇竝作「習貫如自然」，「習貫」二字連讀，「如自然」三字連讀。若改作「習貫之爲常」，便不成語，且句法與「少成若天性」不對，而韵亦不諧矣。　殘然《武王踐阼》篇戒書楹銘。　安煩《文王官人》篇「質色皓然固以安」二句。

善散遷《禮記・曲禮上》「愛而知其惡」四句。　前安顏言「虛坐盡後」六句。　飯飯「毋摶飯」二句。

斑卷《檀弓下》原壤歌。　鼉黿《月令》「命漁師伐蛟」四句。　安顯《禮運》「故百姓則君以自治也」三句。　遠短《樂記》「故其治民勞者」四句。　旦患《坊記》引《詩》「相彼盍旦」二句。　忿倦怨「從命不忿」三句。　難賤

《表記》「事君軍旅不辟難」二句。　亂難《緇衣》引《兑命》「事煩則亂」二句。　倦變亂《射義》序點揚觶而語。　建援《左傳·文五年》臧文仲言。　睅皤《宣二年》：「宋城者謳：睅其目，皤其腹。」睅、皤爲韵，目、腹爲韵。　旦顯《昭三年》晉叔向引讒鼎銘。　愆言《四年》鄭子産引《詩》。　卵蝝《魯語上》里革引古訓。　反閒《越語下》范蠡對王「時將有反」二句。　閒反「事無閒」二句。　然遷范蠡諫王「天節固然」二句。　遠反遠「天節不遠」四句。　安言焉《論語·學而》「君子食無求飽」四句。　反遠《子罕》逸《詩》。　傳倦《子張》「孰先傳焉」二句。　見散《孟子·梁惠王下》「父子不相見」二句。　見散同上。　媛彦《爾雅·釋訓》「美女爲媛」二句。

《楚辭》

然安《離騷》。　反遠同上。　遷盤同上。　淺翩閒《九歌·湘君》。　蘭言湲《湘夫人》。　閒蔓閒《山鬼》。　反遠《國殤》。　暖寒言《天問》。　拚安遷同上。　變遠《九章·(偕)〔惜〕誦》。　伴援同上。　言然同上。　遠壇《涉江·亂》。　愆遷《哀郢》。　霰見同上。　反遠同上。　聞患亡完《抽思》。　摶爛《橘頌》。　仙延《遠遊》。　漧歎《九辯》。　姦安軒山連寒湲蘭筵瓊《招魂》。　矊閒同上。　蜒蜿騫躬《大招》。　安延言同上。　賦亂變譔同上。　曼顏安同上。　媔嗎娟便同上。

歌弟十　平上去

《詩經》

皮紽蛇蛇《羔羊》一章。　蛇蛇二章，三章同。　沱過過歌《江有汜》三章。　爲何爲何爲何《北門》一、二、三章。　離施《新臺》三章。　河儀它《柏舟》一章。　珈委佗河宜何《君子偕老》一章。　瑳瑳三章。　皮儀儀爲《相鼠》一章。　猗磋磨《淇奥》一章。　阿薖歌過《考槃》二章。　左瑳儺《竹竿》三章。　離靡我我《黍離》一章，二、三章同。　羅爲罹吪《兔爰》一章。　麻嗟嗟施《丘中有麻》一章。宜爲《緇衣》一章。　加宜《女曰雞鳴》二章。　吹和《蘀兮》一章。　何何《南山》三章，四章同。　左我《有杕之杜》一章。　何何多何何多何何多《晨風》一、二、三章。　我嗟《權輿》一章，二章同。　差原麻娑《東門之枌》二章。　池麻歌《東門之池》一章。　陂荷何爲沱《澤陂》一章。　陂爲二章，三章同。　縭儀嘉何《東山》四章。　錡吪嘉《破斧》二章。　何何《伐柯》一章。　柯柯二章。　何何《采薇》四章。鯊多《魚麗》一章。　多嘉四章。　椅離儀《湛露》四章。　莪阿儀《菁菁者莪》一章。　駕猗馳破《車攻》六章。　何羆蛇《斯干》六章。　羆蛇七章。　地裼瓦儀議羅九章。　阿池訛《無羊》二章。　猗何瘥多嘉嗟《節南山》二章。　河他《小旻》六章。　罹何何《小弁》一章。　掎扡佗七章。　何多何《巧言》六章。　禍我可《何人斯》二章。　哆侈《巷伯》二章。　議爲《北山》六章。　左左宜《裳裳者華》四章。　難那《桑扈》三章。　羅宜《鴛鴦》一章。　何嘉他《頍弁》一章。　俄傞《賓之初筵》四章。　嘉儀同上。　阿難何《隰桑》一章。　阿何《緜蠻》一章。　波沱他《漸漸之石》三章。　峩宜《棫樸》三章。阿池《皇矣》六章。　賀佐《下武》六章。　何嘉儀《既醉》四章。　沙宜多嘉爲《鳧鷖》二章。　阿歌《卷阿》一章。　多馳多歌十章。　儀嘉磨爲《抑》五章。　嘉儀八章。　寇可詈歌《桑柔》十六章。　何何《韓奕》三章。　皮羆六章。　犧宜多《閟宮》三章。　猗那《那》。　祁河宜何《玄鳥》。

羣經

離歌嗟《易・離・九三》。　沱嗟《六五》。　和靡《中孚・九二》。　罷歌《六三》。　過離《小過・上六》。　爲嘉《革・象傳》。　義何《鼎・象傳》。　何過何《小過・象傳》。　地宜《繫辭下傳》「仰則觀象於天」四句。　化宜「神而化之」二句。

脞惰墮《書・皋陶謨》皋陶歌。　頗義《洪範》「無偏無頗」二句。

嘉宜《儀禮・士冠禮》字辭。

跛差詈《大戴禮・保傅》篇「立而不跛」四句。跛，本或作跂，非。　施化《曾子天圓》篇引夫子言。　義過《武王踐阼》篇戒書弓銘。　地義《五帝德》篇：「養材以任地，履時以象天，依鬼神以制義，治氣以教民。」地、義爲韻，天、民爲韻。

倚垂垂委《禮記・曲禮下》「主佩倚」四句。　義過《禮運》「以著其義」三句。　麻皮「未有絲麻，衣其羽皮」，麻與皮爲韻。今本作「未有麻絲」，則韻不相協。按自「及其死也」至「是謂大祥」，皆用韻之文，無此二句獨不用韻之理。考《家語・問禮》篇作「未有絲麻」，下文「治其麻絲」，《家語》亦作「治其絲麻」。然則今本作「麻絲」，皆傳寫之誤，今從《家語》。　地義「命降於社之謂殽地」二句。　左坐《郊特牲》：「左之右之，坐之起之。」左、坐爲韻，右、起爲韻。　施宜《仲尼燕居》「官得其體」四句。　施宜「官失其體」四句。　左義《表記》「仁者右也」四句。　慢僞《儒行》「其大讓如慢」二句。　和爲「道塗不爭險易之利」四句。　義戲「言加信」四句。

皮多那《左傳・宣二年》宋華元謂役人。　皮何役人答。　何多羅《襄八年》鄭子駟引《周詩》。

蛇何《吳語》申胥諫王「爲虺弗摧，爲蛇將若何」句，各兩韻。

爲墮《公羊傳・僖二十一年》宋襄公言。

皮科《論語・八佾》「射不主皮」二句。　隨騧《微子》周八士名。

《楚辭》

他化《離騷》。 蘂纚同上。 離虧同上。 差頗同上。 可我同上。 化離同上。 馳蛇同上。 被離爲《九歌·大司命》。 何虧爲同上。 池阿歌《少司命》。 河波螭《河伯》。 阿羅《山鬼》。 爲化《天問》。 加虧同上。 施化同上。 多隳何同上。 歌地同上。 宜嘉同上。「嘉」作「喜」者,非。 嘉嗟施何同上。 儀虧《九章·抽思》。 化爲《思美人》。 過地《橘頌》。「失過」或作「過失」,誤。 儀爲《悲回風》。 馳蛇《遠游·重》。 麾波同上。 移波釃爲《漁父》。 化何《九辯》。 瑕加同上。 蛇池荷波陀羅歌籬爲《招魂》。 羅歌荷酡波奇離同上。 暴罷麾施爲《大招》。「苛暴」疑當作「暴苛」。

《古韻譜》卷下

支弟十一 平上去入〔二〕

《詩經》

支觿觿知《芄蘭》一章。 斯知《墓門》一章。 枝知《隰有萇楚》一章。 斯提《小弁》一章。 伎雌枝知五章。 易知祇《何人斯》六章。 篪知斯七章。 卑疧《白華》八章。 篪圭攜《板》六章。

羣經

知爲《禮記・儒行》「静而正之」四句。

危埤《晉語八》秦醫龢引所聞。

《楚辭》

離知《九歌・少司命》。　訾斯咿兒《卜居》「哫訾(栗)〔粟〕斯，喔咿儒兒」爲韵，「突梯滑稽，如脂如韋」爲韵。　佳規施卑移《大招》。

《詩經》

適益謫《北門》二章。　翟髢揥皙帝《君子偕老》二章。　簀錫璧《淇奥》三章。　提辟揥刺《葛屨》二章。　甓鷊惕《防有鵲巢》二章。　鵙績《七月》三章。　局蹐脊蜴《正月》六章。　帝易《文王》六章。　辟剔《皇矣》二章。　績辟《文王有聲》五章。　埸積《公劉》一章。　益易辟辟《板》六章。　帝辟帝辟《蕩》一章。　解易辟《韓奕》一章。　幭戹二章。　刺狄《瞻卬》五章。　解帝《閟宫》三章。　辟績辟適解《(股)〔殷〕武》三章。

羣經

益擊《易·益》上九。　易適《繫辭下傳》「上下无常」四句。

解阤《大戴禮·誥志》篇「山不崩解」二句。

晳役《左傳·襄十七年》宋築者謳。　是是《昭七年》孟僖子引《正考父鼎銘》。　繫睨《哀十三年》吴申叔儀乞糧辭。

《楚辭》

隘績《離騷》。　畫歷《天問》。　解締《九章·悲回風》。　積擊策迹適惄適迹益同上。　軶迹《卜居》。　適惕策益《九辯》。　嗌役瀝惕《大招》。

至弟十二　去入

《詩經》

實室《桃夭》二章。　袺襭《芣苢》三章。　七吉《摽有梅》一章。　曀曀嚏《終風》三章。　葛節日《旄丘》一章。　日室栗漆瑟《定之方中》一章。　日疾《伯兮》三章。　實噎《黍離》三章。　室穴日《大車》三章。　栗室即《東門之墠》二章。　日室室即《東方之日》一章。　漆栗瑟日室《山有樞》三章。

七吉《無衣》一章。　日室《葛生》五章。　漆栗瑟耋《車鄰》二章。　穴慄穴慄穴慄《黄鳥》一、二、三章。　韠結一《素冠》三章。　實室《隰有萇楚》三章。　七一一結《鳲鳩》一章。　子室《鴟鴞》一章。

實室《東山》二章。　垤室室至三章。　弔質《天保》五章。　實日《杕杜》一章。　至恤四章。　徹逸《十月之交》八章。　血疾室《雨無正》一章。　恤至《蓼莪》三章。　珌室《瞻彼洛矣》二章。　設逸《賓之初筵》一章。　抑怭秩三章。　實吉結《都人士》三章。　瓞漆穴室《緜》一章。　淢匹《文王有聲》三章。　栗室《生民》五章。　抑秩匹《假樂》三章。　密即《公劉》六章。　毖恤《桑柔》五章。　挃栗比

櫛室《良耜》。　駜駜《有駜》一章，二、三章同。

羣經

日日《易・蠱・彖辭》。　泥至血穴穴《需・九三》、《六四》、《上六》。　實疾即《鼎・九二》。　實血《歸妹・上六》。　日日《巽・(五)九〔五〕》。　吉失《需・象傳》：「需于血，順以聽也。」「酒食貞吉，以中正也。」「不速之客來，敬之終吉。雖不當位，未大失也。」按：「失」與「聽」、「正」音不相協。「敬之終吉」下當有「也」字，而以「失」與「吉」爲韵。《困・象傳》云：「來徐徐，志在下也。雖不當位，有與也。」句法正與此同。《象傳》無連三句不用「也」字者。又於《訟》於《比》於《小畜》於《隨》，皆以吉、失爲韵。以是明之。　吉失《訟・象傳》。　吉失《比・象傳》。　吉失室《小畜・象傳》。　吉失《隨・象傳》。　失節《家人・象傳》。　實節《蹇・象傳》。　實節《鼎・象

傳》。　吉節《未濟・象傳》。

節潔節《大戴禮・誥志》篇「齋戒必敬」六句。

至室《禮記・月令》「寒氣總至」二句。　室閉「審門閭」三句。

節節節《左傳・成十五年》曹子臧引前志。

一失《越語下》范蠡對王「唯地能包萬物以爲一」二句。

畢橘《爾雅・釋天・月陽》。

《楚辭》

節日《九歌・東君》。　抑替《九章・懷沙》。　匹程同上,《亂》。　一逸《遠遊》。　瑟慄《九辯》蕭瑟、憭慄爲韵,泬寥、寂寥爲韵,憯悽、增欷爲韵,愴怳、懭悢爲韵。　日瑟《招魂》。

脂弟十三 平上去入〔四〕

《詩經》

萋飛喈《葛覃》一章。　歸私衣三章。　嵬隤罍懷《卷耳》二章。　藟綏《樛木》一章。　枚飢《汝墳》一章。　祁歸《采蘩》三章。　薇悲夷《草蟲》三章。　靁違歸歸《殷其靁》一章,二、三章同。　微衣飛《柏舟》五章。　飛歸《燕燕》一章，二、三章同。　靁懷《終風》四章。　飛懷《雄雉》一章。　菲違《谷風》一章。　遲違畿二章。　微微歸微微歸《式微》一、二章。　敦遺摧《北門》三章。　喈霏歸《北風》二章。　煒美《静女》二章。　荑美三章。　頎衣妻姨私《碩人》一章。　荑脂蠐犀眉二章。　懷懷歸懷懷歸懷懷歸《揚之水》一、二、三章。　懷畏懷畏懷畏《將仲子》一、二、三章。　衣歸《丰》四章。　淒喈夷《風雨》一章。　晞衣《東方未明》二章。　崔綏歸歸懷《南山》一章。　衣衣《無衣》一章，二章同。　萋晞湄躋坻《蒹葭》二章。　衣師《無衣》一章，二章、三章同。　遲飢《衡門》一章。　衣悲歸《素冠》二章。　隮飢《候人》四章。　蓍師《下泉》三章。　遲祁悲歸《七月》二章。　山歸山歸山歸山歸《東山》一、二、三、四章。　歸悲衣枚一章。　畏懷二章。　飛歸四章。　衣歸悲《九罭》四章。　騑遲歸悲《四牡》一章。　騑歸二章。　威懷《常棣》二章。　薇薇歸歸《采薇》一章，二、三章同。　騤依腓五章。　依霏遲飢悲哀六章。　遲萋喈祁歸夷《出車》六章。　萋悲萋悲歸《杕杜》二章。　纍綏《南有嘉魚》三章。　晞歸《湛露》一章。　棲騤《六月》一章。　焞雷威《采芑》四章。　飛躋《斯干》四章。　師氏維毗迷師《節南山》三章。　夷違五章。　微微哀《十月之交》一章。　威罪罪《雨無正》一章。　訛哀違依底《小旻》二章。　威罪《巧言》一章。　麋階《巧言》六章。　媿畏《何人斯》三章。　萋斐《巷伯》一章。　積懷遺《谷風》二章。　嵬萎怨三章。　淒腓歸《四月》二章。　薇桋哀八章。　喈湝悲回《鼓鐘》二章。　尸歸遲私《楚茨》五章。　茨坻《甫田》四章。　萋祁私《大田》三章。　茨師《瞻彼洛矣》一章。　摧綏《鴛鴦》四章。　幾幾《車（牽）〔舝〕》三章。　維葵膍戾《采菽》五章。　枚回《旱麓》六章。　齊媚《思齊》一章。　惟脂《生民》七章。　罍歸《泂酌》二章。　飛飛《卷阿》七、八章。　萋喈九章。　懠毗迷尸屎葵資師《板》五章。　壞畏七章。　咨咨咨咨咨咨咨《蕩》二、三、四、五、六、七、八章。　騤夷黎哀《桑柔》二章。　資疑維階三章。　推雷遺遺畏摧《雲漢》三章。　郿歸《崧高》六章。　騤喈齊歸《烝民》八章。　回歸《常武》六章。　罪罪《瞻卬》二章。　鴟階三章。　幾悲六章。　追綏威夷《有客》。　飛歸《有駜》二章。　枚回依遲《閟宮》一章。　違齊遲躋遲祇圍《長發》三章。

羣經

尸次師尸《易·師·六三》、《六四》、《六五》。　稊妻《大過·九二》。　咨洟《萃·上六》。　蒺妻《困·六三》。　次資次《旅·六二》、《九三》。　違時《乾·文言》。

畏威《書·臯陶謨》「天明畏」二句。

貴歸壞《大戴禮·哀公問五義》篇「日選於物」六句。　尸齊《曾子事父母》篇「若夫坐如尸」二句。　遠微《五帝德》篇「聰以知遠」二句。　回夷「其言不忒」五句。　濟回「敏給克濟」二句。濟，《家語》作「齊」。

尸齊《禮記·曲禮上》「若夫坐如尸」二句。　衰階隧「毀瘠不形」四句。　積壞萎《檀弓上》孔子歌。　緌衰《檀弓下》「蠶則績而蟹有匡」三句。　齊粢《月令》「秫稻必齊」三句。　分歸《禮運》「男有分」二句。　違遲悲《孔子閒居》「無聲之樂，氣志不違」六句。　歸畏《中庸》「柔遠人則四方歸之」四句。　威愧《儒行》「大則如威」二句。　稽楷推「儒有今人與居」七句。

罪罪《左傳・桓十年》虞叔引周諺。　威壞《文七年》晉郤缺引《夏書》。　水瑰歸歸懷《成十七年》聲伯夢歌。　淮坻師《昭十二年》晉侯投壺辭。

攴壞壞攴《周語下》衛彪傒引《周詩》。　威懷歸違哀微依妃《晉語三》國人誦。　虺摧《吴語》申胥諫王「爲虺弗摧，爲蛇將若何」句，各兩韻。

哀追《論語・微子》楚狂接輿歌。

《楚辭》

幃祇《離騷》。　雷蛇懷歸《九歌・東君》。　歸懷《河伯》。　懷肥《天問》。　依譏同上。　哀嵬《九章・涉江》。　懷悲《遠遊》。　妃歌夷蛇飛徊同上，《重》。　梯稽脂韋《卜居》。「突梯滑稽」、「如脂如韋」爲韻。　哀歸《九辯》。　悽欷同上。「憯悽增欷」爲韻。　歸悲同上。　歸棲哀肥同上。　哀悲同上。　冀欷同上。

《詩經》

尾燬燬邇《汝墳》三章。　瀰鷕《匏有苦葉》二章。　體死《谷風》一章。　薺弟二章。　泲瀰弟姊《泉水》二章。　泚瀰鮮《新臺》一章。　玼玼《君子偕老》二章。　指弟《蝃蝀》一章。　體禮禮死《相鼠》三章。　濟閟《載馳》二章。　藟弟《葛藟》一章，二、三章同。　水弟《揚之水》一章，二章同。　唯水《敝笱》一章。　濟瀰弟《載驅》二章。　弟偕死《陟岵》三章。　火衣《七月》一章。　火衣二章。　火葦三章。　尾几《狼跋》一章。　韡弟《常棣》一章。　偕近邇《杕杜》四章。　鱧旨《魚麗》二章。　旨偕五章。　泥弟弟豈《蓼蕭》三章。　矢兕醴《吉日》四章。　水隼弟《（沔）〔沔〕水》一章。　水隼二章。　七砥矢履視涕《大東》一章。　穉火《大田》二章。　穉穧三章。　旨偕《賓之初筵》一章。　禮至二章。　尾豈《魚藻》二章。　弟弟《角弓》三章。　濟弟《旱麓》一章。　葦履體泥《行葦》一章。　弟爾几二章。　依濟几依《公劉》四章。　秭醴妣禮皆《豐年》。　濟秭醴妣禮《載芟》。

羣經

濟尾《易・未濟・彖辭》。　視履履尾《履・六三》、《九四》。　胏矢《噬嗑・九四》。　藟卼《困・上六》。　娣履視娣《歸妹・初九》、《九二》、《六三》。　利濟《繫辭下傳》「臼杵之利」二句。　枳濟死《考工記》「橘踰淮而北爲枳」三句。

視履稽《大戴禮・四代》篇「天道以視」三句。　死牝《易本命》篇「高者爲生」四句。　指尾《禮記・曲禮上》「車中不廣欬」四句。　禮禮《曲禮下》「居喪未葬」四句。　死鬼《祭義》「衆生必死」三句。　禮利《坊記》「先財而後禮」二句。　水醴《表記》「故君子之接如水」二句。　示死致《儒行》「儒有聞善以相告也」六句。　視指《大學》引曾子言。　弟禮死《射義》公罔之裘揚觶而語。　尾幾《左傳・文十七年》鄭子家引古人言。

《楚辭》

死體《天問》。　底雉同上。　濟示《九章・懷沙》。　涕弭《遠遊・重》。　濟至死《九辯》。　偕毀弛同上。

《詩經》

肄棄《汝墳》二章。　塈謂《摽有梅》三章。　出卒述《日月》四章。　潰肄塈《谷風》六章。　紕四畀《干旄》一章。　遂悸遂悸《芄蘭》二章。　穗醉《黍離》二章。　季寐棄《陟岵》二章。　比佽比佽《杕杜》一、二章。　鴥鬱《晨風》一章。　棣檖醉《晨風》三章。　萃訊《墓門》二章。　薈蔚《候人》四章。　旆瘁《出車》二章。　涖率《采芑》一章，二、三章同。　佽柴《車攻》五章。　惠戾屆闋《節南山》五章。

滅戾勩《雨無正》二句。　退遂瘁訊答退四章。　出瘁五章。　嘒渒届寐《小弁》四章。　蔚瘁《蓼莪》二章。　律弗卒六章。　穗利《大田》三章。　醉醉《賓之初筵》三章。　醉醉醉同上。　出出四章。　渒嘒駟届《采菽》二章。　愛謂《隰桑》四章。　卒没出《漸漸之石》二章。　妹渭《大明》五章。　對季季《皇矣》三章。　類比四章。　類致八章。　茀仡肆忽拂同上。　旆穟《生民》四章。　匱類《既醉》五章。　位塈《假樂》四章。　溉塈《泂酌》三章。　類懟對内《蕩》三章。　疾戾《抑》一章。　寐内四章。　僾逮《桑柔》六章。　隧類對醉悖十三章。　疾届《瞻卬》一章。　類瘁五章。

羣經

退遂《易・大壯・上六》。　遂饋《家人・六二》。　謂内《臨・象傳》。　貴類悖《頤・象傳》。　位愛謂《家人・象傳》。　内貴《蹇・象傳》。　位退悖《解・象傳》。　悖貴《鼎・象傳》。　位快逮《旅・象傳》。　位氣《説卦傳》。　逮悖氣物同上。　内類退《雜卦傳》。

醉愛《大戴禮・文王官人》篇「乞言勞醉」二句。　類悖「言行不類」二句。

退對《禮記・曲禮上》「不謂之進不敢進」三句。　對退「先生與之言則對」二句。　歠骨骨「毋流歠」五句。　大位《月令》「命太尉贊傑俊」五句。　味氣「薄滋味」四句。　匱遂「四方來集」五句。　内出「命百官貴賤無不務内」三句。　位利《禮運》「故祭帝於郊」四句。　悖佛《學記》「其施之也悖」二句。　内位《祭義》

「以別外内」二句。　物物《哀公問》「仁人不過乎物」二句。　惚愾《問喪》「惚焉愾焉」二句。
浡忽《左傳・莊十一年》臧文仲言。　蔽萃匱《成九年》引《詩》。
骨猾捽《晉語一》獻公伐驪戎卜辭。　物利《越語下》范蠡對王「生萬物」三句。　世位王問范蠡「先人就世」二句。　弼出骨「信讒喜優」四句。
突忽《論語・微子》周八士名。
類萃《孟子・公孫丑上》引有若言。

《楚辭》

繼味飽《天問》。　慨邁《九章・哀郢》。　汩忽《懷沙・亂》。　喟謂愛類同上。　至比《悲回風》。

祭第十四　去入

《詩經》

掇捋《芣苢》二章。　蕨惙説《草蟲》二章。　伐茇《甘棠》一章。　敗憩二章。　拜説三章。　脱悦吠《野有死麕》三章。　闊説《擊鼓》四章。　闊活五章。　厲揭《匏有苦葉》一章。　舝邁衛害《泉水》

三章。　逝害《二子乘舟》二章。　活濊發揭孽朅《碩人》四章。　説説《氓》三章。　朅桀《伯兮》一章。　厲帶《有狐》二章。　月佸桀括渴《君子于役》二章。　葛月《采葛》一章。　艾歲三章。　達闕月《子衿》三章。　月闥闥發《東方之日》二章。　桀怛《甫田》二章。　外泄逝《十畝之間》二章。　逝邁外蹶《蟋蟀》二章。　逝邁《東門之枌》三章。　肺晢《東門之楊》二章。　發偈怛《匪風》一章。　閲雪説《蜉蝣》三章。　祋芾《候人》一章。　發烈褐歲《七月》一章。　烈渴《采薇》二章。　艾晣噦《庭燎》二章。　噲噦《斯干》五章。　結厲滅威《正月》八章。　艾敗《小旻》五章。　邁寐《小宛》四章。　烈發害《蓼莪》五章。　舌揭《大東》七章。　烈發害《四月》三章。　秣艾《鴛鴦》三章。　舝逝渴括《車舝》一章。　愒瘵邁《菀柳》二章。　撮髮説《都人士》二章。　厲蠆邁四章。　外邁《白華》五章。　世世《文王》二章。　拔兑駾喙《緜》八章。　翳栵《皇矣》二章。　拔兑三章。　伐絶八章。　月達害《生民》二章。　軷烈歲七章。　翽藹《卷阿》七章，八章同。　愒泄厲敗大《民勞》四章。　蹶泄《板》二章。　揭害撥世《蕩》八章。　舌逝《抑》六章。　舌外發《烝民》三章。　惠厲瘵《瞻卬》一章。　奪説二章。　竭竭害《召旻》六章。　穀活達傑《戴芟》。　穀活《良耜》。　茷噦大邁《泮水》一章。　大艾歲害《閟宫》五章。　撥達達越發烈截《長發》二章。　旆鉞烈曷蘖達截伐桀六章。

羣經

曳掣劓《易・睽・六三》。　刖紱説《困・九五》。　渫洌《井・九三》、《九五》。　厲貝《震・六二》。　沛沫《豐・九三》。　發大害《坤・象傳》。　外敗《需・象傳》。　竄掇《訟・象傳》。　外大際《泰・象傳》。　害敗害晢《大有・象傳》。　際大歲《坎・象傳》。　外害《咸・象傳》。　害大末説同上。　外大位害《涣・象傳》。　奪伐《繫辭上傳》「小人而乘君子之器」四句。　契察《下傳》「上古結繩而治」四句。　大廢「其道甚大」二句。

乂藝《書・禹貢》「淮沂其乂」二句。

折絶《考工記・輈人》「輈欲弧而無折」二句。　達絀利《弓人》「恒角而達」三句。　達絀利同上。　發綳綳綳「爲（拊）〔柎〕而發」四句。

大月物《大戴禮・哀公問五義》篇「故其事大」五句。　伐殺《曾子大孝》篇「草木以時伐焉」二句。　廢世《武王踐阼》篇丹書言。　害大戒書楹銘。　殺折《衛將軍文子》篇「啓蟄不殺」二句。　孛竭《誥志》篇「則日月不食」五〔句〕〔五〕。

撥蹶越《禮記・曲禮上》「衣母撥」五句。　泄達《月令》「生氣方盛」四句。　蓋閉泄「土事母作」六句。　勸列藝《禮運》「以四時爲柄，故事可勸也」六句。　藝説《少儀》「士依於德」四句。　伐殺《祭義》引曾子曰「樹木以時伐焉」二句。　害悖《中庸》「萬物並育而不相害」二句。　勸鉞「是故君子不賞而民勸」二句。　末奪《大學》「外本內末」二句。　外泄《左傳・隱元年》鄭武姜賦。　制利《越語下》范蠡對王「必有以知天地之恒制」二句。　蔽察埶「後無陰蔽」三句。　達适《論語・微子》周八士名。　慧勢《孟子・公孫丑上》引齊人言。　察歠決《盡心上》「不能三年之喪」四句。

《楚辭》

刈穢《離騷》。　蔽折同上。　艾害同上。　枻雪末絶《九歌・湘君》。　裔澨逝蓋《湘夫人》。　帶逝際《少司命》。　蠆達《天問》。　越活同上。　害敗同上。　摯罰説同上。　汏滯《九章・涉江》。　歲逝《抽思・倡》。　發達《思美人》。　厲衛《遠遊・重》。　月達《九辯》。　帶介慨邁穢敗昧同上。　沬穢《招魂》。

盍第十五　入

《詩經》

葉涉《匏有苦葉》一章。　葉韘韘甲《芄蘭》二章。　業捷《采薇》四章。　業捷及《烝民》七章。

葉業《長發》七章。

羣經

法接《易・蒙・象傳》。

楚辭

甲接《九歌・國殤》。　接涉《九章・哀郢》。

緝弟十六　入

《詩經》

揖蟄《螽斯》三章。　及泣《燕燕》二章。　溼泣泣及《中谷有蓷》三章。　合軜邑《小戎》二章。　隰及《皇皇者華》一章。　合翕《常棣》七章。　濈溼《無羊》一章。　入入《何人斯》六章。　集合《大明》四章。　楫及《棫樸》三章。　輯洽《板》二章。

羣經

合洽《大戴禮·禮三本》篇「天地以合」二句。

法合《禮記·儒行》「忠信之美」四句。

《楚辭》

急立《離騷》。　悒急《天問》。　入集洽合《九辯》。

之弟十七　平上去〔入〕

《詩經》

絲治訧《緑衣》三章。　霾來來思《終風》二章。　思來《雄雉》三章。　淇思姬謀《泉水》一章。　異貽《静女》三章。　尤思之《載馳》四章。　蚩絲絲謀淇丘期媒期《氓》一章。　思哉六章。　淇思之《竹竿》一章。　期哉塒來思《君子于役》一章。　佩思來《子衿》二章。　鋂偲《盧令》三章。　哉其之之思哉其之之思《園有桃》一、二章。　期之《小戎》二章。　梅裘哉《終南》一章。　思之佩《渭陽》二章。　梅絲絲騏《鳲鳩》二章。　貍裘《七月》四章。　騏絲謀《皇皇者華》三章。　來又《南有嘉魚》四章。　臺萊基期《南山有臺》一章。　來期思《白駒》三章。　來來《無羊》一章。　來來三章。　時謀萊矣《十月之交》五章。　膴謀《小旻》五章。　箕謀《巷伯》二章。　丘詩之七章。　裘試《大東》四章。梅尤《四月》四章。　期時來《頍弁》二章。　能又時《賓之初筵》二章。　呶僛郵四章。　（牛）〔求〕哉《黍(苗)〔離〕》二章。　膴飴謀龜時茲《緜》三章。　絲基《抑》九章。　之之十章。　之之《韓奕》四章。　時茲《召旻》五章。　牛右《我將》。　之之思哉茲《敬之》。　紑俅基牛鼒《絲衣》。　駓騏伾期才《駉》二章。

羣經

災牛災《易・无妄・六三》。　龜頤《頤・初九》。　來思《咸・九四》。　期時《歸妹・九四》。　丘思《渙・六四》。　治事始《蠱・彖傳》。　時時《損・彖傳》。　志富載疑《小畜・象傳》。　志備祐《大有・象傳》。　疑尤喜志《賁・象傳》。　災尤載用《剥・象傳》。　志富災之試災《无妄・象傳》。災尤志喜《大畜・象傳》。　災志僛事否志疑《遯・象傳》。　待尤之《蹇・象傳》。　志志疑喜祐志《損・象傳》。　事來之志之志辭來《益・象傳》。　志喜疑事志富《升・象傳》。　之志《革・象傳》。之尤《鼎・象傳》。　災志事用《豐・象傳》。　災尤《旅・象傳》。　疑治《巽・象傳》。　疑志《兑・象傳》。　僛疑時來久《既濟・象傳》。　來能謀能《繫辭下傳》「象事知器」六句。　事試治災治《乾・文言》。　時災來怠《雜卦傳》。

時來之《儀禮・士冠禮》醮辭。

時財時《大戴禮・武王踐阼》篇戒書牖銘。　時萊《五帝德》篇「羲和掌歷」四句。　任治《五帝德》篇「舉舜彭祖而任之」二句。　時財能《公冠》篇成王冠辭。

思辭哉《禮記・曲禮上》引《曲禮》。　時時疑《月令》「乃勸種麥」四句。　裘箕《學記》「良（治）〔冶〕之子」四句。　事志治《樂記》「總干而山立」六句。　來能《中庸》「送往迎來」二句。　國時來「繼絶世」五句。　再極謀《儒行》「過言不再」四句。　事之志「程功積事」四句。

姬旗丘《左傳・僖十五年》晉獻公嫁伯姬於秦筮辭。　每謀《二十八年》晉輿人誦。　思思來《宣二年》宋城者謳。　裘駘《襄四年》國人誦。　謀志哉《昭十二年》南蒯鄉人言。　埋謀之《哀五年》齊萊人歌。

疑基《晉語四》鄭叔詹引諺。　時滋志《越語下》范蠡對王「不亂民功」六句。　怠來災之范蠡諫王「得時無怠」六句。

疑尤《論語・爲政》「多聞闕疑」三句。　志思《子張》「博學而篤志」二句。

基時《孟子・公孫丑上》引齊人言。

《楚辭》

能佩《離騷》。　時態同上。　茲詞同上。　佩詒同上。　之之同上。　異佩同上。　疑之同上。　媒疑同上。　茲沫同上。　待期同上。　來思《九歌・湘君》。　辭旗《少司命》。　狸旗思來《山鬼》。　謀之《天問》。　牛來同上。　尤之期之同上。　肬之《九章・惜誦》。　志咍同上。　尤之同上。　持之《哀郢》。　時丘之同上，《亂》。　期志《抽思》。　思媒同上，《亂》。　貽詒《思美人》。　詒志同上。　之啚期同上。　能疑同上。　詩疑娭治之否欺思之尤之《惜往日》。　廚牛之同上。　之疑辭之同上。　右期《悲回風》。　怪來《遠遊》。　疑浮同上，《重》。　思事意異《九辯》。　之之同上。　之之之之同上。　都鬋駓牛災《招魂》。

《詩經》

采友《關雎》四章。　否母《葛覃》三章。　苢采苢有《芣苢》一章。　苢苢二章，三章同。　趾子《麟之趾》一章。　沚事《采蘩》一章。　子止止《草蟲》一章，二、三章同。　汜以以悔《江有汜》一章。　矣李子《何彼襛矣》二章。　裏矣已《綠衣》一章。　子否否友《匏有苦葉》四章。　沚以《谷風》三章。　久以《旄丘》二章。　子耳四章。　齒止止俟《相鼠》二章。　右母《竹竿》二章。　背痗《伯兮》四章。　李玖《木瓜》三章。　涘母母有《葛藟》二章。　李子子玖《丘中有麻》三章。　子里杞母《將仲子》一章。洧士《褰裳》二章。晦已子喜《風雨》三章。畝母《南山》三章。子已止《陟岵》一章。屺母二章。子子《綢繆》一章，二、三章同。好食好食《有杕之杜》一、二章同。采已涘右沚《蒹葭》三章。有止《終南》一章，二章同。鯉子《衡門》三章。已矣《墓門》一章。耜趾子畝喜《七月》一章。止杞母《四牡》四章。子子《出車》五章。杞母《杕杜》三章。鯉有《魚麗》三章。有時六章。子子《南山有臺》一章，二、四、五章同。杞李子母子已三章。載喜右《彤弓》二章。沚子喜《菁菁者莪》二章。里子《六月》二章。喜祉久友鯉在友六章。芑畝試《采芑》一章。止試三章。有俟友右子《吉日》三章。海止友母《（沔）〔沔〕水》一章。士止《祈父》二章。仕子已殆仕《節南山》四章。載載《正月》九章。士宰史氏《十月之交》四章。里痗八章。仕殆使子使友《雨無正》六章。止否《小旻》五章。采子負子似《小宛》三章。梓止母裏在《小弁》三章。祉已《巧言》二章。子子《巷伯》七章。恥久母恃《蓼莪》三章。子子子《大東》四章。紀仕有《四月》六章。杞子事母《北山》一章。止起《楚茨》五章。理畝《信南山》一章。畝耔薿止士《甫田》一章。止子畝喜右否畝有敏三章。戒事耜畝《大田》一章。止子畝喜四章。矣止矣止矣止《瞻彼洛矣》一、二、三章。右右有有似《裳裳者華》四章。子子《頍弁》一章，二章同。友喜《車（舝）（舝）》一章。否史恥怠《賓之初筵》五章。子子《采菽》三章。子子右四章。子子五章。士改《都人士》一章。食誨載食誨載食誨載《緜蠻》一、二、三章。時右《文王》一章。已子子士二章。止子子四章。　涘止子《大明》四章。　止右理畝事《緜》四章。　母婦《思齊》一章。　造士五章。

悔祉子《皇矣》四章。　芑仕謀子《文王有聲》八章。　祀子敏止《生民》一章。　祀子二章。　字翼三章。　秠芑秠畝芑負祀六章。　時祀悔八章。　士士子八章。　紀友士子《假樂》四章。　理有《公劉》六章。　茲饎子母《泂酌》一章。　茲子二章，三章同。　止士使子《卷阿》七章。　式止晦《蕩》五章。　時舊七章。　友子《抑》六章。　李子八章。　子否事耳子十章。

子止謀悔十二章。　里喜能忌《桑柔》十章。　紀宰氏右止里《雲漢》七章。　子止八章。　事式《崧高》二章。　子止里《韓奕》四章。　理海《江漢》七章。　子似祉四章。　子已六章。　誨寺《瞻卬》三章。　倍事四（事）〔章〕。　富忌五章。　茂止《召旻》四章。　里里舊七章。　鮪鯉祀福《潛》。

祀子《雝》。　祉母同上。　子疚《閔予小子》。　士子止《敬之》。　以饁婦士耜畝《載芟》。　耜畝《良耜》。　始有子《有駜》三章。　子祀耳《閟宮》三章。　喜母士有祉齒八章。　有殆子子《玄鳥》。

里止海同上。　子士《長發》七章。

羣經

事事《易·小過·彖辭》。　字字《屯·六二》。　否否喜《否·上九》。　悔悔《豫·六三》。　趾耳《噬嗑·初九》、《上九》。　福母《晉·六二》。　友喜《損·六三》、《六四》。　悔悔《困·上六》。　趾否子《鼎・初六》。　道已始《恒・彖傳》。　子婦《家人・彖傳》。　始咎《繫辭下傳》「懼以終始」二句。　起止始《雜卦傳》。　久止同上。

喜起熙《書・皋陶謨》帝舜歌。　事紀《洪範》「初一曰五行」四句。

備字《儀禮・士冠禮》字辭。　事嗣《士昏禮・記》父命子辭。

始鼇里《大戴禮・禮察》篇引《易》。　史事《保傅》篇引鄙語。　理鼇里始引《易》。　第母「兩者不等」二句。　負趾否《曾子制言上》篇「行則爲人負」三句。　有使《中》篇「土地之厚」四句。　使事《衛將軍文子》篇引晏平仲言。　謀事《五帝德》篇「洪淵以有謀」二句。　祀海「絜誠以祭祀」二句。　誨事穆俟時士「取地之財而節用之」八句。按：《史記・五帝紀》：「其色郁郁，其德嶷嶷。」《索隱》按：「《大戴禮》郁作穆，嶷作俟。」今本《大戴禮》亦作「其色郁郁，其德嶷嶷」，蓋後人以《史記》之文改之。從《索隱》所引爲是。　友海時「好學孝友」五句。　里海《勸學》篇「假車馬者」四句。　志士「是故君子靖居恭學」四句。　里海「是故不積跬步」四句。　志事「是故無憤憤之志者，無昭昭之明；無緜緜之事者，無赫赫之功。」志、事爲韵，明、功爲韵。　戴事嬉《誥志》篇「天曰作明」六句。　能事「民之動能」二句。　餌久子《用兵》篇引《詩》。

齒醢《禮記・曲禮上》「毋刺齒」二句。　起始道理紀《月令》「兵戎不起」五句。　備事事「耕者少舍」五句。　事氣待事「毋舉大事」四句。　市賄事「易關市」四句。　紀始使「日窮於次」七句。　子已禮紀子婦里已起《禮運》「各親其親」以下十六句。　祀事「五祀，所以本事也」。　史侑右「王前巫而後史」三句。　事志《禮器》「是故先王之制禮也以節事」二句。　右起《郊特牲》「左之右之」二句。　事志《學記》引「記官先事」二句。　右子《樂記》「五成而分，周公左，召公右」二句。王肅讀「六成復綴以崇天子」爲句，今從之。　始氂里《經解》引《易》。　起海子《孔子閒居》「無聲之樂，氣志既起」六句。　祀右《中庸》「使天下之人」五句。　志事「善繼人之志」二句。　試事「日省月試」二句。　載幬「辟如天地之無不持載」二句。　疚志「故君子內省不疚」二句。

友右《左傳·閔二年》成季將生卜辭。　子止《僖二十五年》衛禮至銘。　誨殖嗣《三十年》鄭輿人誦。　祀事《昭元年》周劉定公語。　食志祐秦醫龢言。《晉語》同。　怠久《三年》晉叔向引《讒鼎銘》。　杞子鄙恥已已士《十二年》南蒯鄉人歌。

閱里《周語中》富辰引人言。　起始《越語下》范蠡對王「人事不起，弗爲之始」二句。　起始「人事不起，而創爲之始」二句。　已市「如此不已」二句　紀止「贏縮以爲常」四句。

宰海《穀梁傳·僖九年》「天子之宰」二句。

宰海《三十年》，同上。

殆悔《論語·爲政》「多見闕殆」三句。　徙改《述而》「聞義不能徙」二句。　已已殆《微子》楚狂接輿歌。

海子《孟子·梁惠王上》「故推恩足以保四海」二句。　事使《公孫丑上》「非其君不事」二句。　海母「苟能充之」四句。　事友「伯夷非其君不事」二句。　戒子《滕文公上》母戒女辭。　事使《萬章下》「非其君不事」

二句。

《楚辭》

在茝《離(驅)〔騷〕》。　畝芷同上。　茝悔同上。　悔醢同上。　在理同上。　汜晦里《天問》。　子在同上。　在里同上。　趾在止同上。　止殆同上。　止子同上。　子婦同上。　市姒佑弑同上。「弑」作「殺」者，非。　識喜同上。　祐喜同上。　恃殆志態《九章·惜誦》。　旨醢《涉江》。　鄙改《懷沙》。　怪態采有同上。　佩異態竢出《思美人》。　志喜《橘頌》。　異喜同上。　友理同上。　恃止《悲回風》。　紀止同上。　意事《卜居》。　止醢里《招魂》。　里止同上。止里久同上。　怪備代同上。　海理阯海士《大招》。

《詩經》

得服側《關雎》三章。　革緎食《羔羊》二章。　側息《殷其靁》二章。　側特慝《柏舟》二章。　麥北弋《桑中》二章。　麥極《載馳》四章。　極德《氓》四章。　側服《有狐》三章。　麥國國食《丘中有麻》二章。　飾力直《羔裘》二章。　食息《狡童》二章。　克得得極《南山》四章。　襋服《葛屨》一章。棘食國極《園有桃》二章。　輻側直穡億特食《伐檀》二章。　麥德國國國直《碩鼠》二章。　翼棘稷食極《鴇羽》二章。　棘域息《葛生》二章。　棘息息特《黄鳥》一章。　翼服息《蜉蝣》二章。　翼服《候人》二章。　棘忒忒國《鳲鳩》三章。　穋麥《七月》七章。　克得《伐柯》一章。　福食德《天保》五章。　疚來《采薇》三章。　翼服戒棘五章。　牧來載棘《出車》一章。　載來疚《杕杜》四章。　棘德《湛露》三章。　飭服熾急國《六月》一章。　則服二章。　翼服服國三章。　翼奭服革《采芑》一章。　菑特富異《我行其野》三章。　翼棘革《斯干》四章。　特克則得力《正月》七章。　輻載意十一章。　食食《十月之交》二章。　德國《雨無正》一章。　克富又《小宛》二章。　蜮得極側《何人（期）〔斯〕》八章。　食北《巷伯》六章。　德極《蓼莪》四章。　來疚《大東》二章。　載息三章。　來服四章。　息國《北山》四章。　息直福《小明》五章。　棘稷翼億食祀侑福《楚茨》一章。　祀食福式稷敕極億四章。　備戒告五章。　翼彧穡食《信南山》三章。　螣賊《大田》二章。　祀黑稷祀福四章。　翼福《鴛鴦》二章。　棘極國《青蠅》二章。　福德《賓之初筵》四章。　識又五章。　息暱極《菀柳》一章。　翼德《白華》七章。　側極《緜蠻》三章。　翼國《文王》三章。　億服四章。　德福六章。　翼福國《大明》三章。　直載翼《緜》五章。　載備祀福《旱麓》四章。　國國《皇矣》一章。　德色革則七章。　亟來囿伏《靈臺》二章。　式則《下武》三章。　德服四章。　北服《文王有聲》六章。　匐嶷食菽《生民》四章。　背翼福《行葦》八章。　德福《既醉》一章。　子德《假樂》一章。　福億二章。　翼德翼則《卷阿》五章。　息國極慝德《民勞》三章。　克服德力《蕩》二章。　國德德側四章。　告則

《抑》二章。 德止賊則八章。 國忒德棘十二章。 穡食穡食《桑柔》六章。 賊國力七章。 極背克力十五章。 德直國《崧高》八章。 則德《烝民》一章。 德則色翼式力二章。 疚棘極《江漢》三章。 德國六章。 戒國《常武》一章。 翼測克國五章。 塞來六章。 忒背極慝識織《瞻卬》四章。 富疚《召旻》五章。 稷極《思文》。 德則《泮水》四章。 德服馘五章。 稷福穋麥國穡《閟宮》一章。 忒稷三章。 熾富背試五章。 國福《殷武》四章。 翼極五章。

羣經

載子克《易・大有・九二》、《九三》。 得疑簪《豫・九四》。 纆棘得《坎・上六》。 翼食《明夷・初九》。 食來祀《困・九二》。 食食惻汲福食《井・初六》、《九三》、《九五》。 革塞食《鼎・九三》。 得克戒福《既濟・六二》、《九三》、《六四》、《九五》。 忒服《豫・象傳》。 忒服《觀・象傳》。 革息得革《革・象傳》。 福則《震・象傳》。 昃食息《豐・象傳》。 克則直克得《同人・象傳》。 牧得服則服得國《謙・象傳》。 得德則《蠱・象傳》。 食則得意息國則《明夷・象傳》。 得直福《困・象傳》。 惻福《井・象傳》。 福則《震・象傳》。 得戒同上。 塞極《節・象傳》。 革德極則《乾・文言》。 食色伏飭《雜卦傳》。

極德《書・洪範》「次五曰建用皇極」二句。 福極「次九曰嚮用五福」二句。 直革穡「木曰曲直」三句。　極極福極極德極「五皇極」以下十一句。　色德福極「而康而色」四句。　側直極極「無反無側」四句。

德直克克直克克克福食食國忒「六三德」以下十八句。

極國則《考工記·栗氏》量銘。　食福《梓人》祭侯辭。

服德福《儀禮·士冠禮》始加祝辭。　服德福再加祝辭。　服德三加祝辭。

司職《大戴禮·哀公問五義》篇「若天之司」二句。　覆誡《保傅》篇引鄙語。　直黑《曾子制言上》篇「蓬生麻中」四句。　服德《武王踐阼》篇戒書劍銘。　急服《五帝德》篇「順天之義」五句。　穀食「使后稷播種」三句。　惑慝「其言不惑」二句。　來德《勸學》篇「榮辱之來」二句。　直得《子張問入官》篇「故枉而直之」二句。

治貸治集繆福服德《虞戴德》篇「是以天下平而國家治」九句。　福穡德「昭天之福，迎之以祥；作地之穡，制之以昌；興民之德，守之以長。」福、穡、德爲韵，祥、昌、長爲韵。　色德《誥志》篇「民之（妃）〔悲〕色」二句。　富治「天作仁」三句。　力服極德「是故不賞不罰」八句。　載置《投壺》篇「質參既設」四句。　食福祭侯辭。

祿或服德德極《公冠》篇漢昭帝冠辭。按：「六合之内，靡不蒙德。」今本脱「蒙」字，「德」字又誤作「息」，蓋古「德」字作「悳」，與「息」相近，故誤。今據《後漢禮儀志》注所引《博物記》訂正。

德息《禮記·檀弓上》「君子之愛人也以德」二句。　飭直惑《月令》「田事既飭」三句。　力福「命四監大合百縣之秩芻，以養犧牲」五句。　得貸「火齊必得」四句。　職極服則《禮運》「故禮行於郊，而百神受職焉」四句。　克福《禮器》引孔子曰「我戰則克」二句。　志得克福《郊特牲》「求服其志」四句。　極則服《祭義》「因物之精」六句。　得翼國《孔子閒居》「無聲之樂，氣志既得」六句。　色德《中庸》「去讒遠色」二句。　惑疑《緇衣》「是故邇者不惑」二句。　德伏《儒行》「儒有澡身而浴德」二句。

類異《左傳・成四年》季文子引史佚之志。　力德《襄三十一年》衛北宮文子引《周書》。　色飾極《昭十二年》子服惠伯言。

國德《魯語上》子叔聲伯引所聞。　德食《晉語一》郭偃引《商銘》，「嗛嗛之德」與「嗛嗛之食」韵。　置置德服《晉語二》秦公子縶引所聞。　稷殖《晉語四》鄭叔詹引諺。　服國《鄭語》史伯引童謡。　德力食殛《越語下》范蠡對王「彼其上將薄其德」四句。

色力《論語・學而》「賢賢易色」二句。　賚富《堯曰》「周有大賚」二句。

食食息慝《孟子・梁惠王下》引晏子言。　來直翼得德《滕文公上》引放勳言。

極德直力服急息德毒忒食告則慝職鞫《爾雅・釋訓》「子子孫孫」以下三十二句。　則塞極《釋天・月陽》。

《楚辭》

服則《離騷》。　息服同上。　節服同上。　極服同上。　極翼同上。　極息側《九歌・湘君》。

極識《天問》。　得殛同上。　億極同上。　極得同上。　惑服同上。　牧國同上。　戒代同上。

服直《九章・惜誦》。極得《哀郢》。北域側得息《抽思・倡》。默鞠《懷沙》。戒得《惜往日》。佩好代意置載備異再識同上。服國《橘頌》。默得《悲回風》。得則《遠遊》。息德同上，《重》。翼食《卜居》。息軾得惑極直《九辯》。食得德極同上。食得極賊《招魂》。代意同上。絶測凝極《大招》。

魚弟十八 平上去入

《詩經》砠瘏痡吁《卷耳》四章。華家《桃夭》一章。罝夫《兔罝》一章，二、三章同。居御《鵲巢》一章。露夜露《行露》一章。牙家三章。華車《何彼襛矣》一章。葭豝乎虞乎虞《騶虞》二章。居諸《柏舟》五章。居諸《日月》一章，二、三、四章同。故露《式微》二章。虛邪且虛邪且狐烏車虛邪且《北風》一、二、三章。旟都《干旄》二章。瓜琚《木瓜》一章。蒲許《揚之水》三章。路袪惡故《遵大路》一章。車華琚都《有女同車》一章。蘇華都且《山有扶蘇》一章。闍荼荼且藘娛《出其東門》二章。著素華《著》一章。圃瞿夜莫《東方未明》三章。洳莫度度路《汾沮洳》一章。莫除居瞿《蟋蟀》一章。袪居故《羔裘》一章。夜居《葛生》四章。乎渠餘乎輿《權輿》一章。乎乎輿二章。華家《隰有萇楚》二章。瓜壺苴樗夫《七月》六章。据荼租瘏家《鴟鴞》三章。胡膚《狼跋》一章。　胡膚瑕二章。　華夫《皇皇者華》一章。　家帑圖乎《常棣》八章。　固除庶《天保》一章。　作莫家故居故《采薇》一章。　華車四章。　華塗居書《出車》四章。　牙居《祈父》一章。　野樗故居家《我行其野》一章。　野故二章。　除去芋《斯干》三章。　魚旟魚旟《無羊》四章。　徒夫《十月之交》四章。　慮圖辜鋪《雨無正》一章。　都家七章。　且辜幠《巧言》一章。　幠辜同上。　舍車盱《何人斯》五章。　廬瓜菹《信南山》四章。　譽射《車舝》二章。　蒲居《魚藻》三章。　餘旟盱《都人士》五章。　狐車《何草不黃》四章。　徒家《緜》五章。　瑕入《思齊》四章。　椐柘路固《皇矣》二章。　去呱訏路《生民》三章。　呼夜《蕩》五章。　度虞《抑》五章。　去故莫虞怒《雲漢》六章。　租屠壺魚蒲車且胥《韓奕》三章。　居譽五章。　車旟舒鋪《江漢》一章。　惡斁夜譽《振鷺》。　沮魚《潛》。　鰕魚祛邪徂《駉》四章。

羣經

虞舍《易・屯・六三》。　車徒《賁・初九》。　膚魚輿廬《剥・六四》、《六五》、《上九》。　穫畬《无妄・六二》。　牙衢《大畜・六五》、《上九》。　華夫譽《大過・九五》。　孤夫膚孤塗車弧弧《睽・九四》、《六五》、《上九》。　譽故《蹇・初六》、《六二》。　膚且《夬・九四》。　魚膚且魚瓜《姤・九二》、《九三》、《九四》、《九五》。　徐車《困・九四》。　魚虛《中孚・彖傳》。　罟漁《繫辭下傳》「作結繩而爲罔罟」二句。　慮塗慮慮「天下何思何慮」四句。　居虛「變動不居」二句。　度懼故「其出入以度」三句。　譽懼「二多譽」二句。　居著《雜卦傳》。

豬居敷《書・禹貢》「彭蠡既豬」五句。　家辜《洪範》「汝弗能使有好于而家」二句。　惡路「無有作惡」二句。

衺荼《考工記・弓人》「析幹必倫」三句。

傅慮《大戴禮・保傅》篇「成王有知」四句。　虛無《曾子制言上》篇「良賈深藏如虛」二句。　魚徒《子張問入官》篇「故水至清則無魚」二句。　攫距駒圖《誥志》篇「鷙獸忘攫」六句。　虞懼《文王官人》篇「營之以物而不虞」二句。　珠虛《易本命》篇「蚌蛤龜珠」二句。

呼舍固《禮記・曲禮上》「登城不指」四句。　顧慮顧固《曲禮下》「輟朝而顧」五句。　芽孤《月令》「安萌芽」三句。　布索「毋燒灰」四句。　作度固《禮運》「降於山川之謂興作」三句。　車御「天子以德爲車」二句。　倨矩《樂記》「倨中矩，句中鈎」，倨、矩爲韵，句、鈎爲韵。　稼漁《坊記》「故君子仕則不稼」二句。

瑕家《左傳・閔元年》晉士蔿引諺。　去餘狐《僖十五年》秦伯伐晉筮辭。　孤弧姑逋家虛晉獻公嫁伯姬於秦筮辭。　汙瑕垢《宣十五年》晉伯宗引諺。　詐虞楚盟宋辭。　家夫《襄四年》晉魏絳引虞箴。

懼怒《昭二十六年》齊子車言。　豬豭《定十四年》宋野人歌。　虛瓜夫辜《哀十七年》衛侯夢渾良夫譟。

吾烏枯《晉語二》優施歌。　詐賂《晉語三》輿人誦。　虛居《晉語四》晉董因對文公「實沈之居」二句。

圖車《越語下》王問范蠡「吾百姓之不圖」二句。

無虛《論語・泰伯》「有若無」二句。

豫助豫度《孟子・梁惠王下》引晏子引夏諺。

如余且《爾雅・釋天・月名》。　辜涂同上。

《楚辭》

度路《離騷》。　路步同上。　狐家同上。　迎故同上。　車疏同上。　都居同上，《亂》。

華居疏《九歌・大司命》。　錯洿故《天問》。　衢居如同上。　故懼同上。　情路《九章・惜誦》。又「莫察余之中情」，《集注》云：「中情，當作善惡。由《離騷》一句差互，故此亦因之耳。」　璐顧圃《涉江》。　如

居同上。　如蕪《哀郢》。　姑徂《抽思・亂》。　故慕《懷沙》。　暮故同上。　錯懼同上，《亂》。

度路《思美人》。　度暮故同上。　紆娛居《悲回風》。　都如《遠遊》。　居戲霞除同上，《重》。　予

居都閭同上。　路度同上。　顧路同上。　錯路御去舉《九辯》。　躍衙同上。　絡呼居《招魂》。

夜錯假賦故居同上。　姱都娛舒《大招》。　假路慮同上。

《詩經》

楚馬《漢廣》二章。　筥釜《采蘋》二章。　下女三章。　下處《殷其靁》二章。　渚與與處《江有汜》二章。　茹據愬怒《柏舟》二章。　羽野雨《燕燕》一章。　土處顧《日月》一章。　處馬下《擊鼓》三章。　下苦《凱風》三章。　羽阻《雄雉》一章。　雨怒《谷風》一章。　處與《旄丘》二章。　舞處《簡兮》一章。　俣舞虎組二章。　虛楚《定之方中》二章。　雨母《蝃蝀》二章。　組五予《干旄》二章。　雨雨《伯兮》三章。　楚甫《揚之水》二章。　滸父父顧《葛藟》一章。　野馬馬武《叔于田》三章。　馬組舞舉虎所女《大叔于田》一章。　射御二章。　楚女女《揚之水》一章。　鱮雨《敝笱》二章。　岵父《陟岵》一章。　鼠鼠黍女顧女土土土所《碩鼠》一章。　鼠鼠女女二章，三章同。　楚户者者《綢繆》三章。　杜湑踽父《杕杜》一章。　羽栩盬黍怙所《鴇羽》一章。　楚野處《葛生》一章。　苦苦下與《采苓》二章。　楚虎禦《黄鳥》三章。　鼓下夏羽《宛丘》二章。　栩下《東門之枌》一章。　紵語《東門之池》二章。　顧予《墓門》二章。　馬野《株林》二章。　羽楚處《蜉蝣》一章。　股羽野宇户下鼠户子處《七月》五章。　圃稼七章。　雨土户予《鴟鴞》二章。　野下《東山》一章。　宇户二章。　羽馬四章。　渚所處《九罭》二章。　馬盬處《四牡》二章。　下栩盬父三章。　許藇羜父顧《伐木》二章。　湑酤鼓舞暇湑三章。　盬處《采薇》三章。　杜盬《杕杜》一章，二章同。　湑寫語處《蓼蕭》一章。　茹穫《六月》四章。　鼓旅鼓旅《采芑》三章。　午馬麌所《吉日》二章。　羽野寡《鴻雁》一章。　野渚

《鶴鳴》一章。栩黍處父《黄鳥》三章。祖𡍩户處語《斯干》二章。雨輔予《正月》九章。馬處《十
月之交》四章。土沮《小旻》一章。扈寡《小宛》五章。怒沮《巧言》二章。者謀虎《巷伯》六章。
雨女予《谷風》一章。父怙《蓼莪》二章。夏暑予《四月》一章。下土《北山》二章。土野暑苦雨
罟《小明》一章。除莫庶暇顧怒二章。處與女四章。祖祜《信南山》四章。鼓祖雨黍女《甫
田》二章。湑寫寫處《裳裳者華》一章。扈羽胥祜《桑扈》一章。扈胥二章。女舞《車（舝）〔舝〕》
三章。湑寫四章。楚旅《賓之初筵》一章。鼓奏祖二章。語羖五章。筥予予馬予黼《采
菽》一章。股下紓予三章。鱮鱮者《采緑》四章。御旅處《黍苗》三章。虎野暇《何草不黄》三
章。𡨦祖《文王》五章。旅野女《大明》七章。父馬滸下女宇《緜》二章。怒旅旅祜下《皇矣》
五章。許武祜《下武》五章。御斝《行葦》三章。渚處湑脯下《鳧鷖》三章。野處旅語《公劉》三
章。羽羽《卷阿》七、八章。怒豫《板》八章。宇怒處圉《桑柔》四章。沮所顧助祖予《雲漢》四
章。馬土《崧高》五章。下甫《烝民》一章。若賦二章。茹吐甫茹吐寡禦五章。舉圖舉助
補六章。土訏甫噳虎《韓奕》五章。滸虎土《江漢》三章。士祖父戎《常武》一章。父旅浦土
處緒二章。武怒虎虜浦所四章。黍稌《豐年》。瞽瞽虡羽鼓圉奏舉《有瞽》。祜嘏《載見》。
客客馬且旅馬《有客》。伯旅《載芟》。且且同上。女筥黍《良耜》。馬野者馬野者馬野
者馬野者《駉》一、二、三、四章。鷺下舞《有駜》一章。武祖祜《泮水》四章。黍秬土緒《閟宫》一章。

武緒野虞女旅功父子魯宇輔二章。　祖女三章。　瑕魯許宇八章。　鼓祖假《那》。　祖祜所酤《烈祖》。　武楚阻旅所緒《殷武》一章。

羣經

雨處《易・小畜・上九》。　輔序《艮・六五》。　處斧《旅・九四》。　下若《巽・九二》。　下斧《上九》。　土下《離・象傳》。　下與女《咸・象傳》。　下與《恒・象傳》。　所與《艮・象傳》。　下普《乾・象傳》。　與下《隨・象傳》。　下與下《剥・象傳》。　下與輔下《大過・象傳》。　處下《咸・象傳》。　下與《困・象傳》。　下舍與《井・象傳》。　雨暑女《繫辭上傳》「鼓之以雷霆」六句。　處語「或出或處」二句。　馬下《下傳》「服牛乘馬」三句。　處宇雨「上古穴居而野處」四句。　者野「古之葬者」三句。　虎覩下《乾・文言》。　下舍同上。　女子下錯《序卦傳》。　故旅下寡處《雜卦傳》。

下土《書・皋陶謨》「達于上下」二句。　旅鼠野叙《禹貢》「荆岐既旅」七句。　祖社《甘誓》「用命賞于祖」二句。　斁叙《洪範》「彝倫攸斁」與「彝倫攸叙」韵。　叙廡「五者來備」三句。　雨夏雨「星有好風」六句。

所女《考工記・梓人》祭侯辭。

湑脯序祜《儀禮・士冠禮》再醮辭。　楚俎三醮辭。　假甫字辭。

虎下《大戴禮・保傅》篇「無養乳虎」二句。　夏矩「行以采茨」四句。　甫下「是以封泰山而禪梁甫」二句。　賈野旅《曾子制言上》篇「近市無賈」三句。　禦寡《衞將軍文子》篇「不畏强禦」二句。　虎野志《五帝德》篇「教能羆貔貅貙虎」三句。　馬下「春夏乘龍」四句。　豫馬舞「富而不驕」六句。　下舞鼓「伯夷主禮」五句。　苦下所野「舜之少也」八句。　主母矩海下「爲神主」十句。　處涸《誥志》篇「川谷不處」二句。氏射舉子士處所射譽《投壺》篇「曾孫侯氏」九句。　所女祭侯辭。　土雨所古祜《公冠》篇祭天辭。土雨者祭地辭。

户下《禮記·曲禮上》「將入户」二句。　武虎怒「前朱鳥而後玄武」四句。　鼓羽敔《月令》「命樂師修鞀鞞鼓」五句。　賦下赦「乃命水虞漁師收水泉池澤之賦」五句。　作土户《禮運》「後聖有作」四句。　户下俎鼓瑕祖子下所祜「故玄酒在室」以下十六句。　古假「祝嘏莫敢易其常古」二句。　舉睹「以天地爲本，故物可舉也」四句。　御序下「故國有禮」五句。　與序「諸侯以禮相與」二句。　賦伍社旅《郊特牲》「然後簡其車賦」四句。　羽夏矩《玉藻》「右徵角」六句。　下後下後下《樂記》「是故德成而上」七句。　旅廣鼓武雅語古下子夏對魏文侯「今夫古樂」以下十三句。　俯止女子語古「今夫新樂」九句。　下土《祭義》「骨肉斃于下」二句。　度序《經解》「居處有禮」四句。　土土《哀公問》「不能安土」二句。　夏露《孔子閒居》「春秋冬夏」二句。　武土《中庸》「仲尼祖述堯舜」四句。　土下《深衣》「短毋見膚」四句。　武旅「故可以爲文」四句。　舉取《儒行》「懷忠信以待舉」二句。　悔豫「往者不悔」二句。　櫓處所「儒有忠信，以爲甲胄」六句。　寡舒《大學》「生之者衆」四句。　氏舉子士處所射譽《射義》引《詩》「曾孫侯氏」八句。

土馬《左傳・閔元年》畢萬仕於晉筮辭。　社輔《二年》成季將生卜辭。　父所筮辭。　褚伍與《襄三十年》鄭輿人誦。　土宇《昭四年》晉司馬侯對平公「或多難以固其國」四句。　羽野馬《二十五年》師己引童謠。　黍廡《晉語四》鄭叔詹引諺。　女蠱《晉語八》秦醫穌言。　處下《越語》范蠡對王「自若以處」二句。　予予圖「有奪有予」三句。　所禦野與「往從其所」六句。　夜夏《論語・微子》周八士名。　與拒《子張》「可者與之」二句。　處下《孟子・盡心上》「竊負而逃」三句。　修圉《爾雅・釋天・月陽》。

《楚辭》

與莽序暮《離騷》。　武怒舍故同上。　予野同上。　輔土同上。　圃暮同上。　夜御下予仵妒馬女同上。　下女同上。　固惡寤古同上。　女女宇惡同上。　舉輔同上。　女下同上。　與予同上。　渚下浦女與《九歌・湘君》。　渚予下《湘夫人》。　浦者與同上。　下女予《大司命》。　蕪下予苦《少司命》。　鼓簴竽姱舞《東君》。　魚渚下浦予《河伯》。　下雨予《山鬼》。　馬鼓怒壄《國殤》。　鼓舞與古《禮魂》。　所處羽《天問》。　輔緒同上。　怒固同上。　下所《九章・惜誦》。　雨宇《涉江》。　姱怒《抽思》。　莽土《懷沙》。　下舞同上。　莽草《思美人》。　處慮曙去《悲回風》。　語曙《遠遊》。　下處《九辯》。　處躇同上。　下苦同上。　苦輔予《招魂》。　宇壺同上。　舞下鼓楚呂同上。

《詩經》

莫蒦綌斁《葛覃》二章。　石席《柏舟》三章。　落若《氓》三章。　蓆作《緇衣》三章。　蘀蘀伯《蘀兮》一章，二章同。　薄鞹夕《載驅》一章。　碩獲《駟驖》二章。　澤戟作《無衣》二章。　穫蘀貉《七月》四章。　駱若度《皇皇者華》四章。　奕舄繹《車攻》四章。　澤作宅《鴻雁》二章。　蘀石錯《鶴鳴》一章。　藿夕客《白駒》二章。　閣橐《斯干》三章。　惡懌《節南山》八章。　夜夕惡《雨無正》二章。　作莫度獲《巧言》四章。　踖碩炙莫庶客錯度獲格酢《楚茨》三章。　碩若《大田》一章。　白駱駱若《裳裳者華》三章。　柏奕懌《頍弁》一章。　炙酢《瓠葉》三章。　赫莫獲度廓宅《皇矣》一章。　席酢《行葦》三章。　炙臄咢四章。　懌莫《板》二章。　格度射《抑》七章。　作獲赫《桑柔》十四章。　伯宅《崧高》二章。　碩伯八章。　貊伯壑籍《韓奕》六章。　業作《常武》三章。　柞澤《載芟》。　駱雒繹斁作《駉》三章。　博斁逆獲《泮水》七章。　繹宅貊諾若《閟宮》七章。　柏度尺舄碩奕作碩若九章。　斁奕客懌昔作夕恪《那》。

羣經

虩啞《易·震·彖辭》。　虩啞《初九》。　索矍《上六》。　作坼《解·彖傳》。　柝客《繫辭下傳》「重門擊柝」二句。　薄射錯逆《説卦傳》。

錯石《書·禹貢》「厥貢鹽絺」四句。

薄澤昔澤《考工記·弓人》「秋閷者厚」六句。　昔澤白白赤「凡相膠」八句。

客藉《大戴禮·衛將軍文子》篇「在貧如客」二句。　蠹作《勸學》篇「肉腐出蟲」四句。　石帛「故天子藏珠玉」四句。　度索《子張問入官》篇「揆而度之」二句。　射莫《投壺》篇「射夫命射」四句。

席諸《禮記·曲禮上》「毋踐屨」四句。　席作尺「將即席」四句。　獲著「毋固獲」三句。　博澤《王制》「學非而博」二句。　炙酪帛朔《禮運》「以炮以燔」八句。　席帛炙魄莫「與其越席」八句。　宅壑作澤《郊特牲》蜡祝辭。　蜡澤《雜記下》「百日之蜡」二句。　劫迫《儒行》「儒有可親而不可劫也」二句。　惡碩《大學》引諺。

度擇《左傳·隱十一年》引周諺。　索獲《昭二十七年》吴公子光引上國言。

作客《越語下》范蠡對王「天時不作，弗爲人客」二句。　作客「天時不作而先爲人客」二句。

《楚辭》 索妒《離騷》。 錯度同上。 迫索同上。 若柏作《九歌・山鬼》。 度作《天問》。 䠷若同上。 釋白《九章・惜誦》。 薄薄《涉江・亂》。 蹠客薄釋《哀郢》。 作穫《抽思》。 漠壑《遠遊》， 《重》。 廓繹客薄《九辯》。 薄索同上。 託索石釋託《招魂》。 簿迫白同上。 薄博同上， 《亂》。 酪蓴薄擇《大招》。 作澤客昔同上。

侯弟十九 平上去入

《詩經》 蔞駒《漢廣》三章。 姝隅蹰《静女》一章。 驅侯《載馳》一章。 殳驅《伯兮》一章。 濡侯渝《羔裘》一章。 樞榆婁驅愉《山有樞》一章。 芻隅逅逅《綢繆》二章。 駒株《株林》二章。 駒濡驅諏《皇皇者華》二章。 駒侯《白駒》三章。 隅趨《緜蠻》二章。 渝驅《板》八章。 隅愚愚愚《抑》一章。

羣經 須濡《易・賁・六二》、《九三》。

侯侯《考工記・梓人》祭侯辭。

句鉤珠《禮記・樂記》「倨中矩」三句。　隅銖《儒行》「近文章」三句。　渝揄《左傳・僖四年》晉獻公以驪姬爲夫人卜辭。　儒儒邾《襄四年》國人誦。　誅侯襦《昭二十五年》師己引童謠。　竇踰《哀十七年》衛侯夢于北宫卜辭。

《楚辭》

駒皃軀《卜居》。

《詩經》

笱後《谷風》三章。　咮媾《候人》三章。　豆飫具孺《常棣》六章。　枸楰耇後《南山有臺》五章。　餱具《無羊》二章。　瘉後口口愈侮《正月》二章。　笱後《小弁》八章。　樹數口厚《巧言》五章。　裕瘉《角弓》三章。　駒後饇取五章。　附後奏侮《緜》九章。　禡附侮《皇矣》八章。　句鍭樹侮《行葦》六章。　主醹斗耇七章。　厚主《卷阿》二章。　漏覯《抑》七章。　後鞏後《瞻卬》七章。　后後《雝》。　后后《玄鳥》。

羣經

寇媾《易・屯・六二》。　寇寇《蒙・上九》。　寇媾《賁・六四》。　寇媾《睽・上九》。　谷鮒漏《井・九二》。　主蔀斗蔀斗主《豐・初九》、《六二》、《九四》。　聚聚《萃・彖傳》。　樹數《繫辭下傳》「不封不樹」二句。　晝誅遇《雜卦傳》。

㖃口《大戴禮・武王踐阼》篇戒書機銘。　束構《勸學》篇「强自取折」四句。

雊乳《禮記・月令》「雉雊」二句。　後主《哀公問》「合二姓之好」三句。

侮取《左傳・襄十四年》晉荀偃引仲虺言。　取侮《三十年》鄭子皮引仲虺之志。　主藪《昭七年》芋尹無宇引武王告諸侯詞。

僂傴俯走侮口孟僖子引正考父鼎銘。

《楚辭》

詬厚《離騷》。　屬具同上。　屬數《天問》。　厚取同上。

《詩經》

谷木谷《葛覃》二章。　角族《麟之趾》三章。　角屋獄獄足《行露》二章。　樕鹿束玉《野有死麕》

二章。　束讀讀辱《牆有茨》三章。　曲藚玉玉族《汾沮洳》三章。　驅續轂羿玉屋曲《小戎》一章。　屋穀《七月》七章。　蠋宿《東山》一章。　谷木《伐木》一章。　穀禄足《天保》二章。　穀玉《鶴鳴》二章。　谷束玉《白駒》四章。　穀粟穀族《黄鳥》一章。　禄僕禄屋《正月》三章。　屋穀禄椓獨十三章。　粟獄卜穀《小宛》五章。　木谷六章。　濁穀《四月》五章。　奏禄《楚茨》六章。　霂渥足穀《信南山》二章。　木附屬《角弓》六章。　緑匊局沐《采緑》一章。　束獨《白華》一章。　琢玉《棫樸》五章。　禄僕《既醉》七章。　鹿穀谷《桑柔》九章。　谷穀垢十二章。　角續《良耜》。

羣經

告瀆告《易・蒙・彖辭》。　木谷覿《困・初六》。　足餗渥《鼎・九四》。　木桷《漸・六四》。

屋家覿《豐・上六》。　僕僕《旅・六二》、《九三》。

族睦《書・堯典》「以親九族」二句。

璞愨《大戴禮・王言》篇「工璞」二句。

沐浴肉《禮記・曲禮上》「頭有創則沐」三句。　哭族《檀弓下》「歌於斯」三句。　浴沐肉《雜記下》引孔子曰「身有瘍則浴」三句。　愨數《祭義》「其親也愨」二句。　禄畜《儒行》「難得而易禄也」二句。　辱溽數「可殺而不可辱也」四句。

卜卜《左傳・昭三年》齊晏子引諺。　鴒辱《二十五年》師己引童謠。　鴒鴒哭同上。

濁足《孟子・離婁上》引孺子歌。

《楚辭》

欲禄《天問》。　木足《九章・思美人》。　屬轂《遠遊・重》。　濁足《漁父》。

幽第二十　平上去入

《詩經》

鳩洲逑《關雎》一章。　流求二章。　悠悠三章。　逵仇《兔罝》二章。　休求《漢廣》一章。　舟流憂遊《柏舟》一章。　舟游求救《谷風》四章。　漕悠遊憂《泉水》四章。　舟髦《柏舟》一章，二章同。　悠漕憂《載馳》一章。　滺舟遊憂《竹竿》四章。　憂求《黍離》一章，二、三章同。　倏歗歗淑《中谷有蓷》二章。　蕭秋《采葛》二章。　瀟膠瘳《風雨》二章。　休慆憂休《蟋蟀》三章。　聊條聊條《椒聊》一、二章。　周遊《有杕之杜》二章。　收輈《小戎》一章。　袍矛仇《無衣》一章。　荍椒《東門之枌》三章。　蕭周《下泉》二章。　葽蜩《七月》四章。《夏小正》「秀葽」作「秀幽」。　茅綯七章。　銶遒休《破斧》三章。　裒求《常棣》二章。　柔憂《采薇》二章。　舟浮休《菁菁者莪》四章。　蕭悠《車攻》七章。　矛醻《節南山》八章。　憂休《十月之交》八章。　流休《雨無正》五章。　觩柔敖求《桑扈》四章。　優游《采菽》五章。　浮流髦憂《角弓》八章。　幽膠《隰桑》三章。　茅猶《白華》二章。　臭孚《文王》七章。　求孚《下武》二章。　揄蹂叟浮《生民》七章。　曹牢匏《公劉》四章。　游休酋《卷阿》二章。　休逑怓憂休《民勞》二章。　柔劉憂《桑柔》一章。　浮滔遊求《江漢》三章。　遊騷《常武》三章。　苞流五章。　收瘳《瞻卬》一章。　有收二章。　優憂六章。　觩柔敖休《絲衣》。　陶囚《泮水》五章。　觩搜七章。　球球旒休絿柔優遒《長發》四章。

羣經

甃收孚《易・井・六四》、《上六》。　驕憂《乾・文言》。　求燥同上。　柔憂求《雜卦傳》。　柔憂同上。

繇條《書・禹貢》「厥草惟繇」二句。

游救《大戴禮・武王踐阼》篇戒書盥盤銘。　矛矛羞矛銘。　柔求《子張問入官》篇「優而柔之」二句。　游憂《千乘》篇「老疾用財」五句。

脩遊《禮記・學記》「藏焉」四句。

猶臭《左傳・僖四年》晉獻公以驪姬爲夫人卜辭。　優游《襄二十一年》晉叔向引《詩》。　湫攸《昭十二年》南蔽鄉人言。 游救《哀九年》晉趙鞅救鄭卜辭。

脩講《論語·述而》「德之不脩」二句。

遊休《孟子·梁惠王下》引晏子引夏諺。 流憂引晏子言。 由求《告子上》「舍其路而弗由」二句。

《楚辭》

遊求《離騷》。 留茅同上。 流啾同上。 猶洲修舟流《九歌·湘君》。 蕭憂《山鬼》。 龍遊《天問》。 流求同上。 告救同上。 憂求同上。 浮懮《九章·抽思》。 救告同上，《亂》。 悠憂《思美人》。 流昭幽聊由《惜往日》。 憂求游同上。 求流《橘頌》。 聊愁《悲回風》。 遊浮《遠遊》。 留由同上。 寥廫《九辯》，「泬寥」、「寂廫」爲韵。 秋楸悠愁同上。 北浟悠膠寂《大招》。

《詩經》

肅赳《兔罝》一章，二、三章同。 昂裯猶《小星》二章。 包誘《野有死麕》一章。 冒好報《日月》二章。 手老《擊鼓》四章。 軌牡《匏有苦葉》二章。 慉讎售《谷風》五章。 埽道道醜《牆有茨》一章。 報好報好報好《木瓜》一、二、三章。 陶翿敖《君子陽陽》二章。 罦造憂覺《兔爰》二章。 好造《緇衣》二章。　狩酒酒好《叔于田》二章。　鴇首手阜《大叔于田》三章。　軸陶抽好《清人》三章。

手醜好《遵大路》二章。　酒老好《女曰雞鳴》二章。　好報三章。　茂道牡好《還》二章。　栲杻埽考保《山有樞》二章。　皓繡鵠憂《揚之水》二章。　褎究好《羔裘》二章。　阜手狩《駟驖》一章。　阜手《小戎》二章。　簋飽《權輿》二章。　缶道翿《宛丘》三章。　皓懰受慅《月出》二章。　棗稻酒壽《七月》六章。　蚤韭八章。　務戎《常棣》四章。　埽簋牡舅咎《伐木》二章。　壽茂《天保》六章。　罶酒《魚麗》一章，二、三章同。　栲杻壽茂《南山有臺》四章。　草考《湛露》二章。　櫜好醻《彤弓》三章。　讎老猶醜《采芑》四章。　好阜草狩《車攻》二章。　戊禱好阜阜醜《吉日》一章。　鳥鳥《黃鳥》一章，二、三章同。　苞茂好猶《斯干》一章。　酒殽《正月》十二章。　卯醜《十月之交》一章。　猶集咎道《小旻》三章。　道草擣老首《小弁》二章。　醻究七章。　廟猷《巧言》四章。　好草《巷伯》五章。　受昊六章。　酒咎《北山》六章。　鼛洲妯猶《鼓鐘》三章。　飽首考《楚茨》六章。　酒牡考《信南山》五章。　阜好莠《大田》二章。　首阜舅《頍弁》三章。　首酒《魚藻》一章。　柳蹈《菀柳》一章，二章同。

首酒《瓠葉》二章，三章同。　首炮酒醻四章。　首罶飽《苕之華》三章。　草道《何草不黃》四章。　槱趣《棫樸》一章。　肅廟保《思齊》三章。　欲孝《文王有聲》三章。　道草茂苞褎秀好《生民》五章。　祝究《蕩》三章。　酒紹《抑》三章。　讎報六章。　寶好《桑柔》六章。　寶舅保《崧高》五章。　考保《烝民》三章。　道考《韓奕》一章。　首休考壽《江漢》六章。　牡考《雝》。　壽考同上。　考壽保《載

見》。　造考孝《閔予小子》。　鳥蓼《小毖》。　糾趙蓼朽茂《良耜》。　牡酒《有駜》二章。　茆酒酒

老道醜《泮水》三章。

羣經

咎道復《易・復・象傳》。　道咎《小畜・初九》。　咎咎《大有・初九》。　道咎《隨・九四》。　簋缶牖咎《坎・六四》。　首醜《離・上九》。　狩首《明夷・九三》。　酒咎首《未濟・上九》。　道久《臨・象傳》。　道咎造久首《乾・象傳》。　咎道《同人・象傳》。　考道咎《蠱・象傳》。　道醜道《觀・象傳》。　咎道考道《復・象傳》。　久醜咎《大過・象傳》。　咎道久《離・象傳》。　咎道《睽・象傳》。　咎道醜咎《解・象傳》。　咎道咎《夬・象傳》。　咎飽醜道保《漸・象傳》。　咎道《節・象傳》。　咎道《既濟・象傳》。　保母《繫辭下傳》「无有師保」二句。

懋懋《書・皋陶謨》「懋哉」二句。　守念咎受《洪範》「有猷有爲有守」五句。　好咎「于其無好德，女雖錫之福，其作汝用咎。」「好」下本無「德」字，且「好」字讀上聲，不讀去聲。考《史記・宋世家》作「于其毋好」，集解引鄭注云：「無好於女家之人，雖賜之以爵禄，其動作爲女用惡。」是其證。蓋「無好」字即承上「弗能使有好」而言，非有二義也。自僞孔傳云「于其無好德之人」，始加「德」字解之。然其時經文尚無「德」字，且「好」字尚讀作上聲。考釋文「于其無好」之下無音，至「無有作好」之下始云「好，呼報反」，又於上「予攸好德」之下，但云「呼報反」，而不云「下同」。又考正

義云：「無好對有好，有好謂有善也。」然則「無好」之「好」，孔、陸俱讀上聲，而所見本俱無「德」字明矣。自《唐石經》始作「于其無好德」，此不過因傳有「德」字而妄加之，而蔡傳遂讀「好」爲「攸好德」之「好」，不知「好」讀去聲，則「無好德」三字文理不貫，且「咎」訓爲「惡」，「好」與「咎」義正相對，「無好」與「有好」亦相對。若讀爲「攸好德」之「好」，則與上下文都不相涉矣。又「好」與「咎」古音正協，「五皇極」一篇皆用韵之文，不應此三句獨不韵也。今從《史記》及鄭氏《尚書注》、《釋文》、《正義》訂正。　好道「無有作好」二句。

皓壽《大戴禮·衛將軍文子》篇「常以皓皓」二句。　道咎《勸學》篇「神莫大於化道」二句。

鳥獸《禮記·曲禮上》「嬰母能言」四句。　道手「遭先生於道」三句。　飽手「共食不飽」二句。　守復考奧由《禮運》「鬼神以爲徒故事可守也」十句。　考守「士以信相考」二句。　道欲《樂記》「君子樂得其道」二句。　道道欲「獨樂其志」四句。

讎保《左傳·僖五年》晉士蔿引所聞。　州道廟草擾獸牡《襄四年》晉魏絳引虞箴。　皋覺蹈憂《哀二十一年》齊人歌。

就憂狃咎《晉語一》郭偃引《商銘》。　狃咎《晉語三》輿人誦。　報臭國人誦。　考守《越語下》范蠡對王「上帝不考」二句。　道牡道究「凡陳之道」六句。

奧竈《論語·八佾》王孫賈問。

《楚辭》

好巧《離騷》。　道考《天問》。　首在守同上。　嫂首同上。　仇讎保道《九章・惜誦》。　好就同上。　道醜《橘頌》。無「道」字者非。　秀霤畜囿《大招》。

《詩經》

鞫覆育毒《谷風》五章。　祝六告《干旄》三章。　陸軸宿告《考槃》三章。　告鞠《南山》三章。　匊篤《椒聊》二章。　六燠《無衣》二章。　薁菽《七月》六章。　陸復宿《九罭》三章。　蓫宿畜復《我行其野》二章。　鞫畜育復腹《蓼莪》四章。　奧蹙菽戚宿覆《小明》三章。　菽菽《采菽》一章。　夙育稷《生民》一章。　俶告《既醉》三章。　迪復毒《桑柔》十一章。　肅穆《雝》。

羣經

復夙《易・解・彖辭》。　復輹目《小畜・九二》、《九三》。　肉毒《噬嗑・六三》。　輹逐牿《大畜・九二》、《九三》、《六四》。　逐復《睽・初九》。　陸復育《漸・九三》。

復孰《禮記・禮運》「升屋而號」三句。

目腹復《左傳・宣二年》宋城者謳。　蹴目《成十六年》晉及楚戰筮辭。

《楚辭》

育腹《天問》。　竺燠同上。　復慼《九章・哀郢》。

宵弟二十一　平上去入

《詩經》

芼樂《關雎》五章。　喓趯《草蟲》一章。　藻潦《采蘋》一章。　悄小少摽《柏舟》四章。　暴笑敖悼《終風》一章。　天勞《凱風》一章。　籥翟爵《簡兮》三章。　旄郊《干旄》一章。　綽較謔虐《淇奧》三章。　敖郊驕鑣朝勞《碩人》三章。　勞朝暴笑悼《氓》五章。　刀朝《河廣》三章。　桃瑤《木瓜》二章。　苗搖《黍離》一章。　樂樂《君子陽陽》一、二章。　消麃喬遥《清人》二章。　漂要《蘀兮》二章。　樂謔藥樂謔藥《溱洧》一、二章。　倒召《東方未明》一章。　驕忉《甫田》一章。　滔儦敖《載驅》四章。　桃殽謡驕《園有桃》一章。　苗勞郊郊郊號《碩鼠》三章。　鑿襮沃樂《揚之水》一章。　鑣驕《駟驖》三章。　櫟駮樂《晨風》二章。　巢苕忉《防有鵲巢》一章。　皎僚糾悄《月出》一章。　照燎紹慘三章。　遥朝忉《羔裘》一章。　膏曜悼三章。　飄嘌弔《匪風》二章。　苗膏勞《下泉》四章。　鴞鴞《鴟鴞》一章。　譙翛翹搖嘵四章。　蒿昭恌傚敖《鹿鳴》二章。　郊旐旄旐悄《出車》二章。　喓趯五章。　罩樂《南有嘉魚》一章。　苗囂旄敖《車攻》三章。　嗷勞驕《鴻雁》三章。　苗朝遥《白駒》一章。　沼樂炤懆虐《正月》十一章。　勞囂《十月之交》七章。　盜暴《巧言》三章。　驕勞驕勞《巷伯》五章。　高勞《蓼莪》一章。　號勞《北山》五章。　刀毛膋《信南山》五章。　鷮教《車（舝）〔舝〕》二章。　的爵《賓之初筵》一章。　藻鎬《魚藻》一章，二、三章同。　教傚《角弓》二章。　瀌消驕七章。　苗膏勞《黍苗》一章。　沃樂《隰桑》二章。　高勞朝《漸漸之石》一章。　燎勞《旱麓》五章。　濯翯沼躍《靈臺》三章。　舟瑶刀《公劉》二章。　僚囂笑堯《板》三章。　虐謔蹻耄謔熇藥四章。　酒紹《抑》三章。　昭樂懆藐教虐耄十一章。　削爵濯溺《桑柔》五章。　藐蹻濯《崧高》四章。　到樂《韓奕》五章。　苗麃《載芟》。　樂樂樂《有駜》一、二、三章。　藻蹻蹻昭笑教《泮水》二章。

羣經

咷笑郊《易・同人・九五》、《上九》。　號笑《萃・初六》。　巢笑咷《旅・上九》。　虐傲《書・堯典》「剛而無虐」二句。　夭喬《禹貢》「厥草惟夭」二章。

橈校《考工記・弓人》「恒角而短」四句。　校剽「今夫茭解中有變焉」四句。

憍逃《大戴禮・武王踐阼》篇戒書觴豆銘。

巢毛《禮記・禮運》「昔者先王未有宮室」八句。　號毛殽「作其祝號」五句。　廟朝學「故宗祝在廟」三句。

巢遥勞驕《左傳・昭二十五年》師己引童謡。

夭麌《魯語上》里革引古訓。

約樂《論語・里仁》「不仁者不可以久處約」二句。

撓逃朝《孟子・公孫丑上》「不膚撓」四句。　濯暴《滕文公上》引曾子言。　瞭眊《離婁上》「胸中正」四句。

《楚辭》

遥姚《離騷》。　邈樂同上。　笑窕《九歌・山鬼》。　到照《天問》。　燿鶩《遠遊・重》。　撟樂同上。　固鑿教樂高同上。　約效同上。　昭遽逃遥《大招》。

【説明】

此《譜》，《高郵王氏遺書》題作《詩經群經楚辭韻譜》。一九三三年，嚴式誨抽出刊入《音韻學叢書》時，更名爲《古韻譜》，凡二卷。《譜》中分部、部目、四聲分配，與《經義述聞》卷三十一《古韻二十一部表》相比，僅侵部標出去聲和之部未標入聲爲異，故當譜於乾隆三十二年丁亥至三十四年之間。此從嚴本排印。依原體例，對嚴本行款、譌字並加改正。《詩經》、群經、《楚辭》獨佔一行，以清眉目。

【校注】

〔一〕一本「抽思」下有「倡」字，是。

〔二〕見《閔予小子》。

〔三〕支部平入分列。

〔四〕脂部平上去分立。

〔五〕此五句中無「孛」字。

《釋大》第一

上

岡緪古恒切。皋灝古老切。舸古我切。剴古哀切。○絳簡監覺嘏佳㚎音介。○京景矜喬音驕。麠音几。○堅嘂音叫。

岡，山脊也。《爾雅·釋山》：「山脊，岡。」亢，人頸也。《說文》：「亢，人頸也，從大省，象頸脈形。」二者皆有大義，故山脊謂之岡，亦謂之嶺；人頸謂之領，亦謂之亢。彊謂之剛，大繩謂之綱，特牛謂之犅，音岡。《說文》：「犅，特牛也。」《公羊傳·文十三年》：「周公用白牡，魯公用騂犅。」通作剛。《詩·閟宮》四章「白牡騂剛」。大貝謂之魧，音岡。《爾雅·釋魚》：「貝大者魧。」《說文》讀若岡。大瓮謂之㼚，音岡。《方言》：「甖，靈桂之郊謂之㼚。」郭注：「今江東通名大瓮爲㼚。」其義一也。岡、頸、勁聲之轉，故彊謂之剛，亦謂之勁；領謂之頸。亦謂之亢。○大索謂之緪。古恒切。《説文》：「緪，大索也。」岡、緪、亘聲之轉，故大繩謂之綱，亦謂之緪；道謂之堩，亦謂之㽘。堩音亘。《儀禮・士喪禮・記》：「止柩于堩。」《禮記・曾子問》：「葬引至于堩。」鄭注並云：「堩，道也。」㽘，古郎、古朗二切。《説文》：「㽘，陌也。」《廣雅》「堩、㽘、陌，道也。」○臯，白之進也。《説文》：「臯，白之進也，從白，從夲。《禮》祝曰臯，登謌曰奏。故臯、奏皆從夲。」夲音韜。《説文》：「夲，進趣也，從大十。大十者猶兼十人也。」《周禮・樂師》「臯舞」鄭注：「臯之言號，告國子當舞者舞。」故長聲謂之臯，《儀禮・士喪禮》「臯某復」鄭注：「臯，長聲也。」高謂之臯，《禮記・明堂位》：「庫門，天子臯門。」鄭注：「臯之言高也。」《荀子・大略》篇：「望其壙，臯如也。」崖謂之臯，《左傳・襄二十五年》：「牧隰臯。」杜注：「水崖下隰。」澤謂之臯，《詩・鶴鳴》首章：「鶴鳴于九臯。」毛傳：「臯，澤也。」《左傳・昭二十八年》：「御以如臯。」韜謂之櫜，《詩・彤弓》三章：「受言櫜之。」毛傳：「櫜，韜也。」通作臯。《釋名》：「高祖，高，臯也，最在上臯，韜諸下也。」大櫜謂之櫜，《説文》：「櫜，車上大櫜。」《禮記・樂記》：「名之曰建櫜。」鄭注：「兵甲之衣曰櫜。」大鼓謂之鼛。《詩・鼓鐘》三章：「鼓鐘伐鼛。」毛傳：「鼛，大鼓也。」通作臯。《考工記・韗人》「爲臯鼓，長尋有四尺。」臯字從本，本與臯聲相近，義亦相近。故進趨謂之本，白之進謂之臯，藏謂之韜，韜謂之櫜，兵甲之衣謂之櫜，劍衣謂之韜，弓衣謂之弢。《説文》：「韜，劍衣也。」「弢，弓衣也。」○瀕瀕，大也。古老切。《廣雅》：「瀕瀕，大也。」故放謂之夰，古老切。《説文》：「夰，放也，從大而八分也。」大白澤謂之臭，古老切。《説文》：「臭，大白澤也。從大白。」○大船謂之舸，古我切。《方言》：「南楚江湘凡船大者謂之舸。」《左思・吴都賦》：「宏舸連舳。」

大鎌謂之剴。古哀切。《説文》：「剴，大鎌也。」

大赤謂之絳，《説文》：「絳，大赤也。」大水謂之洚。《孟子·滕文公》：「《書》曰：『洚水警余。』洚水者，洪水也。」趙注：「洪，大也。」○簡，大也。《爾雅·釋器》：「簡，大也。」《釋訓》：「簡簡，大也。」《詩·簡兮》首章「簡兮簡兮」。《執競》：「降福簡簡。」故寬謂之簡，大木謂之橌。音簡。《説文》：「橌，大木貌。」○監，領也。《禮記·王制》：「天子使其大夫爲三監，監於方伯之國，國三人。」鄭注：「使佐方伯領諸侯。」故大盆謂之鑑。《説文》：「鑑，大盆也。」岡、監聲之轉，故領謂之綱，亦謂之監，大瓮謂之瓬，大盆謂之鑑。○覺，大也。《詩·斯干》五章：「有覺其楹。」毛傳：「有覺言高大也。」高、覺聲之轉。覺字亦作梏。《禮記·緇衣》引《詩》「有梏德行」，鄭注：「梏，大也，直也。」○嘏，大也。亦作假。《爾雅·釋詁》：「嘏、假，大也。」《方言》：「嘏，大也。宋魯陳衛之間謂之嘏，秦晉之間凡物壯大謂之嘏。」又曰：「凡物之壯大者周鄭之間謂之假。」《詩·那》：「湯孫奏假。」毛傳：「假，大也。」《禮記·郊特牲》：「嘏，長也，大也。」《禮運》：「祝嘏莫敢易其常古，是謂大假。」○佳，大也。《廣雅》：「佳，大也。」故四通道謂之街。○夰，大也。音介。《方言》：「夰，大也。東齊海岱之間曰夰。」通作介。《爾雅·釋詁》：「介，大也。」《易·晉·六二》：「受兹介福。」故善謂之价，《説文》：「价，善也。」通作介。《爾雅·釋詁》：「介，善也。」大圭謂之玠。《爾雅·釋器》：「珪大尺二寸謂之玠。」通作介。《書·顧命》：「太保承介圭。」大與善義相近，《詩·桑柔》十六章箋：「善猶大也。」故大謂之介，亦謂之佳；善謂之佳，亦謂之价。《詩·板》七章：「价人維藩。」毛傳：「价，善也。」价有善義，即有大義，故詩人以价人、大師、大邦、大宗類言之矣。

京，大也。《爾雅・釋詁》：「京，大也。」《方言》：「燕之北鄙齊楚之郊曰京。」《左傳・莊二十二年》：「莫之與京。」故天子之居謂之京，《公羊傳・桓九年》：「京師者何？天子之居也。京者何？大也。師者何？衆也。天子之居必以衆大之辭言之。」十兆謂之京，高丘謂之京，《爾雅・釋丘》：「絶高爲之京。」李巡注：「丘之高大者曰京。」《詩・定之方中》二章：「景山與京。」方倉謂之京，《説文》：「圜謂之囷，方謂之京。」《管子・輕重丁》篇：「有新成囷京者二家。」《史記・倉公傳》：「見建家京下方石。」徐廣注：「京者，倉廩之屬也。」大麃謂之麠。音京。《爾雅・釋獸》：「麠，大麃，牛尾一角。」郭注：「漢武帝郊雍，得一角獸若麃然，謂之麟者，此是也。」字亦作麖。《山海經》：「尸山「其獸多麖」。〇景，大也。《爾雅・釋詁》：「景，大也。」《詩・小明》五章：「介爾景福。」故光謂之景，明謂之景。《詩・車舝》五章：「景行行止。」鄭箋：「景，明也。」《説文》：「京，人所爲絶高丘也，從高省，丨象高形。」景從日，京聲，京、高聲之轉，景、杲亦聲之轉，故崇謂之高，亦謂之京；明謂之杲，《説文》：「杲，明也。從日在木上。」亦謂之景。景、光聲之轉，京、廣亦聲之轉，故明謂之景，亦謂之光；大謂之京，亦謂之廣。〇矜，大也。《廣雅》：「矜，大也。」《公羊傳・僖九年》：「矜之者何？猶曰莫若我也。」何注：「色自美大之貌。」〇喬，高也。音驕。喬、高聲相近。《爾雅・釋詁》：「喬，高也。」釋文：「喬，郭音橋，或音驕。」《釋木》：「下句曰朻，上句曰喬。」釋文：「喬，阮孝緒音橋，郭音驕。」《書・禹貢》：「厥木惟喬。」《詩・漢廣》首章：「南有喬木。」釋文：「並橋、驕二音。」故矜謂之驕，矜、驕聲之轉。馬六尺謂之驕，《説文》：「馬高六尺爲驕。」引《詩・皇皇者華》二章「我馬維驕」。今《詩》作「我馬維駒」，釋文：「駒本亦作驕。」長尾雉謂之鷮，音驕。《説文》：「鷮，長尾雉，走且鳴，乘輿以尾爲防釳著馬頭上。」《詩・車舝》二章：「有集維鷮。」禾長謂之穚，音驕。《玉篇》：「穚，禾長也。」莠長謂之驕，《詩・甫田》首章：「維莠驕驕。」通作喬。揚子《脩身》篇：「田甫田者莠喬喬。」大管謂之簥，音驕。《爾雅・釋樂》：「大管謂之簥。」李巡注：「聲高大，故曰簥。簥，高也。」○大麢謂之麔。音几。《爾雅・釋獸》：「麔，大麢，旄毛，狗足。」字亦作麂。《山海經》：女几之山「其獸多閭麋麖麂」。

堅，剛也。《説文》：「堅，剛也。」堅、剛聲之轉。故大鱧謂之鰹，音堅。《爾雅・釋魚》：「鰹，大鮦。」邢疏：「即鱧也，其大者名鰹。」○大呼謂之嘂，音叫。《周禮》：雞人「夜嘑旦以嘂百官」。《説文》：「嘂，高聲，一曰大呼。」引《公羊傳・昭二十五年》「魯昭公嘂然而哭」。今《公羊傳》作噭。《説文》：「噭，吼也。一曰噭呼也。」又《山海經》灌題之山「有獸焉，其音如訆」，郭注：「如人呼喚。」《説文》：「訆，大呼也。」引《左傳・襄三十年》「或訆于宋太廟」。今《左傳》作叫。《説文》：「叫，嘑也。」嘂、訆、叫、噭並同。大塤謂之嘂。《爾雅・釋樂》：「大塤謂之嘂。」孫炎注：「音大如叫呼聲。」通作叫。《爾雅》釋文：「嘂本或作叫。」皋、嘂、簥聲相近，號謂之皋，大呼謂之嘂，大塤謂之嘂，大管謂之簥，皆言其聲之高大也。

下

公廣昆衮睔古困切。告古毒切。㼾音孤。𩫏音郭。傀公回切。會古外切。○鯀○栱音拱。

矍〇昊古闃切。

公，大也。《爾雅·釋詁》疏引《尸子·廣澤》篇：天、帝、皇、后、辟、公、弘、廓、宏、溥、介、純、夏、幠、冢、晊、昄「皆大也，十有餘名而實一也」。故無私謂之公，官所謂之公，《詩·羔羊》首章：「退食自公。」五爵之首謂之公，太師、太傅、太保謂之三公，子謂父曰公，《列子·黃帝》篇：「家公執席。」《漢書·郊祀志》：「言吾欲見鉅公。」張晏注：「天子爲天下父，故曰鉅公也。」婦謂舅曰公。公、官、貫聲之轉，故官所謂之公，亦謂之官；《禮記·曲禮》：「在官言官。」吏謂之官，亦謂之工；《書·堯典》：「允釐百工。」事謂之公，亦謂之官，亦謂之貫。《詩·采蘩》三章：「夙夜在公。」鄭箋：「公，事也。」《禮記·樂記》：「天地官矣。」鄭注：「官猶事也。」《論語·先進》：「仍舊貫。」鄭注：「貫，事也。」《爾雅·釋詁》：「貫，公事也。」〇廣，大也。《說文》：「廣，殿之大屋也。」〇昆，同也。《說文》：「昆，同也。」《漢書·揚雄傳》：「噍噍昆鳴。」故蟲之總名謂之䖵，音昆。《說文》：「䖵，蟲之總名也，從二虫。」通作昆。《大戴禮·夏小正》傳：「昆，小蟲。昆者，衆也，由魂魂也。魂魂者動也，小蟲動也。」大魚謂之鯤，音昆。《莊子·逍遥遊》篇：「北冥有魚，其名爲鯤。鯤之大，不知其幾千里也。」大雞謂之鵾，音昆。《爾雅·釋畜》：「雞三尺爲鵾。」郭注：「陽溝巨鵾，古之名雞。」字亦作鶤。《楚辭·九辯》：「鵾雞啁哳而悲鳴。」通作昆。《史記·司馬相如傳》：「亂昆雞。」兄謂之𥈭。音昆。《說文》：「周人謂兄曰𥈭。」字亦作罤。《爾雅·釋親》：「罤，兄也。」通作昆。〇衮，大也。《廣雅》：「衮，大也。」故大束謂之緷，音衮。《爾雅·釋器》：「百羽謂之緷。」釋文：「緷，《埤蒼》云大束也。」大魚謂之鯀，《玉篇》：「鯀，大魚也。」〇大目謂之睔，古困切。《說文》：

「睔，大目也。」《春秋傳》有鄭伯睔。大出目謂之暉。古困切。《説文》：「暉，大出目也。」○告，牛角著横木也。古毒切。《説文》：「告，牛觸角著横木，所以告人也。從口從牛。」引《易·大畜·六四》「僮牛之告」。今《易》作「童牛之牿」，釋文：「牿，九家作告。」故牛馬牢謂之牿。《説文》：「牿，牛馬牢也。」《書·費誓》：「今惟淫舍牿牛馬。」大皋謂之皓。古毒切。《説文》：「皓，大皋也。右扶風鄠有皓皋。」○夰，大也。音孤。《説文》：「夰，窊大也，從大，瓜聲。」故少師、少傅、少保曰三孤，婦稱夫之母曰姑，父之姊妹曰姑，大骨謂之軱，音孤。《莊子·養生主》篇：「技經肯綮之未嘗，而況大軱乎？」向秀注：「軱，戾大骨也。」大網謂之罛，音孤。《爾雅·釋器》：「魚罟謂之罛。」郭注：「最大罟也，今江東云。」《詩·碩人》四章：「施罛濊濊。」馬融注：「大魚網目大豁豁也。」市買多得謂之夃。音孤。《説文》：「秦以市買多得爲夃。」故盈字從此，通作沽。○𩫏，大也。音郭。《説文》𩫏從回，「象城𩫏之重，兩亭相對也」。今作郭。《玉篇》引《白虎通》：「郭之爲言廓也，大也。」《釋名》：「郭，廓也，廓落在城外也。」故外棺謂之椁，《禮記·檀弓》：「殷人棺椁。」鄭注：「椁，大也，言大於棺也。」《釋名》：「椁，廓也，廓落在表之言也。」廓謂之擴，音郭。《孟子·公孫丑》：「知皆擴而充之矣。」趙注：「擴，廓也。」滿弩謂之彍。音郭。《説文》：「彍，滿弩也。」《孫子·兵勢》篇：「勢如彍弩。」○傀，大也。公回切。《説文》：「傀，偉也。」《莊子·列御寇》篇：「達生之情者傀。」郭注：「傀然大。」字亦作瑰。宋玉《對楚王問》：「夫聖人瑰意琦行。」又作瓌。班固《西都賦》：「因瓌材而究奇。」故槐大葉而黑謂之櫰。公回切。《爾雅·釋木》：「櫰，槐大葉而黑。」郭注：「槐樹葉大色黑者名爲櫰。」○會，大計也。古外切。《周禮·司會》鄭注：「會，大計也。司會主天下之大計，計官之長。」故合市謂之儈，古外切。《玉篇》：「儈，合市也。」《漢書・貨殖傳》：「節駔儈。」顔注：「儈者合會二家交易者也。駔者，其首率也。」《史記》儈作會。**會髮謂之膾**，古外切。《説文》：「膾，骨擿之可會髮者。」引《詩・淇奧》二章「膾弁如星」。今《詩》作會，毛傳：「弁，皮弁，所以會髮。」《周禮・弁師》：「王之皮弁，會五采玉璂。」鄭注：「故書會作膾。鄭司農云膾讀如馬會之會，謂以五采束髮也。」《士喪禮》曰：「擓用組，乃笄。擓讀與膾同，書之異耳。説曰以組束髮，乃著笄謂之擓，沛國人謂反紒爲膾。」今《士喪禮》作「鬠用組」。膾、擓、鬠、會並通。**領會謂之襘**，古外切。《左傳・昭十一年》「衣有襘」杜注：「襘，領會也。」通作會。《禮記・雜記》：「韠會去上五寸。」鄭注：「會謂領上縫也。」**芻稾之藏謂之廥**，古外切。《説文》：「廥，芻稾之藏。」《史記・趙世家》：「邯鄲廥燒。」**水廣二尋深二仞謂之巜**。古外切。《説文》：「方百里有巜，廣二尋深二仞。」今作澮。《書・皋陶謨》：「濬畎澮距川。」《釋名》：「澮，會也，小水之所聚會也。」《士喪禮》：「**鬠用組。」鄭注：「用組，組，束髮也。古文鬠爲括。」又：「主人髺髮。」鄭注：「古文髺作括。」括髮即鬠髮，鬠、括聲相近，故檜謂之栝**。《詩・竹竿》四章：「檜楫松舟。」釋文：「檜，古活反，又古會反。」《書・禹貢》：「杶榦栝柏。」栝即檜也。**澮澮謂之活活**。《説文》：「巜，水流澮澮也。」「活，流聲也。」《詩・碩人》四章：「北流活活。」活活即澮澮。

大魚謂之鰥。《詩・敝笱》首章：「其魚魴鰥。」毛傳：「鰥，大魚。」《孔叢子・抗志》篇：「衛人釣於河，得鰥魚焉，其大盈車。」**鰥、昆、鯀聲義相近，故大魚謂之鯀，亦謂之鯤，亦謂之鰥。**

大杙謂之栱。音拱。《爾雅・釋宮》：「杙大者謂之栱。」〇**矍，急視也**。《説文》：「矍，視遽皃也。」《易・

震・上六》：「視矍矍。」故急張弓謂之彏，音矍。《説文》：「彏，弓急張也。」揚雄《河東賦》：「彏天狼之威弧。」大步謂之趯，音矍。《説文》：「趯，大步也。」大鉏謂之钁，音矍。《説文》：「钁，大鉏也。」《淮南子・精神訓》：「揭钁臿。」大母猴謂之玃。音矍。《説文》：「玃，大母猴也。」引《爾雅・釋獸》「玃父善顧」。今《爾雅》作「貜」，郭注：「貑，貜也，似獼猴而大，色蒼黑，能攫持人，好顧盼。」

狊，張兩翅也。古闃切。《爾雅・釋獸》：「鳥曰狊。」郭注：「張兩翅。」故大鼠謂之鼰。古闃切。《爾雅・釋獸》「鼰鼠」郭注：「今江東山中有鼰鼠，狀如鼠而大，蒼色，在樹木上。」〓，大也。音怪。《説文》：「〓，大也。」故奇謂之怪。

《釋大》第二

上

康顃苦縞切。　凱◯嶨苦覺切。　緒口皆切。　◯衾丘◯顤苦幺切。　契

康，尊也，大也。《易・晉・彖辭》「康侯」鄭注：「康，尊也，廣也。」《禮記・祭統》「康周公」鄭注：「康猶褒大也。」故五達道謂之康，《爾雅・釋宫》：「五達謂之康。」《史記・鄒奭傳》：「爲開第康莊之衢。」《釋名》：「五達曰康。康，昌也，昌盛也，車步併列並用之，言充盛也。」空謂之康。《説文》：「穅，穀之皮也。從禾、米，庚聲。或省作

康。」今作康。《爾雅·釋器》：「康謂之蠱。」郭注：「米皮也。」徐鍇《説文繫傳》：「康從米，米皮去其内空之意也。」故凡物之空者皆謂之康。《詩·賓之初筵》二章：「酌彼康爵。」鄭箋：「康，虚也。」《逸周書·謚法解》：「穅，虚也。」《爾雅·釋詁》：「漮，虚也。」釋文：「漮字又作歑。」《方言》：「㝩，空也。」郭注：「㝩㝩，空貌。」《説文》：「漮，水虚也。」「歑，飢虚也。」「康，屋康㝩也。」又《爾雅·釋器》：「康瓠謂之甈。」釋文：「康，《埤蒼》作㼀。」《史記·賈誼傳》：「斡棄周鼎兮而寶康瓠。」集解：「應劭曰，康，容也，一曰空也。」穅、康、漮、歑、㝩、㼀並通。 空、孔、康聲之轉，故虚謂之空，亦謂之孔，亦謂之康，通謂之孔。《説文》：「孔，通也。」五達道謂之康，嘉美謂之孔，《説文》：「孔，嘉美之也[一]。從乙、子。乙，請子之候鳥也。乙至而得子，嘉美之也。故古人名嘉字子孔。」褒大謂之康。 康、荒聲相近，《易·泰·九二》「包荒」釋文：「荒，鄭讀爲康。」《爾雅·釋詁》：「漮，虚也。」釋文引郭璞《音義》云：「本或作荒。」故虚謂之荒，亦謂之康；大謂之荒，亦謂之康。互見第七篇「巟」字下。 穀不升謂之⿰禾巟，亦謂之歑；《説文》：「⿰禾巟，虚無食也。」通作荒。《韓詩外傳》：「四穀不升謂之荒。」《廣雅》：「四穀不升曰歑。」《穀梁傳·襄二十四年》作康。 好樂怠政謂之荒，亦謂之穅。《逸周書·謚法解》：「好樂怠政曰荒。」《漢書·諸侯王表》：「中山穅王昆侈。」顔注：「好樂怠政曰穅。」○顗，大也。苦縞切。《廣雅》：「顗，大也。」○凱，大也。《廣雅》：「凱，大也。」字亦作愷。《吕氏春秋·不屈》篇：「愷者大也。」故開謂之闓，音凱。《説文》：「闓，開也。」開、闓聲相近。 地高燥謂之塏。音凱。《説文》：「塏，高燥也。」《左傳·昭三年》：「請更諸爽塏者。」杜注：「爽，明也。塏，燥也。」

山多大石謂之嶨。苦覺切。《説文》：「嶨，山多大石也。」字亦作礐。《爾雅·釋山》：「多大石，礐。」《釋名》：「礐，覺也，大石之形覺覺然也。」〇大絲謂之䋙。口皆切。《説文》：「䋙，大絲也。」

大被謂之衾。《説文》：「衾，大被也。」《釋名》：「衾，广也，其下廣大如广受人也。」广，魚檢切。〇丘，大也。《詩序》：「崇丘萬物得極其高大也。」《漢書·楚元王傳》：「時時與賓客過其丘嫂食。」張晏注：「丘，大也，長嫂稱也。」晉灼注《禮》謂大婦爲冢婦。《孫子·作戰篇》：「丘牛大車。」丘亦大也。魏武帝注以爲丘邑之牛，失之。故大冢謂之丘，《方言》：「冢大者謂之丘。」聚謂之丘，四邑謂之丘，《周禮·小司徒》：「四邑爲丘。」《莊子·則陽》篇：「丘里者，合十姓百名而以爲風俗也。」李頤注：「四井爲邑，四邑爲丘，五家爲鄰，五鄰爲里。鄰里井邑土風不同。」《釋名》：「四邑爲丘。丘，聚也。」空謂之丘。空、丘聲之轉。《左傳·昭十二年》：「是能讀三墳、五典、八索、九丘。」延篤注引張平子説：「九丘，《周禮》之九刑，丘，空也，空設之也。」《漢書·息夫躬傳》：「寄居丘亭。」顔注：「丘，空也。」

大頭謂之顤。苦幺切。《説文》：「顤，大頭也。」〇契，《説文》：「大約也。從大，㓞聲。」㓞，恪拔切。契有合義，亦有開義。《周禮·小宰》鄭注：「凡簿書之最目，獄訟之要辭，皆曰契。」《左傳·襄十年》：「使王叔氏與伯輿合要，王叔氏不能舉其契。」是契有合義。契、開聲之轉，《禮記·曲禮》：「獻粟者執右契。」孔疏：「契謂兩書一札同而別之。」《詩·緜》三章：「爰契我龜。」毛傳：「契，開也。」是契又有開義。契字從大，凡物之開者，合之則大；物之合者，開之則大。故契有開、合二義，而同歸於大。契、券聲之轉，故券字亦有開、合二義。

《説文》：「券，契也，從刀，𢍏聲。𢍏音眷。券別之書以刀判契其旁，故曰契券。」《周禮・小宰》：「聽稱責以傅別，聽賣買以質劑。」鄭注：「傅別謂爲大手書於一札中字別之。質劑謂兩書一札同而別之。傅別、質劑皆今之券書也。」是券有開義。《釋名》：「券，綣也，相約束繾綣以爲限也。」是券又有合義。義有相反而實相因者，此類是也。〔二〕

下

懬音曠。寬酷廓薖音科。魁䫥口猥切。顝音窟。恢〇夸〇穹囷券頯丘軌切。虛音祛。巋丘追切。〇奎

懬，大也。音曠。《説文》：「懬，大也。」故廣謂之懬，闊謂之懬，寬謂之懬。《説文》：「懬，闊也，廣也，寬也。」通作曠，《漢書・鄒陽傳》：「獨觀乎昭曠之道也。」顔注：「昭，明也。曠，廣也。」亦通作廣。《荀子・王霸》篇：「人主胡不廣焉，無卹親疏，無偏貴賤。」楊注：「廣讀爲曠。」空謂之懬，《漢書・元帝紀》：「衆僚久懬。」顔注：「懬，空也。」通作壙。《韋玄成傳》：「五世壙僚。」應劭注：「壙，空也。」亦通作廣。《五行志》：「師出過時兹謂廣。」李奇注：「廣音曠，亦通作曠。」明謂之曠，《説文》：「曠，明也。」《後漢書・竇融傳》：「義士則曠若發曚。」遠謂之曠，地大謂之壙，《説文》：「壙，大也。」《孟子・離婁》：「猶獸之走壙也。」通作曠。塹穴謂之壙。《説文》：「壙，塹穴也。」曠、闊、空、孔、寬、款並聲之轉，故廣謂之曠，亦謂之寬，亦謂之闊；遠謂之闊，亦謂之曠；

穴謂之壙，亦謂之孔；虚謂之空，亦謂之曠，亦謂之竅；《莊子·養生主》篇「導大竅」崔譔注：「竅，空也。」通作款。《漢書·司馬遷傳》：「實不中其聲者謂之款。」服虔注：「款，空也。」誠謂之款，亦謂之悾。《楚辭·卜居》：「吾寧悃悃款款朴以忠乎？」《論語·泰伯》：「悾悾而不信。」《爾雅·釋器》：「鼎款足者謂之鬲。」郭注：「鼎曲脚也。」念孫按：款足猶空足也。《漢書·郊祀志》：「鼎空足曰鬲。」蘇林注：「足中空不實者名曰鬲。」是其證矣。○寬，大也。《説文》：「寬，屋寬大也。」故緩謂之寬，裕謂之寬，髀上謂之髖。音寬。《説文》：「髖，髀上也。」《漢書·賈誼傳》：「至於髖髀之所。」《釋名》「髖，緩也，其腋皮厚而緩也。」○厚謂之酷，《説文》：「酷，酒味厚也。」《風俗通》：「帝嚳，嚳者，考也，成也，言其考明法度，醇美嚳然，若酒之芬香也。」嚳與酷同。《史記·司馬相如傳》：「芬香漚鬱，酷烈淑郁。」極謂之酷，通作嚳。《白虎通》：「謂之帝嚳者何也？嚳者極也，言其能施行窮極道德也。」甚謂之酷，通作嚳。《説文》：「嚳，急告之甚也。」大阜謂之陪。音酷。《説文》：「陪，大阜也，右扶風郿有陪阜。」○廓，大也。《爾雅·釋詁》：「廓，大也。」《方言》：「張小使大謂之廓。」字亦作郭。《詩·皇矣》首章：「憎其式廓。」釋文：「廓，本又作郭。」故開謂之廓，霩謂之霩，音廓。《説文》：「霩，雨止雲罷貌也。」空謂之廓，去毛皮謂之鞹。《説文》：「鞹，去毛皮也。」引《論語·顏淵》「虎豹之鞹」。今《論語》作鞟。空、廓，開聲之轉，故虚謂之空，亦謂之廓；張謂之廓，亦謂之開。○薖，寬大也。音科。《詩·考槃》二章：「碩人之薖。」毛傳：「薖，寬大貌。」碩人之薖猶碩人之寬。故空謂之窠，音科。《説文》：「窠，空也，一曰鳥巢也。在穴曰窠，在樹曰巢。」通作科。《易·説卦傳》：「其於木也爲科，上槁。」孔疏：「科，空也。」坎謂之科。《孟子·離婁》：「盈科而後進。」趙注：「科，坎也。」空、科、寬、款、坎並聲之轉，故寬謂之薖，窾謂之空，空謂之科，科謂之坎，坎侯謂之空侯。《風俗通》：「孝武皇帝賽南越，禱祠太乙后土，始用樂人侯調，依琴作坎坎之樂，言其坎坎應節奏也。侯以姓冠章耳。或説空侯取其空中，琴瑟皆空，何獨坎侯邪？」○魁，大也。《廣雅》：「魁，大也。」《史記·孟嘗君傳》：「始以薛公爲魁然也，今視之，乃眇小丈夫耳。」故本謂之魁，《漢書·游俠傳》：「原涉爲魁。」顔注：「魁者，斗之本也。故言根本者皆云魁。」首謂之魁，《禮記·檀弓》：「不爲魁。」鄭注：「魁猶首也。天文北斗魁爲首，杓爲末。」帥謂之魁，小阜謂之魁〔三〕。《周語》：「幽王蕩以爲魁陵、糞土、溝瀆。」賈逵注：「小阜曰魁。」《史記·趙世家》：「嬴姓將大敗周人於范魁之西。」○𩴵，大也。口猥切。《廣雅》：「𩴵，大也。」○大頭謂之顝。音窟。《説文》：「顝，大頭也。」頵、顝聲之轉，故大頭謂之頵，亦謂之顝。○恢，大也。《説文》：「恢，大也。」《老子》：「天網恢恢。」字亦作𡘋。《説文》：「𡘋，大也。」又作㚅。《廣雅》：「㚅，大也。」

夸，大也。《説文》：「夸，奢也，從大，于聲。」《廣雅》：「夸，大也。」故大言謂之誇，好謂之姱。《楚辭·離騷》：「苟余情其信姱以練要兮。」

穹，大也。《爾雅·釋詁》：「穹，大也。」《詩·桑柔》七章：「以念穹蒼。」○囷，圜倉也。《説文》：「囷，廩之圜者，從禾在囗中。囗音圍。」故大貝謂之蜠，音囷。《爾雅·釋魚》：「蜠，大而險。」車軸相連謂之輑。音囷。《廣韻》：「輑，車軸相連也。」張衡《南都賦》：「隄塍相輑。」李善注：「輑，相連之貌。」○契謂之券。見前「契」字下。

○大朴貌謂之頯。丘軌切。《莊子·大宗師》篇：「其顙頯。」郭注：「頯，大朴之貌。」○虚，大丘也。音袪。《説文》：「虚，大丘也，昆侖丘謂之昆侖虚。古者九夫爲井，四井爲邑，四邑爲丘，丘謂之虚，從丘，虍聲。」《詩·定之方中》二章：「升彼虚矣。」字亦作墟。《禮記·檀弓》「墟墓之間。」故彊健謂之袪，《詩·駉》四章：「以車袪袪。」毛傳：「袪袪，彊健也。」俗作祛，非。《説文》、《玉篇》、《廣韻》並無祛字。開謂之袪，《漢書·兒寬傳》：「合袪於天地神祇。」李奇注：「袪，開散也。」字亦作胠。《莊子·胠篋》篇：「將爲胠篋探囊發匱之盜而爲守備。」司馬彪注：「從旁開爲胠。」又作呿。《秋水》篇：「公孫龍口呿而不合。」司馬彪注：「呿，開也。」獸圈謂之阹。音袪。《説文》：「阹，依山谷爲牛馬之圈也。」《漢書·司馬相如傳》：「江河爲阹。」郭璞注：「因山谷遮禽獸爲阹。」《揚雄傳》：「以罔爲周阹，縱禽獸其中。」丘、虚聲之轉，故土高謂之丘，亦謂之虚；四邑謂之丘，亦謂之虚。袪、開、啓聲之轉，故開謂之啓，亦謂之袪；軍左翼謂之啓，右翼謂之胠。《説文》：「胠，掖下也。」徐鍇注：「按《春秋左傳》説齊師列敶之法有胠，即取人兩掖之義也。」《襄二十三年》賈逵注：「左翼曰啓，右翼曰胠。」○山高謂之巋，丘追切。《孔叢子·論書》篇：「夫山者巋然高。」山小而衆謂之巋，《爾雅·釋山》：「小而衆，巋。」大紅草謂之蘬。丘追切。《爾雅·釋草》：「紅，龍古，其大者蘬。」《詩·山有扶蘇》二（草）〔章〕：「隰有游龍。」毛傳：「龍，紅草也。」陸璣疏：「一名馬蓼，葉大而赤白色，生水澤中，高丈餘。」

兩髀間謂之奎。《説文》：「奎，兩髀之間，從大，圭聲。」《莊子·徐无鬼》篇：「奎蹄曲隈。」向秀注：「股間也。」

大笑謂之吹。枯駕切。《玉篇》：「吹，大張口笑也。」《廣雅》：「吹吹，笑也。」

《釋大》第三

上

勍渠京切。健乾噱其略切。奇〇祇音岐。祁

彊謂之勍，渠京切。《說文》：「勍，彊也。」《左傳·僖二十二年》「勍敵之人。」海大魚謂之鱷。渠京切。《說文》：「鱷，海大魚也。」引《左傳·宣十二年》「取其鱷鯢」。今《左傳》作鯨，孔疏引裴淵《廣州記》：「鯨鯢長百尺，雄曰鯨，雌曰鯢。」亦作京。《漢書·揚雄傳》「騎京魚。」彊、勍、競聲相近，故有力謂之彊，亦謂之勍；盛謂之彊，亦謂之競。〇伉謂之健，《說文》：「健，伉也。」大筋謂之笏。音健。《說文》：「笏，筋之本也。」字亦作腱。《禮記·內則》：「去其餌。」鄭注：「餌，筋腱也。」釋文引《隱義》曰：「腱，筋之大者。」《楚辭·招魂》「肥牛之腱。」〇天謂之乾，健謂之乾，《易·說卦傳》：「乾，健也。坤，順也。」乾、健同聲，坤、順同聲。天行健，地勢坤。健即乾，坤即順，互文見義耳。虎行貌謂之虔，《說文》：「虔，虎行貌也。」大鯉謂之鰬。音虔。《廣雅》：「大鯉謂之鰬。」《史記·司馬相如傳》「鰅鰫鰬魠。」集解引《漢書音義》「鰬似鯉而大。」虔、勍聲之轉，故彊謂之勍，彊取謂之虔，《漢書·武帝紀》韋昭注：「凡稱詐爲矯，强取爲虔。」大鯉謂之鰬，海大魚謂之鯨。〇大笑謂之噱。其略切。《說文》：「噱，大笑也。」《漢書·敘傳》：「談笑大噱。」〇奇，異也。《說文》：「奇，異也，從大從可，可亦聲。」

祇，大也。音岐。《易・復・初九》「无祇悔」釋文：「祇，韓伯祁：支反，云大也。」○祁，大也。《詩・吉日》三章：「其祁孔有。」毛傳：「祁，大也。」故衆多謂之祁，《詩・七月》二章：「采蘩祁祁。」毛傳：「祁祁，衆多也。」老謂之耆，長謂之耆，《爾雅・釋詁》：「耆、艾，長也。」《周語》：「耆艾脩之。」韋注：「耆艾，師傅也。」彊謂之耆，彊、耆聲之轉。《逸周書・謚法解》：「耆，彊也。」《左傳・昭二十三年》：「不懦不耆。」杜注：「耆，彊也。」馬鬣謂之鬐，音耆。魚脊上骨謂之鰭。音耆。《禮記・少儀》：「羞濡魚者夏右鰭。」鄭注：「鰭，脊也。」通作鬐。《莊子・外物》篇：「大魚揚而奮鬐。」

下

莙音窘。　渠巨夔

大藻謂之莙，音窘。《爾雅・釋草》：「莙，牛藻。」郭注：「似藻，葉大，江東呼爲馬藻。」按牛馬皆大物，故物之大者多以牛馬名之，説見第四、第二十三兩篇。大芝謂之菌，音窘。《莊子・逍遥遊》篇：「朝菌不知晦朔。」司馬彪注：「菌，大芝也。」《爾雅・釋草》：「中馗，菌。」郭注：「地蕈也，似蓋，可啖。」按《説文》：「椎，齊謂之終葵。」《考工記・玉人》：「大圭長三尺，杼上終葵首。」鄭注：「終葵，椎也。」椎即終葵之合聲。菌莖小而頭大，其形如椎，故謂之中馗。中馗、終葵聲相近。美竹謂之箘，音窘。《書・禹貢》：「惟箘簵楛。」《戰國策》：「其堅則箘簬之勁不能過也。」大貝謂之蜠。音窘。《爾雅・釋魚》：「蜠大而險。」○渠，大也。《詩・權輿》首章：「夏屋渠渠。」毛傳：「夏，大也。」《周禮・鍾師》杜子春注引呂叔玉曰：「肆夏，《時邁》也；繁遏，《執傹》也；渠，《思文》也。渠，大也，言以后稷配天，王道之大也。」故大芋謂之芋渠，《後漢書・馬融傳》：「蘘荷芋渠。」李注：「芋渠即芋魁也，大葉，根可食。」大菊謂之蘧麥。《爾雅・釋草》：「大菊，蘧麥。」郭注：「即瞿麥。」《本草》：「瞿麥一名巨句麥，一名大菊，一名大蘭。」陶注：「一莖生細葉，華紅紫赤可愛，子頗似麥，故名瞿麥。」○巨，大也。《方言》：「巨，大也。齊宋之閒曰巨。」故大剛謂之鉅，《説文》：「鉅，大剛也。」《荀子・議兵》篇：「宛鉅鐵釶，慘如蠭蠆。」《史記・禮書》同，徐廣注：「大剛曰鉅。」黍一稃二米謂之𩰫，音巨。《説文》：「𩰫，黑黍也，一稃二米以釀。」字亦作秬。《詩・生民》六章：「維秬維秠。」《周禮・鬯人》鄭注：「秬如黑黍，一稃二米。」縣鐘直木上爲猛獸謂之𧇊。音巨。《説文》：「𧇊，鐘鼓之柎也。飾爲猛獸，從虍、異。象形。」或省作虡。《考工記・梓人》：「爲筍虡，厚脣弇口，出目短耳，大胸耀後，大體短脰，若是者謂之臝屬，以爲鍾虡。」張衡《西京賦》：「洪鐘萬鈞，猛虡趪趪，負筍業而餘怒，乃奮翅而騰驤。」薛綜注：「縣鐘格，横曰筍，植曰虡。當筍下爲兩飛獸以背負，又以板置上名爲業。」亦作鐻。《周禮・典庸》：「器帥其屬而設筍虡。」杜子春注：「横者爲筍，從者爲鐻。」○夔，神魖也。《説文》：「夔，神魖也，如龍一足。從夊，象有角手人面之形。」《魯語》：「木石之怪夔蝄蜽。」故大牛謂之犪，音夔。《爾雅・釋畜》「犩牛」，郭注：「即犪牛也。」通作夔。《山海經》岷山「其獸多夔牛」，郭注：「今蜀山中有大牛，重數千斤，名爲夔牛。晉太興元年，此牛出上庸，郡人弩射殺之，得三十八擔肉。即《爾雅》所謂魏牛。」馬彊貌謂之騤，《詩・采薇》五章：「四牡騤騤。」毛傳：「騤騤，彊也。」矛屬謂之戣。音夔。《書・顧命》：「一人冕執戣。」鄭注：「戣蓋今三鋒矛。」

勇謂之捲，音權。《説文》：「捲，氣勢也。」引《齊語》「予有捲勇」。今本捲作拳，韋注：「大勇爲拳。」《詩・盧令》

二章：「其人美且鬈。」鄭箋：「鬈讀當爲權。權，勇壯也。」捲、鬈、拳、權並通。大視謂之𡘋。音權。《説文》：「𡘋，大視也。從大，𥄎聲。」

《釋大》第四

上

眼魚懇切。岸敖咢剴五哀切。艾◯嵒五咸切。牙疋音雅。頟五陌切。◯垠語斤切。言圪魚迄切。牛業

𣪊出大貌謂之眼。魚懇切。《考工記・輪人》：「望其𣪊，欲其眼也。」鄭注：「眼，出大貌也。」◯高厓謂之岸，重厓謂之岸，《爾雅・釋丘》：「望厓洒而高，岸。」郭注：「洒謂深也。視厓峻而水深者曰岸。」又「重厓岸」，郭注：「兩厓累者爲岸。」念孫按：洒厓，高峻貌。郭注以爲水深，非是。説見第十八篇「洒」字下。獄謂之犴，音岸。獄、犴聲之轉。《説文》引《詩・小宛》五章「宜犴宜獄」。今《詩》作岸，釋文：「岸，《韓詩》作犴，云鄉亭之繫曰犴，朝廷曰獄。」《周禮・射人》鄭注引《詩》作「宜豻宜獄」。馬頭有白發色謂之䮗，音岸。《説文》：「䮗，馬頭有白發色。」徐鍇注：「所謂馬發，言色有淺處，若將起然。」大貙謂之豻。《爾雅・釋獸》：「貙，獌似貍。」郭注：「今山民呼貙，虎之大者爲貙豻。」《史記・司馬相如傳》：「白虎玄豹，蟃蜒貙豻。」按此即《爾雅》所云「貙獌似貍」者。《漢書》注以爲野犬，非

是。○敖，出游也。《説文》：「敖，出游也，從出放。」隸省作敖。故大謂之驐，音敖。《廣雅》：「驐，大也。」亦作謷。《莊子·德充符》篇：「謷乎大哉。」長謂之敖，《詩·碩人》三章：「碩人敖敖。」毛傳：「敖敖，長貌。」鄭箋：「敖敖猶頎頎也。」傲謂之敖，傲、敖聲相近。《爾雅·釋言》：「敖，傲也。」《釋訓》：「敖敖，傲也。」字亦作囂，又作謷。《詩·板》三章：「聽我囂囂。」毛傳：「囂囂猶謷謷也。」《楚辭·九思》：「令尹兮謷謷。」注：「謷謷，不聽話言而妄語也。」諠謂之囂，音敖。《詩·車攻》三章：「選徒囂囂。」毛傳：「囂囂，聲也。」亦作嗸。《詩·十月之交》七章：「讒口囂囂。」釋文：「囂。《韓詩》作嗸。」又作敖。《荀子·彊國》篇：「百姓讙敖。」衆口愁謂之嗷，《説文》：「嗷，衆口愁也。」亦書作嗸。《詩·鴻雁》三章：「哀鳴嗸嗸。」又作敖、謷、囂、熬。《荀子·富國》篇：「天下敖然。」《漢書·食貨志》：「天下謷謷然。」《董仲舒傳》：「此民之所以囂囂，苦不足也。」《陳湯傳》：「熬熬苦之。」並與嗷同。戟鋒謂之𢧢，音敖。《廣雅》：「戟鋒謂之𢧢。」駿馬謂之驐，音敖。《説文》：「驐，駿馬。」亦書作驁。《呂氏春秋·察今》篇：「良馬期乎千里，不期乎驥驁。」高注：「驁，千里馬名也。」大狗謂之獒，《爾雅·釋畜》：「狗四尺爲獒。」海大龜謂之鼇，《楚（辯）〔辭〕·天問》：「鼇戴山抃，何以安之？」王注：「鼇，大龜也。」引《列仙傳》曰：「有巨靈之鼇，背負蓬萊之山而抃滄海之中。」蟹首大足謂之螯。音敖。《廣韻》：「螯，蟹大脚也。」通作敖。《荀子·勸學》篇：「蟹八跪而二敖。」○咢，譁訟也。《説文》：「咢，譁訟也。從吅屰，屰亦聲。」吅音諠譁之諠，屰音順逆之逆，隸省作咢。故直言謂之諤，《玉篇》：「諤，正直之言也。」《史記·商君傳》：「不如一士之諤諤。」通作鄂。《大戴禮·曾子立事》篇：「是故君子出言以鄂鄂。」又通作咢。《漢書·韋賢傳》：「咢咢黃髮。」高謂之咢，《後漢書·張衡傳》：「冠咢咢其映蓋兮。」李注：「咢咢，冠高貌也。」亦作噩。揚子《問神》篇：「《周書》噩噩爾。」通作鍔。張衡《西京賦》：「鍔鍔列列。」李善注：「皆高貌。」崖謂之崿，音咢。張衡《西京賦》：「坻崿鱗眴。」李善注引《文字集略》：「崿，崖也。」圻謂之堮，音咢。《廣韻》：「堮，圻堮也。」通作鄂。《漢書·揚雄傳》：「紛被麗其亡鄂。」顔注：「鄂，垠也。」又通作鍔。張衡《西京賦》：「前後無有垠鍔。」刀劍刃謂之㓵，音咢。《説文》：「㓵，刀劍刃也。」亦作鍔。《莊子·説劍》篇：「以燕谿石城爲鋒，齊岱爲鍔。」通作咢。《漢書·王褒傳》：「清水焠其鋒，越砥斂其咢。」大鵰謂之鶚，《漢書·鄒陽傳》：「臣聞：鷙鳥累百，不如一鶚。」孟康注：「鶚，大鵰也。」海大魚似鼉謂之䖸。音咢。《説文》：「䖸似蜥蜴，長一丈，水潛，吞人即浮。出日南。」亦作鰐。左思《吴都賦》：「黿鼉鯖鰐。」劉逵注：「鰐魚長二丈餘，有四足，似鼉，喙長三尺，甚利齒，廣州有之。」厓、岸、圻、堮並聲之轉，故邊謂之厓，亦謂之岸，亦謂之圻，亦謂之堮；齒本謂之齗，亦謂之齶；《説文》：「齗，齒本也。」《玉篇》：「齶，齗也。」争辯貌謂之齗，見後「齗」字下。譁訟謂之咢，和悦而諍謂之誾，直言謂之諤。○大鎌謂之剴。五哀切。《説文》：「剴，大鎌也。」字亦作鐖。《史記·淮南王安傳》：「非直適戍之衆鐖鑿棘矜也。」○艾，大也。《小爾雅》：「艾，大也。」故老謂之艾，《方言》：「艾，老也。東齊魯衛之間凡尊老謂之艾。」《禮記·曲禮》：「五十曰艾。」長謂之艾，《爾雅·釋詁》：「耆、艾，長也。」《周語》：「耆艾脩之。」韋注：「耆艾，師傅也。」久謂之艾。《詩·庭燎》二章：「夜未艾。」毛傳：「艾，久也。」

山巖謂之嵒，五咸切。《説文》：「嵒，山巖也。」嵒、巖聲相近。大羊謂之麙，五咸切。《説文》：「麙，山羊而大者，細角。」字亦作羬。《爾雅·釋畜》：「羊六尺爲羬。」《山海經》錢來之山「有獸焉，其狀如羊而馬尾，名曰羬羊」，郭

注：「今大月氏國有大羊如驢而馬尾。」熊虎絶有力者謂之䴥。《爾雅・釋獸》：「熊虎醜絶有力，䴥。」字亦作㺂。《爾雅》釋文：「䴥本或作㺂。」〇牙，牡齒也〔四〕。《説文》：「牙，牡齒也。」《釋名》：「牙，樝牙也。」隨形言之也。故大旗謂之牙旗，建大旗於門謂之牙門〔五〕。張衡《東京賦》：「牙旗繽紛。」薛綜注：「兵書曰，牙旗者，將軍之旌。謂古者天子出建大牙旗竿上，以象牙飾之，故云牙旗。」念孫按：牙旗猶言大旗。牡齒謂之牙，故大旗謂之牙旗，建大旗於門謂之牙門。《後漢書・袁紹傳》：「遂到瓚營拔其牙門。」李注：「《真人水鏡經》曰：凡軍始出，立牙竿，必令完堅，若有折，將軍不利。牙門旗竿，軍之精也。」是其證。〇正謂之疋〔六〕，音雅。《説文》：「疋，古文以爲《詩》大疋字。」今作雅。《詩序》：「雅者，正也。」大屋謂之庌。音雅。《説文》：「庌，廡也。」「廡，堂下周屋也。」《周禮・圉師》：「夏庌馬。」鄭注：「庌，廡也。廡，所以庇馬涼也。」《釋名》：「大屋曰廡。廡，幠也；幠，覆也。」「并冀人謂之庌。庌，正也，屋之正大者也。」〇顙謂之頟，五陌切。《方言》：「頟，顙也。中夏謂之頟。」亦作額。《釋名》：「額，鄂也，有垠鄂也。故幽州人則謂之鄂也。」山高大謂之峉，五陌切。《集韻》：「峉，山高大貌。」《楚辭・九思》：「山阜兮峉峉。」教令嚴謂之詻。五陌切。《禮記・玉藻》：「戎容暨暨，言容詻詻。」鄭注：「暨暨，果毅貌也。詻詻，教令嚴也。」

地埒謂之垠，語斤切。岸謂之垠，《説文》：「垠，地垠也。一曰岸也。」字亦作圻。《淮南子・俶真訓》：「通于無圻。」又作沂、銀。《漢書・叙傳》「漢良受書於邳沂」晉灼注：「沂，崖也。」《荀子・成相》篇：「守其銀」楊注：「銀與垠同。」争辯貌謂之齗，語斤切。《史記・魯世家》：「洙泗之間齗齗如也。」《漢書・劉向傳》：「朝臣齗齗。」犬吠聲謂之㹞，語斤切。《説文》：「㹞，犬吠聲。」字亦作狺。《楚辭・九辯》：「猛犬狺狺而迎吠。」大篪謂之沂。語斤切。

《爾雅・釋樂》：「大篪謂之沂。」李巡注：「大篪其聲非一也。」字亦作齗。《爾雅》釋文：「沂，本或作齗。」◯言言，高大也。《詩・皇矣》八章：「崇墉言言。」毛傳：「言言，高大也。」故大簫謂之言，《爾雅・釋樂》：「大簫謂之言。」李巡注：「大簫聲大言言也。」字亦作管。《爾雅》釋文：「言，本或作管。」甑謂之甗，音言。山形似甑謂之甗。甗者，言也，上大下小言言然也。《説文》：「甗，甑也。讀若言。」《爾雅・釋畜》：「騉蹄趼善陞甗。」郭注：「甗，山形似甑，上大下小。」字亦作巘。《詩・公劉》二章：「陟則在巘。」釋文：「巘，本又作甗。」張衡《西京賦》：「陵重巘。」薛綜注：「山之上大下小者曰巘。」又司馬相如《上林賦》：「巖陁甗錡，摧崣崛崎。」李善引司馬彪注：「甗，甑也。錡，敧也。上大下小有似敧甑也。」念孫按：甗者，言也，形言言也。錡者，敧也。皆上大下小之貌。釜甑之形亦上大下小，故甑或謂之甗，釜或謂之錡。◯圪圪猶言言也。魚迄切。《説文》：「圪，牆高貌也。」引《詩・皇矣》八章「崇墉圪圪」。今《詩》作仡，毛傳：「仡仡猶言言也。」故勇壯貌謂之仡，《説文》：「仡，勇壯也。」《書・秦誓》：「仡仡勇夫。」虎貌謂之𧆞。魚迄切。《説文》：「𧆞，虎貌也。」◯牛，大物也。《説文》：「物，萬物也。牛爲大物，天地之數起於牽牛，故從牛，勿聲。」「半，物中分也，從八從牛。牛爲物大，可以分也。」故大蘄謂之牛蘄，蘄即芹字。《爾雅・釋草》：「芵，牛蘄。」郭注：「今馬蘄，葉細鋭，似芹，亦可食。」大藻謂之牛藻，《爾雅・釋草》：「莙，牛藻。」郭注：「似藻，葉大，江東呼爲馬藻。」大棘謂之牛棘。《爾雅・釋木》：「終，牛棘。」郭注：「即馬棘也，其刺粗而長。」◯業，大也。《爾雅・釋詁》：「業，大也。」故功謂之業，大版謂之業。《爾雅・釋器》：「大版謂之業。」《説文》：「業，大版也，所以飾栒縣鐘鼓，捷業如鋸齒。或曰畫之象其鉏鋙相承也。從丵，從巾。巾象版。」《詩・有瞽》：「設業設虡，崇牙樹羽。」毛傳：「業，大版也，所以飾栒爲縣也，捷業如鋸齒，或曰畫之植者爲虡，衡者爲栒，崇牙上飾，卷然可以縣也。」孔疏：「虡者，立於兩端，栒則横入於虡，栒上加以大版，側著於栒，其上刻爲崇牙，似鋸齒捷業然，故謂之業。牙即業之上齒也，其形卷然，可以挂繩。」大版上飾鉏鋙然，故謂之牙；牙古讀若吾。吾、鋙聲相近。《考工記・玉人》：「牙璋中璋。」鄭注：「二璋皆爲鉏牙之飾於琰側。」鉏牙即鉏鋙。樅樅然高，故謂之崇牙；《詩・靈臺》四章：「虡業維樅。」毛傳：「樅，崇牙也。」捷業如鋸齒，故謂之業。牙、業聲之轉，鉏鋙、捷業亦聲之轉，故行貌謂之衙衙，魚、語二音。《説文》：「衙，行貌。」《楚辭・九辯》：「道飛廉之衙衙。」動貌謂之業業，《詩・常武》三章：「赫赫業業。」毛傳：「赫赫然盛也，業業然動也。」齒貌謂之捷業，亦謂之鉏鋙，山貌謂之岨峿，亦謂之嵽嶫。陸機《文賦》：「或岨峿而不安。」張衡《西京賦》：「嵯峨嵽嶫。」

下

吴魌五罪切。〇顒魚容切。会魚吻切。元頋俁虞矩切。巍

吴，大也。《方言》：「吴，大也。」故大言謂之吴。《説文》：「吴，大言也。」《詩・絲衣》：「不吴不敖。」毛傳：「吴，譁也。」孔疏：「吴作娱。」《史記・孝武紀》引《詩》作虞。徐鍇《説文繫傳》：「今寫詩者擅改吴作吴，又音作華，其謬甚矣。」嗷、咢、吴、言、沂並聲之轉，諠謂之嗷，譁訟謂之咢，譁謂之吴，大言謂之吴，大簫謂之言，大篪謂之沂，皆言其聲之高大也。沂、咢聲之轉，故厓謂之堮，亦謂之圻。咢、言聲

之轉，故高謂之言，亦謂之咢。言、吴聲之轉，故我謂之吾，亦謂之言。《爾雅·釋詁》：「言，我也。」《詩·葛覃》三章：「言告師氏，言告言歸。」〇魋，大也。五罪切。《廣雅》：「魋，大也。」

大頭謂之顒，魚容切。《説文》：「顒，大頭也。」德容謂之顒，《詩·卷阿》六章：「顒顒卬卬。」《爾雅·釋訓》：「顒顒卬卬，君之德也。」馬大貌謂之顒。《詩·六月》三章：「四牡脩廣，其大有顒。」毛傳：「顒，大貌。」《廣蒼》作騆，見《廣韻》。〇夽，大也。魚吻切。《説文》：「夽，大也。從大，云聲。」故大口謂之嗢。魚吻切。《説文》：「嗢，大口也。」〇元，大也。《漢書·董仲舒傳》：「元者，辭之所謂大也。」故善謂之元，《書·堯典》：「惇德允元。」長謂之元，《易·乾·文言》：「元者，善之長也。」首謂之元，《爾雅·釋詁》：「元，首也。」《左傳·僖三十三年》：「狄人歸其元。」始謂之元，《爾雅·釋詁》：「元，始也。」本謂之元，水本謂之原，《説文》：「厵，水泉本也，從灥，出厂下。」篆文省作原，隸作原。《左傳·昭九年》：「猶木水之有本原。」亦作源。地高平謂之邍，音元。《説文》：「邍，高平之野，人所登。從辵、夊、田、彔。」《周禮·邍師》鄭注：「邍，地之廣平者。」通作原。〇按元、原同義。《春秋繁露》：「春秋變一謂之元。元猶原也，其義以隨天地終始也。」《釋名》：「廣平曰原。原，元也，如元氣廣大也。」大樹謂之杬，音元。左思《吴都賦》：「緜杬杶櫨。」劉逵注：「杬，大樹也，其皮厚，味甚苦澀，剥乾之正赤，煎訖以藏衆果，使不爛敗，以增其味，豫章有之。」大鼈謂之黿，《説文》：「黿，大鼈也。」大羊謂之羱。音元。《爾雅·釋獸》：「羱如羊。」郭注：「羱羊似吴羊而大角，角橢，出西方。」元、敖聲之轉，故大謂之驁，亦謂之元，大龜謂之鼇，大鼈謂之黿。元、咢聲之轉，故大羊謂之麙，亦謂之羱。

○大頭謂之顛。《説文》：「顛，大頭也。」顛、顒聲之轉，故大頭謂之顒，亦謂之顛。○俁，大也。虞矩切。《説文》：「俁，大也。」《詩・簡兮》二章：「碩人俁俁。」毛傳：「俁俁，容貌大也。」故牡麔謂之麌，《爾雅・釋獸》：「麔牡，麌。」麋鹿羣口相聚謂之噳。虞矩切。《説文》：「噳，麋鹿羣口相聚貌。」《詩・韓奕》五章：「麀鹿噳噳。」毛傳：「噳噳然衆也。」通作麌。《吉日》二章：「麀鹿麌麌。」○巍，高也，隸或省作魏。《説文》：「巍，高也，從嵬，委聲。」《莊子・知北遊》篇：「魏魏乎其終則復始也。」《天下》篇：「魏然而已矣。」並與巍同。故大牛謂之犩，音巍。《爾雅・釋畜》「犩牛」郭注：「即犪牛也，如牛而大，肉數千斤，出蜀中。」通作魏。《山海經・岷山》：「其獸多夔牛。」郭注：「即《爾雅》所謂魏牛。」又轉爲魏國之魏、象魏之魏，其義一也。《左傳・閔元年》：「魏，大名也。」孔疏：「《論語》云：『巍巍乎其有成功。』是巍爲高大之名。」《周禮・大宰》：「乃縣治象之法于象魏。」鄭衆注：「象魏，闕也。」賈疏：「雉門之外兩觀闕高巍巍然。」《淮南子・俶真訓》：「神游魏闕之下。」高注：「魏闕，王者門外闕也。巍巍高大，故曰魏闕。」

《釋大》第五

上

[氵闇]烏感切。阿○[幽頁]於膠切。[豸戹]音戹。穵烏札切。○央殷匽音偃。[厂晏]於建切。奄俺。於劍切。懿

水大至謂之濶。烏感切。《説文》：「濶，水大至也。」○大陵謂之阿，《爾雅・釋地》：「大陵曰阿。」《詩・皇矣》六章：「我陵我阿。」丘偏高謂之阿，《爾雅・釋丘》：「偏高阿，丘。」李巡注：「謂丘邊高。」《詩・載馳》四章：「陟彼阿丘。」《釋名》：「偏高曰阿丘。阿，荷也，如人擔荷物，一邊偏高也。」棟謂之阿。《儀禮・士昏禮》「當阿」，《考工記・匠人》「王宮門阿之制五雉」，鄭注並云：「阿，棟也。」

大頭謂之顱，於膠切。王延壽《魯靈光殿賦》：「仡欺猑以鵰眖，顱顤顟而睽睢。」李善注：「欺猑，大首也。鵰眖，如鵰之視也。顱顤顟，大首深目之貌。睽睢，張目貌。」念孫按：顱顤顟三字從頁，皆大頭貌，非深目貌。《玉篇》：「顤顟，頭長貌。」是其證。深目貌謂之窅。於膠切。《説文》：「窅，深目貌，從穴中目。」○大豕謂之豟，音戹。《爾雅・釋獸》：「豕絶有力，豟。」又《釋畜》：「彘五尺爲豟。」郭注：「《尸子》曰：『大豕爲豟，五尺。』今漁陽呼豬大者爲豟。」大蟲似蠶謂之蚅。音戹。《爾雅・釋蟲》：「蚅，烏蠋。」郭注：「大蟲如指似蠶。」○穵，空大也。烏札切。《説文》：「穵，空大也。」故深謂之穵，《廣雅》：「穵，深也。」山曲謂之圠。烏札切。《玉篇》：「圠，山曲。」《楚辭・招隱》：「士坱兮圠山曲岪。」字亦作軋。《史記・賈誼傳》：「坱軋無垠。」央，中也。《説文》：「央，中央也。從大在冂之內。」《廣雅》：「央，中也。」故大謂之泱，《左傳・襄二十九年》：「泱泱乎大風也哉。」杜注：「泱泱，宏大之聲。」廣謂之泱，《詩・瞻彼洛矣》首章：「維水泱泱。」毛傳：「泱泱，深廣貌。」通作央。司馬相如《長門賦》：「覽曲臺之央央。」李善注：「央央，廣貌。」久謂之央，《説文》：「央，久也。」明謂之央，《詩・六月》四章：「白旆央央。」毛傳：「央央，鮮明貌。」旦謂之央，《詩・庭燎》首章：「夜未央。」毛傳：「央，旦也。」白雲貌謂之霙，音央。《廣韻》：「霙霙，白雲貌。」字亦作英，通作泱。《詩・白華》二章：「英英白雲。」釋文：「《韓詩》作泱泱。」潘岳《射雉賦》：「天泱泱以垂雲。」棟謂之柍。音央。《漢書・揚雄傳》：「洪臺掘其獨出兮，㩻北極之嶟嶟。列宿乃施於上榮兮，日月纔經於柍桭。」服虔注：「柍，中央也。桭，屋梠也。」念孫按：柍、桭字並從木。桭爲屋梠，柍即棟也。梠，宇也。《儀禮・士喪禮》：「置于宇西階上。」鄭注：「宇，梠也。」言日月纔經於棟宇耳。棟居屋之中央，故謂之柍。中、棟義相近，聲亦相近，故中謂之央，亦謂之極；棟謂之極，亦謂之柍。《説文》：「極，棟也。」《莊子・則陽》篇：「其鄰有夫妻臣妾登極者。」司馬彪注：「極，屋棟也。」柍、殷、檼、阿並聲之轉，故棟謂之柍，亦謂之檼，亦謂之阿。檼，於靳切。《説文》：「檼，棼也。」「棼，複屋棟也。」《釋名》：「檼，隱也，所以隱桷也。或謂之棟。棟，中也，居屋之中也。」中謂之央，亦謂之殷。大謂之殷，亦謂之泱。互見下注。○殷，大也。《廣雅》：「殷，大也。」《禮記・曾子問》：「服除而后殷祭。」故盛謂之殷，《説文》：「作樂之盛稱殷。」《易・豫・象傳》：「殷薦之上帝。」衆謂之殷，《詩・溱洧》二章：「殷其盈矣。」毛傳：「殷，衆也。」正謂之殷，中謂之殷。《爾雅・釋言》：「殷，中也。」《書・堯典》：「以殷仲春。」○匽，雄戟也。音偃。《方言》：「三刃枝，南楚宛郢謂之匽戟。」郭注：「今戟中有小孑刺者，所謂雄戟也。」《廣雅》：「匽謂之雄戟。」故鳳謂之鶠，音偃。《爾雅・釋鳥》：「鶠，鳳，其雌皇。」大鼠謂之鼴，音偃。《玉篇》：「鼴，大鼠也。」字亦作鼹。《本草》：「鼹鼠在土中行。」陶注：「俗中一名隱鼠，一名鼢鼠，形如鼠，大而無尾，黑色，長鼻甚强，常穿耕地中行，討掘即得。今諸山林中有獸，大如水牛，形似豬，灰赤色，下脚似象，胸前尾上皆白，有力，而亦名鼹鼠，人常取食之。」通作偃。《莊子・逍遥遊》篇：「偃鼠飲河。」旌旗之游謂之㫃。音偃。《説文》：「㫃，旌旗之游，㫃蹇之貌。從屮曲而下垂。入，相出入也。古人名㫃字子游。」〔七〕通作偃。○⿱罒⿸厂大，大也。於建切。《説文》：「⿱罒⿸厂大，大貌。從大，⿱罒凵聲。」○奄，大也。《説文》：「奄，大有餘也，從大、申。申，展也。」故覆謂之奄，蓋謂之弇，《爾雅・釋言》：「弇，蓋也。」郭注：「謂覆蓋。」《説文》：「奄，覆也。」奄與弇同，又作揜、掩。同謂之弇，《爾雅・釋言》：「弇，同也。」《方言》：「掩，同也。江淮南楚之間曰掩。」《詩・執競》：「奄有四方。」毛傳：「奄，同也。」弇、奄、掩同。罕謂之罨，音奄。《説文》：「罨，罕也。」徐鍇注：「網從上掩之也。」左思《蜀都賦》「罨翡翠」。字亦作旛。《廣雅》：「旛，率也。」雨雲貌謂之渰。《説文》：「渰，雨雲貌。」《詩・大田》三章：「有渰萋萋，興雨祈祈。」通作弇。《詩》釋文：「渰本又作弇。」○俺，大也。於劍切。《説文》：「俺，大也。」故衣寬謂之裺。於劍切。《廣韻》：「裺，衣寬也。」○懿，大也。《玉篇》：「懿，大也。」《左傳・僖二十四年》：「兄弟雖有小忿，不廢懿親。」

下

⿰多邕烏孔切。汪○夻烏瓜切。○頵於倫切。鬱

⿰多邕，大而多也。烏孔切。《方言》：「⿰多邕、⿰多農、嘁，多也。南楚凡大而多謂之⿰多邕，或謂之⿰多農。」故雲氣起謂之滃，烏孔切。《説文》：「滃，雲氣起也。」《漢書・揚雄傳》：「浡滃雲而散歊烝。」大水貌謂之滃。《廣韻》：「滃，大水貌。」滃、奄、淹、央並聲之轉，故大謂之奄，亦謂之泱；久謂之央，亦謂之淹；雲貌謂之滃，

亦謂之渟，亦謂之霙。○汪，大也。《廣雅》：「汪汪，大也。」《晉語》：「汪是土也。」韋注：「汪，大貌。」故水深廣謂之汪，池謂之汪。《説文》：「汪，深廣也，一曰汪池。」《左傳·桓十五年》：「尸諸周氏之汪。」杜注：「汪，池也。」汪、滃、泱聲之轉，故大水謂之泱，亦謂之滃，亦謂之汪。

⿱大瓜，大也。烏瓜切。《説文》：「⿱大瓜窊，大也，從大，瓜聲。」

大頭謂之頵。於倫切。《説文》：「頵，頭頵頵大也。」《春秋左傳·文元年》：「楚世子商臣弒其君頵。」《公羊》、《穀梁傳》並作髡，《史記·楚世家》作惲。頵、⿰幽頁聲之轉，故大頭謂之⿰幽頁，亦謂之頵。

○鬱，長也，大也。《方言》：「鬱，長也。」郭注：「謂壯大也。」故茂謂之鬱，木叢生謂之鬱，《説文》：「鬱，木叢生者。」《詩·晨風》首章：「鬱彼北林。」字亦作菀。《詩·正月》七章：「有菀其特。」又作蔚。《易·革·象傳》：「其文蔚也。」釋文：「又音鬱。」芳草謂之鬱。音鬱。《説文》：「鬯，以秬釀鬱艸，芬芳條暢以降神也。」「鬱，芳艸也。十葉爲貫，百二十貫築以煮之爲鬱，從臼、冖、缶、鬯，彡，其飾也。」通作鬱。《周禮·鬱人》：「和鬱鬯。」鄭注：「築鬱金煮之，以和鬯酒。鄭司農云：鬱，草名，十葉爲貫，百二十貫爲築，以煮之鐎中，(亭)〔停〕於祭前。鬱爲草，若蘭。」

《釋大》第六

上

昜音陽。寅衍㸒音淫。豔褎余救切。亦夷𦣞〔八〕音怡。

昜，開也。音陽。《説文》：「昜，開也。從日、一、勿。」通作陽。羊，祥也，善也。《説文》：「羊，祥也。」《考工記・車人》「羊車」鄭注：「羊，善也，故義、善、美並從羊。」二者皆有大義，故大謂之洋，廣謂之洋，《詩・碩人》四章：「河水洋洋。」毛傳：「洋洋，盛大也。」《大明》八章：「牧野洋洋。」毛傳：「洋洋，廣也。」長謂之昜，《説文》：「昜，長也。」高謂之陽，明謂之陽，《説文》：「陽，高明也。」《詩・七月》三章：「我朱孔陽。」毛傳：「陽，明也。」彊謂之昜，《説文》：「昜，彊也。」衆謂之昜，《説文》：「昜，衆貌。」通作洋。《爾雅・釋詁》：「洋，多也。」《詩・閟宮》四章：「萬舞洋洋。」毛傳：「洋洋，衆多也。」飛謂之昜，舉謂之揚，《説文》：「昜，飛昜也。」「揚，飛舉也。」「颺，風所飛颺也。」《書・堯典》：「明明揚側陋。」《臯陶謨》：「時而颺之。」昜、揚、颺通。發謂之揚，日謂之暘，《書・洪範》：「曰雨曰暘。」《詩・湛露》首章：「匪陽不晞。」陽與暘同。又日出曰暘。《説文》：「暘，日出也。」《書・堯典》：「曰暘谷。」又日中曰暘。《禮記・祭義》：「殷人祭其陽。」鄭注：「陽讀爲『曰雨曰暘』之暘，謂日中時也。」又《穀梁傳・僖二十八年》：「水北爲陽，山南爲陽。」《爾雅・釋山》：「山西曰夕陽，山東曰朝陽。」諸言陽者，或以其時，或以其地，皆因日以名之。眉上廣謂之揚，《詩・君子偕老》二章：「揚且之晳也。」毛傳：「揚眉上廣。」《猗嗟》首章：「抑若揚兮。」馬頟飾謂之鍚，音陽。《説文》：「鍚，馬頟飾也。」引《詩・韓奕》二章「鉤膺鏤鍚」。今《詩》作錫，鄭箋：「眉上曰鍚，刻金飾之，今當盧也。」《周禮・巾車》：「鍚樊纓十有再就。」鄭注：「鍚，馬面當盧，刻金爲之，所謂鏤鍚也。」盾背飾謂之鍚，音陽。《禮記・郊特牲》：「朱干設鍚。」鄭注：「干，盾也。鍚傅其背如龜也。」孔疏：「謂用金琢傅其盾背，盾背外高，龜背亦外高，故云如龜也。」大斧謂之揚，《詩・公劉》首章：「干戈戚揚。」毛傳：「揚，鉞也。」鉞字本作戉。《説文》：「戉，大斧也。」大薊謂之楊。《爾雅・釋草》：「楊，枹薊。」郭注：「似薊而肥大，今呼之馬薊。」揚、越聲之轉，《爾雅・釋言》：「越，揚也。」郭注：「謂發揚。」故發揚之轉爲發越，飛揚之轉爲飛越，播揚之轉爲播越，激揚之轉爲激越，清揚之轉爲清越，對揚之轉爲對越；故大斧謂之揚，亦謂之戉。○寅，引也，進也。《史記・律書》：「寅言萬物始生螾然也。」螾音引。《淮南子・天文訓》：「斗指寅，則萬物螾。」高注：「螾，動生貌。」《漢書・律（歷）〔曆〕志》：「引達於寅。」《白虎通》：「寅者演也。」《釋名》：「寅，演也，演生物也。」演古亦讀若引。《爾雅・釋詁》：「寅，進也。」《詩・六月》四章：「元戎十乘，以先啓行。」毛傳：「夏后氏曰鉤車，殷曰寅車，周曰元戎。」鄭箋：「寅，進也。」《釋名》：「進，引也，引而前也。」引、螾、演、寅聲義皆相近。故大謂之夤，《方言》：「夤，大也。」遠謂之殥。與夤同。《淮南子・地形訓》：「九州之外乃有八殥。」高注：「殥猶遠也。」寅、引、袁、遠並聲之轉，故遥謂之遠，亦謂之夤；長謂之引，亦謂之遠，亦謂之袁；《爾雅・釋詁》：「引，長也。」《説文》：「袁，長衣貌。」牽謂之引，亦謂之援，亦謂之寅。○衍，大也。《廣雅》：

「衍，大也。」故廣謂之衍，《廣雅》：「衍，廣也。」長謂之衍，盛謂之衍，多謂之衍，水溢謂之衍，衍、溢聲之轉。澤謂之衍，《小爾雅》：「澤之廣謂之衍。」《廣雅》：「衍，池也。」下平謂之衍，《周禮・大司徒》：「辨其山林、川澤、丘陵、墳衍、原隰之名物。」《左傳・襄二十五年》：「井衍沃。」賈逵、鄭玄注並云：「下平曰衍。」《釋名》：「下平曰衍，言曼衍也。」山阪閒謂之衍。《史記・封禪書》：「其口止於鄜衍。」《漢書・郊祀志》同。李奇注：「三輔謂山阪閒爲衍。」〇㸒，濫貪也。音淫。《玉篇》：「㸒，濫貪也。」通作淫。故大謂之淫，《爾雅・釋詁》：「淫，大也。」《詩・有客》：「既有淫威。」泆謂之淫，過謂之淫，《書・召誥》：「勿以小民淫用非彝。」久謂之淫，久雨謂之淫，《晉語》：「底著滯淫。」韋注：「淫，久也。」《爾雅・釋天》：「久雨謂之淫。」《左傳・莊十一年》：「天作淫雨。」字亦作霪。《淮南子・脩務訓》：「禹沐浴霪雨。」大水謂之淫。《淮南子・覽冥訓》：「積蘆灰以止淫水。」高注：「平地出水爲淫水。」《左傳・桓元年》：「凡平原出水爲大水。」淫、泆聲之轉，故蕩謂之淫，亦謂之泆；過謂之軼，亦謂之淫。〇豔，好而長也。《說文》：「豔，好而長也。從豐，豐，大也，盍聲。」徐鍇注：「容色豐滿也。」《方言》：「美色爲豔。」郭注：「言光豔也。」字亦作閻。《詩・十月之交》四章：「豔妻煽方處。」《魯詩》作閻，見《漢書・谷永傳》注。又作鹽。《禮記・郊特牲》：「而流示之禽而鹽諸利。」鄭注：「鹽讀爲豔。」故火行貌謂之燄。《說文》：「燄，火行微燄燄也。」字或作爓。《後漢書・班固傳》：「光爓朗以景彰。」又作炎。《左傳・莊十四年》：「其氣燄以取之。」《漢書・五行志》作炎，又作掞。《漢書・禮樂志》：「長麗前掞光耀明。」晉灼注：「掞即光炎字也。」〇褎，盛也。余救切。《詩・旄丘》四章：「褎如充耳。」毛傳：「褎，盛服也。」字亦作褏。《漢書・敘傳》：「欒安褏褏。」顏注：「褏褏，盛貌也。」故長謂之裦，《詩・生民》五章：「實種實裦。」毛傳：「裦，長也。」《漢書・董仲舒傳》：「今子大夫裦然爲舉首。」如母猴卬鼻長尾謂之狖，余救切。《説文》：「蜼，如母猴，卬鼻長尾。」《廣雅》：「狖，蜼也。」《楚辭・九歌》：「猿啾啾兮狖夜鳴。」字亦作貁。《漢書・揚雄傳》：「蝯貁擬而不敢下。」狖、蜼聲之轉，互見後「蜼」字下。如鼠赤黃而大謂之鼬，余救切。《説文》：「鼬，如鼠，赤黃而大，食鼠者。」《爾雅・釋獸》：「鼬，鼠。」郭注：「今鼬似鼦，赤黃色，大尾，啖鼠。江東呼爲鼪。」《大戴禮・夏小正》篇：「熊羆貊貉、鼶鼬則穴。」如橘而大謂之柚，《書・禹貢》：「厥包橘柚錫貢。」傳：「小曰橘，大曰柚。」字亦作櫾。《山海經》荆山「多橘櫾」，郭注：「櫾似橘而大，皮厚味酸。」《列子・湯問》篇：「吴楚之國有大木焉，其名爲櫾，碧樹而冬生實，丹而味酸。」積木燎之謂之槱。《説文》：「槱，積木燎之。」《詩・棫樸》首章：「薪之槱之。」毛傳：「槱，積也。」《周禮・大宗伯》：「以槱燎祀。」司中司命飌師雨師鄭注：「三祀皆積柴實牲體焉，或有玉帛，燔燎而升煙，所以報陽也。」字亦作禉。《説文》「祡，祭天神，或從示。」又作楢。《詩》「薪之槱之」，釋文作楢。○亦，人之臂亦也。《説文》：「亦，人之臂亦也。從大，象兩亦之形。」隸作亦，或作掖、腋。故大謂之奕，《爾雅・釋詁》：「奕，大也。」《説文》從大，亦聲。《詩・韓奕》首章：「奕奕梁山。」通作亦。《詩・噫嘻》：「亦服爾耕。」鄭箋：「亦，大也。」長謂之繹，《方言》：「繹，長也。」○按：字之音繹者，皆有長義。《説文》：「繹，抽絲也。」《漢書・谷永傳》：「燕見紬繹。」顔注：「紬讀曰抽。紬繹者，引其端緒也。」《爾雅・釋天》：「繹，又祭也。周曰繹，商曰肜。」孫炎注：「祭之明日尋繹復祭也。肜者，亦相尋不絶之意。」《公羊傳・宣八年》何注：「繹者，繼昨日事。肜者，肜肜不絶。」《説文》：「圛，回行也，讀若驛。」《爾雅・釋言》：「馹、遽，傳也。」孫炎注：「傳車驛馬也。」《釋山》「屬者嶧」郭注：「言駱驛相連屬。」《左傳・襄二十五年》孔疏引沈文阿云：「圍棋稱弈者，取其落奕之義也。」《廣雅》：「襗，長襦也。」繹、圛、驛、嶧、弈、襗義並相近。充謂之繹，《廣雅》：「繹，充也。」盛謂之奕，《廣雅》：「奕奕，盛也。」或作驛繹。《廣雅》：「驛驛，盛也。」《詩・載芟》：「驛驛其達。」《爾雅・釋訓》作繹繹。又作斁。《詩・那》：「庸鼓有斁。」毛傳：「斁斁然盛也。」美謂之奕，《方言》：「奕，僷，容也。自關而西凡美容謂之奕，或謂之僷。宋衛曰僷，陳楚汝潁之間謂之奕。」郭注：「奕奕、僷僷皆輕麗之貌。」奕、僷聲之轉。《詩・閟宮》九章：「新廟奕奕。」鄭箋：「奕奕，姣美也。」小幕謂之帟。《釋名》：「小幕曰帟，張在人上奕奕然也。」《周禮・幕人》：「掌帷幕幄帟綬之事。」鄭注：「帟，主在坐上承塵，以繒爲之。」《禮記・檀弓》：「君於士有賜帟。」鄭注：「帟，幕之小者，所以承塵。」尤、又、亦聲之轉，故又祭謂之繹；助謂之佑，亦謂之掖；傳謂之郵，亦謂之驛。引、融、繹聲之轉，故抽謂之引，亦謂之繹；長謂之引，亦謂之融，亦謂之繹；《爾雅・釋詁》：「融，長也。」《詩・既醉》三章：「昭明有融。」毛傳：「融，長也。」明謂之融，亦謂之圛；《左傳・昭五年》：「明而未融。」杜注：「融，朗也。」《鄭語》：「黎爲高辛氏火正，以淳燿惇大天明地德光昭四海，故命之曰祝融。」韋昭注云：「融，明也。」《說文》引《書・洪範》曰：「圛，今《書》作驛。」鄭、王本並作圛。鄭注：「圛者，色澤光明。」《史記・宋世家》圛作涕。《詩・載驅》二章：「齊子豈弟。」鄭箋：「弟，古文《尚書》以爲圛。圛，明也。」字又作曎。《方言》：「曎，明也。」又祭謂之肜，亦謂之繹。肜通作融。《詩・絲衣》箋：「周曰繹，商謂之肜。」釋文作融。○夷，平也。《說文》：「夷，平也。從大，從弓。」《詩・草蟲》三章：「我心則夷。」故長謂之夷，《考工記・廬人》：「夷矛三尋。」鄭注：「夷，長也。」《釋名》：「夷，矛夷，常也，其矜長丈六尺。」常謂之彝，法謂之彝，宗廟常器謂之彝，《爾雅・釋詁》：「彝，法，常也。」《書・洪範》：「我不知其彝倫攸敘。」

《說文》：「彝，宗廟常器也。」《左傳·襄十九年》：「取其所得以作彝器。」杜注：「彝，常也，謂鐘鼎爲宗廟之常器。」《周禮·司尊彝》鄭注：「鬱鬯曰彝。彝，灋也，言爲尊之灋也。」通作夷。《孟子·告子》篇引《詩》「民之秉夷」。《禮記·明堂位》：「夏后氏以雞夷。」大呼謂之咦。音夷。《說文》：「南陽謂大呼曰咦。」○巸，長也，大也。音怡。《方言》：「巸，長也。」郭注：「謂壯大也。」故廣頤謂之巸。《說文》：「巸，廣𦣝也。」𦣝與頤同。怡、陽、養聲之轉，故養謂之頤；大謂之巸，亦謂之洋；長謂之巸，亦謂之昜；廣頷謂之巸，眉上廣謂之揚。

下

王云瑗音院。于宇芋偉胃戉音越。○容豫蠵悅規切。蜼以醉切。

王，君也，大也。《爾雅·釋詁》：「王，君也。」《廣雅》：「王，大也。」《老子》：「道大天大地大，王亦大。域中有四大，而王居其一焉。」○云，山川氣也。《說文》：「雲，山川氣也。從雨云，象雲回轉形。」古文作云。員，物數也。音云。《說文》：「員，物數也。從貝，口聲。」徐鍇注：「古以貝爲貨，故員數之字從貝，若言一錢二錢也。」《漢書·尹翁歸傳》：「責以員程。」顏注：「員，數也。」二者皆衆多之義。《釋名》：「雲猶云云，衆盛意也。」《廣雅》：「員，衆也。」《詩·玄鳥》箋：「員，古文作云。」云、員古通用。故語多謂之云云，《漢書·汲黯傳》：「吾欲云云。」顏注：「云云猶言如此如此也。史略其辭耳。」物多謂之云云，《莊子·在宥》篇：「萬物云云。」亦作芸。《老子》：「夫物芸芸。」益謂之員，《詩·正月》十章：「員于爾輻。」毛傳：「員，益也。」盛謂之云，《釋名》見上。盛黃謂之芸，

《詩・裳裳者華》二章：「芸其黄矣。」毛傳：「芸，黄盛也。」字亦作熉。《漢書・禮樂志》：「珠熉黄。」如淳注：「熉，黄貌也。」大水謂之沄，大澤謂之雲，沄音云。《爾雅・釋言》：「沄，沆也。」郭注：「水流漭沆。」《説文》：「沆，莽沆，大水，一曰大澤。」「沄，轉流也。一曰沆。」張衡《思玄賦》：「水泫沄而涌濤。」字亦作澐。《説文》：「江水大波謂之澐。」念孫按：沄，沆也。沆，大澤也。故大澤謂之雲。《左傳・定四年》：「入于雲中。」杜注：「入雲夢澤中，所謂江南之夢。」《書・禹貢》疏：「《左傳》楚靈王與鄭伯田于江南之夢，又稱楚昭王寢于雲中。」則此澤亦得單稱雲。單稱夢，蓋雲夢二字並有大義，合言之則曰雲夢，分言之則夢可兼雲，雲亦可兼夢也。或作云。《禹貢》：「雲夢土作乂。」釋文：「雲，徐本作云。」云、雲、沄、澐並通。○唐太宗改雲夢土爲雲土夢，非。説見《禹貢錐指》。遠謂之云。《廣雅》：「云，遠也。」亦作雲。《爾雅・釋親》：「仍孫之子爲雲孫。」郭注：「言輕遠如浮雲。」《釋名》：「雲孫言去已遠，如浮雲也。」云、爰、遠聲之轉，故遥謂之遠，亦謂之云；曰謂之云，亦謂之爰。《書・洪範》：「金曰從革，土爰稼穡。」孔疏：「爰亦曰也。」又見下注。云、衍、淫聲之轉，故多謂之衍，亦謂之云；盛謂之云，亦謂之衍；大謂之衍，亦謂之淫；大水謂之淫，亦謂之衍，亦謂之沄。○大孔璧謂之瑗，音院。《説文》：「瑗，大孔璧。」《爾雅・釋器》：「璧好倍肉謂之瑗。」郭注：「孔大而邊小。」周垣謂之寏。音院。《説文》：「寏，周垣也。」或作院。○于，於也，氣之舒也。《説文》：「亏，於也，象氣之舒，從丂，從一。一者，其氣平出也。」隸作于。故大謂之迂，廣謂之迂，《玉篇》：「迂，廣大也。」通作于。《方言》：「于，大也。」《禮記・檀弓》：「易則易，于則于。」孔疏：「易是簡易，于音近迂，是廣大之義。」《文王世子》：「況于其身以善其君乎？」鄭注：「于讀爲迂。迂猶廣也，大也。」○按：凡稱于者，皆廣大之義。《漢書・元后傳》：「獨衣絳緣諸于。」顏注：「諸于，大掖衣也。」《説文》：「鏄，大鐘，淳于之屬。」淳于亦作錞于。《周禮・鼓人》：「以金錞和鼓。」鄭注：「錞，錞于也，圜如碓頭，大上小下，樂作鳴之，與鼓相和。」《晉語》：「戰以錞于丁寧，儆其民也。」《説文》：「歠，昆于，不可知也。」歠音昆。《爾雅・釋草》：「莤，蔓于。」郭注：「草生水中，一名軒于，江東呼莤。」《漢書・司馬相如傳》：「奄閭軒于。」張揖注：「軒于，蕕草也。」蕕與莤同。陳藏器《本草拾遺》云：「蕕草生水田中，似結縷，葉長。」諸于、淳于、昆于、蔓于、軒于義並相近。長謂之迂，遠謂之迂，《論語・子路》：「有是哉？子之迂也！」包咸注：「迂猶遠也。」自足貌謂之于，《莊子・應帝王》篇：「其卧徐徐，其覺于于。」字亦作杅。《荀子・儒效》篇：「是杅杅亦富人已。」楊注：「杅杅即于于也，自足之貌。」妄言謂之謣，音于，義見下。舞號謂之雩，《爾雅・釋訓》：「舞、號，雩也。」郭注：「雩之祭，舞者吁嗟而請雨。」《周禮》：「女巫旱暵則舞雩。凡邦之大烖，歌哭而請。」《禮記・祭法》：「雩，宗祭水旱也。」鄭注：「雩之言吁嗟也。」孔疏引《春秋考異郵》云：「雩，呼嗟哭泣。」字亦作𦏸。《説文》：「雩，羽舞也。」故或從羽。管三十六簧謂之竽。《説文》：「竽，管三十六簧也。」《周禮・笙師》：「掌教龡竽笙。」鄭衆注：「竽，三十六簧。笙，十三簧。」賈疏：「按《通卦驗》，竽長四尺二寸。注云竽類管，用竹爲之，形參差象鳥翼。」《廣雅》：「笙以匏爲之，十三管，宮管在左方。竽象笙，三十六管，宮管在中央。」《周語》：「晉郤犨見單襄公，其語迂。單子謂魯成公曰：『今郤叔之語迂，迂則誣人。』」韋注：「迂，迂回加誣於人。」念孫按：迂者，妄也。《説文》：「謣，妄言也。」揚子《問明》篇：「謣言敗俗，謣好敗則。」李軌音義：「謣，妄也。」謣古通作迂，故單子曰「迂則誣人」，言其以妄語加誣於人也。韋氏以迂爲迂回，失之。于、爰，遠聲之轉，故曰謂之爰，亦謂之于；於謂之于，亦謂之爰；《爾雅・釋詁》：「粵、于、爰，曰也。爰、粵，于也。爰、粵、于，於也。」《詩・六月》首章：「王于出征。」鄭箋：「于，曰也。」《擊鼓》三章：「爰居爰處。」鄭箋：「爰，於也。」遥謂之遠，亦謂之迂；

緩謂之迂，亦謂之爰。《爾雅・釋訓》：「爰爰，緩也。」《詩・兔爰》首章：「有兔爰爰。」〇宇，屋邊也。《說文》：「宇，屋邊也。」羽，鳥長毛也。《說文》：「羽，鳥長毛也，象形。」雨，水從雲下也。《說文》：「雨，水從雲下也。一象天，冂象雲水霝其閒也。」三者皆下覆之義。宇、羽、雨義相近。《漢書・律曆志》：「聲者，宫、商、角、徵、羽也。羽，宇也，物聚藏宇覆之也。」《釋名》：「宇，羽也，如鳥羽翼自覆蔽也。」「雨，羽也，如鳥羽動則散也。」故大謂之宇，《爾雅・釋詁》：「宇，大也。」長謂之羽，《說文》見上。舒謂之禹，《廣雅》：「禹，舒也。」通作羽。《白虎通》：「冬音羽，羽之爲言舒。」四方上下謂之宇，《淮南子・齊俗訓》：「往古來今謂之宙，四方上下謂之宇。」國四垂謂之宇，《左傳・昭四年》：「失其守宇。」杜注：「於國則四垂爲宇。」車蓋四垂謂之宇。《考工記・輪人》：「爲蓋，上欲尊而宇欲卑。」鄭注：「隤下曰宇。」羽、翼聲之轉，故羽謂之翼，輔謂之羽，亦謂之翼；羽翼猶言輔翼，故凡言羽者皆有輔義。《周語》：「長夷則之上宫，名之曰羽，所以藩屏民則也。」《風俗通》：「禹者輔也，輔續舜後，庶績洪茂。」《初學記》引《釋名》：「雨，輔也，言輔時生養也。」屋邊謂之宇，宇之兩頭起者謂之翼。《儀禮・士喪禮》：「置于宇西階上。」鄭注：「宇，梠也。」《說文》：「屋梠之兩頭起者爲榮。」榮、翼聲之轉。《儀禮・士冠禮》：「設洗直于東榮。」鄭注：「榮，屋翼也。」賈疏：「榮即今之摶風。云榮者，與屋爲營衛。云翼者，與屋爲翅翼也。」《詩・斯干》四章：「美宣王之室，云如鳥斯革，如翬斯飛。」毛傳：「革，翼也。」〇芋，大也。《說文》：「芋，大葉實根駭人，故謂之芋也。」徐鍇注：「芋猶言吁也。吁，驚詞，故曰駭人。芋狀如蹲鴟，故駭人。」《史記・貨殖列傳》：「吾聞汶山之下，沃野下有蹲鴟，至死不飢。」《漢書》同。顏注：「蹲鴟謂芋也。其根可食，以充糧，故無飢年。」引《華陽國志》曰：「汶山郡都安縣有大芋如蹲鴟。」又《翟方進傳》：「飯我豆食羹芋魁。」馬融《廣成頌》：「蘘荷、芋渠、渠魁，皆言其大。」故長謂之芋，《儀禮·士喪禮》：「葵菹芋。」鄭注：「齊人或名全菹爲芋。」賈疏：「菹法，舊短四寸者全之，若長於四寸者切之，則葵長者必切，乃爲菹。喪之菹葵雖長而不切，取齊人全菹爲芋之解也。」螮蝀謂之雩。音芋。《爾雅·釋天》：「螮蝀謂之雩。」郭注：「俗名爲美人虹，江東呼雩。」○偉，大也，奇也。《説文》：「偉，奇也。」《玉篇》：「大也。」故盛赤謂之煒，音偉。《説文》：「煒，盛赤也。」《詩·静女》二章：「彤管有煒。」毛傳：「煒，赤貌。」華盛謂之⿰韋咢，音偉。《説文》：「⿰韋咢，盛也。」引《詩·唐棣》首(音)〔章〕「鄂不⿰韋咢⿰韋咢」。今《詩》作韡，毛傳：「韡韡，光明也。」亦書作韓。《廣雅》：「韓，盛也。」大葭謂之葦，《説文》：「葦，大葭也。」《詩·七月》三章：「八月萑葦。」毛傳：「薍爲萑，葭爲葦。」孔疏：「萑初生爲菼，長大爲薍，成則名爲萑。葦初生爲葭，長大爲蘆，成則名爲葦。」《大戴禮·夏小正》傳：「未秀則不爲萑葦，秀然後爲萑葦。」大風謂之颹。音偉。郭璞《江賦》：「長風颹以增扇。」李善注：「颹，大風貌。」○胃，穀府也。《説文》：「胃，穀府也。從肉，𡇒象形。」隸作胃。《釋名》：「胃，圍也，圍受食物也。」又西方宿名。《史記·天官書》：「胃爲天倉。」正義：「胃，主倉廩五穀之府也。」故類謂之彙，《廣雅》：「彙，類也。」《易·泰·初九》：「拔茅茹以其彙。」字亦作⿱艹胃。《易》釋文：「彙古文作⿱艹胃。」蟲似豪豬謂之彙，《説文》：「𧍝，蟲，似豪豬。從㣇，胃省聲。」隸作彙，或作猬、蝟、⿱由廾。《爾雅·釋獸》：「彙，毛刺。」釋文：「彙本或作猬，又作蝟，亦作⿱由廾。」光謂之煟，明謂之煟，音胃。《廣雅》：「煟煟，光也。」《詩·斯干》五章：「噦噦其冥。」鄭箋：「噦噦猶煟煟也，寬明之貌。」大風謂之䬑。音胃。《説文》：「䬑，大風也。」偉、胃聲相近，故大風謂之颹，亦謂之䬑。韋、偉、胃、云、運聲之轉，故遠謂之云，亦謂之違；《爾雅・釋詁》：「違，遠也。」轉流謂之沄，亦謂之湋；沄音云，湋音韋。《説文》：「沄，轉流也。」「湋，回也。」言謂之云，亦謂之謂；織横絲謂之緯，亦謂之緷；音運。《説文》：「緯，織横絲也。」「緷，緯也。」念孫按：《釋名》：「緯，圍也，反覆圍繞以成經也。」緯與圍同義，緷與運同義。運，動也。經静而緯動，故天象以静者爲經，動者爲緯。經從而緯横，故地形以南北爲經，東西爲緯。攻皮之工謂之韋，亦謂之韗；音運。《説文》：「韗，攻皮治鼓工也。」字亦作韗。《考工記》：「攻皮之工五：函鮑韗韋裘。」又作煇。《禮記・祭統》：「煇者，甲吏之賤者也。」暈謂之圍，《吕氏春秋・明理》篇：「其日有暈珥。」高注：「氣圍繞日周匝，有似軍營相圍守，故曰暈也。」暈通作運。《淮南子・覽冥訓》：「畫隨灰而月運闕。」高注：「運者，軍也，將有軍事，相圍守，則月運出也。」《史記・天官書》：「平城之圍，月暈參畢七重。」囘謂之囗，旋謂之云，囗音圍。《説文》：「囗，回也，象回匝之形。」今通作圍。《詩・正月》十二章：「洽比其鄰，昏姻孔云。」毛傳：「云，旋也。」《左傳・襄二十九年》：「晉不鄰矣，其誰云之。」杜注：「云猶旋，旋歸之。」通作員。《詩》釋文：「云，本又作員。」大謂之偉，盛謂之云，盛赤謂之煒，盛黄謂之芸。

○戉，大斧也。音越。《説文》：「戉，大斧也，從戈，乚聲。」今作鉞。《詩・公劉》疏：「鉞大而斧小。」引《太公六韜》：「大柯斧重八斤，一名天鉞。」《釋名》：「鉞，豁也。所向莫敢當前，豁然破散也。」故遠謂之越，《廣雅》：「越，遠也。」踰謂之𨒪，音越。《説文》：「𨒪，踰也。」引《易・繫辭傳》「雜而不𨒪」。今《易》作越。發謂之越，揚謂之越，《晉語》：「使越於諸侯。」韋注：「越，發聲聞也。」《周語》：「汩越九原。」韋注：「越，揚也。」又見前「易」字下。散謂之越，《左傳・昭四年》：「風不越而殺。」杜注：「越，散也。」樹陰大謂之樾。音越。《玉篇》：「楚謂兩樹交陰之下曰樾。」《淮南子・人閒訓》：「武王蔭暍人於樾下。」高注：「樾下，衆樹之虛也。」通作越。《精神訓》：「得茠越下。」高注：「楚人謂樹上大本小如車蓋狀爲越，言多蔭也。」越、爰、遠、俞並聲之轉，故曰謂之爰，亦謂之粵；于謂之粵，亦謂之爰；於謂之爰，亦謂之粵；粵通作越。《書・微子》：「越至于今。」馬融注：「越，于也。」《詩・東門之枌》三章：「越以鬷邁。」鄭箋：「越，於也。」又見前「于」字下。遥謂之遠，亦謂之踰，亦謂之越；《禮記・投壺》：「毋踰言。」鄭注：「踰言，遠談語也。」度謂之踰，亦謂之越；空謂之俞，門旁竇謂之窬，瑟下孔謂之越。《説文》：「俞，空中木爲舟也。」「窬，穿木户也。一曰空中之貌。」《淮南子・氾論訓》：「乃爲窬木方版以爲舟航。」高注：「窬，空也。」《禮記・儒行》：「篳門圭窬。」鄭注：「圭窬，門旁窬也，穿牆爲之，如圭矣。」《儀禮・鄉飲酒禮》：「皆左何瑟，後首挎越内弦。」鄭注：「越，瑟下孔也。」《禮記・樂記》：「清廟之瑟，朱弦而疏越。」容，盛也。《説文》：「容，盛也。」盛音成。庸，用也，通也。《莊子・齊物論》篇：「庸也者，用也。用也者，通也。」庸、用、通聲相近。二者皆有大義。故常謂之庸，《爾雅・釋詁》：「庸，常也。」城謂之墉，《詩・皇矣》七章：「以伐崇墉。」毛傳：「墉，城也。」通作庸。《崧高》三章：「以作爾庸。」毛傳：「庸，城也。」高牆謂之墉，《書・梓材》：「既勤垣墉。」馬融注：「卑曰垣，高曰墉。」通作庸。《禮記・郊特牲》：「君南鄉於北墉下。」釋文作庸。防謂之容，《爾雅・釋宮》：「容謂之防。」郭注：「形如今牀頭小曲屏風，唱射者所以自防隱。」《周禮・射人》：「三侯三獲三容。」鄭衆注：「容者，乏也，待獲者所蔽也。」《儀禮・鄉射禮》：「乏參侯道，居侯黨之一，西五步。」鄭注：「容謂之乏，所以爲獲者御矢也。」大鐘謂之鏞，《爾雅・釋樂》：「大鐘謂之鏞。」李巡注：「大鐘音聲大。鏞，大也。」孫炎注：「鏞，深長之聲。」《詩・靈臺》四章：「賁鼓維鏞。」通作庸。《那》：「庸鼓有斁。」牛領上肉隆起謂之㺎。音庸。《史記・司馬相如傳》：「㺎旄貘犛。」索隱：「郭璞云，㺎㺎，牛領有肉堆。」《文選》作㺎，《漢書》作庸。顏注：「即今之犎牛也。」容與盛同義，故受謂之盛，亦謂之容；功謂之庸，亦謂之成；《爾雅・釋詁》：「功，成也。」○按庸與功同義，功與成同義，故成亦謂之庸。庸、頌古同聲，故頌亦謂之成，功亦謂之頌。《書・皋陶謨》：「笙鏞以閒。」鄭本鏞作庸，注云：「東方之樂謂之笙。笙，生也。東方，生長之方，故名樂爲笙也。西方之樂謂之庸。庸，功也。西方物熟有成。」功亦謂之頌，頌亦是頌其成也。《儀禮・大射儀》：「西階之西頌磬，東面其南鐘。」鄭注：「言成功曰頌。西爲陰中，萬物之所成，是以西方鐘磬謂之頌。古文頌爲庸。」是其證。《詩序》：「頌者，美盛德之形容，以其成功告於神明者也。」則雅頌之頌亦取成功之義。城謂之墉，按城與盛同義，墉與容同義。《説文》：「城，所以盛民也。」《釋名》：「城，盛也。墉，容也。」容謂之防，山如防謂之盛。音成。《爾雅・釋山》：「山如防者，盛。」○豫，舒也。《爾雅・釋地》：「河南曰豫州。」李巡注：「河南其氣著密，厥性安舒，故曰豫。豫，舒也。」故樂謂之豫，《爾雅・釋詁》：「豫，樂也。」大象謂之豫，《説文》：「豫，象之大者。賈侍中説。不害於物，從象，予聲。」似鹿而大謂之䴢。音豫。《説文》：「䴢似鹿而大。」揚雄《蜀都賦》：「䴢䴢鹿麝。」○大龜謂之蠵。悦規切。《説文》：「蠵，大龜也，以胃鳴者。」《爾雅・釋魚》：「二曰靈龜。」郭注：「涪陵郡出大龜，甲可以卜，緣中文似瑇瑁，俗呼爲靈龜，即今大觜蠵。龜一名靈蠵，能鳴。」《楚辭・招魂》：「露雞臛蠵。」字亦作蠼。《説文》：「司馬相如説蠵從夐。」通作觿。杜篤《論都賦》：「戕觜觿。」○如母猴卬鼻長尾謂之蜼。以醉切。《爾雅・釋獸》：「蜼，卬鼻而長尾。」郭注：「蜼似獼猴而大，黃黑色，尾長數尺，似獺，尾末有歧，鼻露向上，雨即自縣於樹，以尾塞鼻，或以兩指。今江東人亦取養之，爲物捷健。」《周禮・司尊彝》：「裸用虎彝、蜼彝。」五見前「狖」字下。

《釋大》第七

上

𠀀虎何切。　歌虎我切。　欱呼合切。　○詨呼教切。　嘐許膠切。　閜許也切。　奅許介切。　○獻囂

呬虛至切。　赩許極切。　奈許幺切。

𠀀，出氣也。虎何切。《説文》：「丂，氣欲舒出，勹上礙於一也。」𠀀，反丂也。徐鍇注：「氣已舒也。」今通作呵。

故大言而怒謂之訶。《説文》：「訶，大言而怒也。」亦作呵、苛、何。《方言》：「苛，怒也，陳謂之苛。」《周禮》：「世婦不敬者而苛罰之。」《史記·李廣傳》：「霸陵尉醉呵止廣。」《漢書·賈誼傳》：「故其在大譴大何之域者。」並與訶同。

○大笑謂之歌。虎我切。《玉篇》：「歌，大張口笑也。」《廣雅》：「歌歌，笑也。」○大歠謂之欱。呼合切。《説文》：「欱，歠也。」《廣韻》：「大歠也。」班固《東都賦》：「欱野歕山。」張衡《西京賦》：「欱澧吐鎬。」

大嘷謂之詨。呼教切。《玉篇》：「詨，大嘷也。」《山海經》：「其鳴自詨。」郭注：「今吴人謂叫呼爲詨。」字亦作謞。《春秋繁露》：「古之聖人謞而效天地謂之號，鳴而施命謂之名。」又作嗃。《廣雅》：「嗃，鳴也。」○志大言大謂之嘐，許膠切。《説文》：「嘐，誇語也。」《孟子·盡心》：「其志嘐嘐然。」趙注：「嘐嘐，志大言大者也。」虎鳴謂之虓，許

膠切。《説文》：「虓，虎鳴也。」《詩·常武》四章：「闞如虓虎。」毛傳：「虎之自怒虓然。」師子謂之虓，《説文》：「虓一曰師子。」豕驚聲謂之哮。許膠切。《説文》：「哮，豕驚聲也。」○大開謂之閜，許也切。《説文》：「閜，大開也。」司馬相如《上林賦》：「谽呀豁閜。」大桮謂之閜。《方言》：「桮其大者謂之閜。」《急就篇》：「櫎杅槃案桮閜盌。」顔注：「閜，大桮也。」○瞋大聲謂之奅。許介切。《説文》：「奅，瞋大聲也。從大，此聲。」

聖謂之獻，賢謂之獻，敏謂之憲，《爾雅·釋言》：「獻，聖也。」《書·皋陶謨》：「萬邦黎獻。」傳：「獻，賢也。」《説文》：「憲，敏也。」《逸周書·謚法解》：「博聞多能曰憲，聰明叡哲曰獻。」法謂之憲，表謂之憲，《爾雅·釋詁》：「憲，法也。」《詩·崧高》七章：「文武是憲。」鄭箋：「憲，表也，言爲文武之表式。」《周禮·布憲》：「掌憲邦之刑禁。」鄭注：「憲，表也，謂縣之也。」肉腥大切者謂之軒。音獻。《禮記·内則》：「肉腥細者爲膾，大者爲軒。」鄭注：「言大切、細切異名也。」○喧謂之䶰，喧、䶰聲之轉。氣上出貌謂之歊，音䶰。《説文》：「歊歊，氣上出貌，從欠、高，高亦聲。」揚雄《解難》：「涥滃雲而散歊烝。」字亦作歊。《漢書·叙傳》：「曲陽歊歊。」顔注：「歊歊，氣盛也。」虚謂之枵，虚大謂之呺，並音䶰，虚、枵聲之轉。《爾雅·釋天》：「玄枵，虚也。」孫炎注：「虚在正北。北方色玄，故曰玄枵。枵之言秏，秏虚之意也。」《左傳·襄二十八年》：「玄枵，虚中也。枵，秏名也。」杜注：「玄枵三宿，虚星在其中。」《莊子·逍遥遊》篇：「非不呺然大也。」釋文：「呺本亦作号。李云：号然，虚大貌。」大磬謂之毊。音䶰。《爾雅·釋樂》：「大磬謂之毊。」孫炎注：「毊，喬也。喬，高也。謂其聲高也。」○大笑謂之咥。虚至切。《説文》：「咥，大笑也。」《詩·氓》五章：「咥其笑矣。」咥、欯聲之轉，故大笑謂之欯，亦謂之咥。○大赤謂之赩，許極切。《説文》：「赩，大赤也。」《楚辭・大招》：「逴龍赩只。」王注：「赩，赤色也。」亦作奭。《詩・采芑》首章：「路車有奭。」毛傳：「奭，赤貌。」怒貌謂之赩。《玉篇》：「赩，怒貌。」

𡚁，大也，長也。許幺切。《玉篇》：「𡚁，長大貌。」《集韻》引《廣雅》：「𡚁，大也。」故大頭謂之顤。許幺切。《説文》：「顤，大頭也。」

下

巟音荒。 奐音渙。 幠音呼。 霍奯音豁。 ◯兄揮烜况遠切。 訏詡矆許縛切。 撝煋音毁。 徽◯鑴許規切。

巟，水廣也。音荒。《説文》：「巟，水廣也，從川，亡聲。」引《易・泰・九二》「包巟用馮河」。今《易》作荒，釋文：「荒，本亦作巟。」故大謂之荒，《晉語》：「在《周頌》曰：『天作高山，大王荒之。』荒，大之也。」遠謂之荒，虚謂之荒，荒、虚聲之轉。《詩・桑柔》七章：「具贅卒荒。」毛傳：「荒，虚也。」《吴語》：「荒成不盟。」韋注：「荒，空也。」亂謂之荒，蕪謂之荒，《説文》：「荒，蕪也。」蒙謂之荒，奄謂之荒，草掩地謂之荒，《爾雅・釋言》：「蒙、荒，奄也。」郭注：「奄，奄覆也。」《詩・樛木》二章：「葛藟荒之。」毛傳：「荒，奄也。」《説文》：「荒，艸掩地也。」柳車上覆謂之荒，見後「幠」字下。要服之外謂之荒服，四表謂之四荒，八表謂之八荒。◯奐，大也。音渙。《説文》：「奐，大也。」故明謂之焕，《論語・泰伯》：「焕乎其有文章。」何注：「焕，明也。」通作奐。《禮記・檀弓》：「美哉奂焉。」霽謂之焕，見後「霍」字下。散謂之涣，水流散謂之涣，《易・序卦傳》：「説而後散之，故受之以涣。涣者，離也。」《説文》：「涣，流散也。」《易・涣・象傳》：「風行水上，涣。」水盛謂之涣，《詩・溱洧》首章：「溱與洧方涣涣兮。」毛傳：「涣涣，盛也。」呼謂之嘑。音涣。《説文》：「嘑，呼也。」今作唤。○幠，大也。音呼。《爾雅・釋詁》：「幠，大也。」《方言》：「東齊海岱之間曰幠。」《詩・巧言》首章：「亂如此幠。」毛傳：「幠，大也。」字亦作膴。見下注。故覆謂之幠，《説文》：「幠，覆也。」《儀禮・士喪禮》：「幠用斂衾。」字亦作芋。《詩・斯干》三章：「君子攸芋。」鄭箋：「芋當作幠。幠，覆也。」柳車上覆謂之幠，見下。張謂之幠，《廣雅》：「幠，張也。」傲謂之幠，慢謂之幠，《爾雅・釋言》：「敖、幠，傲也。」郭注：「傲，慢也。」《禮記・投壺》：「毋幠毋敖。」鄭注：「幠，敖慢也。」外息謂之呼，《説文》：「呼，外息也。」唤謂之呼，號謂之嘑，音呼。《説文》：「嘑，號也。」《周禮・雞人》：「夜嘑旦以嘂百官。」字亦作謼，通作呼。《爾雅・釋言》：「號，謼也。」《詩・蕩》四章：「式號式呼。」釋文：「呼，崔本作謼。」虎鳴謂之虖，音呼。《説文》：「虖，哮虖也。從虍，乎聲。」牒肉大臠謂之膴。音呼。《周禮・内饔》：「凡掌共羞脩刑膴胖骨鱐。」鄭注：「膴，牒肉大臠，所以祭者。」《儀禮・公食大夫禮》：「士羞庶羞皆有大。」鄭注：「大以肥美者特爲臠，所以祭也。魚或謂之膴。膴，大也。」《有司徹》：「尸俎五魚，侑主人皆一魚，皆加膴，祭于其上。」鄭注：「膴，刳魚時割其腹以爲大臠，可用祭也。」《荀子・禮論》篇説喪禮云：「無帾絲歶縷翣，其貇以象菲帷幬尉也。」楊倞注：「無讀爲幠。幠，覆也，所以覆尸者也。《士喪禮》『幠用斂衾、夷衾』是也。」念孫按：幠者，柳車上覆，即《禮》所謂荒也。《喪大記》記棺飾云：「素錦褚，加僞荒。」鄭注：「荒，蒙也。在旁曰帷，在上曰荒。皆所以衣柳也。僞當爲帷。大夫以上有褚以襯覆棺，乃加帷荒於其上。」荒、幠一聲之轉，皆謂覆也。故柳車上覆謂之荒，亦謂之幠。帾即「素錦褚」之褚。幠、帾皆所以飾棺，幠在上，象幕；帾在下，象幄。《周禮・幕人》：「掌帷幕幄帟綬之事。」鄭注：「在旁曰帷，在上曰幕，四合象宫室曰幄。」《喪大記》注：「在旁曰帷，在上曰荒。」荒、幠聲之轉。是幠象幕也。幄通作屋。《雜記》：「素錦以爲屋。」注：「屋，小帳，襯覆棺者。」《喪大記》「素錦褚」注：「褚以襯覆棺。」是帾象幄也。故云「其顡象菲帷幬尉也」。《周禮・縫人》：「掌縫棺飾。」鄭注云：「若存時，居於帷幕而加文繡。」是也。若斂衾、夷衾，皆所以覆尸，不得言「象菲帷幬尉」矣。幠、荒聲之轉，故大謂之荒，亦謂之幠；有謂之荒，亦謂之幠。《詩・閟宫》六章：「遂荒大東。」毛傳：「荒，有也。」《爾雅・釋詁》：「幠，有也。」幠從無聲，巟從亡聲。巟之轉爲幠，猶亡之轉爲無。故《詩》「遂荒大東」，《爾雅注》引作「遂幠大東」。《禮記》「毋幠毋敖」，《大戴》作「無荒無慠」矣。〇霍，大也。《風俗通》：「萬物盛長，垂枝布葉，霍然而大。」故疾謂之霍，大飛謂之霍，《説文》：「雔，雙鳥也。從二隹，讀若醻。」「靃，飛聲也。從雔，雨聲。雙飛者其聲靃然。」徐鍇注：「其飛忽靃疾也。」今省作霍。散謂之霍，見下。霽謂之霩，音霍。《説文》：「霩，雨止雲罷貌也。」通作霍。見下。太岳謂之霍，《書・禹貢》：「至于岳陽。」鄭注：「岳，太岳，在河東，故彘縣東名霍太山。」《周禮・職方氏》：「冀州，其山鎮曰霍山。」鄭注：「霍山在彘。」《漢書・地理志》：河東郡彘縣，「霍太山在東」。天柱謂之霍，《漢書・地理志》：廬江郡灊縣，「天柱山在南」。

《廣雅》：「天柱謂之霍山。」○按：《爾雅》以霍山爲南岳，乃漢人所附益。説見《禹貢錐指》。大山宮小山謂之霍。《爾雅·釋山》：「大山宮小山，霍。」郭注：「宮謂圍繞之。」霍、涣聲之轉，故大謂之奂，亦謂之霍；散謂之涣，亦謂之霍；《荀子·議兵》篇：「霍焉離耳。」楊注：「霍焉猶涣焉也。」霽謂之焕，亦謂之霍。司馬相如《大人賦》：「焕然霧除，霍然雲消。」○奯，空大也。音豁。《説文》：「奯，空大也。從大，歲聲，讀若《詩》『施罟泧泧』。」今《詩》作「施罛濊濊」，馬融注：「大魚罔目大豁豁也。」《廣雅》：「豁，空也。」豁與奯通。故大目謂之奯，《玉篇》：「奯，大目也。」視高貌謂之眓，音豁。《説文》：「眓，視高貌。」開謂之豁，通謂之豁，《漢書·高祖紀》：「意豁如也。」服虔注：「豁，達也。」顔師古注：「豁然，開大之貌。」通谷謂之豁。《説文》：「䜫，通谷也。」《史記·司馬相如傳》：「通谷䜫乎谽𧯈。」亦書作豁。《漢書·揚雄傳》：「灑沈菑於豁瀆兮。」

兄，大也。《釋名》：「兄，荒也。荒，大也。故青徐人謂兄爲荒也。」○奮謂之揮，《説文》：「揮，奮也。」振謂之揮，《禮記·曲禮》：「飲玉爵者弗揮。」釋文引何允云：「振去餘酒曰揮。」揚謂之揮，散謂之揮，《易·乾·文言》：「六爻發揮。」王肅注：「揮，散也。」《説卦傳》：「發揮於剛柔而生爻。」鄭注：「揮，揚也。」灑謂之揮，《左傳·僖二十三年》：「奉匜沃盥，既而揮之。」《晉語》同。韋注：「揮，灑也。」疾謂之翬，大飛謂之翬，《説文》：「翬，大飛也。」《爾雅·釋鳥》：「鷹隼醜，其飛也翬。」郭注：「鼓翅翬翬然疾。」日光謂之暉，火光謂之煇，亦作輝。雉素質五采備謂之翬。《爾雅·釋鳥》：「伊洛而南，（雉）素質五采皆備成章曰翬。」郭注：「言其毛色光鮮。」《詩·斯干》四章：「如翬斯飛。」《禮記·玉藻》：「王后褘衣。」鄭注：「褘讀如翬。翬，翟雉名也。刻繒而畫之，著于衣，以爲飾，因以爲名也。」揮、霍聲之轉，故散謂之揮，亦謂之霍；疾謂之揮，亦謂之霍；大飛謂之翬，亦謂之霍。○明謂之烜，著謂之烜，况遠切。《廣雅》：「烜，明也。」亦作咺。《詩·淇奥》首章：「赫兮咺兮。」毛傳：「咺，威儀容止宣著也。」《爾雅·釋訓》：「赫兮咺兮，威儀也。」釋文作烜。《禮記·大學》作喧。火盛謂之烜，《玉篇》：「烜，火盛貌。」泣不止謂之咺，况遠切。《方言》：「咺，痛也，凡哀泣而不止曰咺。燕之外鄙朝鮮洌水之間少兒泣而不止曰咺。」亦作喧。《漢書·外戚傳》：「悲愁於邑，喧不可止兮。」顔注：「朝鮮謂小兒泣不止名爲喧。」大目謂之暖，大視謂之䚆，並况遠切。《説文》：「暖，大目也。」「䚆，大視也。」心腹寬婣謂之愃。况遠切。《説文》：「愃，寬婣心腹貌。」引《詩》「赫兮愃兮」。○訏，大也。《爾雅·釋詁》：「訏，大也。」《方言》：「中齊西楚之間曰訏。」《詩·溱洧》首章：「洵訏且樂。」毛傳：「訏，大也。」亦作盱、芋。《詩》「洵訏且樂」，《韓詩》及《漢書·地理志》並作盱。《方言》：「芋，大也。」郭注：「芋猶訏耳。」故驚語謂之吁，《説文》：「吁，驚語也。」張口鳴謂之訏，《玉篇》：「訏，張口鳴也。」《詩·生民》三章：「實覃實訏。」鄭箋：「訏謂張口鳴呼也。」張目謂之盱，《説文》：「盱，張目也。」《方言》：「黸瞳之子，燕代朝鮮洌水之間曰盱。」郭注：「謂舉眼也。」《莊子·寓言》篇：「而睢睢盱盱。」睢、盱聲之轉。《漢書·王莽傳》：「盱衡厲色。」元氣謂之盱。《廣雅》：「睢睢盱盱，元氣也。」揚雄《劇秦美新》：「權輿天地未祛，睢睢盱盱。」王延壽《魯靈光殿賦》：「鴻荒樸略，厥狀睢盱。」吁、呼、喚、訶、詨、哮、嚻、奃並聲之轉，號謂之呼，呼謂之喚，大嘷謂之詨，張口鳴謂之訏，驚語謂之吁，豕驚聲謂之哮，虎鳴謂之虓，虓謂之虖，大言而怒謂之訶，訶謂之奃，喧謂之嚻，大磬謂之馨，皆言其聲之高大也。訏、詡、嘸、奐、呵、噣、嘐亦聲之轉，故大謂之訏，亦謂之詡，見下。亦謂之嘸，亦謂之奐；大言謂之嘐，亦謂之詡，見下。出氣謂之呵，亦謂之呼，亦謂之歊；自得貌謂之噣，亦謂之栩。《孟子·盡心》：「人知之亦囂囂，人不知亦囂囂。」《莊子·齊物論》：「昔者，莊周夢爲胡蝶。栩栩然胡蝶也，自喻適志與，不知周也。」○詡，大也。《廣雅》：「詡詡，大也。」揚雄《羽獵賦》：「麗誇詡。」亦作訏。《詩·韓奕》五章：「川澤訏訏。」毛傳：「訏訏然大也。」故普謂之詡，《禮記·禮器》：「德發揚詡萬物。」鄭注：「詡猶普也，徧也。」覆謂之冔，音詡。《詩·文王》五章：「常服黼冔。」毛傳：「冔，殷冠也。」《儀禮·士冠禮·記》「殷冔」鄭注：「冔名出於嘸。嘸，覆也，言所以自覆飾也。」大言謂之詡，《說文》：「詡，大言也。」敏而有勇謂之詡。《禮記·少儀》：「會同主詡。」鄭注：「詡謂敏而有勇。」○急視謂之矍，大視謂之矆，並許縛切。《說文》：「矍，視遽貌也。」徐鍇注：「左右驚顧也。」《易·震·上六》：「視矍矍。」徐邈音許縛反。又《說文》：「矆，大視也。」徐鍇注：「驚視也。」左思《魏都賦》：「䂄然相顧。」《後漢書·李固傳》：「秦使戄然。」矍、矆、䂄、戄並通。急張弓謂之彏。許縛切。《說文》：「彏，弓急張也。」揚雄《河東賦》：「彏天狼之威弧。」矍、盱、暖、眖並聲之轉，急視謂之矍，大視謂之矆，矆謂之覢，覢謂之盱，大目謂之暖，暖謂之奯，高視謂之眖，皆言其目之張大也。喧、咺、吁、矍亦聲之轉，故詐謂之訏，亦謂之諼；《說文》：「訏，詭譌也。」「諼，詐也。」《公羊傳·文三年》：「此伐楚也，其言救江，何諼也？」痛謂之咺，亦謂之忓；音吁。《玉篇》：「忓，痛也。」驚語謂之吁，驚嘑謂之吅，音喧。《說文》：「吅，驚嘑也，從二口。」今作喧。驚視謂之矍。○撝，指撝也。《說文》：「撝，手指撝也。」《易·謙·六四》「撝謙」王

注：「指撝皆謙。」亦作麾。《詩・無羊》三章：「麾之以肱。」又作戲。《漢書・灌夫傳》：「蚡乃戲騎縛夫。」顔注：「戲讀曰麾，謂指麾令收縛夫也。」故大將之旗謂之麾。《説文》：「摩，旌旗所以指摩也，從手，靡聲。」隸作麾。《周禮・巾車》：「建大麾。」亦作戲。《漢書・項籍傳》：「戲下騎從者八百餘人。」顔注：「戲，大將之旗也。」〇火謂之焜，音毁。《説文》：「焜，火也。」引《詩・汝墳》三章「王室如焜」。今《詩》作燬。《爾雅・釋言》：「燬，火也。」《方言》：「煤，火也，楚轉語也，猶齊言火焜也。」又作烜。《周禮・司烜氏》鄭注：「烜，火也，讀如衛侯燬之燬。」大椒謂之椵。音毁。《爾雅・釋木》：「椵，大椒。」郭注：「今椒樹叢生實大者名爲椵。」〇善謂之徽，美謂之徽，《爾雅・釋詁》：「徽，善也。」《書・堯典》：「慎徽五典。」馬融注：「善也。」王肅注：「美也。」幟謂之徽，音徽。《説文》：「徽，幟也，以絳徽帛著於背。」引《左傳・昭二十一年》「揚徽者公徒」。今《左傳》作徽，杜注：「徽，識也。」孔疏：「徽識，制如旌旗，書其官與姓名於上，被之於背。」《禮記・大傳》「殊徽號」鄭注：「徽號，旌旗之名也。」《尚禮・大司馬》「辨號名之用」鄭注：「號名者，徽識，所以相別也。在國以表朝位，在軍又象其制，而爲之被之，以備死事。」字亦作褘。《大傳》注：「徽或作褘。」大巾謂之褘，音徽。《方言》：「蔽厀，江淮之間謂之褘，魏宋南楚之間謂之大巾。」《釋名》：「韠，蔽也，所以蔽膝前也。婦人蔽膝亦如之，齊人謂之巨巾，田家婦女出自田野，以覆其頭，故因以爲名也。」大索謂之徽，《説文》：「徽，三糾繩也。」《玉篇》：「大索也。」《易・坎・上六》：「係用徽纆。」劉表注：「三股曰徽，兩股曰纆。」揚雄《解嘲》：「免於徽索。」大魚謂之徽。音徽。《爾雅・釋魚》：「魚有力者徽。」郭注：「强大多力。」左思《吴都賦》：「徽鯨輩中於羣犗。」劉逵注：「魚大者莫若鯨，故曰徽鯨也。」

大鑊謂之鑴。許規切。《玉篇》：「鑴，大鑊也。」《廣雅》：「鼎也。」

《釋大》第八

宏夏洪夥過皇匯賢胡后○扈華摦奆奚昊〔九〕

宏，大也，轉之爲夏。《方言》曰：「自關而西秦晉之間凡物之壯大而愛偉之謂之夏。」《詩》曰：「肆于時夏。」又轉之爲洪。《爾雅》曰：「宏、夏、洪，大也。」又轉之爲夥，爲過。《史記・陳涉世家》：「楚人謂多爲夥。」《方言》曰：「凡物盛而多，齊宋之郊、楚魏之際曰夥。音禍。自關而西秦晉之間凡人語而過謂之過。」《說文》曰：「夥，齊謂多爲夥。」又轉之爲皇。《白虎通》曰：「皇，君也，美也，大也，天之總美大稱也。」又轉之爲匯，又轉之爲賢，又轉之爲胡。《儀禮》曰：「永受胡福。」《廣雅》曰：「皇、匯、賢、胡，大也。」又轉之爲后。《爾雅疏》引《尸子・廣譯》篇曰：「天、帝、皇、后、辟、公、宏、廓、宏、溥、介、純、夏、憮、冢、晊、昄，皆大也。」又轉之爲扈。《禮記》：「爾無扈扈爾。」鄭注：「扈扈謂太廣。」又轉之爲華，又轉之爲摦，又轉之爲奆。讀若桓。《說文》：「奆，奢奆也。从大，亘聲。」又轉之爲奚。《說文》曰：「奚，大腹也。从大，𢇁省聲。」又轉之爲昊。《爾雅》：「夏爲昊天。」郭注曰：「言氣皓旰。」《詩・黍離》傳曰：「元氣廣大，則稱昊天。」〔一〇〕

此第八篇初稿與第七篇及釋始清、從二母字初稿同在一紙上，塗乙草率，幾不可讀，亟録出之。雖非定稿，而牙、喉八母字得此乃備，致可喜也。王國維識。

【説明】

王念孫殘稿，凡八篇。前七篇由羅振玉從王氏殘稿中蒐出，第八篇由王國維蒐出。全帙當有二十三篇《釋大》第三篇下曰：「説見第二十三篇。」詳見羅振玉《序》、《跋》和王國維《高郵王懷祖先生訓詁音韻書稿叙録》。王章濤先生定爲王念孫少時所作，此説允當。

此稿按聲紐分篇，現存見、溪、群、疑、影、喻、曉、匣八母；每篇各分上下，同紐的開口字列在篇上，合口字列在篇下；同紐同呼的字按等排列，各等之間用○隔開；疑難字用反切法或直音法注音；爾後，逐字考釋其「大」義之由來，並引字書、韻書、傳注詳加證明；考釋文字按字用○隔開；考釋文字用大字單行排列，書證以小字雙行排列其後。

王國維説：「先生蓋特取《爾雅》首數目釋之，以示聲義相通之理，使學者推而用之而已。……而此殘篇足以爲後人矩矱者，固亦與完書無以異。」《釋大》又是反映王氏古聲紐學説的直接材料，詳拙著《高郵王氏父子學術初探》。

《釋大》最早有由羅振玉輯録、王國維訂補的排印本，《高郵王氏遺書》，一九二五年。後有一九三五年東方學會鉛印本，又有與《方言疏證補》合刻本。嚴氏賁園刻本。

【校注】

〔一〕大徐《説文》脱去「嘉美之也」四字，段玉裁依《韻會》引補，是也。

〔二〕契，大約也；栔，刻也。並苦計切。《詩・緜》毛傳：「契，開也。」此「開」猶缺。陸德明釋文：「本又作挈。」挈，缺也，絶也。故「契」本無開義。券同。王説可商。

〔三〕魁，借作𠂤。誰。《説文》：「𠂤，小𠂤阜。也。」詳《説文》段注。音同義相反者，古漢語中往往有之。音同故得假借，則魁本無小義。王氏承戴侗緒論，謂因聲求義，不限形體，此言得矣。

〔四〕牡齒，《説文》段注改爲「壯齒」，是也，故有大義。壯、牡形近而譌。

〔五〕牙門，後作衙門。衙從吾聲，吾、牙古音同。

〔六〕《説文》：「疋，足也。上象腓腸，下从止。……古文以爲《詩》大疋字。」段玉裁謂古文以爲某字，爲古文假借。段説是。疋、雅並在魚部，故得假借。又，雅本同鴉，借作夏。夏即中國華夏，以民族自尊心理自以爲正，自以爲大。

〔七〕大徐本《説文》：「㫃，旌旗之游，㫃蹇之皃。从屮曲而下垂，㫃相出入也。讀若偃，古人名㫃字子游。」段注：「當作『从屮曲而下垂者，游从入，游相出入也』十五字。」王引之《春秋名字解詁》又引：「古人名偃字子游。」

〔八〕此九字均爲喻母四等字。

〔九〕此十六字，列字排序均有失當。夥、查在曉母；呼、等次序排列誤倒。難字亦不注音，且不分上下篇，碻爲草稿。

〔一〇〕此篇又未詳注釋，不明其所以然。筆者不揣淺陋，依例釋之如下，以與前七篇一律：

上

昊胡老切。后〇夏〇賢奚

昊，《説文》作昦，「春爲昦天，元氣昦昦」。《爾雅・釋天》：「夏爲昊天。」郭注曰：「言氣皓旰。」孔疏：「昊者，元氣博大之貌。」《詩・黍離》毛傳：「元氣廣大，則稱昊天。」懷按：當從《説文》以春爲昊天。浩，大水貌。《書・堯典》：「浩浩滔天。」孔傳：「浩浩盛大，若漫天。」《玉篇》：「浩，浩浩，大也。」豕鬣如筆管者曰豪。《説文》：「豪，豕鬣如筆管者，出南郡。从希，高聲。」《漢書・食貨志》：「故大賈畜家不得豪奪吾民矣。」豪奪即强奪。强，大也。大呼曰嗥，又曰唬，又曰號。《説文》：「嗥，咆也。」「唬，唬聲也。」「唬，號也。」「號，呼也。」○后，大也。《爾雅・釋詁》疏引《尸子・廣澤》篇：「天、帝、皇、后、辟、公、宏、廓、溥、介、純、夏、幠、冢、晊、昄，皆大也。」夏，大也。《方言》：「自關而西，秦晉之間凡物之壯大而愛偉之謂之夏。」《詩・時邁》：「肆于時夏。」毛傳：「夏，大也。」賢，大也。《廣雅・釋詁》：「賢，大也。」《考工記・輪人》：「五分其轂之長，去一以爲賢。」郭衆注：「賢，大穿。」《説文》：「孯，大皃。讀若睯。」「睯，大目也。」義並與睯同。

○大腹曰奚。《説文》：「奚，大腹也。从大，𦃃省聲。」

下

洪皇匯胡扈摦胡化切。過音禍。○宏華

洪，大也。《爾雅・釋詁》：「宏、夏、洪，大也。」○皇、匯、胡並有大義。《廣雅・釋詁》：「皇、匯、胡，大也。」詳見《廣雅疏證》。○廣大謂之扈。《爾雅・釋山》：「山卑而大曰扈。」郭注：「扈，廣貌。」釋文：「嶇音户，或作扈。」《禮記・檀弓》：「爾毋扈扈爾。」鄭注：「扈扈謂太廣。」○寬大謂之摦。《説文新附》：「㧐，横大也。」《玉篇》：「㧐，寬也。」《廣韻》：「㧐，寬也，大也。」

宏，大也。《説文》：「宏，屋深響也。」《文選·難蜀父老》李注引《古今字詁》：「俗作呟。」《説文》：「弦，屋響也。」《爾雅·釋詁》：「弘，大也。」孔疏：「弘者，含容之大也。」宏、弘、弦音義同。○盛曰華。《廣韻》：「華，草盛也。」故諠閙謂之譁。《説文》：「譁，讙也。」《書·費誓》：「嗟！人無譁，聽命。」盛貌謂之韡。《説文》：「韡，盛也。从華，韋聲。」《詩·棠棣》毛傳：「韡韡，光明也。」

爾雅雜纂 不分卷

精 照

哉祖作載菑

哉，始也。《書》曰：「惟三月哉生魄。」殖謂之栽，亦其義也。故栽者培之。鄭注：「栽讀如『文王初哉』之哉。」栽猶殖也，今時人名草木之殖曰栽，築牆立板亦曰栽。轉之爲祖。《方言》曰：「鼻，始也。」「梁益之閒或謂之祖。」始廟謂之祖，道祭謂之祖，《儀禮》：「出祖釋軷，祭酒脯。」鄭注：「祖，始也。行出國門，上陳車騎釋酒脯之奠於軷，爲行始也。」一也。《爾雅》曰：「哉、祖，始也。」又轉之爲作。《詩》：「思馬斯作。」毛傳曰：「作，始也。」《廣雅》同。又轉之爲載。《孟子》曰：「自葛載。」年谓之載，亦其義也。《爾雅》：「唐虞曰載。」郭注：「取物終更始。」又轉之爲菑。《爾雅》：「田一歲曰菑。」郭注曰：「今江東呼初耕地及草爲菑。」《诗》曰：「于此菑畝。」〔一〕

見

君公官

君之轉爲公。《爾雅》曰：「公，君也。」官所曰公，《诗》：「退食自公。」五爵之首曰公，太師、太傅、太保曰三公。子谓父曰君，亦曰公；《易》：「家人有嚴君焉，父母之谓也。」《列子·黄帝》篇：「家公執席。」婦谓舅曰公，亦曰君；《漢書·賈誼傳》：「抱哺其子，與公併倨。」《爾雅》：「姑舅在則曰君舅、君姑。」相稱曰公，亦曰君，其義同也。又轉之爲官。《廣雅》曰：「官，君也。」首服谓之冠，亦其義也。〔二〕

哉載祖作

哉，始也。《書》曰：「惟三月哉生魄。」轉之爲載。《孟子》曰：「自葛載。」年谓之載，亦其義也。《爾雅》：「唐虞曰載。」郭注：「取物終更始。」又轉之爲祖。《方言》曰：「鼻，始也。」「梁益之閒或谓之祖。」始廟谓之祖，道祭谓之祖，《儀禮》：「出祖釋軷，祭酒脯。」鄭注：「祖，始也。既受聘享之禮，行出國門，止陳車騎，釋酒脯之奠於軷，爲行始也。」一也。《爾雅》曰：「哉、祖，始也。」又轉之爲「作」。《詩》：「思馬斯作。」毛傳曰：「作，始也。」《廣雅》同。〔三〕

曉匣

皇后矦

皇，君也，轉之爲后。后亦皇也，故經言「皇天后土」。天子之妃曰后，《曲禮》疏引《白虎通》曰：「后，君也。明配至尊，爲海内小君，天下尊之，故繼王言之，谓之后也。」官之長曰后，《左傳》：「土正曰后土。」杜注：「土爲羣物主，故稱后也。」《國语》：「昔我先王世，后稷以服事虞夏。」韋注：「后，君也。稷，官也。」一也。又轉之爲矦。君國曰诸矦，射者所射曰矦，《考工记》祭矦辭：「惟若寧矦，毋或若女不寧矦，不屬于王所，故抗而射女。强飲强食，詒女曾孫，诸矦百福。」《禮记》：「射矦者，射爲诸矦也。射中則得爲诸矦，射不中則不得爲诸矦。」一也。《白虎通》曰：「矦者，候也，候逆順也。」今按：矦者后也，君之義也。诸矦猶言羣后，羣后猶言列辟，故《爾雅》曰：「皇、王、后、辟、公、矦，君也。」其義同矣。〔四〕

君公官

君之轉爲公。《爾雅》曰：「公，君也。」又轉之爲官。《廣雅》曰：「官，君也。」故君所谓之公所，亦谓之官所。《禮记》曰：「若使人於君所。」又曰：「將適公所。」又曰：「在官不俟屨。」鄭注：「官谓朝廷治事處也。」其義同矣。〔五〕

乔嘏京景簡矜佳覺廣裒公

《说文》曰：「乔，大也。」字通作介。《詩》曰：「錫爾介圭。」轉之爲「嘏」。《禮记》曰：「嘏，長也，大也。」字通作假。《诗》：「湯孫奏假。」毛傳曰：「假，大也。」《禮记》曰：「祝嘏莫敢易其常古，是谓大假。」則嘏、假同矣。又轉之爲京、爲景。《公羊傳》曰：「京者何，大也。」《诗》：「介爾景福。」毛傳曰：「景，大也。」《说文》「景」從「京」聲，則京、景同矣。又轉之爲简。《诗》：「简兮简兮。」毛傳曰：「简，大也。」《爾雅》曰：「介、嘏、假、京、景、简，大也。」《方言》曰：「東齊海岱之閒曰乔，宋魯陳衛之閒谓之嘏，秦晉之閒凡物壯大谓之嘏，燕之北鄙、齊楚之郊或曰京。」又曰：「周鄭之閒谓大曰假。」又轉之爲矜。《诗序》：「國人則矜其車甲。」鄭箋曰：「矜，夸大也。」又轉之爲佳，又轉之爲覺。《诗》：「有覺其楹。」毛傳曰：「有覺，言高大也。」字通作梏。《禮记》引《詩》「有梏德行」，鄭注曰：「梏，大也，直也。」又轉之爲廣。《说文》曰：「廣，殿之大屋也。」又轉之爲裒。《廣雅》曰：「矜、佳、覺、廣、裒，大也。」又轉之爲公。《爾雅疏》引《尸子》曰：「天、帝、皇、后、辟、公、弘、廓、（宏）〔閎〕、溥、

介、純、夏、幠、冢、晊、昄，皆大也。」〔六〕

屆假括

《诗》：「不知所屆。」鄭箋曰：「屆，至也。」轉之爲假。《说文》曰：「假，至也。」字或作假，又作徦、格。《说文》曰：「假，至也。」引《虞書》「假于上下」。今《書》作格、屆。字或作艐。《爾雅》曰：「艐、格，至也。」《方言》曰：「邠唐冀兖之閒曰假，或曰徦。艐，宋语也。」又轉之爲括。《诗》：「羊牛下括。」毛傳曰：「括，至也。」《廣雅》同。〔七〕

嘉㱿穀攻价佳吉㦻

嘉，善也，轉之爲㱿、爲穀。《書》曰：「既富方穀。」又轉之爲攻。《诗》曰：「我車既攻。」又轉之爲价。《诗》：「价人維藩。」毛傳曰：「价，善也。」字或通作介。《爾雅》曰：「嘉、㱿、攻、穀、介，善也。」又轉之爲佳，又轉之爲吉。《说文》曰：「吉，善也。」又轉之爲㦻。《廣雅》曰：「佳、吉、㦻，善也。」〔八〕

究基計

《诗》：「不舒究之。」鄭箋曰：「究，谋也。」轉之爲基。字通作其。《禮记》引《诗》「夙夜其命宥密」，鄭注曰：「《诗》讀其爲基。基，谋也。」《爾雅》曰：「究、基，谋也。」又轉之爲计。〔九〕

矩戛經

矩，常也，轉之爲戛。《書》曰：「不率大戛。」又轉之爲經。《爾雅》曰：「典、矩、戛，常也。」又曰：「典，經也。」〔一〇〕

矩柯括

《论语》：「不踰矩。」何注引馬融曰：「矩，法也。」轉之爲柯。《爾雅》曰：「柯、矩，法也。」又轉之爲括。《廣雅》曰：「括，法也。」〔一一〕

壞垝

壞，毁也，轉之爲垝。《诗》：「乘彼垝垣。」毛傳曰：「垝，毁也。」《爾雅》曰：「壞、垝，

毁也。」〔一二〕

貫公蠱故幹

《诗》：「三歲貫女。」毛傳曰：「貫，事也。」《论语》曰：「仍舊貫。」轉之爲公。《诗》：「夙夜在公。」鄭箋曰：「公，事也。」《爾雅》曰：「貫、公，事也。」又轉之爲蠱、爲故。《易》曰：「蠱者事也。」《禮记》曰：「不有大故。」《易》釋文曰：「蠱，一音故。」則蠱、故同矣。又轉之爲幹。《廣雅》曰：「蠱、幹、故，事也。」〔一三〕

果功肩

果，勝也。《左傳》曰：「殺敵爲果。」轉之爲功。《周禮》：「若師有功。」鄭注曰：「功，勝也。」又轉之爲肩。《诗》：「佛時仔肩。」毛傳曰：「仔肩，克也。」《爾雅》曰：「果、剋、功、肩，勝也。」「勝、肩，克也。」〔一四〕

兇頞

兇之轉爲頞。《爾雅》曰：「頞，兇也。」《诗》曰：「不出于頞。」〔一五〕

固鞏堅膠

固之轉爲鞏。《易》曰：「鞏用黄牛之革。」字或通作拱。又轉之爲堅，又轉之爲膠。《詩》：「德音孔膠。」毛傳曰：「膠，固也。」《爾雅》曰：「鞏、堅、膠，固也。」〔鞏，或作拱。〕《廣雅》曰：「拱，固也。」〔一六〕

瘝𤹪梗

瘝，病也。《書》曰：「恫瘝乃身。」轉之爲𤹪。《説文》曰：「𤹪，貧病也。」引《詩》「煢煢在𤹪」。今《诗》作疚。瘝，或通作鰥。《爾雅》曰：「鰥、疚，病也。」又轉之爲梗。《诗》：「至今爲梗。」毛傳曰：「梗，病也。」《廣雅》同。〔一七〕

敬憼恭苟高

敬、憼聲相近。《説文》曰：「憼，敬也，從心、敬，敬亦聲。」轉之爲恭。《爾雅》曰：「恭，敬也。」又轉之爲苟。讀若亟。《説文》曰：「苟，自急敕也，從羊省、從包省、從口。口猶慎言也。從羊，〔羊〕與義、善、美同意。」又曰：「敬，肅也，從攴苟。」又轉之爲高。《廣雅》曰：「憼、亟、高，敬也。」亟與苟同。〔一八〕

故古

故、古聲相近。《説文》：「故，從古聲。」《爾雅》曰：「古，故也。」〔一九〕

今故

今之轉爲故。《爾雅》曰：「治、肆、古，故也。」「肆、故，今也。」郭注：「肆既爲故，又爲今；今亦爲故，故亦爲今。」此義相反而兼通者。〔二〇〕

見覯炅覞

見之轉爲覯。《詩》：「亦既見止。」「亦既覯止。」毛傳曰：「覯，遇。」字通作遘。《爾雅》曰：「遘，遇也。」「遘、遇，見也。」又轉之爲炅。《説文》曰：「炅，見也。」又轉之爲覞。《廣雅》曰：「炅、覞，見也。」〔二一〕

梏梗較矯

《禮记》引《诗》：「有梏德行。」鄭注曰：「梏，大也，直也。」今《诗》作覺。「有覺其楹」，鄭箋曰：「覺，直也。」轉之爲梗，又轉之爲較。《左傳》：「夫子覺者也。」杜注曰：「覺，較然正直。」《爾雅》曰：「梏、梗，較也。」又轉之爲矯。〔《廣雅》曰：「矯，直也。」〕《易》「爲矯輮」釋文引宋衷注曰：「使曲者直爲矯，使直者曲爲輮。」字通作撟。《荀子・臣道》篇曰：「然剛折端志而無傾側之心。」（廣雅曰矯直也）〔二二〕

畺界

《説文》曰：「畺，界也。」字或作疆，轉之爲界。《爾雅》曰：「疆，界也。」〔二三〕

嘉蹶皆

嘉之轉爲蹶。《爾雅》曰：「蹶，嘉也。」《詩》曰：「良士蹶蹶。」又轉之爲皆。《廣雅》曰：「皆，嘉也。」〔二四〕

感蹶

《詩》：「無感我帨兮。」毛傳曰：「感，動也。」轉之爲蹶。《詩》：「文王蹶蹶生。」毛傳曰：「蹶，動也。」《禮记》曰：「子夏蹶然而起。」《爾雅》曰：「感、蹶，動也。」〔二五〕

急荀絅懁矜絙緊

急、荀讀若亟。聲相近。《説文》曰：「荀，自急敕也。」字或作𩋺、悈。《説文》曰：「𩋺，急也。」《爾雅》曰：「悈，急也。」《詩》：「亟其乘屋。」鄭箋曰：「亟，急也。」轉之爲絅。《説文》曰：「絅，急引也。」又轉之爲懁，字或作獧。《説文》曰：「懁，急也。」又曰：「獧，急也。」《孟子》曰：「必也狂獧乎？」又轉之爲矜，又轉之爲絙。《説文》曰：「絙，急也。」《楚辭・九歌》：「絙瑟兮交鼓。」王注曰：「絙，急張弦也。」字或〔作〕搄。《説文》曰：「搄，引急也。」又轉之爲緊。《説文》曰：「緊，纏絲急也。」《廣雅》曰：「絅、獧、矜、搄、亟、緊，急也。」〔二六〕

梡頫

《説文》曰：「梡，充也。」字通作兖。《書》曰：「兖被回表。」轉之爲頫。《廣雅》曰：「梡、頫，充也。」〔二七〕

鞫究疆竟

鞫、究聲相近。《説文》曰：「鞫，窮理罪人也。」字或作趜、簕。《説文》曰：「趜，窮也。」又曰：「簕，窮也。」《詩》：「昔育恐育鞫。」毛傳曰：「鞫，窮也。」又「以究王訩」，鄭箋曰：

「究，窮也。」《爾雅》曰：「鞫、究，窮也。」轉之爲疆、爲竟。《易》曰：「君子以教思无窮，容保民無疆。」疆亦窮也。竟字古亦讀若疆，故《穀梁傳》曰：「疆之爲言，猶竟也。」《廣雅》曰：「疆、竟，窮也。」〔二八〕

穀鞠

《詩》：「穀則異室。」毛傳曰：「穀，生也。」轉之爲鞠。《詩》曰：「父兮生我，母兮鞠我。」《爾雅》曰：「穀、鞠，生也。」〔二九〕

謹誥悈

謹之轉爲誥。《爾雅》：「誥，謹也。」郭注曰：「所以約勤謹戒衆。」轉之爲悈。《説文》曰：「悈，飭也。」引《司馬法》曰「有虞氏悈於中國」。《廣雅》曰：「悈，慬也。」慬與謹同。〔三〇〕

蓋割

蓋、割聲相近。鄭注《禮記·緇衣》曰：「割之言蓋也。」《爾雅》曰：「蓋、割，

裂也。」〔三一〕

經基

經之轉爲基。《爾雅》曰：「基，經也。」〔三二〕

矯洸赳

《禮记》：「强哉矯。」鄭注曰：「矯，强貌。」轉之爲洸。《诗》：「有洸有潰。」毛傳曰：「洸洸，武也。」又轉之爲赳。《说文》曰：「赳，輕勁有才力也。」〔三三〕

矯矯、洸洸、赳赳

《诗》：「矯矯虎臣。」鄭箋曰：「矯矯，武貌。」字通作蹻。《诗》：「蹻蹻王之造。」毛傳曰：「蹻蹻，武貌。」轉之爲洸洸。《诗》：「武夫洸洸。」毛傳曰：「洸洸，武貌。」又轉之爲赳赳。《诗》：「赳赳武夫。」毛傳曰：「赳赳，武貌。」《爾雅》曰：「矯矯，勇也。」又曰：「洸洸、赳赳，武也。」〔三四〕

居居、究究

《詩》：「自我人居居。」毛傳曰：「居居，懷惡不相親比之貌。」轉之爲究究。《詩》：「自我人究究。」毛傳曰：「究究猶居居也。」《爾雅》曰：「居居、究究，惡也。」郭注曰：「皆相憎惡。」〔三五〕

歸鬼

歸、鬼聲相近。《爾雅》：「鬼之爲言歸也。」注引《尸子》曰：「鬼者，謂歸人爲歸人。」〔三六〕

閨閤

《説文》曰：「閨，特立之户也，上員下方，有佀圭。」轉之爲閤。《説文》曰：「閤，門旁户也。」《爾雅》曰：「宫中之門謂之闈，其小者謂之閨，小閨謂之閤。」〔三七〕

杠倚榷

《孟子》：「歲十一月，徒杠成。」趙注曰：「成涉度之功。」轉之爲倚。《爾雅》：「石杠謂之徛。」郭注曰：「聚石水中，以爲步渡彴也。」「或曰今之石橋。」又轉之爲榷。《説文》曰：「榷，水上横木所以渡者。」《漢書・武帝紀》：「初榷酒酤。」注：「韋昭曰：以木渡水爲榷。謂禁民酤釀，獨官開置，如道路設木爲榷，獨取利也。」《廣雅》曰：「榷，獨梁也。」「徛，步橋也。」〔三八〕

罟罛罽

罟、罛聲相近。《爾雅》：「魚罟謂之罛。」郭注曰：「最大罟也。」《詩》曰：「施罛濊濊。」轉之爲罽。《説文》曰：「罽，魚网。」《廣雅》同。〔三九〕

裾衱袿

裾之轉爲衱。《爾雅》：「衱謂之裾。」郭注曰：「衣後(裾)〔襟〕也。」又轉之爲袿。《方言》曰：「袿謂之裾。」《漢書・江充傳》：「曲裾後垂交輸。」注：「如淳曰：交輸，割正幅使一頭狹，若燕尾之兩旁見於後，是禮深衣續衽鉤邊。賈逵謂之袿。」〔四〇〕

高京

高之轉爲京。《説文》曰：「京，人所爲絶高丘也。從高省，丨象高形。」《爾雅》曰：「絶高爲之京。」《左傳》：「收晉尸以爲京觀。」杜注曰：「積尸封土其上，謂之京觀。」〔四一〕

谷く涓溝埂

《説文》曰：「泉出通川爲谷。」轉之爲く、爲涓。く字（或）〔古文〕作甽，又作畎。《書》：「岱畎絲枲。」畎猶谷也。《説文》曰：「く，水小流也。」又曰：「涓，小流也。」引《爾雅》：「汝爲涓。」則く、涓同矣。又轉之爲溝，又轉之爲巜，字或作澮。《説文》引《虞書》「濬く巜距川」，今作「濬畎澮距川」。《考工記》曰：「一耦之伐，廣尺深尺謂之甽；井間廣四尺、深四尺謂之溝；同間廣二尋、深二仞謂之澮。」《爾雅》曰：「水注谿曰谷，注谷曰溝，注溝曰澮。」又轉之爲埂。《説文》曰：「秦謂（阬）〔阬〕爲埂。」《廣雅》曰：「畎、涓、埂、溝，坑也。」〔四二〕

蒹葭

《詩》曰：「蒹葭蒼蒼。」《爾雅》曰：「蒹，薕。葭，蘆。」蒹之轉爲薕，薕之轉爲蘆，蒹薕、葭蘆疊韻也。葭字古讀若姑。《诗》：「彼茁者葭，壹發五豝，于嗟乎騶虞。」若「餔啜」之餔。司馬相如《子虛賦》：「其埤溼則生藏莨蒹葭，東蘠彫胡，蓮藕菰蘆，菴藺軒于；衆物居之，不可勝圖。」蒹葭、薕蘆雙聲也。〔四三〕

根荄

根之轉爲荄。《爾雅》：「荄，根。」郭注曰：「俗呼韭根爲荄。」〔四四〕

句樛

句之轉爲樛。《诗》：「南有樛木。」毛傳曰：「木下句曰樛。」字或作朻。《爾雅》曰：「下句曰朻。」〔四五〕

【説明】

此稿是《高郵王石臞先生手稿四種》二十四卷之一，藏北京大學圖書館。館藏書名是《爾雅雜纂》，殆非本名。稿中列見、曉、匣、精、照五母，下分列同母同訓諸字，再以音轉理論和書證解釋，與《釋大》同一路徑，故王壽同旁批曰：「此乃聲轉同義之字。訓詁本於聲音，於此可見。」創作時間殆亦爲早年。稿中條理不順，姑依原貌不改。文字亦從手稿，如手稿言旁多作「讠」，從原貌不改。

【校注】

〔一〕互見〔三〕。《書》，見《康誥》。《方言》，見卷第十三。《儀禮》，見第二十四。《詩》，分見《魯頌·

駉》、《小雅・采芑》。《爾雅》，分見《釋詁》、《釋地》。《孟子》，見《滕文公下》。

〔二〕互見〔五〕。《爾雅》，分見《釋詁》、《釋親》。《詩》，見《羔羊》。《易》，見《家人》。《廣雅》，見《釋詁》。

〔三〕互見〔一〕。《書》，見《康誥》。《孟子》，見《滕文公下》。《爾雅》，分見《釋天》、《釋詁》。《方言》，見卷第十三。《儀禮》，見《聘禮》。《詩》，見《駉》。

〔四〕《左傳》，見《昭二十九年》。《國語》，見《周語》。《禮記》，見《射義》。《白虎通》，見《德論上・爵》。《爾雅》，見《釋詁》。

〔五〕互見〔二〕。《禮記》，見《曲禮上》。

〔六〕互見〔二二〕、〔四一〕。《説文》，分見《大部》、《日部》、《廣部》。《詩》，分見《蕩》、《那》、《小明》、《簡兮》、《斯干》。《禮記》，分見《禮運》、《緇衣》。《公羊傳》，見《桓公九年》。《爾雅》，見《釋詁》。《方言》，見卷第一。《尸子》，見《廣澤》篇。《廣雅》，見《釋詁一》。

〔七〕《詩》，分見《節南山》、《君子于役》。《説文》，分見《彳部》、《人部》。《爾雅》，見《釋詁》。

〔八〕《書》，見《洪範》。《詩》，分見《車攻》、《板》。《爾雅》，見《釋詁》。《説文》，見《口部》。《廣雅》，見《釋詁》。

〔九〕《詩》，見《小弁》、《昊天有成命》。

〔一〇〕互見〔三二〕。《書》，見《康誥》。《爾雅》，見《釋詁》。

〔一一〕《論語》，見《爲政》。《爾雅》，見《釋詁》。《廣雅》，見《釋詁》。

〔一二〕《詩》，見《氓》。《爾雅》，見《釋詁》。

〔一三〕《詩》，分見《碩鼠》、《采蘩》。《論語》，見《先進》。《爾雅》，見《釋詁》。《易》，見《蠱》正義。《禮記》，見《坊記》。《廣雅》，見《釋詁》。

〔一四〕《左傳》，見《宣公二年》。《周禮》，見《大司馬》。《詩》，見《敬之》。《爾雅》，見《釋詁》。

〔一五〕互見〔二七〕。《爾雅》，見《釋言》。《詩》，見《無將大車》。

〔一六〕《易》，見《革》。《詩》，見《隰桑》。《爾雅》，見《釋詁》。《廣雅》，見《釋詁》。

〔一七〕《書》，見《康誥》。《說文》，見《宀部》。《詩》，分見《閔予小子》、又《左・哀十六》。《桑柔》。《爾雅》，見《釋詁》。

〔一八〕《說文》，分見《心部》、《苟部》。《爾雅》，見《釋訓》。《廣雅》，見《釋詁》。

〔一九〕《說文》，見《攴部》。《爾雅》，見《釋詁》。

〔二〇〕《爾雅》，見《釋詁》。懷按：此非時間詞，是承上啟下之詞。郭注以爲反訓，非是。筆者有《反訓非議》，未刊。

〔二一〕《詩》，見《草蟲》。《爾雅》，見《釋詁》。《說文》，見《火部》。《廣雅》，見《釋詁》。

〔二二〕互見〔六〕。《禮記》，見《緇衣》。《詩》，見《斯干》。《左傳》，見《襄二十一》。《爾雅》，見《釋詁》。《易》，見《說卦》。

〔二三〕《說文》，見《甾部》。《爾雅》，見《釋詁》。

〔二四〕《爾雅》，見《釋詁》。《詩》，見《蟋蟀》。《廣雅》，見《釋言》。懷按：《釋訓》：「蹶蹶，敏也。」毛傳同。似非此義。

〔二五〕《詩》，分見《野有死麕》、《緜》。《禮記》，見《孔子閒居》。《爾雅》，見《釋詁》。

〔二六〕《說文》，分見《苟部》、《革部》、《臤部》、《心部》、《犬部》、《手部》。《爾雅》，見《釋言》。《詩》，見

《七月》。《孟子》，見《盡心下》。《廣雅》，見《釋詁》。

〔二七〕互見〔一五〕。《説文》，見《木部》。《書》，見《堯典》。《廣雅》，見《釋詁》。

〔二八〕《説文》，見《夲部》、《走部》、《宀部》。《詩》，見《谷風》、《節南山》。《爾雅》，見《釋言》。《易》，見《臨》。《穀梁傳》，見《昭公元年》。《廣雅》，見《釋言》。

〔二九〕《詩》，分見《大車》、《蓼莪》。《爾雅》，見《釋言》。

〔三〇〕《爾雅》，見《釋言》。《説文》，見《心部》。《廣雅》，見《釋言》。

〔三一〕《爾雅》，見《釋詁》。

〔三二〕互見〔一〇〕《爾雅》，見《釋言》。

〔三三〕《禮記》，見《中庸》。《詩》，見《邶風·谷風》。《説文》，見《走部》。

〔三四〕《詩》，分見《泮水》、《酌》、《江漢》、《兔罝》。《爾雅》，見《釋訓》。

〔三五〕《詩》，見《羔裘》。《爾雅》，見《釋訓》。

〔三六〕《爾雅》，見《釋訓》。

〔三七〕《説文》，見《門部》。《爾雅》，見《釋宫》。

〔三八〕《孟子》，見《離婁下》。《爾雅》，見《釋宫》。《説文》，見《木部》。《廣雅》，見《釋宫》。

〔三九〕《爾雅》，見《釋器》。《詩》，見《碩人》。《説文》，見《网部》。《廣雅》，見《釋器》。

〔四〇〕《爾雅》，見《釋器》。《方言》，見卷第四。

〔四一〕互見〔六〕。《説文》，見《京部》。《爾雅》，見《釋丘》。《左傳》，見《宣公十二年》。

〔四二〕《説文》，分見《谷部》、《く部》、《巜部》、《水部》、《土部》。《書》，見《禹貢》。《考工記》，見《匠人》。《爾雅》，見《釋水》。《廣雅》，見《釋水》。

〔四三〕《詩》，分見《蒹葭》、《騶虞》。

〔四四〕《爾雅》，見《釋草》。

〔四五〕《詩》，見《樛木》。《爾雅》，見《釋木》。

王懷祖先生《説文解字校勘記殘稾》

此是王懷祖所校《説文》，只鈔得此數葉，惜未録其全本。曲阜桂馥記。

一部元　徐鍇以爲「元」字不當从兀聲，故《繫傳》注云：「聲字人妄加之也。」今考《説文》「髡」字从髟，兀聲，或从元聲作「髨」。又「軏」从車，元聲。音月，即「小車無軏」之「軏」。蓋「元」與「兀」本一聲之轉，故元从兀聲，而从兀之字可从元，从元之字又可从兀也。又唐玄度《九經字樣》皆本《説文》，其「元」字注亦云「从一，兀聲」，則《説文》本作「从一，兀聲」明甚。徐鍇不得其解，削去「聲」字；徐鉉又改爲「从一、从兀」，竝非。〔一〕

示部祥　「一云善」，《説文》文無此例，蓋徐鉉所加也。《繫傳》無此三字。〔二〕

𥛱　籀文「禋」字，《玉篇》、《廣韻》書作「𥛱」，《繫傳》作「𥛱」，从鹵。鹵，古文西。

崇　《玉篇》引此注，「崇」字作「柴」。《繫傳》作「燒柴燎𥃩祭天神」，《經典釋文》引此作「燒柴燎祭天也」，諸書雖互有同異，而「燒柴」之「柴」俱作「柴」，不作「崇」。今作「崇」，乃祭名之崇，非燒柴之柴，誤。

祏　「从示、从石」，《繫傳》作「从示石」。

祫　「从示、合」，鍇以爲誤多「聲」字，故鉉削之。今考「禷」字注云：「从示，類聲。」「祰」字注云：「从示，告聲。」皆有「聲」字。推之他部，亦多有此，豈得謂之誤乎？削去「聲」字，非是。〔三〕

禜　「从示，榮省聲」，《繫傳》作「从示，从營省聲」。按：「禜」字當从《繫傳》改作「營」。蓋禜者，營也，設緜蕝爲營，以禳於日月、星辰、山川也。故字从營省聲。《周禮・鬯人》「禜門」注：「禜謂營酇所祭。」《禮記・祭法》：「幽宗祭星也，雩宗祭水旱也。」注：「『宗』皆當爲『禜』。」禜之言營也，《左傳・昭元年》：「於是乎禜之。」正義：「賈逵以爲營攢用幣。」是其證也。又按：「《禮記》曰」以下八字，乃徐鉉取鍇語附入，非《說文》語。

禬　「从示，从會，會亦聲」，《繫傳》作「从示，會聲」。

禂　「《詩》曰」以下六字，亦徐鉉取鍇語附入。〔四〕

禡　《繫傳》篆作「䮵」。

社　《繫傳》作「从示，土聲」。今本無「聲」字，徐鉉以爲「社」與「土」聲不相近而削之也。攷「社」字古音土，故从土得聲。《左傳・閔二年》：「閒于兩社，爲公室輔。」《漢書・叙傳》：「布歷燕齊，叔亦相魯。民思其政，或金或社。」《白虎通》：「社不謂之土，何變名爲社？别於衆土也。」合觀數條，皆讀社爲土，則此字之从土聲明甚。今削去「聲」字，非是。〔五〕

祟　「从示、从出」，《繫傳》作「从示、出」，注云：「以出示人，故从出。又音吹去聲。《詩》曰：『匪舌是出，維躬是瘁。』故又出聲。」按鍇説是也。〔六〕

「文六十三」，《繫傳》多禰、禯二字，作「文六十五」。

《繫傳》部末有禰、禯二字。禰即蒐苗獮狩之獮，云：「秋畋也，从示，爾聲。臣鍇曰：獮者，所以爲宗廟之事也。《左傳》曰：『鳥獸之肉，不登於俎，則君不射。』故从示。」禯即詛祝之詛，云：「祝也，从示，虘聲。」今本《説文》「禰」入新附字，而無「禯」字。《經典釋文》「獮」字注：「《説文》从璽，或作䙺，从示。」皆未知其審。

玉部璵　此字及注，皆徐鉉所加。攷鉉《新修字義》云：「左文一十九，《説文》闕載，注義及序例偏旁有之，今竝録於諸部。十九字者，詔、志、件、借、魋、綦、剔、䎊、醆、趄、顛、璵、膺、樧、緻、笑、迓、睆、峯是也。」按：《説文・叙》云：「必遵修舊文而不穿鑿。」又云：

「於其所不知，蓋闕如也。」此「璵」字雖《説文》注義有之，而既已闕載，則訓詞無徵。即欲補之，亦當别出一字附於部末，今乃加以注釋，溷入正文，可乎？又按：《繫傳》部末注云：「臣次立曰：今文一百二十四，補遺璵、瑳二字，共一百二十六。」據此，則《繫傳》本無「璵」字明甚。今本「璵」字一條，乃張次立取鉉語入之《繫傳》中者。

珣　「珣玗琪琪」，《繫傳》作「瑾」。按：《説文》無「琪」，疑古通用「瑾」，當从《繫傳》也。

叡　《繫傳》籀文作「壡」，从玉。按：此字當从《繫傳》改作「壡」，《玉篇》、《廣韻》作「壡」，是其證也。今作「叡」，非。叡即「聰明睿智」之睿。又攷《繫傳》籀在古文上，《玉篇》同。

琥　「賜子家」，《繫傳》作「賜子家子」。

瓛　「桓圭，公所執」，《繫傳》作「桓圭，三公所執」。〔七〕

瑞　鍇以爲「瑞」字不當从耑聲，故削之，不知耑、瑞乃聲之轉。《説文》「惴」字亦从耑聲，是其證也，削去「聲」字，非是。

璂　「往往」，《繫傳》作「行行」。按《周禮・弁師》：「王之皮弁，會五采玉璂。」注云：「皮弁之縫中，每貫結五采玉十二以爲飾。」據此，則當从《繫傳》作「行行」。然《經典釋文》

引此作「往往」，未知其審。〔八〕

玎　《繫傳》作「齊太子伋謚曰玎公」，《玉篇》引此作「齊太子謚曰玎」。

玭　「玭，珠之有聲」，《繫傳》：「玭珠，珠之有聲者。」〔九〕

「文一百二十六」，舊本、《繫傳》作「一百二十四」。張次立增瑱、瑳二字，改爲「一百二十六」，見前「瑱」字下。

士部　墫　「舞也」，《繫傳》作「墫，舞也，从士，尊聲」，注云：「臣鍇按：《周禮》：『舞者皆士也。』」《經典釋文》引此作「士舞也」。按：墫爲士舞，故从士。今但云「舞也」，則从士之義不明，當从《釋文》作「士舞也」。《繫傳》「墫，舞也」，疑是「士舞也」之譌。〔一〇〕

丨部　丳　舊本、《繫傳》無此字，張次立增入，見部末。

「重二」，舊本、《繫傳》作「重一」。張次立改爲「重二」，注云：「補遺籀文一字，共重二。」

屮部　毒　《繫傳》作「从屮，毒聲」。又《祛妄篇》云：「毒，《説文》从屮，毒聲。陽冰云：『从屮，从母。母，出地之盛。从土，土可制毒，非取毒聲。毒，烏代反。』臣鍇按：母何得爲出地之盛？方説毒，而言土可制毒，爲不類矣。」念孫按：今《説文》無「聲」字者，徐鉉以李陽冰云毒字「非取毒聲，毒烏代反」，故削之也。不知「毒」有代音，與毒聲相近。《漢書·

地理志》：「多犀象、毒冒、珠璣。」師古曰：「(毒)〔毒〕音代。」是也。陽冰不得其解，而改爲「从屮，从母，从土」，徐鉉又改「从屮、毒」，竝非。〔一一〕

艸部 蓏 「从艸，从胍」，《繫傳》作「从艸，胍聲」。〔一二〕

芝 「从艸，从之」，《繫傳》作「从艸，之聲」。〔一三〕

蘇 「桂荏也」，《繫傳》作「蘇，桂荏也」。「蘇桂荏」三字乃《爾雅·釋草》文，「蘇」字非衍，不應削去。

莒 舊本、《繫傳》無此字，張次立增入，見部末。

苷 「从艸，从甘」，《繫傳》作「从艸，甘聲」。〔一四〕

蓩 舊本、《繫傳》無，張次立增。

蒢 舊本、《繫傳》無，張次立增。

⿱艹𡈀 「𡈀，籀文囿」四字，《繫傳》無之，徐鉉所加。〔一五〕

莃 「从艸，稀省聲」，《繫傳》作「从艸，希聲」。考《說文》「稀」字注云：「疏也，从禾，希聲。」徐鍇辨之，云：「當言从禾、爻、巾，無『聲』字，後人加之。爻者，稀疏之義，與爽同意。巾亦是其稀象。至莃與晞皆从稀省，何以知之？《說文·巾部》、《爻部》竝無『希』字，以是知之。」念孫按：徐鍇以爲莃、晞皆从稀省，故徐鉉於此莃字注改爲「从艸，稀省聲也」。今考《説文》，莃、唏、睎、脪、郗、晞、稀、俙、欷、豨、絺十一字竝从希聲。又「听」字注云：「讀若希。」則本書原有「希」字明甚。今本無「希」，乃傳寫脱誤，豈得謂本無此字乎？「稀」字而外，从希聲者尚有十字，又可一一改爲「稀省聲」乎？此「莃」字注當从《繫傳》作「从艸，希聲」，後放此。〔一六〕

蘾　舊本、《繫傳》無，張次立增入。

蓨　舊本、《繫傳》無，張次立增入。

芸　「《淮南子》説」，《繫傳》作「淮南説」，《廣韻》引此作「淮南王説」。念孫按：《説文》無稱「淮南子」者，當從《廣韻》作「淮南王」爲是。《説文》「蜹」字注引「淮南王説」，是其證。今作「淮南子」，《繫傳》作「淮南」，竝非。〔一七〕

薺　「蒺藜也」，《繫傳》「藜」作「藜」。

蔌　「蔌，籒文速」，此四字亦鉉所加，《繫傳》無之。〔一八〕

蘜　「治牆也」，《繫傳》「牆」作「蘠」。〔一九〕

茥　「茥，蕻艸也」，《繫傳》無「艸」字。

蕻　《繫傳》在「蕧」字下云：「艸也。」注云：「臣鍇按：《爾雅》『葥，茥蕻』。」

念孫按：徐鉉以鍇訓爲茥蕻，故改入「茥」字下，并改「艸也」二字爲「茥蕻也」。今考

《繫傳》，此字在蘮、苐二字上，三字注竝云「艸也」，則文義相承，不可更置。徐鉉改入「莖」字下，非。又考《玉篇》「藸」字注云：「致如切。藸䔕草。又音除。《爾雅》『蒢，莖藸』，《廣韻》同。」然則「藸」字有二音二義，今《說文》但云「藸，艸也」，則未知其爲「莖藸」歟，抑「藸䔕」歟？徐鉉改《說文》「艸也」爲「莖藸也」，亦非。當以《繫傳》爲正。

芘　「一曰芘茮木」，《繫傳》同，注云：「臣鍇按：『荍，蚍虾』，亦或作此。」念孫按：此則「一曰芘茮木」五字，乃是「一曰芘芣」之譌。《詩·東門之枌》三章：「視爾如荍。」傳：「荍，芘芣。」是也。今本及《繫傳》於「芣」字下既譌「不」作「尗」，又衍一「木」字，誤。

蘳　「讀若壞」，《繫傳》作「讀若墮壞」。念孫按：「讀若墮壞」者，言讀若「墮壞」之「墮」也，墮音呼規反。《說文》「黊」字从圭聲，故蘳从其聲，讀若墮。《玉篇》：「蘳，呼規切。」是其證。今作「讀若壞」，失之矣。

⿱艹隋　「从艸，隨省聲」，《繫傳》作「从艸，隋聲」。念孫按：隋音他果反，⿱艹隋音悅吹反。徐鉉以爲「⿱艹隋」不當从隋聲，故改爲「隨省聲」也，不知隨字亦作隋聲。凡支韻中字从隋聲者，古皆與歌戈通，若隨字古音徒禾反，《老子》云「音聲相和，前後相隨」之類是也。此「⿱艹隋」字古亦音徒禾反，與隋聲相近，故从隋聲。今改爲「隨省聲」，非是。

葻　「从艸、風」下《繫傳》有「風亦聲」三字。徐鉉以爲葻與風聲不相近而削之也，不知風字古音孚凡反，與葻聲相近。《詩·何人斯》四章：「彼何人斯，其爲飄風，胡不自北，胡不自南。」《釋名》：「風，兖豫司〔冀〕横口含脣言之。風，氾也，其氣博氾而動物也。」《説文》「風」从虫，凡聲，是其證。風从凡聲，故葻从風聲，今削去「風亦聲」三字，非是。

萃　舊本、《繫傳》無，張次立增。

菑　「从艸、菑」，《繫傳》同，注云：「此爲从艸、从巛、从田，凡三文合之。舊解从艸，甾聲，傳寫誤以巛、田合爲甾，亦無聲字。何以言之？若實从艸下甾，則下不合别有甾字，云或省艸。臣以爲當言从巛、从田。田不耕，則草塞之，故从艸。巛者，川塞也，音災。但許慎約文，後人不曉，誤以巛、田合成甾字，因誤加聲字耳。」念孫按：鍇云「舊解从艸、甾，傳寫誤以巛、田合爲甾」，此言是也。至云「誤加聲字」，則非。蓋《〔説〕文》本从艸、田，巛聲。巛，古災字，與菑字相近。《易·无妄·象傳》「邑人災也」，與「之」爲韻；《史記·龜策傳》「身乃無災」，與「時」、「期」、「欺」爲韻；《爾雅·釋地》「田一歲曰菑」，疏引孫炎云：「菑始災，殺其艸木也。」災字皆讀若菑。又《詩·生民》二章：「無菑無害。」《禮記·祭法》：「能禦大菑，則祀之。」菑即災字。故此菑字从艸、田，巛聲。傳寫者誤以田、巛二字上下倒置合爲一字，故譌作「从艸，甾聲」。今不得其解，而削去「聲」字，非是。

芟　《繫傳》作「从艸，殳聲」。

蓽　「一曰蓽蔍」，《繫傳》作「一曰蓽歷」。

「左文五十三，重二，大篆从茻」，此行十一字《繫傳》無。

萑　「《詩》曰食鬱及萑」六字《繫傳》無。

藻　「从艸，从水，巢聲」，《繫傳》作「从艸、水，巢聲」。

草　「一曰象斗子」，《繫傳》作「一曰橡斗」，《玉篇》引此作「一曰樣斗」。念孫按：《説文》無「橡」字，惟「樣」字注云：「栩實。」徐鍇注：「今俗書作橡，似獎反。」又「栩」字注云：「其實皁，一曰樣。」徐鍇注：「皁亦曰皁斗。」即此注所云「草斗，櫟實，一曰象斗」是也。《説文》「橡斗」字作「樣」，此注亦當作「樣」。蓋後人不知「橡」本作「樣」，以此注「樣」字爲「橡」字之譌，故改作「橡」。徐鉉以《説文》無「橡」字，故又改作「象」耳。當從「樣」爲正。又按《玉篇》引此注本云「草斗，櫟實，一曰樣斗」。草，今俗作皁，或言皁斗。《周禮·大司徒》：「其植物宜皁物。」注：「鄭司農云：皁物，柞栗之屬。今世閒謂柞實爲皁斗。」又《敘官》「掌染草」注云：「染草，藍蒨、象斗之屬。」《爾雅·釋木》：「櫟，其實梂。」疏引孫炎云：「櫟實，橡也。」《小爾雅》云：「柞之實謂之橡。」合觀諸訓，是櫟一名栩，一名柞，其子謂之草斗，亦謂之樣斗。故陸璣云：「其子爲皁，或言皁斗，斗即子也。」今於「象斗」下又加一「子」字，作「象斗子」，非是。

「文四百四十五」，《繫傳》作「文四百四十」。張次立注云：「今文四百三十九。按《説文》曰文四百四十五，補遺莒、蕂、蒢、藾、蓨、萃六字，共文四百四十五。」念孫按：《繫傳》文四百三十九，加重出(苗)「〔荀〕」字，共文四百四十。次立遺去重出(苗)「〔荀〕」字，故但云四百三十九，不知實四百四十也。若再加莒、蕂、蒢、藾、蓨、萃六字，則爲四百四十六，不得言四百四十五矣。又按《繫傳》「藾」字注云「臣鍇按：《本草》薏苢一名藾米」，則是《繫傳》原有「藾」字，非次立所加。今言補遺，未詳其故。

「重三十一」，舊本、《繫傳》作「重三十」。張次立改爲「重三十一」，注云：「補遺蔆一字，共重三十一。」

蓐部 薅　「拔去田艸也」，《繫傳》無「去」字，《經典釋文》、《玉篇》及張參《五經文字》注竝同，當從之。

茻部 莫　「从日在茻中」句下，《繫傳》有「茻亦聲」三字。鉉以爲「莫」不當從茻聲，故削去，不知茻古音莫補反，與莫聲相近。茻，今通作莽。《楚詞・離騷》、《懷沙》「莽」字皆讀莫補反。又攷《九經字樣》一書皆本《説文》，其「莫」字注亦云：「从日在茻中，茻音莽，茻亦聲。」則《説文》原有「茻亦聲」三字明甚，鉉削之，非是。

莽　「善逐菟」宜依《繫傳》改「兔」。

莽　「厚衣之以薪」句下，《繫傳》有「茻亦聲」三字。釋文：「莽，莫朗反，或莫郎反。」莽，古音藏，是聲相近也。削去「茻亦聲」三字，非是。

八部必　「从八、弋，弋亦聲」，《繫傳》作「从八，弋聲」。

釆部乇　「古文釆」，《繫傳》作「古文釆同」。

審　「篆文宷从番」，《繫傳》作「篆文宷从田」，注云：「言从番字也。」念孫按：此則《説文》本从田，徐鉉以鍇言从番，故改之。

半部胖　「从半，从肉」，《繫傳》作「从肉，从半」。

牛部特　「朴特，牛父也」。《繫傳》作「特牛也」，《廣韻》、《玉篇》作「牡牛也」。

牝　舊本、《繫傳》無，張次立增。

牢　「从牛、冬省」，《繫傳》作「从牛，冬省聲」。

「文四十五」，舊本《繫傳》作「文四十四」。張次立改爲「文四十五」，注云：「補遺牝一字，共四十五。」

口部名　「从口从夕」，《繫傳》作「〔从〕夕口」，《廣韻》與《繫傳》同。

嚞　《繫傳》列於「悊」字上。

君　「从尹，發號，故从口」，《繫傳》作「从尹，口發號，故从口」。

咊　「相譍也」，《繫傳》「譍」作「應」。「唉」字注「譍也」同。念孫按：《説文》有「應」無「譍」，今本「譍」字皆徐鉉所改，非是。説見《言部》「譍」字下。

唏　「从口，稀省聲」，《繫傳》作「从口，希聲」，當從之。説見《艸部》「莃」字下。

唉　「讀若埃」，《繫傳》作「讀若塵埃」。

嘑　「唬也」，《繫傳》作「號也」。

咸　「从口、从戌。戌，悉也。」《繫傳》作「从口，戌聲」，無「戌，悉也」三字。

右　「从口、从又」，《繫傳》作「从口，又聲」，當从之。

𠃬　「𠃬古文疇」，此四字《繫傳》無，亦鉉所加。

嗄　「語爲舌所介也」，《繫傳》作「語爲舌所介礙也」。

竒　「从口歫辛」，《繫傳》作「从口辛」。

吺　「从口，投省聲」，《繫傳》作「从口，殳聲」。鉉以爲殳、吺聲不相近，故改爲「投省聲」。今考「吺」字古音儒，即囁嚅之「嚅」，《玉篇》：「嚅，汝俱切。」引《埤蒼》云：「囁嚅，多言也。」《集韻》云：「囁嚅，言也。或作吺。」此云「譶吺，多言也」，囁吺即囁嚅，吺音儒，故與殳相近。今改爲「投省聲」，不知「投」字亦從殳聲也。互見「投」字下。

詅　舊本、《繫傳》無，張次立增。

噆　「从口，朁聲」，《繫傳》作「从口，潛省聲」。

各　「不相聽也」，《繫傳》作「不相聽意」。

否　「从口、从不」，《繫傳》作「从口，不聲」。否與不，古皆讀鄙。《説文·不部》亦有「否」字，注云：「从口、不，不亦聲。」是其證。今削去「聲」字，非是。

昏　「氒音厥」，《繫傳》作「氒，古文厥字」。念孫按：今本「氒音厥」三字，乃徐鉉所加，《説文》文無此例。蓋《説文》「厥」字注云：「發石。从厂，欮聲。」「氒」字注云：「木本，从氏，大於末。」鉉以「厥」訓發石，「氒」訓木本，義各不同；此云「氒古文厥」，則合爲一字，訓詞互出，故改之。今攷《玉篇》云：「氒，木本也。今作厥。」又云：「厥，發石也。或作氒。」《廣韻》云：「厥，發石也。氒，古文。」《玉篇》、《廣韻》之注皆本《説文》，然則《説文》此注本云「氒，古文厥」明甚。蓋「厥」字从厂，《説文》云：「厂，山石之厓巖。」「氒」字从氏，《説文》云：「氏，巴蜀名山岸脅旁著欲落墮者曰氏。」是「厥」从厂，「氒」从氏，皆取山石厓岸之義。義同，故字同。今不得其解，而改爲「氒音厥」，非是。

喔　「雞聲也」，《繫傳》作「雞鳴」，當从之。

「重二十一」，舊本、《繫傳》作「重二十」。張次立改爲「重二十一」，注云：「補遺詥一字，共二十一。」

吅部　㖾　「从吅，屰聲」，《繫傳》作「从吅、屰，屰亦聲」。

哭部　喪　「从哭、从亾，亾亦聲」，《繫傳》作「从哭，亾聲」。

走部　趯　「踊也」，《繫傳》作「躍也」，注云：「臣鍇曰：《詩》『趯趯𠂤螽』，𠂤螽善跳躍。」念孫按：「趯」古皆訓爲躍。《詩·草蟲》首章傳：「趯，趯躍也。」《後漢書·班固傳》「南趯朱垠」注：「趯，躍也。」又《詩·巧言》四章：「躍躍毚兔。」躍躍即趯趯。正義引王肅云：「言其騰躍逃隱。又音藥。」蓋趯與躍同聲，故《詩傳》及《說文》並云「趯，躍也」。今本作「踊」，失之矣。

⿺赱叡　「从赱，叡聲」，此字音赱戀反，《繫傳》篆作「⿺赱⿰睿又」，云：「从赱，⿰睿又聲，讀若紃。」念孫按：此字當从《繫傳》改作「⿺赱⿰睿又」，从赱，⿰睿又聲。蓋叡、⿺赱⿰睿又字聲不相近。

⿺赱龠　「从赱，龠聲」，《繫傳》作「从赱、从龠，龠亦聲」，注云：「猶躍也。」念孫按：《說文》云：「龠，樂之竹管。」鉉以爲趠⿺赱龠之⿺赱龠義非取於竹管，不當從龠，故改爲「从赱，龠聲」也。今攷《漢書·律曆志》云：「龠者，黄鐘律之實也。躍微動氣而生物也。」《釋名》云：「龠，躍也，氣躍出也。」是「龠」訓爲躍，與趠⿺赱龠之⿺赱龠義同。故《說文》云：「⿺赱龠，从赱、从龠。」今削去「从龠」二字，非。

趄　舊本、《繫傳》無，張次立增。念孫按：此字及注皆徐鉉所加，見《玉部》「瑱」

字下。

⿺走厈　「从⿱夭止，㡿省聲」，《玉篇》此字音充夜切，又丑格切，《廣韻》同；《繫傳》注作「从⿱夭止，厈聲」。念孫按：此字作「⿺走斥」，則是从⿱夭止，斥聲，非从厈聲。厈音呼旰反，與此字聲不相近，傳寫誤也。又按「斥」字，篆文作㡿，隸作斥，因譌作厈；「⿺走斥」字篆文本作⿺走㡿，後人不知此注「从走，厈聲」，厈爲斥之譌，故又改篆文作⿺走厈以从之。徐鉉以爲斥本作㡿，⿺走斥字當从㡿聲，而篆文作⿺走厈，則是從㡿省聲，不知篆文本作⿺走㡿，不作⿺走厈。《廣韻·二十陌》(韻)有此字，音丑格切，字作⿺走㡿，是其證。今改爲㡿省聲，省㡿作厈，與呼旰切之厈溷爲一字，非是。

「文八十五」，舊本、《繫傳》作「文八十四」。張次立增趄字，改爲「八十五」。

止部　歷　「過也」下，《繫傳》有「傳也」二字。

疌　「機下足所履者，音躡」，《玉篇》注同，《繫傳》作「機下足所履者疾」。念孫按：上「疌」字注云：「疾也。」鍇注：「手足共爲之，故疾也。」此字與上「疌」字竝从止、从又，則竝有疾意。又「機下足所履」，漢蘇伯玉妻《盤中詩》「急機絞機」，亦有疾意。又按字之音躡者，多訓爲疾，《說文》云：「䮞，馬步疾也。」或作（薾）〔籋〕。又《方言》：「躡，急也。」然《玉篇》無疾字，未知其審。

正部　正　「从止，一以止」，《繫傳》作「从一，从止」。

疋　从二一,《繫傳》作「从二止」。

辵部速　《繫傳》列於「蹟」字之上。

邁　「从辵,蠆省〔聲〕」,《繫傳》作「从辵,萬聲」。鉉以爲「邁」字不當从萬聲,故改爲「蠆省聲」也,不知萬、邁乃聲之轉。《説文》「勱」字亦从萬聲,音邁,是其證。鉉改非是。

邁　「邁或不省」,《繫傳》作「邁或从蠆」。念孫按:上「邁」字注本云:「从辵,萬聲。」鉉改爲「蠆省聲」,故又改此注爲「或不省」,以曲成其説耳,謬甚。

遀　「从辵,嫷省聲」,《繫傳》作「从辵,隋聲」。念孫按:「隋」音他果反。鉉以爲「隨」字不當從隋聲,故改爲「嫷省聲」也,不知隨字古音徒禾反,與隋聲相近。鉉改非是。

遽　《繫傳》列於「徂」字之上。

屟　《繫傳》列於「征」字之上。

撾　《繫傳》篆作摘,《玉篇》作掴。念孫按:今本撾當从《繫傳》改作摘,䌛作擿。《玉篇》作掴,即摘之譌。蓋此字从西,古文西作卤,故此字亦从卤作摘。今作撾,从咼,乃篆文西,與古文不合,非是。

遅　《繫傳》列於「遲」字之上,《玉篇》同。

蝸　舊本、《繫傳》無此字,張次立增。

僯　舊本、《繫傳》無此字，張次立增。

逘　「怒不進也」句下，《繫傳》有「一曰鷙也」四字。

遯　「从辵，从豚」，《繫傳》作「从辵，豚聲」。念孫按：「遯」字古音豚，故从豚得聲。《詩·雲漢》五章：「羣公先正，則不我聞。昊天上帝，寧俾我遯。」徐幹《齊都賦》：「矽殷顨戾，壯氣無（偏）〔倫〕，淩高越險，追遠〔逐〕遯。」遯字皆讀豚字，是其證。今削去「聲」字，非是。

逞　「《春秋傳》曰『何所不逞』」，《繫傳》作「《春秋傳》曰『君何所不逞欲』」，《玉篇》引此作「《春秋傳》曰『何所不逞』」。今《左傳·昭十四年》作「子何所不逞欲」。

邍　「从辵、备、录，闕」，《繫傳》作「从辵、夂、田、录，闕」，注云：「臣鍇以爲人所登，故从辵；登而止，故从夂。夂，止也。《春秋傳》曰『原田每每』，故从田。」此注當从鍇注作「从辵、夂、田、录，闕」爲是。今本誤以夂、田二字合爲备，且《説文》無备字，非是。

「重三十」，舊本、《繫傳》作「重二十八」。張次立改爲「重三十」，注云：「補遺𧍬、僯二字，共重三十。」

校至《説文》二下第六葉。

甲辰十二月，分條録入《説文》畢。

【説明】

殘稿，僅有「一」、「示」、「玉」、「士」、「丨」、「中」、「艸」、「八」、「釆」、「半」、「牛」、「口」、「吅」、「哭」、「走」、「止」、「正」、「辵」十八部一百一十九個字條，是大徐本《説文解字》一上至二下的校勘稿。小徐《説文解字繫傳》上的文字訛誤，在此也一併校正。

殘稿雖寥寥百餘條，而精要不少。如説「元」字从兀聲，「社」从土聲，按：當爲土亦聲。「壿」訓「士舞」、「毒」从毒聲、「芘」「一曰芘芣」、「蒧」下當作「風亦聲」等，或與段氏《説文解字注》。密合，或勝於段氏，吉光片羽，殊可寶貴。

從殘稿看，王氏校《説文》的步驟和方法是，先以大、小徐本互勘，再參稽他書，決其是非。其結論多依從小徐，指斥大徐。此旨與朱笥河《説文解字叙》《笥河文集》卷五。相一致。由此推論，王氏殘稿中文字，當作於三十歲時。

今所見殘稿有桂馥寫的前後記。前記云：「此是王懷祖所校《説文》，只鈔得此數葉，惜未録其全本。曲阜桂馥記。」後記云：「校至《説文》二下第六葉。」又：「甲辰乾隆四十九年。十二月，分條録入《説文》畢。」桂氏録入《説文解字義證》的，都用「王君念孫曰」、「王君引之曰」引之説來於《經義述聞》。標明，而且只是王氏作考據、表明己意的文字；王氏引他書以校勘的文字，桂氏或未録，或未著王氏之名。桂記後尚有許翰道光二十八年九月識語，和蔣斧宣統元年三月十七日的小記。許瀚識語説：「準此例推，全書當有千有餘條。」綜合三家所説，可知殘稿由桂氏抄出，許瀚寫爲清本，至宣統元年，羅振玉慫恿沈太侔刻入《晨風閣叢書》時，蔣斧寫了後記。

與此殘稿有關的尚有數事：

一是《許學叢刻》、《小學類編》上併有《王氏讀説文記》，僅存「一」、「示」、「玉」、「士」、「艸」、「口」、「走」、「辵」八部三十八個字頭。各部各字的排列順序與《校勘記》殘稿相同，説解亦大同小異。其後有《附録》，許溎祥校。此稿大概是從《校勘記》中録出，抑或是《校勘記》之初稿。

二是上海圖書館有葉名灃道光十二年抄録的《説文校勘記》，遼寧省圖書館又有清代馬瑞辰种松書屋抄本。輯何焯、惠棟、王念孫三家校語爲三卷。

三是據《讀書雜志》引語和《朱笥河詩集·送王懷祖詩》，王氏尚有《説文考正》、《説文考異》，大概就是指此《校勘記》，稿既未定，隨意賦名而已。

四是《經義述聞》、《讀書雜志》、《廣雅疏證》中尚有二百多條關於《説文》的校注文字，涉及大徐本中絶大多數部首的字。有的見於《校勘記》，有的不見於《校勘記》。

五是《説文解字詁林·前編下·説文雜論》録有朱士端王引之弟子。《石臞先生注説文軼語》，内容是王念孫刊正大徐本「筑」、「遝」、「奂」、「妃」、配。「贅」、「元」各條説解之誤。

六是北京大學藏毛氏汲古閣本《説文》袁漱六校本。上有王氏批校語。

對此殘稿之價值，許瀚、蔣斧、《續修四庫全書提要》有準確評價，兹轉引於下：

右桂未谷先生所録王懷祖先生校《説文》一百十九條，雖非全壁，要爲至寶，寫清本存之。準此例推，全書當有千有餘條。曩請業師門，竟未聞有此，它日晤子蘭詢之，或得續成完帙，未可知也。道光二十八年九月，許瀚識。

王石臞先生説經精審，其治《説文》尤邃於形聲、假借二書以觀其會通，與金壇段氏之學若重規疊矩之冥合也。此《校勘記》爲先生未刊之稾，桂未谷得其殘帙，録入《説文》。許印林又寫爲清本，雖寥寥百有餘則，而精要不少。如校「元」、「壿」、「毒」、「蒂」、「藸」、「葻」、「菑」、「逝」諸條，皆與段合；「莫」字條與段微異，而段遜其徵實；「芘」字條至精確，乃段注引其説而駁去之，實爲段君千慮之失。蓋先生與段同時箸書，各不相謀。段氏稱引先生之説，殆平日討論所及，未必見先生原書，故菁華未盡採擷也。及段書成，先生爲之序，此書則未嘗問世。意先生以段書與己意十合八九故，遂削稿歟？幸桂、許二君掇拾叢殘，一再迻録，俾吉光片羽流傳至今。雖其説多已採入桂氏《義證》，然原書僅此傳鈔孤本。會沈君太侔有叢書之刊，羅君叔言出此，慫恿授梓，且囑斧爲校其譌奪，因識其大略如此。宣統紀元三月十七日立夏，吴縣蔣斧記。

王氏皆特注重于音訓，不沾沾于文字點畫繁省之細。……其治《説文》，蓋純以聲音訓詁爲主，與此殘稿校勘各條互相印證，若合符節。此編所存，雖不及十分之一，第據所校勘與所撰段《序》參考，即此寥寥百餘條，已可證其于《説文》之聲音訓詁無不會通。茍準此例以校《説文》全書，不獨可正大小徐之誤刪誤解，以還許氏舊觀；即于許書之聲音訓詁，亦不難于貫徹。許〔瀚〕《跋》謂雖非全璧，要爲至寶，實確有所見而云然，非阿好也。《續修四庫全書提要》。

【校注】

〔一〕按：《説文義證》引。

〔二〕按：《説文義證》引，未著王氏名。

〔三〕按：《説文義證》採入。

〔四〕按：《説文義證》採入。

〔五〕按：《説文義證》引。

〔六〕按：《説文義證》採入。

〔七〕按：《説文義證》採入。

〔八〕按：《説文義證》採入。

〔九〕按：錢大昭《説文統釋·序》同，《説文義證》引錢説。

〔一〇〕按：《説文義證》採入。

〔一一〕按：《説文義證》引。

〔一二〕按：《説文義證》採入。

〔一三〕同〔一二〕。

〔一四〕按：《説文義證》採入。

〔一五〕按：《説文義證》採入。

〔一六〕按：《説文義證》引。

〔一七〕按：《説文義證》採入。

〔一八〕按：《説文義證》採入。

〔一九〕同〔一八〕。

王氏讀《説文》記

元　念孫案：徐鍇以爲「元」字不當从兀聲，故《繫傳》注云：「聲字，人妄加之也。」今攷《説文》，「髡」字从髟，兀聲，或從元聲作髡；又「軏」字从車，元聲，音月，即「小車無軏」之軏。蓋元與兀本一聲之轉，故元从兀聲，而从兀之字可从元，从元之字又可从兀也。又唐玄度《九經字様》皆本《説文》，其「元」字注亦云：「从一，兀聲。」則《説文》本作「从一，兀聲」明甚。徐鍇不得其解，削去「聲」字，徐鉉又改爲「从一、从兀」，並非。

祫　《繫傳》作「从示，合聲」。鍇詳此義，以爲誤多「聲」字。今攷「禷」字注「从示，類聲」、「祰」字注「从示，告聲」，皆有「聲」字。推之他部亦多有此，豈得謂之誤乎？徐鉉削去「聲」字，非是。「三歲爲祫」，疑《禮緯》文。

禜　《繫傳》作「从示，从營省聲」。念孫案：「禜」字當从《繫傳》改作「營」。蓋禜者，營也，設緜蕝爲營，以禳於日月、星辰、山川也。故字从營省聲。《周禮·鬯人》「禜門」注：「禜謂營酇所祭。」《禮記·祭法》：「幽宗祭星也，雩宗祭水旱也。」注：「宗皆當爲禜，禜之言營也。」《左傳·昭元年》：「於是乎禜之。」正義：「賈逵以爲營攢用幣。」是其證也。又案：「《禮記》曰」以下八字，乃徐鉉取鍇語坿入，非《説文》語。

社　《繫傳》作「从示，土聲」。念孫案：此無「聲」字，徐鉉以爲「社」與「土」聲不相近而削之也。攷「社」字古音土，故从土得聲。《春秋·閔二年》：「閒于兩社，爲公室輔。」《漢書·叙傳》：「布歷燕齊，叔亦相魯。民思其政，或金或社。」《白虎通》：「社不謂之土，何變名爲社？別於衆土也。」合觀數條，皆讀「社」爲土。則此字从土聲明甚，削去「聲」字非是。

祟　《繫傳》「祟」从示、出，注云：「以出示人，故从出。出又音吹去聲。《詩》曰：『匪舌是出，維躬是瘁。』」念孫案：鍇説是也。

禰　新坿　《繫傳》部末有禰、禮二字。禰即蒐苗獮狩之獮，云：「秋畋也，从示，爾聲。臣鍇曰：獵者所以爲宗廟之事也。《左傳》曰：『鳥獸之肉，不登於俎，則君不射。』故从示。」禮即詛祝之詛，云：「祝也。从示，虘聲」。今本《説文》「禰」入新坿字，而無「禮」字。《經典釋文》「獮」字注：「《説文》从璽，或作禰，从示。」皆未知其審。

璵　此字及注皆徐鉉所加。攷鉉《新修字義》云：「左文一十九，《説文》闕載，注義及序例偏旁有之，今並録於諸部。」十九字者，詔、志、件、借、魋、綦、剔、彛、醆、趄、顛、璵、麿、檄、緻、笑、迓、睆、峰是也。案：《説文・叙》云：「必遵修舊文而不穿鑿。」又云：「於其所不知，蓋闕如也。」此「璵」字雖《説文》注義有之，而既已闕載，則訓詞無徵。即欲補之，亦當別出一字坿於部末。今乃加以注釋，溷入正文，可乎？又案：《繫傳》部末注云：「臣次立曰：今文一百二十四，補遺璵、瑳二字，共一百二十六。」據此，則《繫傳》本無「璵」字明甚。今本「璵」字一條，乃張次立取鉉語入之《繫傳》中者。

珣　「琪」，《繫傳》作「璂」。案《説文》無「琪」，疑古通用「璂」，當从《繫傳》也。

叡　《繫傳》籀文作「[illegible]」，从玉。案：此字當从《繫傳》改作「[illegible]」，《玉篇》、《廣韻》作「[illegible]」，是其證也。今作[illegible]，非。叡即「聰明睿智」之睿。又攷《繫傳》籀文在古文上，《玉篇》同。

瑞　鍇以爲「瑞」字不當从耑聲，故削之。不知耑、瑞乃聲之轉。《説文》「惴」字亦从耑聲，是其證也。削去聲字，非是。

璪　「往往」，《繫傳》作「行行」。案《周禮·弁師》：「王之皮弁，會五采玉璂。」注云：「皮弁之縫中，每貫結五采玉十二以爲飾。」據此，則當从《繫傳》作「行行」。然《經典釋文》引此作「往往」，未知其審。

玎　《繫傳》作「齊太子伋謚曰玎公」，《玉篇》引此作「齊太子謚曰玎」。

墫　《繫傳》作「墫，舞也，从士，尊聲」，注云：「臣鍇案：《周禮》：『舞者皆士也。』」《經典釋文》引此作「士舞也」。念孫案：墫爲士舞，故从士。今但云「舞也」，則从士之義不明，當从《釋文》作「士舞也」。《繫傳》「墫，舞也」，疑是「士舞也」之譌。

蘇　《繫傳》作「蘇，桂荏也」。「蘇桂荏」三字乃《爾雅·釋草》文，「蘇」字非衍，不應削去。

莃　《繫傳》作「从艸，希聲」。攷《説文》「稀」字注云：「疏也，从禾，希聲。」徐鍇辨之云：「當从禾、爻、巾。無『聲』字，後人加之。爻者，稀疏之義，與爽同意；巾亦是稀象。至莃與晞皆从稀省，何以知之？《説文·巾部》、《爻部》竝無『希』字，以是知之。」念孫案：徐鍇以爲莃、晞皆从稀省，故徐鉉于此「莃」字注改爲「从艸，稀省聲」也。今攷《説文》莃、唏、晞、郗、稀、俙、欷、豨、絺、（睎）〔睎〕十字，竝从希聲。又「昕」字注云，讀若希。則本書原有「希」字明甚。今本無「希」字，乃傳寫挩誤，豈得謂本無此字乎？稀字而外，从希聲者尚有九字，又可一一改爲「稀省聲」乎？此「莃」字注當从《繫傳》作「从艸，希聲」，後放此。

蕏　「蕏」字，《繫傳》在「蔎」下云：「艸也。」注云：「臣鍇案：《爾雅》『䔡，莖蕏』。」念孫案：徐鉉以鍇訓爲莖蕏，故改入「莖」字下，并改「艸也」二字爲「莖蕏也」。今攷《繫傳》，此字在蕩、苗二字上，三字注並云：「艸也。」則文義相承，不可更置。徐鉉改入「莖」字下，非。又攷《玉篇》「蕏」字注云：「致如切，蕏蒘草。又音除。《爾雅》『䔡，莖蕏』，《廣韻》同。」然則「蕏」字有二音二義。今《説文》但云「蕏，艸也」，則未知其爲「莖蕏」歟，抑「蕏蒘」歟？徐鉉改《説文》「艸也」爲「莖蕏也」，亦非。當以《繫傳》爲正。

芘　芘字下注，《繫傳》同，注云：「臣鍇案：『莪，蚍虾』，亦或作此。」念孫案：此則

「一曰芘茉木」五字乃是「一曰芘茉」之譌。《詩・東門之枌》三章「視爾如荍」傳：「荍，芘芣。」是也。今本及《繫傳》於「芣」字下既譌「不」作「朩」，又衍一「木」字，誤。

蘳　「讀若壞」，《繫傳》作「讀若墮壞」。念孫按：「讀若墮壞」者，言讀若「墮壞」之「墮」也，墮音呼規反。《説文》「黊」字从圭聲，故蘳从其聲，讀若墮。《玉篇》：「蘳，呼規切。」是其證。今作「讀若壞」，失之矣。

蓨　《繫傳》作「从艸，隋聲」。念孫按：隋音他果反，蓨音悦吹反。徐鉉以爲「蓨」不當从隋聲，故改爲「隨省聲」也，不知隨字亦作隋聲。凡支韻中字从隋聲者，古皆與歌戈通，若隨字古音徒禾反，《老子》云「音聲相和，前後相隨」之類是也。此「蓨」字古亦音徒禾反，與隋聲相近，故从隋聲。今改爲隨省聲，非是。

菑　「从艸、甾」，《繫傳》同，注云：「此爲从艸、从巛、〔从〕田，凡三文合之。舊解从艸，甾聲，傳寫誤以巛、田合爲甾，亦無聲字。何以言之？若實从艸下甾，則下不合别有甾字，云或省艸。臣以爲當言从巛、从田。田不耕，則艸塞之，故从艸。巛者，川塞也，音災。但許慎約言，後人不曉，誤以巛、田合成甾字，因誤加聲字耳。」念孫按：鍇云「舊解从艸、甾，傳寫誤以巛、田合爲甾」，此言是也。至云「誤加聲字」，則非。蓋《説文》本从艸、田，巛聲。巛，古災字，與菑字相近。《易・无妄》「邑人災也」，與之爲韻；《史記・龜筴傳》「身乃無災」，與「時」、(相)「〔期〕」、「欺」爲韻；《爾雅・釋地》「田一歲曰菑」，疏引孫炎云：「菑始災，殺其艸木也。」災字皆讀若菑。又《詩・生民》「無菑無害」，《禮・祭法》「能禦大菑則祀之」，菑即災字。故此菑字从艸、田，巛聲。傳寫者誤以田、巛二字上下倒置合爲一字，故譌作「从艸，甾聲」。今不得其解，而削去「聲」字，非是。

葻　「从艸、風」下《繫傳》有「風亦聲」三字。徐鉉以爲葻與風聲不相近而削之也，不知風字古音孚凡反，與葻聲相近。《詩・何人斯》四章：「彼何人斯，其爲飄風，胡不自北，胡不自南？」《釋名》：「風，兗豫司冀横口合脣言之。風，氾也，其氣博氾而動物也。」《説文》「風」从虫，凡聲，是其證。風从凡聲，故葻从風聲，今削去「風亦聲」三字，非是。

草　《繫傳》作「一曰橡斗」，《玉篇》引此作「一曰樣斗」。念孫案：《説文》無「橡」字，惟「樣」字注云：「栩實。」徐鍇注：「今俗書作橡，似獎反。」又「栩」字〔注〕云：「其實(艸)〔皁〕，一曰樣。」徐鍇注：「(艸)〔皁〕亦曰(艸)〔皁〕斗。」即此注所云「(艸)〔草〕斗，櫟實，一曰象斗」是也。《説文》「橡斗」字作「樣」，此注亦當作「樣」。蓋後人不知「橡」本作「樣」，以此注「樣」字爲「橡」字之譌，故改作「橡」。徐鉉以《説文》無「橡」字，故又改作「象」耳。當从「樣」爲正。又案《玉篇》引此注本云「草斗，櫟實，一曰樣斗」。草，今俗作皁，或言皁斗。《周禮・大司徒》：「其植物宜皁物。」注：「鄭司農云：〔皁物，柞栗之屬〕」。今世間謂柞實爲皁斗。」「樣」，今作「橡」、「象」。《周禮》「掌染草」注：「染草，藍蒨、象斗之屬。」《爾雅·釋木》：「櫟，其實梂。」《釋文》引孫炎云：「櫟實，橡也。」《小爾雅》云：「柞〔之〕實謂之橡。」合觀諸訓，是櫟一名栩，一名柞，其子謂之草斗，亦謂之樣斗。故陸璣云：「其子爲皁，或言皁斗，〔斗〕即子也。」今于「象斗」下又加一「子」字，作「象斗子」，非是。

《艸部》末　《繫傳》作「文四百四十」。張次立注云：「今文四百三十九。」案《説文》曰：「文四百四十五，補遺莒、蕣、蒢、蘱、蕿、萃六字，共文四百四十五。」念孫案：《繫傳》文四百三十九，加重出「荀」字，共文四百四十。次立遺去重出「荀」字，故但云四百三十九，不知實四百四十也。若再加莒、蕣、蒢、蘱、蕿、萃六字，則爲四百四十六，不得言四百四十五矣。又案《繫傳》「蘱」字注云：「臣鍇案：《本艸》薏苢一名蘱米。」則是《繫傳》原有「蘱」字，非次立所加。今言補遺，未詳其故。舊本《繫傳》作重三十，張次立改爲重三十一，注云「補遺蔆一字，共〔重〕三十一」。

莫　念孫案：「日在茻中」句下，《繫傳》有「茻亦聲」三字。鉉以爲「莫」不當从茻聲，故削去，不知茻古音莫補反，與莫聲相近。茻，今通作莽。《楚詞·離騷》、《懷沙》「莽」字皆讀莫補反。又攷《九經字樣》一書皆本《説文》，其「莫」字注有「茻亦聲」三字。則《説文》原有此三字明甚，鉉削之，非是。

審　《繫傳》作「篆文（審）〔宷〕从田」，注云：「言从番字也。」念孫案：此則《説文》本从田，徐鉉以鍇言从番，故改之。

咊　《繫傳》「譍」作「應」。下「唉」字注「譍也」同。念孫案：《説文》有「應」無「譍」，今本「譍」字皆徐鉉所改，非是，説見《言部》。「譍」字下《繫傳》作「躍也」，注云：「臣鍇曰：《詩》『趯趯阜螽』，善跳躍也。」念孫案：「趯趯」皆訓爲躍。《詩·草蟲》首章傳「趯趯，躍也」。《後漢書·班固傳》「南趯朱垠」注：「趯，躍也。」又《詩·巧言》四章「躍躍毚兔」，「躍躍」即「趯趯」，正義引王肅云：「言其騰躍逃隱。」又音藥。蓋「趯」與「躍」同聲，故《詩傳》及《説文》並云：「趯，躍也。」今本作「踊」，失之矣。

吺　《繫傳》作「从口，殳聲」。念孫案：鉉以爲殳、吺聲不相近，故改爲「投省聲」。今考「吺」字古音儒，「讘吺」即「囁嚅」。《玉篇》引《埤蒼》云：「囁嚅，多言也。」《集韻》云：「囁嚅，言也。或作吺。」殳、吺聲相近，今改爲「投省聲」，非是，不知「投」亦从殳聲也。

否　《不部》有「否」字，此重出。《繫傳》作「從口，不聲」。念孫案：否與不，古皆讀爲鄙。本書《不部》「否」字〔注〕云：「从口、不，不亦聲。」是其證。今削去「聲」字，非是。

昏　《繫傳》作「从口，氒聲。氒，古文厥字」。念孫案：此云「氒音厥」三字，乃徐鉉所改，《説文》無此例。攷《説文》「厥」字注云：「發石也。从厂，欮聲。」「氒」字注云：「木本，从氏，大于末。」鉉以「厥」訓發石，「氒」訓木本，義各不同。此云「氒古文厥」，則合爲一字，訓詞互出，故改之。今攷《玉篇》云：「氒，木本也。今作厥。」又云：「厥，發石也。或作氒。」《廣韻》云：「厥，發石也。氒，古文。」《玉篇》、《廣韻》之注皆本《説文》，然則《説文》此注本云「古文厥」明甚。蓋「厥」字从厂，《説文》云：「厂，山石之厓〔巖〕。」「氒」字从氏。《説文》云：「巴蜀名山岸脅〔之〕旁箸欲落墒者曰氏。」是「厥」从厂，「氒」从氏，皆取山石厓岸之義。義同，故字同。今不得其解，而改爲「氒音厥」，非是。

⿺走𣦼　《繫傳》作「⿺走叡」，云：「从⿱夭止，叡聲，讀若紃。」念孫案：此字當从《繫傳》作「⿺走叡」。蓋叡、⿺走叡乃聲之轉，《玉篇》、《廣韻》作「⿺走叡」，是其證。今从⿱夭止，𣦼聲，非是。𣦼即溝𣦼之𣦼，與（⿺走叡）〔⿺走𣦼〕字聲不相近。

⿺走龠　《繫傳》作「从走、从龠，龠亦聲」，注云：「龠猶躍也。」念孫案：《説文》云：「龠，樂之竹管。」鉉以爲趠⿺走龠之⿺走龠〔義〕非取于竹管，不當从龠，故改爲龠聲。今攷《漢書·律曆志》云：「龠者，黃鐘律之實也。躍微動氣而生物也。」《釋名》云：「龠，躍也，氣躍出也。」是「龠」訓爲躍，與趠⿺走龠之〔⿺走龠〕義同，故《説文》云「从走、从龠」。今削去「从龠」二字，非。

⿺走斥　《玉篇》云：「充夜切，又丑格切。」《廣韻》同；《繫傳》：「从走，厈聲。」念孫案：此字作「⿺走斥」，則是从走，斥聲，非从厈聲。厈音呼旰反，與此字聲不相近，傳寫誤也。「斥」，篆文作㡿，隸作斥，因譌作厈。「𧺆」篆文本作𧻓，後人不知《繫傳》「厈聲」之「厈」爲「斥」之譌，故又改篆文作𧻓以从之。徐鉉以爲斥本作㡿，𧺆字當从㡿聲，而篆文作𧻓，則是从㡿省聲。不知篆文本作𧻓，不作𧻓。攷《廣韻·二十陌》有此字，音丑格切，字作𧻓，是其證。今改爲㡿省聲，省㡿作厈，與呼岸切之厈溷爲一字，非是。

𧾷　音躡，《玉篇》注同，《繫傳》作「機下足所履者疌」。念孫案：上「疌」字注云：「疾也。」鍇注：「手足共爲之，故疾也。」此字與上「疌」字竝从止、从又，則竝有疾意。又，字之音躡者，多訓爲疾。《說文》云：「䮍，馬步疾也。」或作籋。又《方言》：「躡，急也。」然《玉篇》無疾字，未知其審。

邁　《繫傳》作「从辵、萬聲」。念孫案：鉉改「从辵，蠆省聲」，非是。萬、邁乃聲之轉。《說文》「勱」字亦从萬聲，音邁，是其證。

蠆　《繫傳》作「邁或从蠆」。念孫案：上「邁」字本云「从辵，萬聲」。鉉改爲「蠆省聲」，故又改此注爲「或不省」，以曲成其說耳，謬甚。

𨔶　《繫傳》作「从辵，隋聲」。念孫案：「隋」音他果反，鉉以爲「隨」字不當从隋聲，故改爲「墯省聲」也。不知隨字古音徒禾反，與隋字聲相近。鉉改非是。

𢪔　古文「遷」，《繫傳》篆作𢪔，《玉篇》作𢪔。念孫案：今本𢪔當从《繫傳》改作𢪔，隸作⿰扌卥。《玉篇》作⿰扌囟，即⿰扌卥之譌。蓋此字从西，古文西作卥。今作⿰火卥，卥乃篆文，與古文不合，非是。

遯　《繫傳》作「豚聲」。念孫案：遯，古音豚，故从豚得聲。《詩·雲漢》五章：「羣公先正，則不我聞。昊天上帝，寧俾我遯。」徐幹《齊都賦》：「砏殷奰戾，壯氣無倫，淩高越險，追遠逐遯。」是其證。今削去「聲」字，非是。

𨘢　《繫傳》作「从辵、夂、田、彔，闕」，注云：「臣鍇以爲人所登，故从辵；登而止，故从夂。夂，止也。《春秋傳》曰『原田每每』，故从田。」念孫案：此當从鍇注「从辵、夂、田、彔，闕」爲是。今本誤以夂、田二字合爲备，非是，且《説文》無备字。

坿録　樓〔鑰〕《攻媿集·荅趙郎中書》云：濂谿之濂，字書所無。近歲得見晁氏參記許氏文字一書，以道所編也。有云：溓，徐力鹽反，唐力簟反。从水，从兼。徐本曰：「薄冰也，一曰中絶小水。」唐本曰：「薄冰也，或曰中絶小水。」又曰：「淹也，或从濂。」徐本闕濂字。案《素問》：「夏三月之病，至陰不過十日，陰陽交期在溓水。」楊上善曰：「溓，水静也。七月水生時也。」然則从兼者，亦古文廉字，非兼并之兼。以上皆以道之説。徐本謂今世所行徐鉉所定《説文解字》也。以道得唐人本時，以校其不同者。鑰案：《素問》二十四卷《陰陽類論》夏三月云云在溓水注。溓水者，七月也。建申水生於申，陰陽逆也。楊上善云：「濂，廉撿反，水静也。七月水生時也。」唐本既曰「既从廉」，則非無濂字。晁氏之書甚佳，止有三册，若因刊之，尤佳。

【説明】

參見《説文解字校勘記殘稿》。

石臞先生注《説文》軼語

王寬夫先生言其家大人石臞先生曾注《説文》〔一〕，因段氏書成，未卒業，並㠯藁付之。後先生見段《注》妄改許書，不覺甚悔。余從父郁甫先生手録《説文》古韻〔二〕，凡標注王云者，即先生也。筑，似箏，五弦之樂也。王據《吴都賦》，改當從竹，巩聲。築字從此得聲。𨓆，今刻本誤作迹，王從《玉篇》改正。奐，王云當有𠔉字，從人，穴聲。奐字從之。敻當從奐省聲。妃配，王云當有己字，妃配等字從此得聲，己即古飛字也。贅，王云此字當從𢾊得聲，疑是篆文之誤。元，王云當從一，兀聲。㠯上石臞先生説。此外如璿，美玉也，從玉，睿聲。《春秋傳》曰：「璿弁玉纓。」（璿）〔璿〕古文璿。叡，籀文璿。台拱按：從口者，篆文。從目者，古文。此一字傳寫互誤，㠯睿字驗之可見。㠯上劉端臨先生説。睿聲當十四部，而今人讀爲以芮反，則入十五部。此聲段氏未收，姑記于此。「璿弁玉纓」，今《左傳》作瓊。又琁字，今人讀與璿同。《廣韻》：「壡，籀文璿。」今《説文》本作叡，疑誤。又鹵字，即卣字。又咼，誰也，從口咼，又聲。當作從口又，咼聲。㠯上郁甫先生説。士端《壽字攷》與先生暗合。段注謬改，前賢已有駁正。石臞先生藁本不可得，端臨、郁甫兩先生遺書亦未栞，謹録以示後學。

盼遂按：先生改訂段注《説文》，詳《王氏家傳》。光禄觀察公《説文段注簽記》一書，現歸海城于思泊處，惟中多誤字，此收胥不謹之過也。

【説明】

《軼語》原載朱士端《彊識編》卷三，劉盼遂輯入《王石臞文集補編·附録二》。

【校注】

〔一〕王寬夫，王敬之之號，王念孫次子。

〔二〕朱郁甫，朱彬之字。